Vittoria Borsò, Christiane Liermann, Patrick Merziger (Hg.)
Die Macht des Populären

Vittoria Borsò, Christiane Liermann, Patrick Merziger (Hg.)

Die Macht des Populären. Politik und populäre Kultur im 20. Jahrhundert

[transcript]

Die Herausgeber danken dem Deutsch-Italienischen Zentrum »Villa Vigoni«, das mit dem Format der Europäischen Interdisziplinären Doktorandenkolloquien das Forum für unsere Diskussionen bereitstellte, und der Deutschen Forschungsgemeinschaft, die den Dialog und die Publikation durch die finanzielle Unterstützung erst möglich gemacht hat.

Bibliografische Information der Deutschen Nationalbibliothek
Die Deutsche Nationalbibliothek verzeichnet diese Publikation in der Deutschen Nationalbibliografie; detaillierte bibliografische Daten sind im Internet über http://dnb.d-nb.de abrufbar.

Umschlaggestaltung: Kordula Röckenhaus, Bielefeld;
unter Verwendung eines Airbrushs
Lektorat & Satz: Vittoria Borsò, Christiane Liermann,
Patrick Merziger
Druck: Majuskel Medienproduktion GmbH, Wetzlar
ISBN 978-3-8376-1234-9

Gedruckt auf alterungsbeständigem Papier mit chlorfrei gebleichtem Zellstoff.

Besuchen Sie uns im Internet:
http://www.transcript-verlag.de

Bitte fordern Sie unser Gesamtverzeichnis
und andere Broschüren an unter:
info@transcript-verlag.de

Inhalt

Transfigurationen des Politischen

Von Propaganda-Studien zu Interaktionsmodellen der Medienkommunikation – eine Einleitung

VITTORIA BORSÒ, CHRISTIANE LIERMANN UND PATRICK MERZIGER

Um die Jahrtausendwende und verstärkt noch einmal nach dem 11. September 2001 zeigte man sich in populären Zeitdiagnosen, aber auch in medienwissenschaftlichen Arbeiten besorgt über den Zustand der Gesellschaft. Die modernen Demokratien hätten sich im 20. Jahrhundert zu „Spaßgesellschaften" entwickelt, in denen „ernsthafte" Politik keine Rolle spiele und politische Information kaum noch Resonanz finde.[1] Bloße Unterhaltung und populäre Formate bestimmten die Programme der unterschiedlichen Medien, und das Publikum wolle sich nur noch ablenken und berieseln lassen.[2] Die Politik versuche, so die Diagnose weiter, diesem Trend zu begegnen, indem sie dem Wunsch nach Spaßigem, Unterhaltendem und Populärem entspreche. Politik werde ersetzt durch „Inszenie-

1 Andreas Hepp: „Westerwelle im Container. Journalismus und Politik. in der ‚Spaßgesellschaft'", in: Christian Schicha u.a. (Hg.), Politikvermittlung in Unterhaltungsformaten. Medieninszenierungen zwischen Popularität und Populismus, Münster: LIT 2002, S. 249-253; Markus S. Kleiner: „Die Entertainmentfalle. Fernsehen als Spaßgesellschaft und die Spaßkultur im deutschen Fernsehen seit den 1990er Jahren", in: Gerd Nollmann (Hg.), Sozialstruktur und Gesellschaftsanalyse. Sozialwissenschaftliche Forschung zwischen Daten, Methoden und Begriffen, Wiesbaden: Verlag für Sozialwissenschaften 2007, S. 333-359.

2 Grundlegend: Neil Postman: Amusing Ourselves to Death. Public Discourse in the Age of Show Business, New York: Penguin 1985. In Kulturgeschichten des 20. Jahrhunderts dient diese Erzählung oft als roter Faden: Hermann Glaser: Deutsche Kultur. Ein historischer Überblick von 1945 bis zur Gegenwart, 3. erweiterte Auflage, Bonn: Bundeszentrale für Politische Bildung 2003; Hermann W. von der Dunk: Kulturgeschichte des 20. Jahrhunderts, 2 Bände, München: Deutsche Verlags-Anstalt 2004.

rungen", um Zuschauer zu gewinnen, sie verkomme zum "Politainment" und das Politische trete in den Hintergrund, da nur noch die Gesetze des Medienmarktes Gültigkeit hätten.[3]

Solche Klagen über den verheerenden Einfluss populärer Kultur auf eine Gesellschaft haben eine lange Tradition; ähnliche Befürchtungen finden sich bereits in den „Schmutz und Schund"-Kampagnen gegen das Kino und die populäre Presse um 1900.[4] Die Volkspädagogen zeigten sich entsetzt über das kulturelle Niveau der populären Vergnügungen. Hier zöge man die edlen Werte der deutschen Kultur in den Dreck, das Leben verkomme zu einer einzigen Komödie. Es ging ihnen dabei gar nicht so sehr um die „neuen Medien" ihrer Zeit an sich, auch sie sahen z.B. im Kino eine Möglichkeit die „Masse" zu erreichen, aber die Inhalte und die Formen müssten gereinigt werden.[5]

Ein differenzierter Ansatz im Umgang mit dem Populären legt nahe, in diesen Diskursen mehr zu sehen als bloßen Kulturpessimismus, der in immer neuen Wendungen, aber gleichen Mustern den endgültigen kulturellen Verfall vorhersagte oder gar das Ende jeder Kultur konstatierte. Schon früh wies die Forschung darauf hin, dass sich solche Klagen auch immer gegen die Ansprüche der „Massen" bzw. der „einfachen Leute" wandten, dass deren kulturelle Betätigungen und Wünsche damit abgewertet werden sollten.[6] Aus dieser Perspektive sind die Beschwerden Teil eines Kampfes um Deutungshoheit und Dominanz in der Arena kultureller Praktiken, der nicht um 1900 begann,[7] damals aber einen ersten Höhepunkt erreichte. Gerade die im zeitlichen Abstand grotesk anmutende Auf-

---

3 Thomas Steinfeld (Hg.): Was vom Tage bleibt. Das Feuilleton und die Zukunft der kritischen Öffentlichkeit in Deutschland, Frankfurt am Main: Fischer 2004, besonders S. 41-68; Christian Schicha u.a. (Hg.): Politikvermittlung in Unterhaltungsformaten. Medieninszenierungen zwischen Popularität und Populismus, Münster: LIT 2002; Ulrich Saxer: Politik als Unterhaltung. Zum Wandel politischer Öffentlichkeit in der Mediengesellschaft, Konstanz: UVK 2007.

4 Mirjam Storim: Ästhetik im Umbruch. Zur Funktion der "Rede über Kunst" um 1900 am Beispiel der Debatte um Schmutz und Schund, Tübingen: Niemeyer 2002.

5 Kaspar Maase: „Massenkunst und Volkserziehung. Die Regulierung von Film und Kino im deutschen Kaiserreich", in: Archiv für Sozialgeschichte 41 (2001), S. 39-78.

6 Umberto Eco: Apocalittici e integrati. Comunicazioni di massa e teorie della cultura di massa, Milano: Bompiani 1964;

7 Vgl. dazu die Klagen über die „Lesesucht" um 1800, Susanne Barth: Mädchenlektüren. Lesediskurse im 18. und 19. Jahrhundert, Frankfurt am Main: Campus 2002, S. 78-95 und S. 101-126.

geregtheit zeigt, dass um die Jahrhundertwende viele Menschen, vor allem Publizisten und Politiker, eine neue Erfahrung machten, die sie als bedrohlich empfanden und die für sie eine neue Epoche ankündigte: Sie bekamen kulturelle Konkurrenz.

Tatsächlich stellt das Jahr 1900 für die populäre Kultur eine Scheidegrenze dar. Bis dahin konnten kulturell interessierte Bürger sicher sein, auf Gleichgesinnte zu stoßen, und das hieß auf sozial gleichrangige Bourgeoise und Bildungsbürger. Die einfachen Leute spielten in der kulturellen Sphäre nur als Objekt von Erziehung eine Rolle; Volkspädagogen machten sich darum verdient, aus ihrer Sicht erzieherisch wertvolle Produkte und nützliches Wissen im Wortsinne „unter das Volk" zu bringen.[8] Volkskundler zeigten sich entzückt über die scheinbar unberührten kulturellen Praktiken der niederen Klassen besonders auf dem Land. Sie verorteten diese Kultur aber in einer Zeit und in einem Raum jenseits des modernen Lebens und sahen die vereinzelt aufzufindenden Artefakte als bewahrungswürdige Zeugnisse von faszinierender Fremdheit an.[9] Von der Jahrhundertwende an konnten die Erzeugnisse populärer Kultur jedoch nicht mehr so einfach eingehegt und übergangen werden. Weite Kreise der Bevölkerung gewannen nun Zugang zu kulturellen Produkten bzw. fragten Unterhaltung nach, es entstand eine eigene Sphäre kultureller Aktivität und kultureller Produkte, die dem Zugriff der Pädagogen entglitt und mit den Begriffen der Volkskunde nicht mehr zu fassen war.[10]

Die Entstehung einer populären kulturellen Sphäre um 1900 hat ihren Grund in gesellschaftlichen Prozessen, die die Industrialisierung anstieß und die für das ganze 20. Jahrhundert bestimmend sein sollten. Zentral waren das steigende Realeinkommen großer Bevölkerungsteile und die wachsende freie Zeit, über die verfügt werden konnte. Die Einkommenssituation der Arbeiter hatte sich zwischen 1871 und 1914 und vor allem zwischen 1895 und 1914 bedeutend verbessert. Mit den Novellen der Gewerbeordnung 1891,

---

8 Holger Böning u.a. (Hg.): Volksaufklärung. Eine praktische Reformbewegung des 18. und 19. Jahrhunderts, Bremen: Lumière 2007; Kaspar Maase: „Die soziale Bewegung gegen Schundliteratur im deutschen Kaiserreich. Ein Kapitel aus der Geschichte der Volkserziehung", in: Internationales Archiv für Sozialgeschichte der deutschen Literatur 27 (2002), S. 45-123.

9 Anita Bagus: Volkskultur in der bildungsbürgerlichen Welt. Zum Institutionalisierungprozeß wissenschaftlicher Volkskunde im wilhelminischen Kaiserreich am Beispiel der Hessischen Vereinigung für Volkskunde, Gießen: Universitätsbibliothek Gießen 2005, S. 357-392.

10 Kaspar Maase u.a. (Hg.): Schund und Schönheit. Populäre Kultur um 1900, Köln: Böhlau 2001; Werner Faulstich (Hg.): Das Erste Jahrzehnt. Kulturgeschichte des 20. Jahrhunderts, München: Fink 2006.

1906 und 1908 und mit der gesetzlichen Fixierung wurde ein Arbeitstag von 10 Stunden in der Industrie die Regel.[11] Dabei war es nicht einmal wichtig, ob tatsächlich mehr Zeit und Geld zur Verfügung standen als in vormodernen Gesellschaften. Bedeutender war, dass durch die Fixierung einer Arbeitszeit das Konzept der „freien Zeit" Einzug hielt und dass durch den Lohn die Arbeit von der Sicherung des bloßen Lebensunterhalts abgekoppelt wurde. So entstand überhaupt erst das Bewusstsein, dass es jenseits des kirchlich besetzten Sonntags Zeit zu füllen gab und dass die Mittel dafür vorhanden waren.

Wachsende finanzielle Ressourcen und mehr Freizeit beflügelten die Nachfrage nach Unterhaltungsprodukten. Es kann nun nicht entschieden werden, ob der technische Fortschritt die Befriedigung der Nachfrage ermöglichte, vielleicht auch die Nachfrage befeuerte, oder ob umgekehrt die technischen Prozesse erst durch die steigende Nachfrage angestoßen wurden. In jedem Fall ist es auffällig, dass um die Jahrhundertwende zahlreiche Erfindungen im Printbereich die schnelle Übermittlung und Vervielfältigung von Texten und vor allem Bildern möglich machten.[12] Mit dem Kino entstand gleich ein ganz neues Medium, das mit bisherigen Erfahrungen völlig brach und auch deshalb zuerst in einer Sphäre jenseits der etablierten Kultur als Jahrmarktvergnügen und in den Arbeiterkneipen groß wurde.[13]

Mit den technischen Neuerungen trat die Kulturproduktion in das industrielle Zeitalter ein, Kultur wurde zu einer Ware, die in Serie hergestellt werden konnte. Gerade europäische Filmfirmen taten sich vor dem Ersten Weltkrieg bei der seriellen Produktion und technischen Innovationen hervor und konnten sich auch auf dem amerikanischen Markt behaupten.[14] Mit der *Berliner Illustrierten Zeitung* und den Generalanzeigern kam eine neue Massenpresse auf den Markt, und mit dem Straßen- und Kioskverkauf erschlos-

11 Hans-Ulrich Wehler, Deutsche Gesellschaftsgeschichte. Dritter Band. Von der „Deutschen Doppelrevolution" bis zum Beginn des Ersten Weltkrieges 1849-1914, München: Beck 1995, S. 776-782.

12 Ein Überblick bei Hans H. Hiebel (Hg.): Kleine Medienchronik. Von den ersten Schriftzeichen zum Mikrochip, München: Beck 1997, S. 69-72.

13 Ricarda Strobel: „Vom Jahrmarkt in den Filmpalast: Kino und Film im ersten Jahrzehnt", in: Werner Faulstich (Hg.), Das Erste Jahrzehnt. Kulturgeschichte des 20. Jahrhunderts, München: Fink 2006, S. 71-84.

14 Gerben Bakker: Entertainment Industrialised. The Emergence of the International Film Industry 1890-1940, Cambridge: Cambridge University Press 2008, S. 159-184.

sen sich die Verlage neue Vertriebswege.[15] Durch die standardisierten und seriell gefertigten Produkte fielen insgesamt die Preise für die Kulturwaren, die verbesserte Distribution von Information und Unterhaltung trug dazu bei, regionale, soziale und ökonomische Zugangsschwellen weiter abzusenken.[16] Die einfachere Zugänglichkeit ermöglichte dann wiederum größeren Teilen der Gesellschaft, an der populären Kultur teilzuhaben, die Produkte in ihren Alltag zu integrieren und es sich mit den Produkten „schön zu machen".[17]

Die Produkte dieser neuen populären Kultur machten ungebärdig, laut und bunt auf sich aufmerksam. Die Warnungen vor dem Verfall der Kultur reagieren darauf, sie sind Zeichen dafür, dass sich populäre Bedürfnisse durchsetzten und in der politischen Kommunikation nicht mehr ignoriert werden konnten. Um 1900 ist ein Anfang auszumachen, das 20. Jahrhundert war dann wie kein Jahrhundert zuvor durch den Bedeutungsgewinn und die Hinwendung zur populären Kultur geprägt – und auch deshalb rissen die Klagen über einen angeblichen Verfall der Kultur, der auch andere Bereiche wie die Politik in Mitleidenschaft zöge, nicht ab.

Die Literaturwissenschaft begann bereits in den 1970er Jahren die üblichen Wertungen in Frage zu stellen und die Konzentration auf einen literarischen Kanon „klassischer" Werke zu hinterfragen. Beispielhaft für den Blickwechsel ist der neue Umgang mit der Literatur, die nun in die populären Kontexte ihrer Entstehungszeit eingebunden wurde. So wird auf die Bedeutung der Presse für die Literaten hingewiesen, die im 18. Jahrhundert begannen, ihre Produkte in Zeitungen und Zeitschriften zu veröffentlichen wie etwa Defoe seinen *Robinson Crusoe*, der in den Jahren 1719-1720 in der *Original London Post* erschien. Im 19. Jahrhundert war dann der Feuilleton-Roman ein Medium, in dem die Autoren eine ausgezeichnete Möglichkeit der Verbreitung gesellschaftskritischer Perspektiven erkannten. Nahezu alle bedeutenden europäischen Romanciers des 19. Jahrhunderts haben zunächst im Feuilleton publiziert. Der Feuilletonroman ist in seinen Anfängen eng mit den liberalen – in Italien und Deutschland zugleich nationalen – politischen Bewegungen verbunden. Die Romane ergreifen in unterhaltender und spannender Form Partei für gesellschaftliche Reformen. Der Popu-

15 Rudolf Stöber: Deutsche Pressegeschichte. Von den Anfängen bis zur Gegenwart, 2. Auflage, Konstanz: UVK 2005, S. 256-265

16 Als Überblick Corey Ross: Media and the making of modern Germany. Mass Communications, Society, and Politics from the Empire to the Third Reich, Oxford: Oxford University Press 2008, S. 11-57.

17 Kaspar Maase: „Einleitung: zur ästhetischen Erfahrung der Gegenwart", in: Ders. (Hg.), Die Schönheiten des Populären. Ästhetische Erfahrung der Gegenwart, Frankfurt am Main: Campus 2008, S. 9-26, hier S. 9-12.

lärroman wird damit auch ein Dispositiv des *nationbuilding*. Von Eugène Sue über Alexander Dumas und Dumas fils bis hin zu Émile Zola dient der Populärroman in Frankreich zur Popularisierung der *question sociale*.[18] Das Thema der Kriminalität und die durch diese erzeugte Faszination sind Symptom von sozialen Unsicherheiten und antworten darauf. Insgesamt ist der Feuilletonroman ein Instrument zur Propagierung (klein-) bürgerlicher Verhaltens- und Lebensformen.

In der historischen Forschung dauerte es länger bis die populäre Kultur als Forschungsgegenstand angenommen wurde. Noch in den 1990er Jahren konnte die Auseinandersetzung mit der populären Kultur als eines der drängenden Desiderate markiert und gefordert werden, die intensive Auseinandersetzung mit diesem Bereich müsse zum selbstverständlichen Teil einer Gesellschaftsgeschichte werden.[19] Inzwischen aber hat sich auch in der Geschichtswissenschaft die Perspektive auf die populäre Kultur verändert. Ein Beispiel: Lange wurde August Bebels Einfall, 1904 in einer Debatte über Kolonialpolitik eine Nilpferdpeitsche mitzubringen, um damit die Behandlung der Bevölkerung in den Kolonien greifbar zu machen, als „billiger Populismus" gewertet. Inzwischen wird die Peitsche als Versuch Bebels gewertet, die politische Diskussion für das breitere Publikum zu öffnen, sie gilt als Symbol dafür, dass eine Politik in „bürgerlichen" Mustern nicht mehr möglich war.[20] So gesehen können „populistische" Tendenzen durchaus als Zeichen für und Antwort auf die Demokratisierung einer Gesellschaft interpretiert werden.[21]

Hat man diese Perspektive erst einmal erschlossen, so wird klar, dass sich die Hinwendung der Politik zum Populären und der Bedeutungsgewinn populärer Kultur wissenschaftlich nicht mit der

18 Hans-Jörg Neuschäfer: Populärromane im 19. Jahrhundert: Von Dumas bis Zola. München: Fink 1976.

19 Paul Nolte: „1900: Das Ende des 19. Jahrhunderts und der Beginn des 20. Jahrhunderts in sozialgeschichtlicher Perspektive", in: Geschichte in Wissenschaft und Unterricht 47 (1996), S. 281-300, hier S. 295.

20 Frank Bösch: „Katalysator der Demokratie? Presse und Politik vor 1914", in: Frank Bösch u.a (Hg.), Medialisierung und Demokratie im 20. Jahrhundert, Göttingen: Wallstein 2006, S. 25-47.

21 Frank Bösch: Öffentliche Geheimnisse. Skandale, Politik und Medien in Deutschland und Großbritannien 1880 - 1914, München: Oldenbourg, 2009, passim. Dieter Langewiesche: „Politikstile im Kaiserreich. Zum Wandel von Politik und Öffentlichkeit im Zeitalter des ‚politischen Massenmarktes'", in: Lothar Gall (Hg.), Regierung, Parlament und Öffentlichkeit im Zeitalter Bismarcks. Politikstile im Wandel, Paderborn: Schöningh 2003, S. 1-21.

Kategorie des „Niedergangs“ fassen lassen, wie er in den Warnungen vor der „Spaßgesellschaft“ diagnostiziert wird. Es handelt sich vielmehr um eine zentrale Entwicklung in den Gesellschaften des 20. Jahrhunderts. Aus dieser Perspektive steht die „Massenkultur“ oder, neutraler formuliert, die populäre Kultur der Politik keineswegs als feindliches Prinzip gegenüber, sondern sie bildet einen eigenen Kommunikationsraum, in dem große Teile der Gesellschaft über ihre Bedürfnisse verhandeln. Die populäre Kultur ist damit als Ort zu entdecken, an dem nicht nur „bloße Unterhaltung“ konsumiert, sondern an dem durchaus Politik gemacht wird und wurde. Populäre Kultur als „Agent“ zu sehen, bedeutet dann, die hegemoniale Konstellation von politischer Macht und passivem Objekt der Machtausübung zu verlassen, in der auch die Forschung lange eingesperrt war.

Mit diesem Blickwechsel korrespondiert eine kritische Revision des Rang-Kanons kultureller Kommunikationsformen: Nicht mehr nur die Produkte und Ideen des kulturellen „Höhenkamms“, sondern auch die „Massenkultur“, „Unterhaltungskultur“ oder „Populäre Kultur“ sind als Teil der Ideen-, Kultur- und Sozialgeschichte inzwischen akzeptiert.[22] Neben den Parlamentsdebatten, den politischen Zeitschriften oder den „seriösen“ Tageszeitung erlangte die populäre Kultur in den letzten Jahren als politischer Kommunikationsraum Wissenschaftswürde und -tauglichkeit.[23] Die Untersuchungen stimmen darin überein, dass die Beharrungskräfte und die dynamisierenden Potentiale der populären Kultur integraler Bestandteil jeder Gesellschaftsgeschichte sind.[24] Das wird durch den Befund unterstrichen, dass auch bei der Durchsicht dessen, was öffentlich kommuniziert wird, populäre Kultur den quantitativen Vorrang vor ausdrücklich so bezeichneten „politischen“ Mitteilun-

---

22 Kaspar Maase: Grenzenloses Vergnügen. Der Aufstieg der Massenkultur 1850-1970, 3. Auflage, Frankfurt am Main: Fischer Taschenbuch-Verlag 2001.

23 Axel Schildt: Moderne Zeiten. Freizeit, Massenmedien und „Zeitgeist“ in der Bundesrepublik der 50er Jahre, Hamburg: Christians 1995; Detlef Siegfried: Time is on my side. Konsum und Politik in der westdeutschen Jugendkultur der 60er Jahre. Göttingen: Wallstein 2006.

24 Vgl. dazu z.B. die Ansätze eigener Periodisierungen bzw. die Betonung der Unabhängigkeit gegenüber politischen Umbrüchen: Hans Dieter Schäfer: Das gespaltene Bewußtsein. Über deutsche Kultur und Lebenswirklichkeit 1933-1945, 3. Auflage, München: Hanser 1983; Lorenz Engell u.a. (Hg.): 1950 - Wendemarke der Mediengeschichte, Archiv für Mediengeschichte 4 (2004).

gen besitzt.[25] Es wurde sichtbar, dass die populäre Kultur eigene Politiken[26] schafft oder sozial-kommunikative Funktionen übernimmt.[27] Die Beschäftigung mit der populären Kultur ist damit eine nicht zu unterschätzende und notwendige Erweiterung einer politischen Geschichte des 20. Jahrhunderts. Viele Entwicklungen in den "Massendemokratien" und "Volksdiktaturen" werden vor dem Hintergrund unterschiedlicher Haltungen zur Populärkultur erst verständlich.[28]

***

Dort, wo sich die Geschichtswissenschaft und die Kommunikationswissenschaften respektive Publizistik mit populären Vermittlungsformen der Politik beschäftigt haben, hat lange Zeit das Phänomen der Propaganda besondere Aufmerksamkeit auf sich gezogen.[29] Dabei ging die Forschung von einem einfachen unilinearen

25 Michael Meyen: Hauptsache Unterhaltung. Mediennutzung und Medienbewertung in Deutschland in den 50er Jahren, Münster: LIT 2001; Tobias Schneider: „Besteller im Dritten Reich. Ermittlung und Analyse der meistverkauften Romane in Deutschland 1933-1944“, in: Vierteljahrshefte für Zeitgeschichte 52 (2004), S. 77-97.

26 Frank Bösch: „Das Private wird politisch: Die Sexualität des Politikers und die Massenmedien des ausgehenden 19. Jahrhunderts“, in: Zeitschrift für Geschichtswissenschaft 52 (2004), S. 781-801. Linda Schulte-Sasse: Entertaining the Third Reich. Illusions of Wholeness in Nazi Cinema, Durham: Duke Univ. Press 1996; Heide Fehrenbach: Cinema in Democratizing Germany. Reconstructing National Identity after Hitler, Chapell Hill, NC: University of North Carolina Press 1995. In der sozialgeschichtlich orientierten Konsumforschung wird auf die demokratisierenden Effekte des Konsums an sich hingewiesen: Dominik Schrage: „Integration durch Abstraktion. Konsumismus als massenkulturelles Weltverhältnis“, in: Mittelweg 36. Zeitschrift des Hamburger Instituts für Sozialforschung. 12,6 (2003), S. 57-86.

27 Z.B.: Martin Baumeister: Kriegstheater. Großstadt, Front und Massenkultur 1914-1918. Essen: Klartext 2005, S. 16-17, in allgemeiner Form entwickelt von Kaspar Maase: „Selbstfeier und Kompensation. Zum Studium der Unterhaltung“, in: Ders. u.a. (Hg.), Unterwelten der Kultur. Themen und Theorien der volkskundlichen Kulturwissenschaft. Köln: Böhlau 2003, S. 219-242.

28 Auch in der Politikgeschichte wird eine Ausweitung des Begriff des Politischen gefordert, vgl. z.B. Ute Frevert u.a. (Hg.): Neue Politikgeschichte. Perspektiven einer historischen Politikforschung, Frankfurt am Main: Campus 2005.

29 Als Überblick: Ute Daniel u.a. (Hg.): Propaganda. Meinungskampf, Verführung und politische Sinnstiftung 1789-1989, Frankfurt am Main: Fischer 1994; Robert Jackall (Hg.): Propaganda. Main Trends of the Modern World,

Kommunikationsmodell aus, bei dem Motive und Intentionen, Techniken und Mittel des Senders die entscheidenden Faktoren waren. Wenn die Kommunikatoren ihre Ziele nur mit der nötigen Konsequenz verfolgen und sie die zur Verfügung stehenden Medien nur geschickt genug anwenden würden, dann, so stellte man sich vor, würden die Botschaften reibungslos übertragen und bei den Rezipienten die gewünschten Wirkungen auslösen. Mit diesem Konzept folgte man letztlich den Selbstbeschreibungen der politischen Akteure, die selbst, besonders in den totalitären Diktaturen und autoritär geführten Staaten, eine einfache Sicht auf die politische Kommunikation hatten und daran glaubten, jede Botschaft „an den Mann" bringen zu können – entsprechendes Wissen und angemessene Technik vorausgesetzt.[30] In dieser Sichtweise blieb die populäre Kultur ein passives Objekt, dessen politische Perzeption von den Intentionen der politisch Verantwortlichen und von den Inhalten der Politik abhängig war; die populäre Kultur spiegelte letztlich nur externe Diskurse, die an anderer Stelle formuliert worden waren.

In der außerwissenschaftlichen Diskussion über populäre Formen der Politik bleibt Propaganda bis heute ein zentraler Begriff zur Kennzeichnung von Politikvermittlung. Seitdem Joseph Goebbels den Begriff, der 1933 noch eine positive Beschreibung für die angemessen populäre Aufbereitung politischer Botschaften in einer „Massendemokratie" war, für sein Wirken in Anspruch nahm, ist der Begriff extrem negativ konnotiert und eher Vorwurf, denn Analyse. Zwar wird gerne mit dem Verweis auf die Weimarer Republik und deren mangelnde Akzeptanz[31] eine populäre Politik eingefordert. Gerade in einer massenmedial geprägten Demokratie müsse die Vermittlung von Politik Wege einschlagen, die über eine Diskussion der „Interessierten und Vernünftigen" hinaus zu gehen habe.[32] Die professionelle Politikberatung, aber auch die Kommunikations-

London: Macmillan 1995; Klaus Arnold: „Propaganda als ideologische Kommunikation", in: Publizistik 48 (2003), S. 63-82; speziell zur NS-Zeit z.B. David Welch: „Nazi Propaganda and the ‚Volksgemeinschaft'. Constructing a People's Community", in: Journal of Contemporary History 39 (2004), S. 213-238.

30 Thymian Bussemer: Propaganda. Konzepte und Theorien. Wiesbaden: Verlag für Sozialwissenschaften 2005, S. 151-222.

31 Matthias Lau: Pressepolitik als Chance. Staatliche Öffentlichkeitsarbeit in den Ländern der Weimarer Republik, Stuttgart: Steiner 2003.

32 Diese forderte der britische Diplomat und Historiker Edward Hallett Carr bereits 1939 angesichts der nationalsozialistischen Werbefeldzüge Edward Hallett Carr: The Twenty Years' Crisis. 1919-1939. An Introduction to the Study of International Relations, Erweiterte Neuausgabe, Basingstoke, Hampshire: Palgrave 2001, S. 120-130.

wissenschaft bemühten sich, mit Hilfe von Begriffen wie „Public Relations" oder „Öffentlichkeitsarbeit" ihr Wirken und die mediale Realität in einem positiveren Licht erscheinen zu lassen.[33] Während aber kommerzielle Werbung inzwischen als Teil der populären Kultur auf Akzeptanz stößt, steht die Verbindung von populärer Kultur und Politik immer noch unter dem Generalverdacht der Manipulation. Man fürchtet offenbar, dass mit der Politik wesensfremde Inhalte in die populäre Kultur einbrächen – die Verbindung von Politik und populärer Kultur scheint nur als Propaganda denkbar.

Aber auch in der historischen Forschung erlebt die Propaganda als heuristisches Konzept in den letzten Jahren einen erheblichen Aufschwung. Wenn es um das kulturelle Leben in den totalitären Diktaturen und autoritär geführten Staaten des 20. Jahrhunderts geht, beeindrucken vor allem die Apparate zur Medienlenkung; der Schwerpunkt der Auseinandersetzung mit Propaganda liegt denn auch in der Erforschung von Sender-Intentionen, Botschaften und Techniken.[34] Nähert man sich von dieser Seite an das Thema an, so scheinen Öffentlichkeiten, die nach eigenen Regeln funktionieren, undenkbar, auch weil die Propagandisten von sich selbst nur allzu gerne behaupten, eine totale Kontrolle der Öffentlichkeit nicht nur angestrebt, sondern tatsächlich durchgesetzt zu haben.[35] Verstärkt wurde diese Tendenz noch durch vergleichende Arbeiten, in denen häufig, teilweise implizit, der Ansatz der Totalitarismus-Forschung weiterlebt. Da das naheliegende und augenfällige *tertium comparationis* die aufwändigen bürokratischen Apparate sind, reproduzieren solche Arbeiten die Perspektive der Politik.[36]

33 Vgl. dazu die begrifflichen Abgrenzungsversuche und ethischen Normierungsversuche, die ihren Grund in der Identifikation von Propaganda mit Öffentlichkeitsarbeit haben: Peter Szyszka (Hg.): Auf der Suche nach Identität. PR-Geschichte als Theoriebaustein, Berlin: Vistas 1997.

34 Eine zusammenfassender Definitionsversuch: Klaus Merten: „Struktur und Funktion von Propaganda", in: Publizistik 45 (2000), S. 143-162.

35 Gerne wird das z.B. das Goebbels-Zitat verwandt, die Presse solle „uniform in den Grundsätzen", aber „polyform [...] in den Nuancen" sein, z. B. Michael Burleigh: Die Zeit des Nationalsozialismus. Eine Gesamtdarstellung, Frankfurt am Main: S. Fischer 2000, S. 248; Wolfgang Müsse: Die Reichspresseschule - Journalisten für die Diktatur? Ein Beitrag zur Geschichte des Journalismus im Dritten Reich, München: Saur 1995, S. 38; vgl. auch Hans-Ulrich Thamer: Verführung und Gewalt. Deutschland 1933-1945, Berlin: Siedler 1986, S. 433

36 Randall L. Bytwerk: Bending Spines. The Propagandas of Nazi Germany and the German Democratic Republic, East Lansing: Michigan State Univ. Press 2004; Holger Impekoven/Victoria Plank: FeigenBlätter. Studien zur Pressclenkung in Drittem Reich und DDR, Münster: Scriptorium 2004; Jürgen Wil-

Mit dem inzwischen oft annoncierten *visual turn* und der Hinwendung zur *visual history* verband sich die Hoffnung, dass nun auch populäre Bilderwelten Einzug in die Geschichtswissenschaft und die historische arbeitenden Geisteswissenschaften halten würden. Allzu oft aber konzentrieren sich diese Ansätze auf die Bilder selbst, der Rezipient im 20. Jahrhundert erscheint als Anhängsel des übermächtigen Medienapparates,[37] der den Manipulationen der Interessengruppen oder „den Diskursen" ausgeliefert ist. Die „Macht der Bilder" wird hier unhinterfragt vorausgesetzt, ja, sie ist für viele dieser Arbeiten ein Glaubenssatz, der die Bedeutung der eigenen Forschungen unterstreicht.

Wichtiger dafür, dass die populäre Kultur als eigene Sphäre mit eigenen Regeln und eigener Politikqualität erschlossen wurde und dass Kommunikation „von unten nach oben" bzw. von der Peripherie ins Zentrum Berücksichtigung fanden, waren Rezeptionsforschung[38] und Medienwirkungsforschung.[39] Weil sie den „Rezipienten" und „User" als aktiven Kommunikationspartner betrachteten, mahnten sie schon früh an, mediale Macht nicht zu überschätzen und die Größenphantasien der Propagandisten und Produzenten als solche zu lesen. Nicht zuletzt gaben die *cultural studies* und die Alltagsgeschichte zentrale Anregungen für die Erkundung des Verhältnisses von Politik und populärer Kultur, indem sie eine „Geschichte von unten" einforderten, auf Kreativität und „Eigensinn"

ke: Presseanweisungen im zwanzigsten Jahrhundert. Erster Weltkrieg - Drittes Reich - DDR, Köln: Böhlau 2007.

37 Besonders deutlich etwa bei Günter Riederer: Film und Geschichtswissenschaft. Zum aktuellen Verhältnis einer schwierigen Beziehung, in: Gerhard Paul (Hg.), Visual History. Ein Studienbuch, Göttingen: Vandenhoeck & Ruprecht 2006, S. 96-113; aber auch bei Gerhard Paul, Bilder des Krieges - Krieg der Bilder. Die Visualisierung des modernen Krieges. Paderborn: Schöningh 2004. Vgl. dagegen Natalie Zemon Davis: Slaves on Screen. Film and Historical Vision, Cambridge, Mass.: Harvard University Press 2000, S. 14-15.

38 Hans Robert Jauß: Ästhetische Erfahrung und literarische Hermeneutik. Versuche im Feld der ästhetischen Erfahrung, Frankfurt am Main: Suhrkamp 1991.

39 Ende der 50er Jahre beginnt die rezipientenorientierte Medienwirkungsforschung mit dem „uses and gratification"-Konzept, vgl. als Überblick: Jay G. Blumler/Elihu Katz (Hg.): The Uses of Mass Communication. Current Perspectives on Gratifications Research, Beverly Hills: Sage Publications 1974. Als Weiterentwicklung bezieht das dynamisch-transaktionale Modell wieder stärker das Medium ein, vgl. dazu: Werner Früh: Medienwirkungen: Das dynamisch-transaktionale Modell. Theorie und empirische Forschung, Opladen: Westdeutscher Verlag 1991.

der „Vielen" aufmerksam machten und die Verarbeitung von Botschaften in den Mittelpunkt des Forschungsinteresses stellten.[40]

Inzwischen sind auch in der Propagandaforschung vermehrt Stimmen zu verzeichnen, die fordern, dass die Wirkungen gegenüber den Intentionen der Propaganda-Macher zu differenzieren und wissenschaftlich noch stärker zu berücksichtigen seien. Denn auch der Propagandist agierte nicht unabhängig von den Erfolgen seiner Kommunikation, sondern richtete sich daran aus.[41] Einzelne Ansätze hinterfragen selbst dieses zirkuläre Kommunikationsmodell, in dem der Kommunikator die Reaktionen der Rezipienten wahrnimmt, um erneute Kommunikationen daran auszurichten.[42] Denn dabei gäbe weiterhin die Politik den Takt vor. Stattdessen müsse mit einem Modell reziproker Kommunikationen davon ausgegangen werden, dass Botschaften in einem beständigen Prozess der gegenseitigen Beobachtung gleichsam ausgehandelt werden. Beide Parteien sind hier mindestens ebenso sehr Kommunikator wie Rezipient. Es bleibt dann allerdings die Frage, ob man sich nicht besser ganz von dem Begriff der Propaganda verabschiedet oder die Propaganda als sehr speziellen Fall von Kommunikation in einem diktatorialen System ansieht, der aber keineswegs alle Teile der Öffentlichkeit dominiert.

Auch von Seiten der kulturwissenschaftlich orientierten Medienwissenschaft und Mediengeschichte ist die Vorstellung, dass die Intention der Produzenten die Inhalte souverän bestimme und dass Medien als externe Mechanismen der Speicherung und der Informationsvermittlung dienten,[43] verabschiedet worden. Im Sinne des so-

40 Alf Lüdtke (Hg.): Alltagsgeschichte. Zur Rekonstruktion historischer Erfahrungen und Lebensweisen, Frankfurt: Campus 1989. John Fiske: Reading the popular. London: Uniwin Hyman 1992. Michel de Certeau: Kunst des Handelns, Berlin: Merve 1988.

41 Thymian Bussemer: Propaganda und Populärkultur. Konstruierte Erlebniswelten im Nationalsozialismus, Wiesbaden: Deutscher Universitätsverlag 2000; vgl. auch Clemens Zimmermann: Medien im Nationalsozialismus. Deutschland 1933-1945, Italien 1922-1943, Spanien 1936-1951, Wien: UTB 2007, zum aktiven Publikum S. 241-256 und zur Bedeutung der Unterhaltung S. 257-260.

42 Rainer Gries: „Zur Ästhetik und Architektur von Propagemen. Überlegungen zu einer Propagandageschichte als Kulturgeschichte", in: Rainer Gries u.a. (Hg.), Kultur der Propaganda, Bochum: Verlag Dr. Dieter Winkler 2005, S. 9-35.

43 Auf der Basis der Medienarchäologie Foucaults sind Medien z.B. für Friedrich Kittler Dispositive, d.h. Aggregate von Regeln und Determinanten, die nicht nur das Umfeld einer bestehenden Botschaft sind, sondern diese bestimmen und Macht auf die damit befassten Institutionen ausüben, vgl:

genannten *performative turn* der Kulturwissenschaften[44] gelten kulturelle Artefakte als vom Medium mitkonstituiert; sie informieren deshalb auch über das Medium selbst als historisches Apriori sozialer Phänomene. Im performativen Akt kommt der aneignenden Handlung von Subjekten eine bedeutende Funktion zu.[45] Für dieses Forschungsparadigma sind also Medien nicht etwa externe Speicher eines sich außerhalb - gesellschaftlich oder individuell - konstituierenden Sinns;[46] das Medium ist nicht einfach der Träger einer ihm externen Ontologie der Gesellschaft. Es ist vielmehr die phänomenologische Ermöglichungsbedingung von Sinn und von einer erst im Medium emergenten Botschaft, deren Aneignung durch Rezipienten oder „User" einen aktiven Prozess sinnlicher und psychischer Investition darstellt.

Mit diesem Ansatz ändert sich zum einem der Begriff der Öffentlichkeit. Diese gilt nicht mehr als ein den Technologien externer Ort. Vielmehr wird Öffentlichkeit ein sich mit dem Mediengebrauch selbst öffnender medialer Raum, dessen Konstellationen vielfältig sein können und in seinen unterschiedlichen Ausprägungen zu untersuchen sind. Zum anderen kehrt dieses Forschungsparadigma auch die Konzeption von populärer Kultur um: Populäre Kultur gilt als ein medialer Artikulationsraum mit breiter Anschlussfähigkeit an Stilen und Geschmäckern, die heute als transkulturell zu bezeichnen sind. Populäre Kultur hat sodann ein hohes Angebot an persönlichen Investitions- und Interventionsmöglichkeiten zwischen globalen und lokalen Kontexten.

In Folge einer postmarxistischen und postkolonialen Revision und auch mit einer auf Walter Benjamin - aber auch Siegfried

Friedrich A. Kittler: Aufschreibesysteme 1800-1900, 3., vollständig überarbeitete Neuauflage, München: Fink 1995.

44 In Auseinandersetzung mit Austins Sprechakttheorie hat Derrida diesen Begriff entwickelt, Jacques Derrida: „Signatur Ereignis Kontext", in: Peter Engelmann (Hg.), Randgänge der Philosophie, Wien: Passagen Verlag 1988, S .291-314. Dessen kulturpolitische Relevanz in dem hier gemeinten Sinne wurde von Judith Butler hervorgehoben, Judith Butler: Excitable Speech: A Politics of the Performativ, New York: Routledge 1997. Vgl. Doris Bachmann-Medick: „Performative Turn", in: Dies.: Cultural Turns. Neuorientierungen in den Kulturwissenschaften, Reinbek bei Hamburg: Rowohlt 2009, S. 104-143.

45 Mieke Bal zeigt anhand von Jorge Luis Borges, dass die sprengende Kraft der Erzählung nicht allein in der Performativität der Sprache, sondern in der „Performanz", d.h. im erinnernden Vollzug liegt. Mieke Bal: Kulturanalyse, Frankfurt am Main: Suhrkamp 2002, hier S. 265.

46 Sybille Krämer: Sprache, Sprechakt, Kommunikation. Sprachtheoretische Positionen des 20. Jahrhunderts, Frankfurt am Main: Suhrkamp 2001.

Kracauer[47] - zurückgehenden Theorie der Massenmedien wurde deshalb auch der Begriff der Masse von den hegemonialen Implikationen älterer Konzeptionen befreit. Die „Masse“ meinte nun nicht mehr jene (marxistisch gedeutet) amorphe, entfremdete und unemanzipierte soziale Schicht, sondern sie ist die (baudelairesche) Menge, d.h. das Umfeld der urbanen und hybriden Dynamik von Bildern. Die ‚Produktivität' der sogenannten „Multitude“ betonten beispielsweise Antonio Negri und Michael Hardt in ihren Überlegungen zu einer Theorie der globalen Neuordnung des Raumes.[48]

So wurde in der internationalen Forschung insbesondere der implizite und indirekte subversive Umgang der „Populären Kultur“ mit den Massenmedien (auch im Sinne von Widerstand und Transformationskraft) ins Zentrum gerückt,[49] fungiert doch populäre Kultur in postkolonialen Gesellschaften als Instrument selbstreflexiver Praktiken von visueller Kultur und Literatur. Es sind Praktiken der „amateurhaften“ – gemeint im Sinne von unorthodoxen wie auch leidenschaftlich-sinnlichen - Aneignung hochkultureller Traditionen. Die Ästhetik der Populärkultur respektiert Grenzen nicht, kehrt Topographien um, spielt mit dem Erhabenen, wie wir es von der berühmtesten Form der Populärkultur wissen, nämlich der Kultur des Karnevals, gemäß Michael Bachtins Diagnose. Derartige

47 Zu Theorie und „Ästhetik“ der Massenmedien vgl.: Vittoria Borsò: „Medienkultur: Medientheoretische Anmerkungen zur Phänomenologie der Alterität“, in: Markus Klaus Schäffauer u.a. (Hg.), Massenmedien und Alterität, Frankfurt am Main: Vervuert 2004, S. 36-65. Vgl. auch: Vittoria Borsò: „Mexikanische Profanierungen. Cultura popular oder die Kontingenz“, in: Roger Lüdeke (Hg.), Die Popularität der Literatur. Ästhetik, Kommunikation, Interaktion und gesellschaftliche Praxis. Tagung Düsseldorf, Januar 2010 [im Druck].

48 Michael Hardt/Antonio Negri: Empire, Frankfurt am Main: Campus 2002; Michael Hardt/Antonio Negri: Multitude, Frankfurt am Main: Campus 2004.

49 Modelle einer solchen Theorie finden sich bei den britischen postkolonialen Studien. Vgl. u.a. die Studien von Iain Chambers: Urban Rhythms: Pop music and Popular Culture, London: Macmillan 1985; ders., Popular Culture: The Metropolitan Experience, New York: Routledge 1986; ders., Migrancy, Culture, Identity, London: Routledge 1994. Bezüglich performativer Aspekte der Populärkultur von Nord- und Südamerika (mit besonderem Bezug auf Martín-Barbero, Oscar Landi, Carlos Monsiváis u.a.) ist auch auf interamerikanische Studien zu verweisen. Für einen Überblick vgl. George Yúdice: The Expediency of culture. Uses of Culture in The Global Era, Durham, NC: Duke Univ. Press 2003; Vittoria Borsò: „Machtgrenzen und Körperschwellen“, in: Marianne Braig u.a. (Hg.), Grenzen der Macht - Macht der Grenzen. Lateinamerika im globalen Kontext, Frankfurt am Main: Vervuert 2005, S. 103-134.

Praktiken des Hybriden als „Kultur aus zweiter Hand“[50] handeln die Ordnung von Zentrum und Peripherie neu aus und demontieren sie – was nicht überrascht, wenn man die von Homi Bhabha analysierten, subversiven Möglichkeiten von Mimikry in kolonialen Übersetzungsprozessen[51] in Rechnung stellt.

Das interaktionelle Modell der Kommunikation haben die *cultural studies* wie auch die Kulturwissenschaften schließlich auch auf die politische Macht bezogen. Der späte Michel Foucault hatte entwickelt, dass Macht ein kulturelles Feld sei, in dem sich Kräfte gegenüberständen. Sie sei keine unhintergehbare metaphysische Maschine. „Macht wird gemacht“, so der Hauptsatz der Analyse des Verhältnisses von Subjekt, Raum und Macht bzw. der Interaktion von Macht und Subjekten.[52] Gerade auch in politisch repressiven Epochen oder hegemonialen Kulturen könnten diese Akteure, so Michel Foucault, auch eine kulturelle Gegenmacht entfalten, die sich freilich indirekt und transversal auf die politische Macht auswirke und diese gar transformieren könne.

Der Blick vom Rezipienten her hat also nicht nur die Propaganda-Forschung grundlegend verändert,[53] sondern die Beschäftigung mit dem Phänomen „Popularität“, „populäre Kultur“ einschließlich „populäre Medien“ im Gesamten verstärkt und auf der Basis von Interaktionsmodellen neue und produktive Fragestellungen für die Geschichtswissenschaft angeregt.[54] Zur Erforschung der politischen Diskussionen und Botschaften tritt z.B. die Beschäftigung mit der Vielzahl möglicher Kanäle von Politikvermittlung. Die Politikwissen-

---

50 Néstor García Canclini: Culturas híbridas. Estrategias para entrar y salir de la modernidad, Mexiko: Grijalbo 1989.

51 Homi, Bahbha: Location of culture, London: Routledge 1994.

52 Michel Foucault: „Le sujet et le pouvoir“, in: Michel Foucault: Dits et écrits: 1954-1988, Bd. IV., hg. von Daniel Defert und François Ewald, Paris: Gallimard 1994, S. 222-243; vgl. Vittoria Borsò: „Grenzen, Schwellen und andere Räume“, in: Vittoria Borsò /Reinhold Görling (Hg.), Kulturelle Topographien, Stuttgart: Metzler 2004, S. 13-42.

53 Vgl. die Ergebnisse von Robert Gellately: Backing Hitler. Consent and Coercion in Nazi Germany, Oxford: Oxford Univ. Press 2001; Gerhard Stahr: Volksgemeinschaft vor der Leinwand? Der nationalsozialistische Film und sein Publikum, Berlin: Verlag Hans Theissen 2001.

54 Eine systematische Erfassung von Zeugnissen der Rezeption findet sich z.B. bei Helmut Korte: Der Spielfilm und das Ende der Weimarer Republik. Ein rezeptionshistorischer Versuch, Göttingen: Vandenhoeck und Ruprecht 1998. Auch die erneute Hinwendung zur Region als Untersuchungseinheit ist durch das Interesse am Rezipienten, an lokalen Auswirkungen hervorgerufen: Claus-Christian W. Szjenmann: „Verwässerung oder Systemstabilisierung? Neuere Forschungen zum Nationalsozialismus in der Region“, in: Neue Politische Literatur 48 (2003), S. 208-250.

schaft bemüht sich verstärkt um die Erforschung von Inszenierungen;[55] die Kommunikationswissenschaft wendet sich der Frage zu, was Medien mit Politik machen und umgekehrt.[56] Dabei wurde und wird mit Nachdruck auf die Heterogenität kapillarer Kommunikationssysteme, in denen allgemeine Sinnstiftungsangebote der modernen Gesellschaften - gleich in welchem politischen System – verhandelt werden, hingewiesen. Schließlich wächst die Einsicht, dass die Trennung in eine Öffentlichkeit als idealerweise interessen- und herrschaftsfreiem Kommunikationsraum und als Forum für Politik auf der einen Seite [57] und die Masse als durch Propaganda manipulierten Kommunikationszusammenhang auf der anderen Seite[58] nicht mehr aufrecht zu erhalten ist. Jede Geschichte der öffentlichen Kommunikation steht damit vor der Herausforderung, die Rekonstruktion historischer Wahrnehmungsmodi auch „der Vielen“ – im Sinne einzelner Menschen bzw. „einfacher Leute“ – zu leisten.[59] In einer Gesellschaft, die aus einer Vielzahl von „Teilöffentlichkeiten“ besteht, ist die klassische „politische Öffentlichkeit“ nur *ein* Kommunikationsraum unter anderen, und sie hat kein Monopol auf politische Bedeutsamkeit.[60] Der Differenzierung des Kollektivsingulars „Öffentlichkeit“ entspricht schließlich die Ausweitung des Medienbegriffs auf Formen, die nicht auf den ersten Blick mit Vermittlung von Botschaften, Weltdeutungen und Sinnstiftungsangeboten in Zusammenhang gebracht werden; man denke an Einkaufszentren[61], Architektur[62] und Ausstellungen[63] oder organisierte gesellige

---

55 Thomas Meyer: Mediokratie. Die Kolonialisierung der Politik durch die Medien, Frankfurt am Main: Suhrkamp 2001.

56 Rudolf Maresch/Niels Werber (Hg.): Kommunikation, Medien, Macht, Frankfurt am Main: Suhrkamp, 1999.

57 Lange Zeit bestimmend war Jürgen Habermas: Strukturwandel der Öffentlichkeit. Untersuchungen zu einer Kategorie der bürgerlichen Gesellschaft. Mit einem Vorwort zur Neuauflage, Frankfurt am Main: Suhrkamp 1990 [1962].

58 Ältere Theorien der „Masse“ haben aufgearbeitet Ulrich Lappenküper u.a. (Hg.): Masse und Macht im 19. und 20. Jahrhundert, München: Oldenbourg 2003.

59 Silvia Serena Tschopp: „Das Unsichtbare begreifen. Die Rekonstruktion historischer Wahrnehmungsmodi als methodische Herausforderung der Kulturgeschichte“, in: Historische Zeitschrift 280 (2005), S. 39-81.

60 Karl Christian Führer/Knut Hickethier/Axel Schildt: „Öffentlichkeit - Medien - Geschichte. Konzepte der modernen Öffentlichkeit und Zugänge zu ihrer Erforschung“, in: Archiv für Sozialgeschichte 41 (2001), S. 1-38.

61 John Fiske: Lesarten des Populären, Wien: Turia und Kant Verlag 2000, S. 26-55.

62 Erik Schmid: Staatsarchitektur der Ära Mitterrand in Paris. Ästhetische Konzeption und politische Wirkung, Regensburg: Roderer 1996.

Zusammenkünfte[64], Feste[65], aber auch Gewalttaten[66] und zufällige Begegnungen[67].

In diesem Prozess der Ausweitung des Öffentlichkeits- und Medienbegriffs haben sich, so scheint es, zwei Schwerpunkte besonders bewährt: Zum einen die Untersuchung der medialen Annäherung der semantischen, konzeptionellen und programmatischen Felder Politik und Unterhaltung. Ein enggeführter Politik-Begriff scheint die Wirklichkeit der polymedial-interagierenden Gesellschaft nicht mehr hinreichend abzubilden.[68] Entscheidend ist dabei, dass die Ausweitung des Öffentlichkeits- und Medienbegriffs mit einer Ausweitung des Politikbegriffs korrespondiert. Zum anderen ist die Orientierung der Forschung am Rezipienten zu nennen. Untersucht wird hier die Medien-Wirkung als „Anschlusskommunikation", das heißt in ihren Formen der Annahme und des Umgangs mit den medial verbreiteten Produkten.[69] „Erfolg" und „Bedeutung" von Kommunikation sind an die Rezeptionsbedingungen und an den Rezipienten gebunden und von diesen her zu bewerten.

***

Es geht also in diesem Sammelband um einen differenzierten Zugang zu dem Thema "Politik und Popularität" mittels der Untersuchung von Vermittlung, Verbreitung und populären Ausdrucksformen des Politischen. Mit dem Begriff „Transfiguration" setzt sich der

63 Jürgen Fohrmann u.a. (Hg.): Medien der Präsenz. Museum, Bildung und Wissenschaft im 19. Jahrhundert, Köln: DuMont 2001.

64 Richard van Dülmen: Die Gesellschaft der Aufklärer. Zur bürgerlichen Emanzipation und aufklärerischen Kultur in Deutschland, durchgesehene Neuausgabe, Frankfurt am Main: Fischer Taschenbuch-Verlag 1996, S. 82-100.

65 Dieter Düding (Hg.): Öffentliche Festkultur. Politische Feste in Deutschland von der Aufklärung bis zum Ersten Weltkrieg. Reinbek bei Hamburg: Rowohlt 1988.

66 Jürgen Wilke: „Gewalt gegen die Presse. Episoden und Eskalationen in der deutschen Presse", in: Jürgen Wilke (Hg.), Unter Druck gesetzt. Vier Kapitel deutscher Pressegeschichte, Köln: Böhlau 2002, S. 129-198.

67 Susann Rau/Gerd Schwerhoff (Hg.): Zwischen Gotteshaus und Taverne. Öffentliche Räume in Spätmittelalter und Früher Neuzeit, Köln: Böhlau 2004.

68 Zu Reflexion aktueller Konzepte der Politikvermittlung vgl. Andreas Dörner: Politainment. Politik in der medialen Erlebnisgesellschaft, Frankfurt am Main: Surkamp 2001.

69 „Klassisch" hierzu Niklas Luhmann: „Was ist Kommunikation?", in: Niklas Luhmann (Hg.), Soziologische Aufklärung 6. Die Soziologie und der Mensch, Opladen: Westdeutscher Verlag 1995, S. 113-124.

Band zuerst von der negativen Konnotation von „Politikvermittlung", die sich im Begriff „Propaganda" bündelt, ab. Der Begriff „Transfigurationen" bietet einen möglichen Ansatz, da er die *Umwandlungen* und *Übertragungen* von Macht in den Medien in den Blick nimmt und die Transformationen des politischen Diskurses durch mediale Praktiken und Produkte populärer Kulturen fokussiert. Die Bereiche, die hier der Begriff „Populäre Kultur" zusammenfasst, betrachten wir als *politisch*, insofern dort Weltdeutungen und Sinnstiftungsangebote vermittelt werden und sich bei dem Rezipienten einschreiben. Was umgangssprachlich gerne als „unpolitische Unterhaltung" oder bloße "Alltäglichkeit" bezeichnet wird, verstehen wir als Teil des Politischen.

Der Band setzt sich mit Kommunikationsräumen auseinander, in denen „Politik" in dem skizzierten weit gefassten Sinne für die Mehrheit der Rezipienten überhaupt sichtbar und wirksam wird. Der Begriff „Transfigurationen" deutet dabei auf eine bestimmte Methode hin, weil er im Gegensatz zu „Vermittlung" betont, dass die Übertragungen nicht als einseitiger Vorgang, sondern als komplexe mediale Artikulation und als dynamischer Prozess verstanden werden. Der Begriff verweist auf die interaktive Qualität des Kommunikationsprozesses, bei dem der Rezipient zugleich „Sender" ist: Er ist Akteur im Aneignungsprozess von Politik, ökonomischer Faktor, Produzent, der rezipierte Muster weitergibt und durch den Rezeption überhaupt stattfindet. Nicht zu vernachlässigen ist dabei, dass Politik in den Massenmedien, aber auch in der alltäglichen Praxis und in kleinteilig strukturierten Medien stattfindet, deren Eigengesetzlichkeit es noch zu erkunden gilt. Für die Zukunft wäre also eine Geschichte der Medien wünschenswert, die, wie hier in Ansätzen geschehen, mediale Topographien und Dispositive, also die Beschäftigung mit Ort, Zeit und Beschaffenheit des Mediums, auch auf solche alltäglichen Formen der Kommunikation ausweitet.

Alle Aufsätze in dem Band analysieren die politischen Bedeutung populärer Kultur; zwei Aspekte, die für die meisten Autorinnen und Autoren eng zusammen hängen, stehen dabei im Zentrum des Interesses: Erstens fragen die Beiträge nach der Bedeutung von populärer Kultur für „die" Politik. Wie beeinflusst populäre Kultur politische Entscheidungsprozesse und Entwicklungen? In welchem Sinne enthalten alltägliche Praktiken oder populäre Unterhaltungsangebote politische Bedeutung? Denn, so meinen die Autorinnen und Autoren des Sammelbandes, das Populäre veränderte das Politische im 20. Jahrhundert nachhaltig, da man sich auf neue Publika mit eigenen kulturellen Werten einzurichten hatte. Zweitens stellen sie die Frage nach der spezifischen Politik der populären Kultur, die ihr auch jenseits der Versuche, Politik etwa durch politische Werbung oder Propaganda direkt zu vermitteln, inhärent ist. Welche

Weltdeutungen und Sinnangebote zirkulieren in der Sphäre der populären Kultur? Wie beeinflusst der Konsum unsere Vorstellung von der Welt und unser Verhalten in der Gesellschaft? Hinter diesem zweiten Fragenkomplex steht die Überzeugung, dass die Konsumweisen und die Eigenschaften der Produkte kein neutrales Phänomen, sondern für viele Menschen ein zentrale Mittel zur Weltaneignung und zur Auseinandersetzung mit Gesellschaft sind.

Die Aufsätze in dem Band sind nicht nach Themen geordnet, sondern die Anordnung folgt der Chronologie. Auf diese Weise machen die Einzelbeispiele auf Entwicklungen in dem Spannungsfeld zwischen dem Populären und dem Politischen, die uns für bestimmte Zeitabschnitte beispielhaft erscheinen, aufmerksam. Die populäre Kultur unterliegt einer eigenen Dynamik und weist eigene Brüche auf, die nicht den Perioden der politischen Geschichte entsprechen müssen. Formationen der populären Kultur sind vielmehr von „langer Dauer", und diese Formationen können politische Systemwechsel ebenso überstehen, wie sich innerhalb desselben politischen Systems ein rascher Wandel vollziehen kann. So kann die Politik der populären Kultur durchaus dem politischen System entsprechen und affirmative Wirkungen entfalten, aber ebenso sind Konstellationen denkbar in denen das Populäre einen Eigensinn entwickelt und Potentiale zur Renitenz beinhaltet.

Einen ersten Schwerpunkt des Sammelbandes bilden Aufsätze zu der Zeit vor 1945. Die Autorinnen und Autoren konzentrieren sich auf die Entwicklungen im Deutschen Reich. Die vorliegenden Aufsätze zeigen, dass in der populären Kultur "Gemeinschaft" und "Nation" wichtige Konzepte darstellten, auch wenn die Märkte durchaus schon international organisiert waren. Die politische Relevanz solcher Ideen scheint auf der Hand zu liegen, eine politische Steuerung auf den ersten Blick nahe liegend. Zwar sind die Versuche, der Politik nicht zu übersehen, auf diese neue Kultur einzugehen, das war allerdings nicht immer erfolgeich. Die Autorinnnen und Autoren können darlegen, dass schon vor 1945 die populäre Kultur eine Sphäre mit eigener Gesetzlichkeit war, die weder einfach gelenkt werden noch problemlos für politische Ziele vereinnahmt werden konnte.

Anna von der Golz schildert in dem Eröffnungsaufsatz, wie die Entdeckung der populären Kultur die Politik veränderte. Im Kaiserreich war den politischen Verantwortlichen in den zahlreichen Skandalen die Macht der öffentlichen Meinung bewusst geworden, und die Massenorganisationen des Kaiserreichs machten die "Stimme des Volkes" zu einem wichtigen Faktor in der Politik. Die Autorin zeichnet die Wirkung populärer Weltbilder im Ersten Weltkrieg nach. Indem sie die Entstehungsphase des Hindenburg-Mythos in den Mittelpunkt rückt, kann sie zeigen, dass diese Führerfigur gleichsam „von unten her" aufgebaut wird, dass zuerst eine Vielzahl von populären Produkten und Praktiken ein Bild des glorreichen Heerführers kreieren und erst dann die Politik versucht, steuernd einzugreifen. Letztlich blieb die Figur "Hindenburg" aber unkontrollierbar: Hindenburgs Verehrung als "Ersatzkaiser" besaß einige Sprengkraft in dem Machtgefüge der Monarchie, und gerade gegen Ende des Ersten Weltkrieges kommunizierte die Bevölkerung über Gerüchte zur Person Hindenburgs eigene Ängste und Wünsche, die zur offiziellen Propaganda nicht passten.

Die beiden Aufsätze zur Weimarer Republik thematisieren einen weiteren Schritt in der Politisierung des Populären, sie zeigen wie alltägliche Praktiken zum Thema für die Politik wurden und damit auch politisch Bedeutung erlangten. Ein Aufsatz von Klaus Nathaus stellt methodisch Grundannahmen der übrigen Aufsätze in Frage: Es führe in die Irre, so Nathaus, populäre Praktiken oder Texte allzu behänd als Übungsfeld für die Politik oder als Ausdruck einer politischen Gesinnung zu interpretieren. Am Beispiel der geselligen Vereine in der Weimarer Republik zeigt er, dass sich die Vereinsmitglieder ihrer Vereinnahmung für Allgemeinwohl und Staatszweck durch die Politik vehement widersetzten und in den Vereinen vor allem einen Raum zum geselligen Austausch suchten. Statt sich der Förderung des deutschen Liedgutes zu verschreiben und als anerkannter Verein steuerliche Vorteil zu erhalten, wollten die Gesangsvereine lieber weiterhin an Wettsingen teilnehmen, bei denen es neben dem Wettkampf mit anderen Vereinen auch immer um das feucht-fröhliche Beisammensein ging. Indirekt erkennt aber auch Nathaus dieser Geselligkeit eine politische Funktion zu, indem er dem politikfernen Bereich eine eigene Bedeutung zur Stabilisierung einer Gesellschaft zuweist. Denn die deutschen Vereine, die die Einmischung von Politik gewohnt waren und in den Zwanzigern zunehmend von staatlicher Unterstützung abhängig wurden oder zumindest darauf zu hoffen begannen, zeigten sich nach 1933 äußerst anfällig für die Anforderungen der neuen Machthaber.

Hannah Ahlheim zeigt dann für die Weimarer Republik, dass auch scheinbar „unpolitische" und neutrale Handlungen soweit mit Bedeutung aufgeladen werden konnten, dass ihr Vollzug zur politischen Aussage wurde. Die NSDAP und radikale Antisemiten prangerten schon lange vor dem Aprilboykott 1933 das angeblich „artfremde" Wirtschaften der jüdischen Händler an. Sie riefen dazu auf, jüdische Geschäfte zu boykottieren, oder sie wiesen, wenn die Gesetze direkte Boykotte verbaten, auf die unterstützenswerten „christlichen" und „deutschen" Geschäfte hin. Zentraler Akteur bei diesen stillen oder offenen Boykotten war das Publikum, das sich zu den Aufrufen verhalten musste und schon durch Passivität, durch einen nicht getätigten Kauf teil nahm an der Exklusion einer Minderheit. Gerade die Entwicklung nach dem Aprilboykott 1933 zeigt, dass die NSDAP mit ihrer Strategie der Politisierung des Konsums erfolgreich war. Denn nun versuchte das Reichswirtschaftsministerium, das eine Schädigung des Wirtschaftslebens befürchtet, die Boykotte zu unterbinden, es konnte sich aber nicht gegen Agitatoren und das Boykottpublikum auf lokaler Ebene durchsetzen.

Hier zeigt sich, wie spannungsgeladen das Verhältnis zwischen „Volkes Willen" und der politischen Werbung war, die populär zu sein hatte, wenn sie wirksam sein wollte, und die 1933 unter dem Begriff „Propaganda" zur zentralen Aufgabe des Staates wurde, nicht spannungsfrei war. Die NS-Propagandisten scheinen gar den populären Eigensinn gefürchtet zu haben. Im „Gesetz zum Schutze der nationalen Symbole" vom 19. Mai 1933 wurde der sogenannte nationale Kitsch verboten und damit populäre Adaptionen unterbunden. Wenke Nitz kann nun zeigen, dass die Produktion des „nationalen Kitsches" weiterging und dass auch in der NS-Zeit geschäftliche Interessen und die Ikonisierung einer Herrscherfigur ineinandergriffen. Letztlich erlaubte das Gesetz nämlich keine inhaltliche Unterscheidung zwischen Erlaubtem und Verbotenem, und es wurde häufig nur dazu genutzt, missliebige Konkurrenz aus dem Feld zu schlagen. Die NS-Propagandisten bemerkten schließlich auch, dass es besser war, solche Erzeugnisse in Kauf zu nehmen, „als Gefahr zu laufen, in ländlichen katholischen Haushalten überhaupt kein Führerbild zu finden".

Während am nationalen Kitsch vorgeführt werden kann, wie weit die NS-Propaganda letztlich doch den Wünschen des Publikums entgegen kommen wollte und welch entspannte Haltung die NS-Funktionäre gegenüber der populären Kultur einnahmen, gab es auch Felder, in denen sich der „Eigensinn" des Publikums durchsetzte. Patrick Merziger verfolgt den rasanten Aufstieg der „Volkskomödie", die sich trotz anderer Präferenzen nationalsozialistischer Propagandisten den Spielplan von 1933/34 an dominierte. Die Gründe sind nicht in einer gezielten Kulturpolitik zu suchen, sondern in nicht-intendierten Effekten der Eingriffe in das Theater und in der die Krise der deutschen Bühnen zu Beginn der dreißiger Jahre. Nicht zuletzt hatte sich das Muster „Volkskomödie" im engen Kontakt mit dem Publikum entwickelt, so dass es den Wünschen der Zuschauer weit entgegen kam. Trotzdem – oder deswegen – zeigte sich bald, dass diese Komödien mit ihrer Betonung des Gemeinschaftsgedankens als populärer Ausdruck des zentralen NS-Ideologems, der „Volksgemeinschaft", eingesetzt werden konnten.

Stand bis 1945 in der populären Kultur immer wieder das Nationale im Mittelpunkt, scheint sich nach 1945 der Raum zu weiten. Dafür spricht natürlich zuerst die mediale Entwicklung im 20. Jahrhundert, durch die Grenzen technisch an Bedeutung verloren.

Grenzübertretung gehörte zum Spezifikum der Medien. Kinoproduzenten mussten, anders als im Printbereich, ihre Filme exportieren, da ansonsten die aufwändigen Produktionskosten nicht einzuspielen waren; Rundfunk- und Fernsehwellen ließen sich nicht auf das Staatgebiet beschränken. Hinzu kam die politische Entwicklung; mit der Europäischen Union verlor der Nationalstaat auch kulturell an Überzeugungskraft; durch die Dekolonialisierung und Emanzipationsbewegungen büßte das „christliche Abendland" seine Hoheit über die Sinnstiftung ein. Das Feld der populären Kultur wird sehr viel komplexer; neben das Oben und das Unten, die gegeneinander oder einträchtig arbeiten, treten das Zentrum und die Peripherie, die in Austauschbeziehungen stehen; nach 1945 werden Grenzübertritte bedeutender, „das Andere" wird zum Wert auf dem Markt, kurz: Transgressionen und Ungleichzeitigkeiten bestimmen das Bild. Den vorliegenden Band schließen drei Artikel ab, die zumindest Ausblicke auf diese vielfach komplexere Situation erlauben.

Urs Urban untersucht mit Jean Genet einen Autor, der sich von 1942 bis zu seinem Tod 1986 als Fremdkörper in der populären Kultur inszenierte und bis heute als solcher wahrgenommen wird. Genet versucht, sich in der komplexen Situation nach 1945 zu verorten, und trachtet in seiner Ästhetik danach, das absolut Negative zu besetzen – was in Zeiten programmatischer Permissivität zunehmend schwer fällt. Seine Selbststilisierung als Kleinverbrecher wird mit der Anerkennung als *poet maudit* belohnt, und mit dieser Kanonisierung werden seine homosexuellen, transgressiven Charaktere *role models* für die homosexuelle Subkultur und über dies zum salonfähigen Allgemeingut. Also entwirft sich Genet in seinen späten Schriften als Antisemiten, wobei Urban allerdings herausarbeitet, dass man bei Genet von einer antisemitischen Grundüberzeugung ausgehen muss, die es unmöglich macht, seine Schriften als bloß ästhetisch motivierte Suche nach dem absolut Negativen zu sehen. Insofern sieht Urban Genet quer zum Trend der populären Kultur stehen, in dem spielerische Positionierungen und ironische Rezeptionen bevorzugt werden.

Anders als Genet ist Che Guevara, den Markus Buschhaus in den Mittelpunkt seiner Analyse stellt, ein ursprünglich politischer Akteur, der inzwischen vor allem als Ikone der populären Kultur fortlebt. Guevaras stilisiertes Porträt hat weiteste Verbreitung gefunden, und Buschhaus zeigt, wie sich das Photo Guevaras durch graphische Veränderungen und die Aufnahme christlicher Motive, durch immer neue Verwendungen und Kontextualisierungen zur Ikone entwickelte, die die tatsächliche Anwesenheit des Guevara verspricht; indem die Rezipienten die Ikone als T-Shirt auf dem Körper tragen, scheinen sie dem Geist Guevaras neues Leben einzuhauchen. Damit sind *eine* Bedeutungsebene und *eine* Praxis erschlossen. Die Popularität aber macht die Hybridität der Erscheinung (im Sinne des Levinaschen „Antlitzes“) aus. Sie ist Ikone und gleichzeitig Schnappschuss, Porträt und Warhol, steht für Religion und gleichzeitig für Pop-Art; Revolution, Protest und Mainstream, Sozialismus und Kapitalismus.

War Guevara gleichsam ein europäischer Import, so demonstriert Beatrice Schuchhardt am Fall des frankophonen, historischen Romans Algeriens, wie ein zentrales Genre europäischer Kultur zum Politikum werden kann, wenn es in einem außereuropäischen Kontext auftritt. Indem hier die algerische Schriftstellerin, Filmemacherin und Historikerin Assia Djebar Politik in Fiktion überführt, kann sie neue Perspektiven und Räume öffnen, andere, vieldeutige und widersprüchliche Geschichten erzählen, Leerstellen ausfüllen, die im monologisch geführten Diskurs der „offiziellen Politik“ ihres Landes nicht vorkommen. Als Beitrag zur Historiographie Algeriens relativiert ihr Roman die Historiographie der Front de Libération Nationale (FLN), die den algerischen »Befreiungskrieg« zu einem heroischen Partisanenkampf unter Führung der FLN ausdeutete und über die staatlichen Institutionen wie das Bildungssystem als einzig zulässige Interpretation oktroyierte. Hier stellt sich abschließend die Frage nach der Universalität der in diesem Band beschriebenen Entwicklungen. Denn Schuchhardt fragt auch nach den Motiven und der Leserschaft dieses Romans für Algerien; beide müssen im frankophonen Raum ihren Ort haben, will Assia Djebar politisch und populär wirksam sein.

Die Macht des Hindenburg-Mythos

Politik, Propaganda und Popularität im Ersten Weltkrieg

ANNA VON DER GOLTZ

Nach dem Sieg Paul von Hindenburgs im entscheidenden zweiten Wahlgang der Reichspräsidentenwahlen von 1925 war sich die liberale Wochenzeitung *Welt am Montag* sicher, dass die Ursachen seines Wahlerfolgs keineswegs rationaler Natur gewesen waren. Den „Unwissenden“ habe man mit durchschlagenden und unwiderlegbaren Argumenten gegen die Kandidatur des gefeierten Kriegshelden nicht beikommen können,

> „weil er für sie überhaupt keine scharf umrissene, mit ganz bestimmten Eigenschaften versehene Persönlichkeit ist, sondern ein mythischer Begriff, ein Fetisch. Sie brauchen ihn bloß anzugucken, bloß seinen Namen zu hören, dann raucht der Rest ihres Verstandes von dannen, sie sinken in den Zustand der Beduselung, der kritische Maßstäbe überhaupt nicht mehr kennt.“[1]

Hindenburgs Wiederwahl im Frühjahr 1932 sahen zahlreiche Kommentatoren in einem ähnlichen Licht. Seinen Sieg habe er nicht etwa einem politischen Programm zu verdanken, schrieb der bekannte Pazifist und Journalist Carl von Ossietzky: „Gesiegt hat Hindenburg, ein Stück Legende, ein heroischer Rahmen, in den ein jeder nach Belieben ein buntes Geflecht von Illusionen spannen kann.“[2]

Beide Kommentare sind für die Frage nach den „Transfigurationen des Politischen“, die in diesem Band behandelt werden, von großem Interesse. Sie suggerieren, dass der Hindenburg-Mythos, der seinen Ursprung im Ersten Weltkrieg hatte, ein Phänomen außerhalb der Sphäre des Politischen war. Außerdem verhandeln bei-

1 Dr. Frosch in der Welt am Montag vom 27.4.1925.

2 „Gang zwei“, Die Weltbühne, Nr. 12, 22.3.1932.

de die Rollenverteilung beim Prozess der politischen Willensbildung und rücken das Publikum dabei in den Vordergrund. Laut der *Welt am Montag* verlor dieses beim Anblick Hindenburgs buchstäblich den Verstand. Die Zeitung war der Ansicht, dass politische Aufklärungsarbeit seiner Anziehungskraft gegenüber machtlos gewesen war, da seine „beduselte" Anhängerschaft sich der argumentativen Beeinflussung durch die „Wissenden" entzog. Die Zeitung gab sich angesichts der Grenzen, an die ihr politischer Einfluss stieß, resigniert. Der zukünftige Friedensnobelpreisträger Ossietzky schrieb dem Publikum einen noch aktiveren Part zu. Ihm erschien Hindenburg als vakante Projektionsfläche, auf der erst durch die Fantasie seiner Anhängerschaft Leben entstand. Er betrachtete sie als zentralen Akteur bei der Sinnstiftung Hindenburgs.

In der Tat lassen sich politische Mythen nicht einfach von versierten „Manipulatoren" fabrizieren, verbreiten und dauerhaft steuern. Mythen sind Waffen der politischen Kommunikation, aber ihr Entstehungsprozess verläuft selten geradlinig oder unidirektional. Obwohl der Begriff „Mythos" im alltäglichen Sprachgebrauch immer wieder als Synonym für eine falsche Darstellungsweise oder unwahre Erzählungen gebraucht wird, ist seine Bedeutung wesentlich umfassender. Eine Vielzahl von Akteuren wirkt an der Entstehung und Verbreitung von Mythen mit. Sie entstehen qua definitione erst unter Mitwirkung des Publikums; *ohne Anhänger kein Mythos*. Mythen sind somit stets „multidirektional"; sie sind das Resultat eines komplexen kommunikativen Aushandlungs- und Umwandlungsprozesses, an dem verschiedene Akteure mit diffusen Zielsetzungen beteiligt sind. Dabei lässt sich nicht immer klar zwischen Produzenten und Rezipienten unterscheiden.[3] Mythische Narrative sind einerseits eng an die Intentionen derer, die sie zu instrumentalisieren suchen, gekoppelt. Gleichzeitig verleihen sie den versteckten Wünschen, Sehnsüchten und Bedürfnissen ihrer Anhänger symbolischen Ausdruck und lassen deshalb wichtige Schlüsse auf das „kollektive Unterbewusstsein" einer Gesellschaft zu.[4] Ihr Entstehungsprozess lässt sich als ein Akt reziproker Übertragung verstehen. Mythen entfalten erst dann die größtmögliche Durchschlagkraft, wenn sie sich in die Vorstellungswelt ihrer Anhänger einfügen.[5] Ihre zentralen Komponenten bauen auf den semantischen und semiotischen Traditionen einer Gesellschaft auf, nehmen also bestehende

3 Lucy Riall: Garibaldi. Invention of a Hero, New Haven, Conn.: Yale University Press 2007, S. 392.

4 Hans-Jürgen Wirth: „Vorwort", in: ders. (Hg.), Helden: Psychosozial 10 (1987), S. 6.

5 Andreas Dörner: Politischer Mythos und symbolische Politik. Der Hermannmythos, Reinbek bei Hamburg: Rowohlt 1996, S. 96.

Erwartungen ebenso auf, wie sie neue schaffen. So knüpfte der Hindenburg-Mythos an Mytheme älterer politischer Erzählungen wie des Barbarossa-, Bismarck-, Siegfried- und Hermann-Mythos an.[6]

Mythen sind Anordnungen von Erzählungen und Bildern mit metaphysischem Anspruch.[7] Sie sind symbolisch aufgeladen und geben vor, gültige Aussagen über vergangene oder zukünftige Ereignisse zu treffen und können dazu dienen, Zustände zu erklären oder zu legitimieren.[8] Es handelt sich um soziale Konstruktionen der Realität, die sich an die emotionale Seite des menschlichen Denkens und Handelns richten.[9] Gerade in komplexen modernen Gesellschaften dienen Mythen oft der Vereinfachung und Vergemeinschaftung. Aus vielschichtigen Ereignissen destillieren sie einfache Formeln; sie schaffen leicht verständliche Dichotomien wie „Gut und Böse" oder „Held und Feigling".[10] Da sie zu einer Verengung der Perspektiven führen, leisten sie einen Beitrag zu größerer sozialer Kohärenz und entfalten eine integrierende Wirkung innerhalb ihrer Anhängerschaft.[11] Gleichzeitig können sie gesamtgesellschaftlich durchaus spaltend und desintegrierend wirken, indem sie verschiedene Gruppen mit in sich geschlossenen Weltdeutungen und Symbolsystemen mobilisieren und gegeneinander in Stellung bringen.[12]

Nachdem die Forschung sich lange vor allem auf militär- und politikgeschichtliche Darstellungen der Rolle Hindenburgs im Ersten Weltkrieg, in der Weimarer Republik und der frühen NS-Zeit konzentrierte, rückt neuerdings seine mythische Verklärung in den

---

6 Dazu im Einzelnen: Rüdiger Krohn: „Friedrich I. Barbarossa. Barbarossa und der Alte vom Berge. Zur neuzeitlichen Rezeption der Kyffhäuser-Sage", in: Ulrich Müller/Werner Wunderlich (Hg.), Mittelalter-Mythen, Bd. 1, St. Gallen: UVK 1996, S. 101-118; Robert Gerwarth: Der Bismarck-Mythos. Die Deutschen und der Eiserne Kanzler, München: Siedler 2007; Herfried Münkler/Wolfgang Storch: Siegfrieden. Politik mit einem deutschen Mythos, Berlin: Rotbuch 1988; A. Dörner: Politischer Mythos.

7 Hans-Heinrich Nolte, „Mythos – Plädoyer für einen engen Begriff", in: Adelheid v. Saldern (Hg.), Mythen in Geschichte und Geschichtsschreibung aus polnischer und deutscher Sicht, Münster: Lit 1996, S. 36-39, hier: 36.

8 Christopher G. Flood: Political Myth. A Theoretical Introduction, New York u. a.: Garland 2004, S. 44.

9 Adelheid v. Saldern: „Mythen, Legenden und Stereotypen", in: dies.: Mythen in Geschichte und Geschichtsschreibung, S. 13-26, hier: S. 15.

10 Dietrich Orlow: „The Conversion of Myths into Political Power. The Case of the Nazi Party, 1925-1926", in: American Historical Review 3 (1967), S. 906-924, hier: S. 906.

11 Sabine Behrenbeck: Der Kult um die toten Helden: Nationalsozialistische Mythen, Riten und Symbole, Vierow bei Greifswald: SH-Verlag 1996.

12 A. Dörner, Politischer Mythos, S. 28 und S. 92.

Fokus.[13] Wolfram Pytas Monumentalbiographie begreift den Mythos als entscheidenden Schlüssel zum Verständnis der politischen Karriere des Feldmarschalls und richtet ihre Aufmerksamkeit auf Hindenburgs Nutzung seines Mythos als Machtinstrument. Dabei dient Pyta – und wie er zumindest impliziert auch Hindenburg selbst – Max Webers Modell der „charismatischen Herrschaft“ als Vorlage.[14] Jesko von Hoegen wiederum hat das Bild Hindenburgs in der deutschen Öffentlichkeit zwischen 1914 und 1934 anhand der politischen Tagespresse näher untersucht.[15] Die „populären“ Manifestationen des Hindenburg-Mythos, etwa in den Illustrierten, der Werbung, im Film, im Radio oder im Rahmen öffentlicher Feiern werden dabei weitgehend ausgespart. Da von Hoegens Studie vor allem die Tagespresse als Quelle heranzieht, rücken die Aushandlungsprozesse seitens des Publikums eher in den Hintergrund der Darstellung. Im Folgenden stehen diese Aspekte hingegen im Zentrum der Untersuchung.[16] Dabei soll gezeigt werden, dass sich das Modell der „Transfigurationen des Politischen“, das politische Kommunikation als vielschichtigen Prozess versteht und die Umwandlungen und Übertragungen von Macht in den Medien, Praktiken und Produkten populärer Kultur in den Fokus rückt, anbietet, um die Komplexität politischer Mythen aufzuschlüsseln.

13 Exemplarisch u. a.: Andreas Dorpalen: Hindenburg and the Weimar Republic, Princeton, N. J.: Princeton University Press 1964; Walter Rauscher: Hindenburg. Feldmarschall und Reichspräsident, Wien: Ueberreuter 1997; Werner Maser: Hindenburg. Eine politische Biographie, Rastatt: Moewig 1990; Harald Zaun: Hindenburg und die deutsche Außenpolitik 1925-1934, Köln u.a.: Böhlau 1999.

14 Wolfram Pyta: „Paul von Hindenburg als charismatischer Führer der deutschen Nation“, in: Frank Möller (Hg.), Charismatische Führer der deutschen Nation, München, Oldenbourg 2004, S. 109-148; Wolfram Pyta: Hindenburg. Herrschaft zwischen Hohenzollern und Hitler, München: Siedler 2007.

15 Jesko v. Hoegen: Der Held von Tannenberg. Genese und Funktion des Hindenburg-Mythos, Köln u.a.: Böhlau 2007.

16 Siehe dazu auch: Anna Menge: „The Iron Hindenburg: A Popular Icon of Weimar Germany“, in: German History 26 (2008), S. 357-382; Anna v. d Goltz: Hindenburg: Power, Myth, and the Rise of the Nazis, Oxford: Oxford University Press 2009. Zur Vergleichbarkeit des Hindenburg-Mythos (die von Pyta und v. Hoegen bestritten wird) außerdem: dies. und Robert Gildea: „Flawed Saviours: the Myths of Hindenburg and Pétain“, in: European History Quarterly 39 (2009), S. 439-464.

Die „Multidirektionalität“ des Hindenburg-Mythos

Hindenburgs Karriere als politischer Mythos begann schon sehr bald nach seiner militärischen Reaktivierung kurz nach Ausbruch des Ersten Weltkrieges.[17] Am Anfang dieser Entwicklung stand die Schlacht von Tannenberg, die Ende August 1914 der 8. Deutschen Armee unter Hindenburgs Führung einen entscheidenden Sieg gegen russische Truppen in Ostpreußen bescherte und bald selbst symbolisch aufgeladen werden sollte.[18] Bereits am 14. September 1914, wenige Wochen nach Ende der Schlacht, konstatierte der Chefredakteur des liberalen *Berliner Tageblatts*, Theodor Wolff, dass Hindenburg Deutschlands „neuer Held“ geworden war.[19]

Auch wenn die propagandistische Infrastruktur für eine groß angelegte Informationskampagne zur Emporhebung Hindenburgs vor der Gründung des Kriegspresseamtes im Oktober 1915 keinesfalls bestand, ist doch zu erkennen, dass von offizieller Seite zumindest versucht wurde, die sich rasant entwickelnde Hindenburg-Verehrung in die richtigen Bahnen zu lenken.[20] Frühe Steuerungsversuche von offizieller Seite lassen sich nachweisen: Bereits am 29. August wurde die Öffentlichkeit mittels des halboffiziellen Nachrichtendienstes *Wolffs Telegraphisches Büro* mit einer biographischen Skizze Hindenburgs versorgt.[21] Der Zeitungsleser erfuhr somit umgehend, dass der bisher unbekannte General in den legendären Schlachten von Königgrätz und Sedan gekämpft hatte und 1871 als Repräsentant seines Regiments bei der Kaiser-Krönung Wilhelms I. in Versailles zugegen gewesen war. Von Anfang an wurde Hindenburg so mit der glorreichen Vergangenheit des Kaiserreichs und dem Kampf um die Einigkeit des Reichs assoziiert. Das *Berliner Tageblatt* gewährte seinen Lesern gar Einblick in Hindenburgs Charaktereigenschaften:

17 Im Detail dazu: W. Pyta: Hindenburg; J. v. Hoegen: Held von Tannenberg; A. v. d. Goltz: Hindenburg.

18 Fritjof Benjamin Schenk: „Tannenberg/Grunwald“, in: Etienne Francois/Hagen Schulze, (Hg.), Deutsche Erinnerungsorte, Bd. 2, München: C. H Beck 2001, S. 446-457.

19 Berliner Tageblatt, Nr. 466, 14.9.1914.

20 Wilhelm Deist (Hg.): Militär und Innenpolitik im Weltkrieg 1914-1918, 2 Bd. Düsseldorf: Droste 1970, S. 289-292; siehe allgemein: K. Koszyk: Deutsche Pressepolitik im Ersten Weltkrieg, Düsseldorf: Droste 1968; Anne Schmidt: Belehrung, Propaganda, Vertrauensarbeit: Zum Wandel amtlicher Kommunikationspolitik in Deutschland 1914-1918, Essen: Klartext 2006.

21 Kreuz-Zeitung, Nr. 408, 1.9.1914.

„Jetzt hat der alte 67jährige Herr sein körperliches Leiden mit der eisernen Energie überwunden, über die er während seiner ganzen Dienstzeit verfügte. Wieder hat er seinen erprobten Degen in die Hand genommen und ihn mit derselben Ruhe und Kaltblütigkeit, die ihn immer auszeichnete, gegen den Russen geschwungen, wie vor 44 Jahren gegen den Franzosen."[22]

Das Deutungsmuster des nervenstarken, beherrschten und kühlen Feldherrn, welches das Hindenburg-Bild die nächsten zwanzig Jahre maßgeblich bestimmen sollte, wurde bereits unmittelbar im Anschluss an die Schlacht von Tannenberg geprägt.

Auch Wilhelm II. trug unmittelbar dazu bei, Hindenburgs Namen im öffentlichen Bewusstsein zu verankern. Bereits am 29. August verlieh der Kaiser ihm das Eiserne Kreuz Erster Klasse und übermittelte ihm den „Dank des Vaterlandes".[23] Am 12. September veröffentlichten viele große Tageszeitungen dann ein kaiserliches Glückwunschtelegramm auf ihren Titelseiten, dass die Schlacht bei Tannenberg „nahezu einzigartig in der Geschichte" nannte und dem siegreichen Feldherrn Hindenburg „unvergänglichen Ruhm" vorhersagte. Zudem wurde ihm eine der höchsten militärischen Auszeichnungen Preußens, der Pour le Mérite, verliehen.[24] Zwei Jahre nach Kriegsende schrieb Walter Nicolai, vormals Chef der Nachrichtenabteilung der Obersten Heeresleitung (Abteilung IIIb) dennoch, dass die Verehrung Hindenburgs „nicht gesucht oder durch Stimmungsmache hervorgerufen" worden sei. Stattdessen sei die „Volksstimmung unbewusst den Weg, den wir brauchten, den Weg der Einigkeit und Entschlossenheit" gegangen.[25] Deutschlands ehemaliger militärischer Propagandachef wies damit explizit darauf hin, dass die Hindenburg-Verehrung den Deutschen keineswegs oktroyiert worden war.

Auch wenn Nicolai die offiziellen Steuerungsversuche damit bewusst unterschlug, war die Bevölkerung tatsächlich maßgeblich an der narrativen Ausgestaltung des Hindenburg-Mythos beteiligt. Der in weiten Bevölkerungskreisen gebräuchliche Ausspruch „Hindenburg wird die Sache schon machen", den der Berliner Polizeipräsident Traugott von Jagow bereits im November 1914 in seinem monatlichen Stimmungsbericht dokumentierte, zeugte davon, dass viele ihre Hoffnungen auf einen positiven Ausgang des Krieges nun

22 Berliner Tageblatt, Nr. 438, 29.8.1914.

23 Deutsche Tageszeitung, Nr. 441, 1.9.1914.

24 Kreuz-Zeitung, Nr. 434, 12.9.1914; Deutsche Tageszeitung, Nr. 462, 12.9.1914.

25 Walter Nicolai: Nachrichtendienst, Presse und Volksstimmung im Weltkrieg, Berlin: Mittler 1920, S. 225-226.

in erster Linie an den Generalfeldmarschall knüpften.[26] Die Vorstellung, dass Hindenburg – der zu diesem Zeitpunkt noch fast zwei Jahre auf seine Berufung zum Chef der Obersten Heeresleitung würde warten müssen – „es schon machen werde", zeugte von vertrauensvoller Passivität, war aber gleichzeitig eine aktive Bewältigungsstrategie, die nicht als bloßer Eskapismus missverstanden werden sollte. Nicolai beschrieb die Hindenburg-Verehrung pathetisch, aber dennoch treffend, als „Inbegriff und die Äußerung aller Sorgen, Hoffnungen und im Vertrauen auf den Sieg willig ertragenen Leiden."[27] Er symbolisierte nicht bloß die „gute alte Zeit" des Kaiserreichs. Vielmehr versinnbildlichte Hindenburg die Werte und Tugenden, die nötig waren, um den Krieg zu überstehen: Entschlossenheit, Standhaftigkeit, Durchhaltewillen, Nervenstärke, strategische Überlegenheit, Opferbereitschaft und ein starkes Pflichtgefühl.

Das mythische Narrativ wurde durch hunderte Gedichte, Broschüren, Aussprüche und Lieder geprägt und ausgebildet, die aus der Feder von Privatleuten stammten. Gewöhnliche Deutsche schrieben eigene Hindenburg-Gedichte oder -Lieder, die sie dann mit Bitte um Abdruck an Tageszeitungen schickten. Schon bald füllten diese ganze Bände.[28] Zudem zierte das Bild des Feldmarschalls bereits im ersten Kriegsjahr jede nur erdenkliche Art von Produkten. Dekorative Gegenstände mit Hindenburg-Verzierung, wie Wandteller oder Geschirr, sprachen wohl in erster Linie Konsumentinnen aus den bürgerlichen Schichten an. Tabakwaren mit Hindenburgs Konterfei hingegen wurden vor allem in den unteren Schichten konsumiert. Bereits 1915 vertrieben ganze einhundertfünfzig Tabakhändler eine Zigarre Marke „Hindenburg".[29] Ebenso war eine Mundharmonika mit Hindenburg-Bildnis eines der populärsten Modelle deutscher Frontsoldaten.[30]

Die Assoziation von kommerziellen Produkten mit dem neuen Symbol des Sieges versprach eine immense Steigerung des jeweili-

26 Bericht vom 16.11.1914, in: Ingo Materna/Hans-Joachim Schreckenbach (Hg.), Berichte des Berliner Polizeipräsidenten zur Stimmung und Lage der Bevölkerung in Berlin 1914-1918, Weimar: Böhlau 1987, S. 24.

27 W. Nicolai: Nachrichtendienst, S. 225-226.

28 Hindenburg-Gedichte gesammelt von Dr. Paul Arras, Bautzen: Weller 1915; Wilhelm Mannes (Hg.): Hindenburg-Lieder, Berlin: Wilmersdorfer Zeitung 1915; siehe auch die Flugblatt- und Broschürensammlung im Bundesarchiv Koblenz (BAK), ZSG 2, Nr. 43.

29 Anonymus: Hindenburg der Retter der Ostmarken. Sein Leben und Wirken, Leipzig: Müller & Abel 1915, n. p.

30 Hartmut Berghoff: „Patriotismus und Geschäftssinn im Krieg. Eine Fallstudie aus der Musikinstrumentenindustrie", in: G. Hirschfeld: Kriegserfahrungen, S. 262-282, hier: S. 266.

gen Markenwerts. *Die Schaubühne* vermutete hinter der Herstellung von Hindenburg-„Kitsch“ eine offizielle Strategie der „Durchknetung der Masseninstinkte mit Zuversicht in das Symbol des Sieges“ und lag wohl nicht ganz falsch, was die Wirkung solcher Produkte betraf.[31] Dennoch gab es keine gezielte Steuerung „von oben“. Die Hindenburg-Produkte wurden nicht von amtlicher Seite in Auftrag gegeben oder gar hergestellt, sondern von Geschäftsleuten auf den Markt geworfen, da entsprechende Nachfrage bestand. Die deutsche Regierung erließ keinerlei Richtlinien für die Herstellung von Kinderspielzeug und doch wurden tausende Hindenburg-Zinnsoldaten vertrieben.[32] So berichtete etwa ein Vater einer Kriegszeitung, dass sein kleiner Sohn durch die Allgegenwärtigkeit von Hindenburg-Devotionalien in seinem Kinderzimmer ein echter „Hindenburgomane“ geworden war.[33] Überdies fanden sich in vielen deutschen Wohnzimmern Abbildungen Hindenburgs neben religiösen Darstellungen oder Porträts des Kaisers. „In abertausenden Bildern und Bildnissen“ war er „dem deutschen Volke nahe gerückt“, wie ein Verleger sich ausdrückte.[34]

Auch wenn die Produzenten dieser Artikel nicht primär politische Ziele verfolgten, wirkten sie doch als Akteure im Prozess der Sinndeutung mit und trugen zur Verfestigung des Hindenburg-Mythos bei. Durch seine visuelle Ubiquität im Alltagsleben der Deutschen wurde der Feldherr im wahrsten Sinne des Wortes zum nationalen Besitztum. Die Bezeichnung „Unser Hindenburg“, die sich in zahlreichen Aussprüchen und Publikationen fand, wies nicht nur auf seine Volkstümlichkeit hin, sondern verlieh auch diesem imaginierten Besitzverhältnis Ausdruck.[35]

---

31 Die Schaubühne, Nr. 42, 21.10.1915. Nach dem Krieg erschien die Schaubühne als Die Weltbühne.

32 Heike Hoffmann: „‚Schwarzer Peter im Weltkrieg‘: Die deutsche Spielwarenindustrie 1914-1918“, in: Gerhard Hirschfeld u.a. (Hg.), Kriegserfahrungen: Studien zur Sozial- und Mentalitätengeschichte des Ersten Weltkrieges, Essen: Klartext 1997, S. 323-340; Times vom 2.6.1915, S. 5.

33 Liller Kriegszeitung, Nr. 21, 1.10.1915; v. Hoegen zitiert eine frühere Version: v. Hoegen: Held von Tannenberg, S. 83, Anm. 188.

34 Hindenburg-Gedichte, n. p.

35 Paul Lindenberg: „Unser Hindenburg“, in: ders. (Hg.), Hindenburg-Denkmal für das deutsche Volk, Berlin: Weller 1923, S. 1-14. Die Anlehnung an die innige Bezeichnung des Kaisers als „Unser Wilhelm“, die im Kaiserreich verbreitet war, ist evident: Richard J. Evans (Hg.): Kneipengespräche im Kaiserreich. Stimmungsberichte der Hamburger Politischen Polizei, 1892-1914, Reinbek bei Hamburg: Rowohlt 1989, S. 328, S. 329 und S. 330; Joseph Goebbels bemühte sich später aktiv, die Bezeichnung „Unser Hitler“ im Sprachgebrauch zu etablieren: Marcel Atze: „Unser Hitler“. Der Hitler-

Der Feldmarschall verdankte seinen dauerhaften Aufstieg zur populären Werbe-Ikone (auch in der Weimarer Republik sollte er nichts von seiner kommerziellen Zugkraft einbüßen) nicht zuletzt der personellen Verflechtung von Kriegspropaganda und Gebrauchsgraphik, die eine einheitliche Bild- und Formsprache generierte.[36] Dabei orientierte sich die Gebrauchsgraphik nicht etwa an der Ästhetik der politischen Propaganda, sondern umgekehrt: Die verantwortlichen Regierungsstellen bemühten sich um die Einbindung von Werbefachleuten, um die Kommunikation mit dem Publikum zu optimieren. Werbespezialisten wie Lucian Bernhard oder Louis Oppenheim wurden gezielt angeworben, um die deutsche Kriegspropaganda effektiver zu gestalten. Beide halfen der Reichsbank bei ihren Werbefeldzügen für die Kriegsanleihen, die erst in der zweiten Kriegshälfte visuelle Elemente aufnahmen.[37] Der Hindenburg-Mythos diente dann auch als Zugpferd für die 7. Kriegsanleihe, zu deren Zeichnung die deutsche Bevölkerung im Herbst 1917 aufgerufen war. Die beiden Kriegsanleiheplakate von Bruno Paul und Louis Oppenheim zeigten jeweils stilisierte Portraits Hindenburgs – Paul entschied sich für Hindenburgs Profil, Oppenheim für die Frontalansicht –, die wie in Stein gemeißelt erschienen. Diese Darstellungsform präsentierte Hindenburg als lebendes Denkmal, das wie ein mythischer Fels in der Brandung dem Ansturm der Feinde (etwa den „russischen Sturmfluten"[38]) und den Umwälzungen des Krieges zu trotzen versprach. Zudem suggerierte sein auf beiden Plakaten dargestellter ernster, aber entschlossener Gesichtsausdruck Siegeszuversicht und Durchhaltewillen.

In ähnlicher Formsprache präsentierte sich die 13-Meter hohe, 26 Tonnen schwere hölzerne Berliner Hindenburg-Statue, die ein besonders eindrucksvolles Beispiel für die vielschichtige Mitwirkung des Publikums bei der Sinndeutung Hindenburgs bietet. Der am 4. September 1915 aufgestellte Holzkoloss, der der Berliner Bevölke-

Mythos im Spiegel der deutschsprachigen Literatur nach 1945, Göttingen: Wallstein 2003, S. 15.

36 Jeffrey Verhey: „‚Helft uns siegen' – die Bildsprache des Ersten Weltkrieges", in: Rolf Spilker/Bernd Ulrich (Hg.), Der Tod als Maschinist. Der industrialisierte Krieg 1914-1918, Bramsche: Rasch 1998, S. 165-175; außerdem: Corey Ross: „Mass Politics and the Techniques of Leadership. The Promise and Perils of Propaganda in Weimar Germany", in: German History 24 (2006), S. 184-211. Zu Hindenburg als Werbe-Ikone der Weimarer Zeit: Menge, „Iron Hindenburg".

37 Gebhardt Hartwig: „Organisierte Kommunikation als Herrschaftstechnik: Zur Entwicklungsgeschichte staatlicher Öffentlichkeitsarbeit", in: Publizistik 39 (1994), S. 175-189.

38 Berliner Tageblatt, Nr. 443, 30.8.1916.

rung „besonderes Vergnügen“ bereiten sollte, war dem Hamburger Bismarck-Denkmal Hugo Lederers nachempfunden und der wohl kurioseste Ausdruck der immensen Popularität des Feldmarschalls.[39] Sogenannte Nagelstatuen schossen ab 1915 auf dem Gebiet der Mittelmächte „wie Pilze aus dem Boden.“[40] Das aus heutiger Perspektive merkwürdig anmutende Nagelritual stammte aus dem mittelalterlichen Österreich, wo wandernde Schmiedegesellen in den Orten, durch die sie reisten, zur Markierung Nägel in einen Baumstamm eingeschlagen hatten. Im Ersten Weltkrieg wurde das Ritual wiederentdeckt und für wohltätige Zwecke adaptiert. Zahlreiche hölzerne Nagelstatuen fanden Aufstellung, in die die Bevölkerung gegen Bezahlung einen Nagel eintreiben konnte. Der Erlös kam meist Kriegswitwen und -waisen zu Gute. Die Statuen waren in der Regel patriotischen Symbolen wie dem Eisernen Kreuz oder historischen Heldenfiguren wie Roland oder Barbarossa nachempfunden.[41] Neben der Lukrativität des Nagelrituals war auch eine psychologische Komponente intendiert. Der Bevölkerung sollte eine Plattform gegeben werden, um ihrer eigenen Opferbereitschaft Ausdruck zu verleihen.

Anfang August 1915 autorisierte Kaiser Wilhelm II. die „Aufstellung zur Benagelung einer Kolossalfigur Hindenburgs auf der Rasenfläche zwischen Siegessäule und Siegesallee“.[42] Somit sollte der populäre Feldherr im Machtzentrum Berlins bis nach Kriegsende zumindest symbolisch präsent sein. Die Aufstellung erfolgte allerdings weniger aus dem Bedürfnis heraus, Hindenburg ein würdiges Denkmal zu setzen und seinen Mythos tiefer in der Bevölkerung zu verankern, sondern vielmehr aus der Hoffnung, dass sich aus seiner Popularität Kapital schlagen ließ. Die „Nationalstiftung für die Hinterbliebenen der im Kriege Gefallenen“, die das Nagelritual im ganzen Reich überwachte, war bestrebt, sich Hindenburgs Popularität zu Nutze zu machen, nicht sie weiter zu forcieren. Es galt, den

39 Schaubühne, Nr. 42, 21.10.1915.

40 Hans Sachs: „Vom Hurrakitsch, von Nagelungsstandbildern, Nagelungsplakaten und andren Schönheiten“, in: Das Plakat 1/8 (1917), S. 6; Gerhard Schneider: „Zur Mobilisierung der Heimatfront: Das Nageln sogenannter Kriegswahrzeichen im Ersten Weltkrieg“, in: Zeitschrift für Volkskunde (1999), S. 32-62; Stefan Goebel: „Forging the Industrial Home Front. Iron-Nail Memorials in the Ruhr“, in: Jenny Macleod/Pierre Purseigle (Hg.), Uncovered Fields: Perspectives in First World War Studies, Leiden: Brill 2004, S. 159-178.

41 Geheimes Staatsarchiv Preußischer Kulturbesitz (GStA PK), 1. HA, Rep. 89, Nr. 32445.

42 Rudolf von Valentini an Emil Selberg, 6. August 1915, GStA PK, 1. HA, Rep. 89, Nr. 32445.

populärsten deutschen Kriegshelden auszuwählen, um eine erfolgreiche Mobilisierung der Bevölkerung zu erzielen.

Das Fachpublikum übte indes harsche Kritik am Design der Statue, für das der Bildhauer Georg Marschall verantwortlich zeichnete. Da die künstlerische Gestaltung dem Wunsch, ein möglichst populäres Format zu schaffen, scheinbar untergeordnet worden war, fühlten sich etliche Künstler in ihrem ästhetischen Empfinden gestört. Nicht zuletzt die Tatsache, dass in das Abbild einer noch lebenden Person Nägel eingetrieben werden sollten, stieß etliche Beobachter ab. Als eine „Barbarei schlimmster Sorte" bezeichnete etwa eine Gruppe renommierter Bildhauer die Benagelung der „Bildnisse Lebender".[43] Professor Louis Tuaillon, Senator der Königlichen Akademie der Künste, fand die Vorstellung ebenfalls „trivial und barbarisch":

> „Die Ausführung der Idee aber spottet in diesem Fall jeder Beschreibung. Das künstlerische Niveau ist unter dem der Jahrmarktsbudenfiguren. [...] Das Volk, das in unserem Lande leider ein immer noch sehr geringes Kunstverständnis hat, steht nun in frommer Begeisterung bewundernd vor einer Abscheulichkeit",

verzweifelte der Bildhauer. Tuaillon richtete sich damit ausdrücklich gegen das Eingehen auf den „Volksgeschmack", dem seiner Meinung nach nicht etwa gefolgt werden sollte, sondern den es durch „Volkserziehung" zu verbessern galt:

> „Es ist unnötig, dass wir Galerien haben, [...] ist unnötig, dass Vorträge zur Hebung des Geschmackes und zur Propagandierung der Kunst gehalten werden, wenn die verantwortlichen Spitzen der Metropole derartige Barbarei unterstützen."[44]

Darin war er sich mit vielen seiner Bildhauer-Kollegen einig. Auch Hugo Lederer und andere verurteilten, dass die „Masse" angeblich das „Seichte", „Bequeme" und „Triviale" bevorzuge.[45] In solcher Kritik kamen Hilflosigkeit und die Ablehnung populärer Kultur zum Ausdruck. Während sich die Nationalstiftung bemüht hatte, die Wünsche des Publikums einzubeziehen – und damit auch erfolgreich war – sahen die Bildhauer den „Massengeschmack" als natürlichen Feind, den es zu besiegen galt.

Dass eine wahre „National-Wallfahrt" zur Berliner Hindenburg-Statue einsetzte – schon bis zum Nachmittag des ersten Aufstel-

43 Hugo Lederer u.a. an Wermuth, o. D. (Oktober 1915), vgl. ebd.

44 Tuaillon an Wermuth, 16.9.1915, vgl. ebd.

45 Hugo Lederer u.a. an Wermuth, o. D. (Oktober 1915), vgl. ebd.

lungstages hatten 20.000 Menschen einen Nagel eingetrieben – veredelte aus politischer Sicht hingegen das ganze Unternehmen.[46] In diesem Fall ginge es nicht darum, den Volksgeschmack zu instruieren, erklärte der Berliner Oberbürgermeister dem Statuen-Kritiker Tuaillon:

„ [...] wir sind nicht, wie Sie schildern, ein Volk von Unmündigen, das durch wenige Auserwählte zum Höheren geführt werden müsste. Der Krieg hat uns gezeigt, [...] dass ein jeder von uns das Edelste und Beste durchaus zu erkennen weiß."

Sinn des Benagelns sei, den „Geist schrankenloser Opferwilligkeit in der Kriegsnot des Vaterlandes" aufrechtzuerhalten.[47] Und dies ließ sich eben nur mittels einer genuin populären Figur erreichen.

Der Leiter der Nationalstiftung, Emil Selberg, berichtete dem Chef des Geheimen Zivilkabinetts, Rudolf von Valentini, begeistert von der großen „Anteilnahme der Bevölkerung." Diese sei „eine ganz außergewöhnliche und im wahrsten Sinne populäre – weit über Berlin hinaus." „Rührend ist es, wie die Verwundeten, die Schüler, hoch und niedrig zum Königsplatz kommen, um ihren eisernen Nagel dort einzuschlagen."[48] Der „Eiserne Hindenburg" war ein Partizipationsdenkmal, das nur durch die Mitwirkung durch das Publikum seine Funktion erfüllen konnte. Während die Bedeutung klassischer Denkmäler durch an sie geknüpfte Feiern und Rituale erst einmal nach außen getragen werden musste, war die ritualistische Beteiligung des Publikums der Hindenburg-Statue immanent. Erst durch populäre Partizipation konnte das hölzerne Standbild überhaupt zum „Eisernen Hindenburg" – also zum Denkmal – werden, auch wenn Kritiker sich daran rieben: „Was ist das für eine Art, das Publikum aktiv an der Herstellung eines Kunstwerks teilnehmen zu lassen? Würde sich Ähnliches zutragen, wenn es hieße, zu Hindenburgs Ehren eine Turbine zu bauen?", echauffierte sich etwa die *Schaubühne*.[49]

Inwiefern diejenigen, die am Nagelritual teilnahmen, sich wirklich darin „einschrieben", ist anhand der limitierten Quellen indes nur schwer nachzuvollziehen. Ein Leserbrief, den ein Vater, der gemeinsam mit seinen drei Söhnen die Statue benagelt hatte, an eine

46 Als „National-Wallfahrt" bezeichnete die Ereignisse der Kritiker Tuaillon in seinem Brief an Wermuth, 16.9.1915, vgl. ebd; Berliner Tageblatt vom 5.9.1915.

47 Wermuth an Tuaillon, 21.9.1915, GStA PK, 1. HA, Rep. 89, Nr. 32445.

48 Selberg an Valentini, 27.9.1915, vgl. ebd.

49 Robert Breuer, „Der Eiserne Hindenburg", in: Schaubühne, Nr. 42, 21.10.1915.

Kriegszeitung schickte, gibt aber zumindest Anhaltspunkte. Für ihn repräsentierte der Tag eine „patriotische Wallfahrt“. Der Grund, auf dem die Statue stand, erschien ihm als „geweihte Erde“ und er fühlte sich in eine „andächtige Stimmung“ versetzt, die mit jedem Meter, den er seinem „großen Helden“ näher kam, noch wuchs. Ihm „klopfte das Herz bis zum Halse“ als er den ersten Nagel in Hindenburgs hölzernes Bein trieb. Sein ältester Sohn sprach sogar ein Stoßgebet, bevor er so heftig auf seinen Nagel einschlug „als ob er alle Feinde zu Mus hauen wollte.“ Als der jüngste Sohn versehentlich seinen Daumen traf, war sein älterer Bruder sogar neidisch auf das Glück „sich im Dienst des Vaterlandes eine Verwundung zugezogen zu haben.“[50] Hier zeigt sich, dass zumindest Teile des Publikums das Nagel-Ritual mit eigener Bedeutung füllten. Es ging nicht nur darum, für einen guten Zweck zu spenden, sondern auch um die symbolische Teilhabe am Kriegsgeschehen. Durch den physischen Akt des Nagel-Einschlagens wurde eine Verbindung zwischen Heimatfront und der Armee im Felde imaginiert mittels derer die Siegeszuversicht der Bevölkerung auf die Front übertragen werden sollte.[51] Somit hatte die Partizipation des Publikums durchaus eine politische Komponente und trug zumindest zur gefühlten Einheit von Front und Heimat bei. Dass der Brief des Familienvaters Abdruck in der *Liller Kriegszeitung* fand, zeigt wiederum, dass diese Art der Einschreibung in das Nagelritual durchaus auf amtliches Wohlwollen stieß und somit ebenso als Anleitung der Bevölkerung verstanden werden muss.

Die Grenzen der politischen Steuerung

Obwohl der Kaiser persönlich die Aufstellung der Berliner Hindenburg-Statue autorisiert hatte und diese in erster Linie der Mobilisierung der Bevölkerung dienen sollte, bot sie auch eine öffentliche Plattform für die Übermittlung politischer Botschaften, die von der kaiserlichen Regierung keineswegs intendiert waren. Während der Feierlichkeiten zu Hindenburgs 68. Geburtstag am 2. Oktober 1915, die vor der Berliner Statue stattfanden, hielt der alldeutsche Politiker und Publizist Ernst Graf zu Reventlow eine Rede, die uneingeschränkten England-Hass und die Aufgabe der deutschen Zurückhaltung im U-Boot-Krieg predigte. Vor tausenden Zuschauern be-

50 Paul Oskar Hoecker (Hg.): Liller Kriegszeitung: Vom Pfingsfest zur Weihnacht: Der Auslese erste Folge, Lille: Verlag der Liller Kriegszeitung 1916, S. 85-86.

51 G. Schneider: „ Mobilisierung der Heimatfront“, S. 45.

schrieb er Hindenburg als Verwirklichung deutscher Ideale der Stärke, Zähigkeit und Unermüdlichkeit des Willens. „Hindenburgischer Geist“ solle das Reich in Kriegszeiten leiten. „Wie der Feldherr immer wusste, was er wollte und konnte, so muss es auch der Staatsmann.“ Der Wille sei alles, erklärte Reventlow: „Von Hindenburg sollen wir lernen, wie man will, wie man siegt, wie man vorwärtskommt und wie man Siege ausnutzt.“[52]

Die Rede Reventlows erweckte prompt das „lebhafte Missfallen“ Wilhelms II.[53] Der Kaiser sah in dieser Lobpreisung des populären Feldherrn nicht zu Unrecht eine „Hetzrede“, in der Reventlow versteckte Kritik an seiner Regierung übte. Schließlich hatte der alldeutsche Politiker einen Gegensatz zwischen dem zielstrebigen Feldherrn und lavierenden Staatsmann formuliert. Der Kaiser verbat sich diese Form der öffentlichen Kritik, die auf eine populäre Figur Bezug nahm, da sonst die „Politik in die Hände der Strasse“ zu geraten drohe.[54] Des Kaisers Ängste sind als Ausdruck dessen zu verstehen, dass das Populäre bereits Einzug in die Politik gehalten hatte und seinen Platz langfristig einforderte.[55] Ähnlich wie die Bildhauer, die bestrebt waren, den „trivialen“ Geschmack der „Masse“ zu bekämpfen – wohl nicht zuletzt, weil sie ihre eigene Legitimation bedroht sahen – fürchtete der Kaiser die dauerhafte Einbindung des Volkes in die Politik. Das Volk war zwar für mündig befunden worden, „das Edelste und Beste“ eigenständig zu erkennen, wie Oberbürgermeister Wermuth sich ausgedrückt hatte, aber dass sich diese Eigenständigkeit auch gegen den Kaiser richten konnte, war nicht einkalkuliert worden.

Auch wenn unklar bleibt, ob die anwesenden Zuschauer sich Reventlows Darstellung des „Hindenburgischen Geistes“ zu Eigen machten und als Gegenpol zur kaiserlichen Führung begriffen, lässt diese Episode doch einige Schlüsse zu. So werden die vielfältigen Wirkungs- und Nutzungsmöglichkeiten der Hindenburg-Statue deutlich: Denkmal, Vehikel zur imaginierten Teilhabe am Kriegsgeschehen und Verbindungsglied zur Front, Mittel der Spendensammlung, unterhaltendes Ausflugsziel oder Plattform für kritische Redebeiträge. Die Aufnahme populärer Elemente durch die Propagierung

52 Deutsche Tageszeitung, Nr. 500, 4. Oktober 1915, Presseausschnitt mit den Marginalien Wilhelms II.: GStA PK, Rep. 89, Nr. 15083, S. 258.

53 Valentini an Loebell, 8. Oktober 1915, vgl. ebd., S. 253.

54 Jagow an Valentini, Telegramm vom 5. Oktober 1915 mit Marginalien des Kaisers, vgl. ebd., S. 252. (Hervorhebung wie im Original)

55 Vgl. Kaspar Maase: „Einleitung: Schund und Schönheit. Ordnungen des Vergnügens um 1900“, in: ders. u.a. (Hg.), Schund und Schönheit. Populäre Kultur um 1900, Köln u.a.: Böhlau 2001, S. 9-28.

eines publikumsbasierten Rituals konnte also durchaus ihre eigene Logik entwickeln und nicht intendierte Wirkungen entfalten.

Der Kaiser selbst reagierte in ablehnender Form auf die mittels Lobpreisung Hindenburgs geäußerte Kritik indes nicht allein aus Neid oder gekränkter Eitelkeit, sondern aus Angst vor weiter reichenden politischen Implikationen. Wilhelm war besorgt, dass durch die Rücksichtnahme auf die öffentliche Meinung und Hindenburgs exponierte Stellung ein plebiszitäres Element in den politischen Prozess getragen wurde, das die Rolle des Monarchen zu untergraben drohte.[56] Dabei zeichnete der letzte deutsche Kaiser für diese Entwicklung zu großen Teilen selbst verantwortlich. Statt sich allein auf seine kaiserliche Aura und institutionelle Rolle zu verlassen, hatte Wilhelm seit seinem Amtsantritt stets die persönliche Verbindung zum deutschen Volk gesucht. Als „Reise-" „Medien-" und „Volkskaiser" hatte er seine Person mittels der Massenmedien, die in dieser Zeit einen immensen Bedeutungszuwachs verbuchten, zu popularisieren gesucht.[57] Zunehmend wurde er nicht nur in seiner Funktion als Monarch verehrt, sondern auch als Persönlichkeit. Martin Kohlrausch hat die „zweipolige Begründung der imperialen Aura aus Person und Amt" Wilhelms II. treffend beschrieben.[58] Die Monarchie war in wachsendem Maße quasi-demokratisch legitimiert, wodurch sie gestärkt wurde, so lange der Kaiser entsprechendes Ansehen genoss. Allerdings hatte die Reputation Wilhelms II. aufgrund einer Reihe von innenpolitischen Skandalen und nicht zuletzt wegen der sogenannten „Daily Telegraph Affäre" von 1908 gelitten. Seine Untertanen kehrten ihm zunehmend den Rücken zu, da er dem idealisierten Bild ihrer selbst immer weniger zu entsprechen vermochte.[59] Zudem barg die Personalisierung Wilhelms II. die Gefahr, dass ein anderes Individuum seinen Platz im öffentlichen

56 Vgl. Wolfgang J. Mommsen: „Die Regierung Bethmann Hollweg und die öffentliche Meinung", in: Vierteljahrshefte für Zeitgeschichte 17 (1969), S. 117-159.

57 Christopher M. Clark: Wilhelm II, London: Longman 2000, S. 161. Zum Einfluss der Massenmedien auf das Bild des Kaisers: Martin Kohlrausch: Der Monarch im Skandal, Berlin: Akademie-Verlag 2005.

58 Martin Kohlrausch: „Die Deutung der ‚Flucht' Wilhelms II. als Fallbeispiel der Rezeption des wilhelminischen Kaisertums", in: Wolfgang Neugebauer/Ralf Pröve (Hg.), Agrarische Verfassung und politische Struktur. Studien zur Gesellschaftsgeschichte Preußens 1700-1918. Berlin: Spitz 1998, S. 325-347, hier: S. 328.

59 Thomas A. Kohut: Wilhelm II and the Germans, Oxford: Oxford University Press 1991, S. 163 und S. 233.

Rampenlicht würde einnehmen können.[60] Nach Kriegsausbruch stellte sich schnell heraus, dass Hindenburg dieses Individuum war, denn sein Mythos entwickelte zunehmend eine Eigendynamik.

Die verstärkte Konkurrenz, die der Hindenburg-Mythos dem Kaisergedanken machte, ließ sich längst auch an der Palette populärer Produkte ablesen. Der Korrespondent der Londoner *Times* beschrieb das sich zunehmend umkehrende symbolische Kräfteverhältnis zwischen Wilhelm II. und Hindenburg bereits im Juni 1915 beim Anblick eines Hamburger Schaufensters, in dem Figuren prominenter zeitgenössischer Politiker und Militärs nach ihrer Beliebtheit geordnet waren.

„In the centre stood Hindenburg alone, commanding, dominating, wrapped in his military cloak. In front of him stood the Kaiser, about a quarter of the size of the popular general... In ordinary times the shopkeeper would probably have incurred prosecution for lése majesté had he placed the Kaiser in a position so subordinate."[61]

Aufgrund dieser verkehrten symbolischen Hierarchie war der Kaiser mehr und mehr auf den populären Feldherrn angewiesen. So wurde er von seiner Umgebung ständig angehalten, seine Einigkeit mit Hindenburg „vor der Welt" zu demonstrieren.[62] Die kaiserliche Regierung griff verstärkt auf Hindenburg zurück, um ihre Politik zu popularisieren. Im Juni 1915 berichtete der Reichstagsabgeordnete der Zentrumspartei, Matthias Erzberger, dem Reichskanzler Bethmann Hollweg von einer Kampagne, den „Generalfeldmarschall von Hindenburg ostentativ mehr in den Vordergrund zu rücken" und bat ihn, diese zu unterstützen.[63] Der kaiserliche Adjutant Hans von Plessen hielt indes den Generalstabschef Erich von Falkenhayn an, auf den Kaiser Einfluss zu nehmen und ihn „immer wieder auf die große nationale Popularität aufmerksam zu machen, welche Hindenburg genießt." Ihm sollte verdeutlicht werden, dass er „sich da-

60 Martin Kohlrausch (Hg.): Samt und Stahl: Kaiser Wilhelm II. im Urteil seiner Zeitgenossen, Berlin: Landt-Verlag 2006, S. 24-5.

61 Times vom 2.6.1915, S. 5. Diese Entwicklung lässt sich ebenso anhand von Propagandapostkarten nachvollziehen. Siehe dazu die Abbildung in: Manfred Görtemaker: „Bürger, Ersatzkaiser, Volkstribun: Reichspräsidenten in der Weimarer Republik", in: Stiftung Haus der Geschichte der Bundesrepublik Deutschland (Hg.), Bilder und Macht im 20. Jahrhundert, Bielefeld: Kerber 2004, S. 28-41, hier: S. 34.

62 Plessen, Tagebucheintrag vom 29.6.1915, in: Holger Afflerbach (Hg.), Kaiser Wilhelm II. als Oberster Kriegsherr im Ersten Weltkrieg, München: Oldenbourg 2005, S. 794-5

63 Erzberger an Bethmann, 23.6.1915, BAK, N1097, Nr. 32a, n. p.

mit selber sehr ernstlich schadet, wenn Er Hindenburg nicht angemessen behandelt."[64]

Wie sehr sich der Kaiser gegen die Anerkennung des neuen symbolischen Kräfteverhältnisses sträubte, wurde besonders deutlich, als es im Zuge der deutschen militärischen Misserfolge des Jahres 1916 in internen Gesprächen um eine mögliche Ablösung Falkenhayns an der Spitze der Obersten Heeresleitung durch Hindenburg ging. Wilhelm II. zeigte sich sehr „ungehalten darüber", dass ihm zugemutet wurde, „auf die Volksmeinung in Berlin Rücksicht zu nehmen. Das bedeutet eine Abdankung für ihn, und Hindenburg sei damit als Volkstribun an seine Stelle getreten", zitierte der Chef des Marinekabinetts, Georg Alexander von Müller, im Juli 1916 den Kaiser in seinem Tagebuch.[65] Nachdem der Kaiser sich zunächst gegen alle Versuche, Hindenburg zu befördern, erfolgreich gewehrt hatte, änderte er im Sommer 1916 seine Meinung – auch aufgrund der „Völkerpsychologie".[66] Die britische Offensive an der Somme hatte die militärische Lage weiter verschärft und am 28. August 1916 hatte sich entgegen aller Erwartungen auch noch Rumänien auf die Seite der Entente geschlagen. Am Tag darauf wurde Hindenburg zum Generalstabschef ernannt.

Die Kalkulation, die öffentliche Meinung durch diesen Schritt beruhigen zu können – und damit auch die Monarchie zu stützen – schien zunächst aufzugehen: Die Beförderung des „Nationalheros" fand breite Unterstützung in der deutschen Öffentlichkeit.[67] Das liberale *Berliner Tageblatt* fragte prompt: „Hat unser Kaiser einen geheimen Wunsch des Volkes gekannt?" und brachte damit pointiert zum Ausdruck, wessen Bedürfnisse bei der Ernennung Hin-

64 Plessen, Tagebucheintrag vom 22.8.1915, in: Afflerbach, Wilhelm II., S. 815.

65 Müller, Tagebucheintrag vom 3.7.1916, in: Walter Görlitz (Hg.), Regierte der Kaiser? Kriegstagebücher, Aufzeichnungen und Briefe des Chefs des Marine-Kabinetts Admiral Georg Alexander von Müller 1914-1918, Göttingen u.a.: Musterschmidt 1959, S. 200.

66 So drückte es Wild von Hohenborn aus. Helmut Reichold/Gerhard Granier (Hg.): Adolf Wild von Hohenborn. Briefe und Tagebuchaufzeichnungen des preußischen Generals als Kriegsminister und Truppenführer im Ersten Weltkrieg, Boppard am Rhein: Boldt 1986, S. 180; siehe auch S. 135 und 175; ebenso Plessen, Tagebucheintrag vom 5.7.1916, in: H. Afflerbach, Wilhelm II., S. 861.

67 Berliner Tageblatt, Nr. 443, 30.8.1916, allgemein dazu den Pressespiegel der Reichskanzlei: BAB, R43, no. 2398/7, 157; Müller, Tagebucheintrag vom 30.8.1916, in W. Görlitz: Regierte der Kaiser?, S. 217; vgl.: J. v. Hoegen: Held von Tannenberg, S. 174-175.

denburgs im Vordergrund gestanden hatten.[68] Er war weniger aus strategischen Überlegungen an die Spitze der Obersten Heeresleitung gestellt worden, sondern vor allem aufgrund seines immensen Rückhalts in der Bevölkerung, der längst zum politischen Machtfaktor geworden war. In den Worten des Stimmungsberichts des 14. Stellvertretenden Generalkommandos: „Das Volk glaubt nun einmal an Hindenburg... Die Regierung stärkt das für sie nötige Vertrauen, wenn die Öffentlichkeit weiß, dass Hindenburg ihre Maßnahmen billigt."[69]

Die messbare Zustimmung zur Ernennung Hindenburgs, die insofern ein propagandistischer Erfolg war, als dass sie zumindest temporär vermochte, die Sorgen der Bevölkerung hinsichtlich des Kriegsausgangs zu mindern und ihre Siegeszuversicht zu stärken, konnte der Erosion des monarchischen Gedankens derweil keinen Einhalt gebieten.[70] Selbst die zensierte Presse sprach dies offen an. Anlässlich des Geburtstags des Kaisers 1917 wagte Konrad Lehmann in den Preußischen Jahrbüchern gar, den Verfall des Kaisergedankens unter expliziter Bezugnahme auf die allgemeine Hindenburg-Verehrung zu beschreiben.[71] Auch andere Quellen sprechen in dieser Hinsicht eine deutliche Sprache. So bat ein Repräsentant des Reichsministeriums des Innern im Frühjahr 1917 das Kriegspresseamt, „Mittel und Wege zu finden, das monarchische Gefühl im Volk zu stärken." „Auch in gut gesinnten Kreisen herrscht eine Stimmung, die jeder Beschreibung spottet."[72] Bereits eine Woche zuvor hatte ein Vertreter des Kriegsamts dem Kriegspresseamt gegenüber das öffentliche Bild Hindenburgs und des Kaisers in eindeutige Beziehung gesetzt:

> „Immer wieder wird gegen den Kaiser geltend gemacht, er verstehe sich nicht mit Hindenburg, seine Umgebung höre nicht auf, gegen Hindenburg Stimmung zu machen, und dagegen wird gesagt ‚lieber weg mit dem Kaiser und Hindenburg halten, als umgekehrt'."[73]

68 Berliner Tageblatt, Nr. 443, 30.8.1916.

69 Bericht vom März 1917, BAB, R1501, Nr. 112478, S. 154.

70 Dies kam sowohl in der Berichterstattung der (zensierten) Presse zum Ausdruck als auch in den geheimen Stimmungsberichten der Stellvertretenden Generalkommandos. Dazu ausführlicher: A. v. d. Goltz: Hindenburg, S. 36-38, 49-51, 57-9; vgl.: J. v. Hoegen: Held von Tannenberg, S. 177-192.

71 Konrad Lehmann: „Kriegsleistung und Kriegsruhm", in: Preussische Jahrbücher, 27.1.1917.

72 Protokoll einer Besprechung zwischen Nicolai, Deutelmoser, Haeften et al am 25.5.1917, GStA PK, 1.HA, Nr. 668, Bd. 2, S. 130ff.

73 Protokoll einer Besprechung mit Vertretern verschiedener Behörden im Kriegspresseamt, 18. 5. 1917, BAB, R1501, Nr. 112475, Bd. 1, S. 109ff.

Ab dem Frühjahr 1917 bemühten sich das Kriegspresseamt sowie die Nachrichtenabteilung der Obersten Heeresleitung vermehrt darum, dem Volk den Kaiser persönlich wieder näher zu bringen.[74] Dazu sollte „mit stärkeren, auf die Masse wirksameren Mitteln gearbeitet" werden.[75] Dabei betrachtete die Umgebung des Kaisers Hindenburgs Ruhm weiterhin als wirksamstes Vehikel zur Kommunikation mit der „Masse". So überzeugte Wilhelms Adjutant Plessen ihn im Juli 1917, sich bei seinem sonntäglichen Kirchgang in den Berliner Dom von Hindenburg begleiten zu lassen. „Nach dem Gottesdienst gehen S. M. mit Hindenburg, I. M. mit Frau von Hindenburg über den Lustgarten nach Portal IV ins Schloss. [...] Das Publikum konnte sich [...] in großer Zahl durch eigenen Augenschein überzeugen, wie S. M. den Feldmarschall ehrte."[76] Plessens Tagebucheintrag zeugt von der in der zweiten Kriegshälfte vollends auf den Kopf gestellten symbolischen Rangordnung. Anstatt dass der Feldherr um die Gunst seines Monarchen buhlte, bemühte sich der Kaiser wann immer möglich, vor Publikum die Nähe Hindenburgs zu suchen.

Dies kam nicht zuletzt bei den Feierlichkeiten anlässlich des 70. Geburtstags des Feldmarschalls am 2. Oktober 1917 deutlich zum Ausdruck. Während Wilhelms Geburtstag, der in der Vorkriegszeit stets ausgiebig gefeiert worden war, im Verlauf des Krieges auf immer weniger Interesse stieß, wurde insbesondere 1917 der Geburtstag des Feldmarschalls zu einem Nationalfeiertag, den alle kommunalen Einrichtungen im Reich zu begehen hatten.[77] Der Kaiser bemühte sich an diesem Tag, seine Wertschätzung des populären Feldherrn öffentlich zu inszenieren und das Bild- und Filmamt der Obersten Heeresleitung ließ die Feierlichkeiten in zwei Filmen dokumentieren, die in Kinos im ganzen Land gezeigt wurden. Der Film „Unser Hindenburg" zeigte den Feldmarschall dabei in jeder einzel-

74 Protokoll der Besprechung vom 25.5.1917, GStA PK, 1.HA, Nr. 668, Bd. 2, S. 130ff.

75 Der Präsident des Kriegsernährungsamtes Batocki an Valentini, 18.5.1917, vgl. ebd., S. 88ff.

76 Plessen, Tagebucheintragungen vom 14 und 15.7.1917, H. Afflerbach: Wilhelm II., S. 908.

77 Gemeinderatsprotokoll vom 9.10.1917 zitiert in: Nikolaus Buschmann: „Der verschwiegene Krieg: Kommunikation zwischen Front und Heimat", in: G. Hirschfeld, Kriegserfahrungen, S. 208-224, hier: S. 214; dazu auch: Frank Bösch: „Das Zeremoniell der Kaisergeburtstage (1871-1918)", in: Andreas Biefang u.a. (Hg.), Das politische Zeremoniell im Deutschen Kaiserreich, Düsseldorf: Droste 2008, S. 53-76.

nen Szene, sei es beim Bad in der Menge oder der Lagebesprechung mit seinem Generalquartiermeister Erich Ludendorff.[78]

Wie sich nicht erst 1917 zeigte, aber wie nun deutlicher denn je zum Ausdruck kam, hatte der Hindenburg-Mythos das Kaiser-Bild in der deutschen Öffentlichkeit und damit auch die Macht des Monarchen unterwandert.[79] In diesem Sinne war Hindenburg zum „Ersatzkaiser" der Deutschen geworden. Zwar blieben die tatsächlichen politischen Strukturen des Kaiserreichs durch diese Entwicklung unangetastet, aber letztlich sollte sie doch Konsequenzen haben: Der Monarch wurde im November 1918 auch aufgrund seiner schwindenden Popularität zur Abdankung gezwungen, während Hindenburg seine Karriere als mythische Figur über die Revolution hinweg rettete und sie in der Republik weiter zu festigen und auszubauen vermochte.[80]

Wilhelm II. hatte den Einzug des Populären in die Politik bereits in der Vorkriegszeit selbst forciert, das dynamisierende und renitente Potential dieser Entwicklung allerdings unterschätzt. Zwar wirkten regierungsamtliche Stellen während des Krieges an der Vermittlung von Hindenburgs Popularität „von oben" mit und bemühten sich mittels seiner Figur erfolgreich um die Einbindung des Publikums. Bald verlangte ihnen dieses als eigenständiger Akteur jedoch die stärkere militärische und politische Einbindung des populären Feldherrn ab. Obwohl diesem Wunsch durch seine Berufung zum Chef der OHL im August 1916 Folge geleistet wurde, gereichte Hindenburgs persönliche Popularität nicht zum Vorteil des Monarchen. Somit zeigen die unterschiedlichen Schicksale des Kaisergedankens und Hindenburg-Mythos im Ersten Weltkriegs die Eigendynamik des „Populären" sowie die Grenzen, die politischen Popularisierungsbemühungen gesetzt sein können, eindrucksvoll auf.

78 Zum Auftreten des Kaisers an diesem Tag siehe etwa die Impressionen des Generals Karl von Einem, die er seiner Frau am 16.10.1917 brieflich mitteilte: W. Deist, Militär und Innenpolitik, S. 1137; zu den Filmen: Hans Barkhausen: Filmpropaganda für Deutschland im Ersten und Zweiten Weltkrieg, Hildesheim: Olms 1982, S. 277. Eine detaillierte Analyse des Films „Unser Hindenburg" bei: Ulrike Oppelt: Film und Propaganda im Ersten Weltkrieg. Propaganda als Medienrealität im Aktualitäten und Dokumentarfilm, Stuttgart: Steiner 2002, S. 308-309.

79 Sie dazu im Einzelnen: Bernd Sösemann: „Der Verfall des Kaisergedankens im Ersten Weltkrieg", in: John C. G. Röhl (Hg.), Der Ort Kaiser Wilhelms II. in der deutschen Geschichte, München: Oldenbourg 1991, S. 145-170; Vgl. auch: J. v. Hoegen: Held von Tannenberg, S. 177-192.

80 Dazu ausführlicher: A. v. d. Goltz: Hindenburg.

Der „Eigensinn" des Publikums

Amtliche Versuche, sich Hindenburgs Popularität politisch zu Nutze zu machen, waren nur dann von Erfolg gekrönt, wenn sie an die Sinnwelt ihrer Adressaten anzuknüpfen vermochten. Tat sich hier eine allzu große Kluft auf, blieben solche Initiativen wirkungslos – oder bargen gar konträres Rezeptionspotential. So brachte im Jahre 1917 ein Soldat in einem Feldpostbrief zum Ausdruck, wie sehr propagandistischer Anspruch und soldatische Wirklichkeit teils auseinanderklafften. Ein Läufer hatte ihm voller Wut einen Befehl gezeigt, den er durch dichtes Sperrfeuer hatte tragen müssen. Erst als er nicht mehr weiter kam, hatte der Läufer sich den Befehl angesehen. Er instruierte sämtliche Regimenter, Hindenburgs Dankesworte an die deutsche Bevölkerung für die Anteilnahme an seinem 70. Geburtstag im Oktober 1917 aus den Zeitungen auszuschneiden und sie in den Quartieren und an den Unterständen der Soldaten aufzuhängen. Wegen dieses Befehls hätten zwei Menschen durch dichtes Sperrfeuer laufen müssen, berichtete der Soldat ungläubig.[81] Die Hindenburg-Propaganda wurde vom Publikum nicht bedingungslos übernommen, sondern beinhaltete durchaus das Potential zur renitenten Sinndeutung. Vor dem Hintergrund der exponierten Stellung Hindenburgs in der deutschen Öffentlichkeit ist es jedoch bemerkenswert, in welch eingeschränktem Umfang sich dieses entfaltete. Obwohl ein deutscher Sieg in immer weitere Ferne rückte, wurde dies nicht konsequent dem Chef der Obersten Heeresleitung angelastet oder an den Grundfesten seiner Verklärung gerüttelt. Stattdessen blieb der Hindenburg-Mythos mit der Sinndeutung des Krieges unzertrennlich verknüpft.

Die in der zweiten Kriegshälfte zunehmenden Zweifel der Bevölkerung an einem deutschen Sieg manifestierten sich innerhalb des Deutschen Reiches und an der Front zunehmend in Form von Gerüchten, die ebenso als Ursache wie als Symptom der allgemeinen Unsicherheit zu verstehen sind.[82] Bereits seit 1914 hatte das

81 Abgedruckt in Bernd Ulrich/Benjamin Ziemann (Hg.): Frontalltag im Ersten Weltkrieg: Wahn und Wirklichkeit, Frankfurt am Main: Fischer 1994, S. 125-126.

82 Vgl. zur Stimmung der Bevölkerung: Benjamin Ziemann: „Enttäuschte Erwartungen und kollektive Erschöpfung: Die deutschen Soldaten an der Westfront 1918 auf dem Weg zur Revolution", in: Jörg Duppler/Gerhard P. Groß (Hg.), Kriegsende 1918: Ereignis, Wirkung, Nachwirkung, München: Oldenbourg 1999, S. 165-182. Die systematische Auswertung von Gerüchten als historische Quelle ist ein Desiderat der Forschung. Erste Ansätze bieten: Jürgen Brokoff u.a. (Hg.): Die Kommunikation der Gerüchte, Göttingen: Wallstein 2008.

Kriegsgeschehen Anlass für eine Vielzahl von verschiedensten Gerüchten gegeben.[83] Im Gegensatz zur Presse der Entente, die solche Anzeichen der zunehmenden Verunsicherung der deutschen Bevölkerung dankbar aufnahm und verbreitete, berichteten deutsche Presseorgane zwar nicht offen über diese Gerüchtepidemie, Zeugnisse anderer Beobachter belegen aber, dass ihre Ausbreitung innerhalb des Deutschen Reichs immer spürbarer wurde.[84] An der Berichterstattung der ausländischen Presse lässt sich ablesen, dass Hindenburg ab Herbst 1917 zum Protagonisten eines Großteils dieser Geschichten wurde. Ende 1917 begann etwa die britische Presse, Nachrichten über einen Nervenzusammenbruch Hindenburgs zu bringen.[85] Im Jahr darauf wusste die Daily Mail zu berichten, dass der Feldmarschall ernstlich erkrankt sei. Der Daily Express meinte sogar, von einem Schlaganfall Hindenburgs zu wissen, den er während eines heftigen Streits mit dem Kaiser erlitten hatte. Die holländische Zeitung Nouvelles Haag griff diese Geschichte ebenfalls auf. Französische und Schweizer Zeitungen gaben an, dass Hindenburg auf noch spektakulärere Art zu Tode gekommen war: Er war angeblich nach den Friedensverhandlungen von Brest-Litowsk während eines Besuchs an der Ostfront von einem russischen Unteroffizier erschossen worden.[86] In Süddeutschland hingegen waren Geschichten über den Tod Hindenburgs in einem Duell mit dem bayerischen Kronprinzen Rupprecht besonders virulent.[87] Eine weitere Variante besagte, dass der Feldmarschall von Splittern einer Bombe getötet worden war, die ein britisches Flugzeug abgeworfen hatte.[88] Die Existenz solcher Gerüchte war indes keine Erfindung der Entente. In einem Brief an die Nachrichtenabteilung der Obersten Heeresleitung drückte ein Offizier, der im August 1918 ein paar Tage auf

---

83 Vgl.: Karl-Ludwig Ay: Die Entstehung einer Revolution: Die Volksstimmung in Bayern während des Ersten Weltkrieges, Berlin: Duncker & Humblot 1968, S. 178-183; Felix Höffler: „Kriegserfahrungen in der Heimat. Kriegsverlauf, Kriegsschuld und Kriegsende in württembergischen Stimmungsbildern des Ersten Weltkrieges“, in: G. Hirschfeld: Kriegserfahrungen, S. 68-82.

84 Vgl. Anm. 89-91.

85 Bericht des Kriegspresseamtes vom 1.11.1917, GStA PK, 1. HA, Rep. 89, Nr. 32404, S. 30ff.

86 Daily Mail, 13.7.1918; Daily Express, 23.7.1918; Nouvelles Haag, 12.7.1918; Petit Parisien, 30.7.1918; Oeuvre, 23.8.1918, Gas. de Laus., 21.8.1918, zitiert in GStA PK, 1. HA, Rep. 89, Nr. 668, Bd. 2, S. 30-36 und S. 243ff.

87 Dazu: W. Deist: Militär und Innenpolitik, S. 961-966 und S. 1259-1266.

88 Daily Express, 21.4.1918, zitiert in GStA PK, 1. HA, Rep. 89, Nr. 668, Bd. 2, S. 54.

Fronturlaub innerhalb des Deutschen Reichs verbracht hatte, seine Bestürzung über die Vielzahl der Geschichten aus, die über Hindenburgs angeblichen Tod zirkulierten.[89] Der Feldmarschall selbst untersagte die Weiterverbreitung jeglicher Gerüchte am 2. September 1918 ausdrücklich per Befehl.[90] Zudem hatte er bereits im Vormonat seinem alten Freund Franz von Seel versichern müssen: „Mir geht es trotz aller gegenteiligen Gerüchte gut."[91]

Die Substanz dieser Geschichten zeigt deutlich, wie eng die Sinndeutung des Krieges mit der Figur Hindenburgs verbunden war. Selbst die nach der Frühjahrsoffensive des Jahres 1918 einsetzende Kampfpause, der die desaströsen militärischen Rückschläge des Sommers folgen sollten, interpretierten weite Teile der Bevölkerung als Zeichen dafür, „dass die Oberste Heeresleitung diesmal etwas recht Großes plane, weil sie so viel Zeit zur Vorbereitung brauche."[92] Der Hindenburg-Mythos war keine rein „von oben" gesteuerte Erzählung über einen siegreichen Feldherrn, sondern wurde ebenso durch die Ängste und Hoffnungen des Volkes geprägt. Besonders in den Gerüchten spiegelten sich diese eindrücklich wieder: Geschichten über Streitigkeiten mit dem Kaiser zeigten, dass die Bevölkerung sich des Konflikts zwischen beiden durchaus bewusst war. Sein Duell mit Kronprinz Rupprecht repräsentierte wiederum den sich verstärkenden politischen Gegensatz zwischen Preußen und Bayern. Der russische Schütze, der Hindenburg angeblich an der Ostfront erschossen hatte, dürfte symbolisch für das sich ausbreitende revolutionäre Gedankengut gestanden haben. Hindenburgs angeblicher Tod durch Bombensplitter wies unterdessen daraufhin, wie weit verbreitet vor allem unter Soldaten an der Westfront die Angst vor Luftangriffen war.[93]

Auffällig ist, dass Hindenburg in den Gerüchten fast nie als „Bösewicht" auftrat, obwohl er als Chef des Generalstabes des Feldheeres die Hauptverantwortung für die sich abzeichnende Niederlage trug.[94] Er wirkte zunehmend machtlos, aber hatte meist eine Opfer-

89 GStA PK, 1. HA, Rep. 89, Nr. 32404, S. 84.

90 BA-MA, N253, Nr. 138, S. 24.

91 Brief vom 8.8.1918, BA-MA, N429, Nr. 4, S. 4.

92 Bericht des 17. Armeekorps vom 3.6.1918, BAB, R1501, Nr. 112479, S. 38ff.

93 Vgl.: Alexander Watson, The Chances of Survival: Personal Risk Assessment and Attitudes to Death among German and British Soldiers in the Great War, 1914-1918, University of Oxford, D. Phil thesis: 2005, Kapitel 6.

94 Felix Höffler und Benjamin Ziemann erwähnen ebenfalls einzelne Hindenburg-Gerüchte, interpretieren diese allerdings als Ausdruck der Schwächung seines Mythos. Hier wird hingegen argumentiert, dass die Gerüchte komplexerer Natur waren und zeigen, wie eng der Hindenburg-Mythos

rolle inne – und ähnelnde damit dem Selbstbild eines Großteils der Deutschen. Er wurde hinterhältig ermordet oder erlitt ohne eigenes Verschulden einen Schlaganfall. Hindenburgs gerüchtehalber Tod drückte zwar die Abkehr vom Glauben an die Allmacht des Feldherrn aus, zeigte aber auch, wie eng sein Mythos mit der Sinnstiftung des Krieges verknüpft blieb. Seit 1914 hatte Hindenburg die deutschen Kriegstugenden der Nervenstärke, Entschlossenheit, Opferbereitschaft und Pflichterfüllung versinnbildlicht. Nun machten Berichte über seinen Nervenzusammenbruch deutlich, dass die militärische Lage als so aussichtslos empfunden wurde, dass selbst seine mythisch verklärten Nerven versagen mussten. Das Publikum produzierte im Rahmen des Hindenburg-Mythos seine eigene Weltdeutung. Statt ihn des Versagens zu beschuldigen, wurde an eine schwere Krankheit oder seinen Tod geglaubt. Dass Gerüchte über seinen Tod plausibel erschienen, drückte die allgemeine Resignation gegen Kriegsende aus. Schließlich lohnte es nicht, länger darauf zu hoffen, dass der verletzte oder tote Hindenburg „die Sache schon machen" würde.

Dieses Phänomen der Adaption macht deutlich, dass sich das Publikum sehr wohl in den Hindenburg-Mythos „einschrieb" und ihn mit eigener Bedeutung füllte. Zwar wirkte die kaiserliche Regierung – später auch Weimarer Politiker verschiedener Parteien und letztlich auch die NS-Propaganda – an seiner narrativen Ausgestaltung mit, aber er wurde als Manifestation populärer Ängste und Sehnsüchte weiterhin „von unten" geformt. Die Entwicklung und langfristige Bedeutung des Mythos lagen zumindest partiell in den Händen des Publikums.

Schlussbetrachtung

Anhand verschiedener Manifestationen des Hindenburg-Mythos sind hier die Zusammenhänge zwischen Politik, Propaganda und Popularität in der Spätphase des Kaiserreichs untersucht worden. Ein einseitiger und intentional gesteuerter Prozess der Vermittlung und Sinnstiftung „von oben nach unten" ließ sich nicht beobachten. Vielmehr handelte es sich beim Mythos Hindenburg um ein wech-

nach wie vor mit der Sinnwelt der Bevölkerung verknüpft war – obwohl die allgemeine Siegeszuversicht und die Bereitschaft zum „Durchhalten" immer geringer wurden. Felix Höffler: „Kriegserfahrungen in der Heimat. Kriegsverlauf, Kriegsschuld und Kriegsende in württembergischen Stimmungsbildern des Ersten Weltkrieges", in: G. Hirschfeld, Kriegserfahrungen, S. 68-82; Benjamin Ziemann: Front und Heimat: Ländliche Kriegserfahrungen im südlichen Bayern 1914-1923, Essen: Klartext 1997, S. 267.

selseitiges Phänomen, in dessen Rahmen das Publikum sowohl Deutungen rezipierte wie produzierte.

Auch die Funktion des Mythos war keineswegs klar abgesteckt. Durch seine Polyvalenz konnte er eine affirmative Wirkung entfalten, aber die politischen Verhältnisse ebenso in Frage stellen, wie vor allem die Aushöhlung des Kaisergedankens im Ersten Weltkrieg zeigte. Die Politik des Kaiserreichs konnte sich dem Einzug des Populären und der Einbindung des Publikums nicht verwehren und forcierte diese Entwicklung streckenweise sogar. Ihre Dynamik und politischen Implikationen wurden jedoch unterschätzt. Dass Sinnkonstruktionen auch jenseits des Politischen stattfanden und verhandelt wurden – etwa durch Hindenburgs Omnipräsenz in der kommerziellen Werbung, in Form von „Kitsch", in illustrierten Zeitschriften oder während „vergnüglicher" Feiern – und sich schwer steuern ließen, wurde ebenso verkannt. Das Publikum formte den Mythos kontinuierlich mit, füllte ihn mit eigener Bedeutung und schrieb sich in ihn ein. Am deutlichsten kam dies durch die Gerüchte über Hindenburgs Krankheit und Tod am Ende des Ersten Weltkrieges zum Ausdruck, in denen die wachsende Unsicherheit der Bevölkerung ihren Ausdruck fand.

Die Diskurse über die „beduselte" „Masse", die angeblich das „Seichte" und „Triviale" bevorzugte, spiegelten sich unter anderem in der Künstler-Kritik an der Berliner Hindenburg-Nagelstatue sowie in der Furcht des Kaisers vor der politischen Bedeutung der „Straße" wieder. Dass sich dieses Deutungsmuster durchzusetzen vermochte, unterstreicht, wie sehr das Publikum an Prozessen der Sinnstiftung bereits beteiligt war und dadurch etablierte Hierarchien in Frage stellte. Die Macht des neuen Akteurs wurde indessen zwar erkannt, aber stets kritisch beäugt und letztlich nur bedingt akzeptiert.

Genau so wenig wie der Hindenburg-Mythos von versierten „Manipulatoren" intentional gesteuert wurde, lässt er sich jedoch als einseitiger Prozess der Sinnstiftung „von unten nach oben" verstehen. Das Modell der „Transfigurationen des Politischen" verdeutlicht die komplexen Aushandlungsprozesse, denen der Mythos unterlag, da es sich von der Vorstellung unidirektionaler Sinnübertragung und politischer Willensbildung sowie der Idee klar konturierter Sinn-„Produzenten" und -„Rezipienten" abgrenzt. Dieser Ansatz erlaubt, die inhaltliche wie funktionale Verzweigung und Vielschichtigkeit politischer Mythen aufzuschlüsseln und die Fülle der Akteure, die an ihrer Sinndeutung mitwirken, in die Analyse einzubeziehen. So zeigt sich, dass durch den Rückgriff auf den Hindenburg-Mythos weder eine bestimmte Politik geradlinig umgesetzt oder gesteuert werden konnte, sich dieser aber auch nicht bedingungslos nach den Vorstellungen des Publikums modellieren ließ. Vielmehr erscheint er als ein immanent politisches, multidirektionales Phänomen, das auch jenseits der klassischen Medien der Politikvermittlung Relevanz besaß und ausgehandelt wurde. Politische „Meinungsmacher" wirkten an seiner Ausgestaltung ebenso mit wie ihre jeweiligen Adressaten – und auch der Markt, der einer kommerziellen Logik folgte, schaffte seinerseits neue (politische) Realitäten.

Was ist politisch am unpolitischen Verein?

Freizeitvereine und politische Systementwicklung in der Weimarer Republik

KLAUS NATHAUS

Der folgende Artikel untersucht Freizeitvereine als ein Phänomen von Populärkultur, an dem im Untersuchungszeitraum nahezu alle Bevölkerungsgruppen teilhatten und auf den möglicherweise mehr Engagement und Zeit verwendet wurde als auf massenmediale Unterhaltungsformen, welche die Populärkultur jüngerer Zeit bestimmen. Vereine sind damit ein Untersuchungsgegenstand, der repräsentative Aussagen über die Bedeutung von Populärkultur für politische Entwicklungen verspricht.

In der deutschen historischen Forschung sieht man dies offenbar ähnlich, denn freiwilligen Vereinigungen wird seit Thomas Nipperdeys Aufsatz zum „Verein als sozialer Struktur im späten 18. und frühen 19. Jahrhundert" aus politikgeschichtlichem Interesse große Aufmerksamkeit zuteil.[1] Die entsprechenden Studien konzipieren Vereine als politische Sozialisationsagenturen. Demnach vermittelten Assoziationen ihren Mitgliedern entweder qua ihrer Konstitution als freiwillige Zusammenschlüsse prinzipiell gleicher Menschen demokratisches Basiswissen, etwa den zivilen Umgang miteinander und die Verfahren rationaler kollektiver Entscheidungsfindung.[2] Oder sie kultivierten politische Vorstellungen durch gemeinsame, nur scheinbar unpolitische Aktivitäten wie beispielsweise das Singen oder den Sport. In beiden Fällen manifestierten

1 Thomas Nipperdey: Verein als soziale Struktur im späten 18. und frühen 19. Jahrhundert, in: Ders.: Gesellschaft, Kultur, Theorie. Gesammelte Aufsätze zur neueren Geschichte, Göttingen: Vandenhoeck & Ruprecht 1976, S. 174-205.

2 Siehe etwa Stefan-Ludwig Hoffmann: Geselligkeit und Demokratie. Vereine und zivile Gesellschaft im transnationalen Vergleich 1750-1914, Göttingen: Vandenhoeck & Ruprecht 2003.

sich in Symbolen und Praxis des Vereinslebens Deutungsmuster, die nach Ansicht der Forschung die politische Wahrnehmung und das politische Handeln der Mitglieder auch außerhalb des Vereins – etwa bei Parlamentswahlen – bestimmten und somit politische Entwicklungen zumindest teilweise erklären können. So hätten im Fall der Weimarer Republik einerseits die im Vorfeld politischer Parteien und der katholischen Kirche angesiedelten Vereine zur Fragmentierung der deutschen Gesellschaft in gegeneinander abgeschlossene „sozial-moralische Milieus" (M. Rainer Lepsius) beigetragen und dadurch eine der demokratischen Ordnung förderliche Verständigung über parteipolitische Lagergrenzen erschwert.[3] Andererseits seien die weit verbreiteten bürgerlich-konservativen Vereine etwa von Turnern oder Sängern Horte republikfeindlichen Denkens gewesen, die ihre Mitglieder gegen die Demokratie vergemeinschafteten. Schützenfeste mit ihren „Königen", Orden und Uniformen hätten „einen spielerischen Rollenwechsel in die kaiserliche Welt" ermöglicht, und in den bürgerlichen Chorvereinen wurden „Opfermut, Mannhaftigkeit und Gemeinschaftssinn [...] gerade beim Gesang bewußt und unbewußt inkorporiert." Dadurch habe scheinbar politikferne Geselligkeit den Mitgliedern bürgerlich-konservativer Vereine die Annäherung an den Nationalsozialismus erleichtert.[4] Diese Sicht verortet Freizeitvereine im Vorfeld der Politik und deutet das Treiben der Mitglieder als Ausdruck von politisch handlungsleitenden Orientierungen. Sie führt den Nachweis, dass Vereinsgeselligkeit Politik im „Kleinen" sei, deren Wahrnehmungs- und Handlungsmuster auf die „großen" Fragen angewandt würden.

In kritischer Distanz zu dieser Herangehensweise wird hier ein gegenstandsbezogener Ansatz vorgestellt, der im ersten Schritt die Besonderheiten der Organisationsform „Verein" berücksichtigt und Vereinsaktivitäten wie das Turnen oder das Chorsingen als Form

3 Für sozialdemokratisches, katholisches und konservatives Milieu gleichermaßen Franz Walter/Helge Matthiesen: „Milieus in der deutschen Gesellschaftsgeschichte. Ergebnisse und Perspektiven der Forschung", in: Detlef Schmiechen-Ackermann (Hg.), Anpassung, Verweigerung, Widerstand. Soziale Milieus, Politische Kultur und der Widerstand gegen den Nationalsozialismus in Deutschland im regionalen Vergleich, Berlin: Ed. Hentrich 1997, S. 46-75.

4 Frank Bösch: „Militante Geselligkeit. Formierungsformen der bürgerlichen Vereinswelt zwischen Revolution und Nationalsozialismus", in: Wolfgang Hardtwig (Hg.), Politische Kulturgeschichte der Zwischenkriegszeit 1918-1939, Göttingen: Vandenhoeck & Ruprecht 2005, S. 151-182, Zitate S. 159f. u. 166.

der Vergesellschaftung eigener Ordnung untersucht.[5] Vorausgesetzt wird damit eine sektorielle Differenzierung zwischen den Bereichen „Politik“ und „selbstorganisierte Freizeit“, die schon deshalb geboten scheint, weil ansonsten potentiell jedes Phänomen im Politischen aufgeht und der Begriff „Politik“ jegliche Unterscheidungsfähigkeit verliert. Dabei wird durchaus nicht übersehen, dass Vereinsorganisation und -aktivitäten im Zusammenhang mit dem politischen System stehen. Der vorliegende Beitrag zielt vielmehr zentral auf diesen Zusammenhang und soll zeigen, dass dieser in der Ressourcenabhängigkeit und der Vergesellschaftungsweise von Freizeitvereinen zu sehen ist.

Ausgangspunkt des Folgenden ist die spezifische Organisationsform freiwilliger Zusammenschlüsse.[6] Vereine sind zur Verfolgung ihrer Zwecke auf Mittel angewiesen, die sie weder erzwingen noch kaufen können. Assoziationen unterscheiden sich von staatlichen und marktökonomischen Organisationen dadurch, dass sie die zu ihrem Unterhalt notwendigen materiellen Ressourcen, aber auch Engagement und Ideen, von freiwilligen Gebern erhalten. Dies sind zum einen die Mitglieder selbst, zum anderen der Staat als Vereinsförderer und Marktunternehmen als Sponsoren, und zwar im 20. Jahrhundert in zunehmendem Maße.

Aus dieser organisationssoziologischen Perspektive wird deutlich, dass die entscheidenden Entwicklungen im Bereich der Freizeitvereine und -verbände in der Weimarer Republik nicht etwa wie in der Forschung vertreten auf politische Mobilisierung, sondern auf Bemühungen des Staates zurückzuführen sind, Vereine zur Umsetzung sozial- und kulturpolitischer Initiativen in den Dienst zu nehmen. Der erste Teil des folgenden Beitrags beschreibt mit Blick auf die Vereinssegmente Sport, Chorgesang, Laienspiel und Kleingartenwesen, welche Anreize staatliche Stellen setzten, um Vereine für „gemeinnützige“ Ziele zu gewinnen, und wie diese Anreizpolitik die nationalen Dachorganisationen dazu brachte, die Kooperation mit dem Staat einzugehen.

Der zweite Teil behandelt die Folgen der sozialpolitischen Intervention für die lokalen Vereine. Dabei wird deutlich, dass deren einfache Mitglieder sich den Erwartungen von Staat und Verbänden nach Möglichkeit entzogen und versuchten, unterhaltsame Aktivitä-

5 Vgl. dazu die Ausführungen für eine gegenstandsbezogene Sporthistoriographie bei Christiane Eisenberg: „Soziologie, Ökonomie und ‚Cultural Economics‘ in der Sportgeschichte. Plädoyer für eine Neuorientierung“, in: Sport und Gesellschaft 1 (2004), Nr. 1, S. 73-83.

6 Vgl. Heinz-Dieter Horch: Strukturbesonderheiten freiwilliger Vereinigungen. Analyse und Untersuchung einer alternativen Form menschlichen Zusammenarbeitens, Franfurt/Main: Campus 1983.

ten zu organisieren, die mit den sozialpolitischen Anforderungen an „Gemeinnützigkeit“ nicht zu vereinbaren waren und in diesem Sinne als politikfern zu bezeichnen sind. Auf die Dauer jedoch zeigte die Verbandsarbeit Wirkung auf die Vereinspraxis. Da die Verbände unter dem Druck standen, die ihnen angeschlossenen Vereine zur Förderungswürdigkeit anzuhalten, eskalierte der Interessengegensatz zwischen den Dachorganisationen und lokalen Vereinen zum Konflikt. Die Verbände, die mit Empfehlungen für ein „gemeinnütziges“ Vereinsleben erfolglos geblieben waren, verlegten sich gegen Ende der 1920er Jahre darauf, die ihrer Auffassung nach „gemeinschädlichen“ Vereine mit Kampagnen zu überziehen. Publizistische Angriffe auf das vermeintlich despektierliche Treiben verbandsferner Vereine unterminierten schließlich deren Ansehen, was wiederum lokale Unterstützer dazu bewegte, sich von ihnen zu distanzieren. So gingen vielen Vereinen, die zudem durch die Wirtschaftskrise geschwächt wurden, gegen Ende der Weimarer Republik die materiellen Ressourcen aus, um ihren politikfernen Unterhaltungsbetrieb aufrecht zu erhalten.

Der dritte und letzte Teil des Beitrags fragt nach den politischen Konsequenzen der dargestellten Vereinsentwicklung. Zentrales Argument ist dabei, dass die politische Relevanz von Freizeitvereinen nicht primär in politischer Sozialisation zu suchen ist, sondern vor allem in ihrem Vermögen, Räume zu eröffnen, in denen die Beschäftigung mit trivialen Aktivitäten wie Turnwettkämpfen, Gesangwettstreiten und Sportspielen Unterschiede des sozialen Standes, aber auch der politischen und religiösen Gesinnung ausblendet und dadurch soziale Spannungen zumindest zeitweilig entschärft.[7] Aufgrund dieses Vergesellschaftungspotentials können Freizeitvereine das politische System stabilisieren, indem sie es von sozialen und politischen Spannungen entlasteten. In der Weimarer Republik geschah dies nicht, da Vereine unter dem Druck sozialpolitischer Initiativen und Ressourcenmangel es immer weniger vermochten, der Entfaltung politikferner Geselligkeit Raum zu bieten.

7 Grundlegend dazu das von Georg Simmel entworfene Konzept der Geselligkeit als „Spielform der Vergesellschaftung“, das sich von den Beispielen der frühneuzeitlichen höfischen Kultur, die Simmel beschreibt, problemlos auf Freizeitvereine übertragen lässt. Vgl. Georg Simmel: „Soziologie der Geselligkeit“ (1910), in: Ders.: Gesamtausgabe, Bd. 12, hrsg. v. Othein Rammstedt, Frankfurt am Main: Suhrkamp 2001, S. 177-193.

Sozialstaatliche Initiativen und der Aufstieg der Dachverbände nach dem Ersten Weltkrieg

Nach dem Ersten Weltkrieg bemühte sich der neue republikanische Staat verstärkt darum, sozial- und kulturpolitische Ziele mit Hilfe des Assoziationswesens zu realisieren. Dazu stellten Kultur-, Wohlfahrts- und Innenministerien Vereinen, die sich um die Integration von Frauen und Jugendlichen, um „Volksbildung" und Verbreitung „wertvoller" Kultur sowie um gesunde Leibesertüchtigung verdient machten, Vergünstigungen in Aussicht, die von der Bereitstellung von Infrastruktur bis zur Steuerermäßigung reichten. Erste Ansätze dieser Anreizpolitik lagen im 19. Jahrhundert, und im Zuge der Mobilmachung der gesamten Bevölkerung im Ersten Weltkrieg wurde die staatliche Indienstnahme von Vereinen weiter vorangetrieben.[8] In den 1920er Jahren erreichte die Vereinsförderung eine neue Qualität. Sie wurde systematisiert, im Umfang ihrer Mittel ausgedehnt und über die als „kriegswichtig" geltenden Bereiche der Leibesübungen, der Kleingärtnerei und der Brieftaubenzucht hinaus auf andere Vereinssparten ausgeweitet.[9]

Die Grundzüge staatlicher Vereinsförderung lassen sich exemplarisch am Gesangvereinswesen aufzeigen. Dort ergriff das Preußische Ministerium für Wissenschaft, Kunst und Volksbildung die Initiative mit dem Runderlass zur „Förderung des Chorwesens" vom 11. Juni 1921. In ihm erkannte der parteilose Kultusminister Carl Heinrich Becker die Gesangvereine als „Bewahrer des deutschen Volksliedes" an und versprach, sie in ihren „volksbildenden" Aktivitäten zu unterstützen. Konkret stellte der Minister Vereinen, die ein „rundes" Jubiläum begingen, staatliche Diplome in Aussicht. Diese fanden bei den Chören großes Interesse, da sich für staatlich deko-

---

8 Für den Bereich des Sports Christiane Eisenberg: ‚English sports' und deutsche Bürger. Eine Gesellschaftsgeschichte 1800-1939, Paderborn: Schöningh 1999, S. 313-322. Zum Kleingartenwesen im Weltkrieg siehe Hartwig Stein: Inseln im Häusermeer. Eine Kulturgeschichte des deutschen Kleingartenwesens bis zum Ende des Zweiten Weltkriegs. Reichsweite Tendenzen und Groß-Hamburger Entwicklung, Frankfurt am Main u.a.: Lang, 2002, S. 384-388.

9 Zur militärischen Bedeutung und staatlichen Förderung der Brieftaubenzucht siehe Toni Brüggemann: „100 Jahre Deutscher Brieftaubenzüchter-Verband", in: Leben mit Brieftauben, hg. v. Westfälischen Museumsamt und der Volkskundlichen Kommission für Westfalen, Münster: Westfalen Verlag 1984, S. 73-172. – Studien zur Politik der „Gemeinnützigkeit" aus der Sicht staatlicher Institutionen, die Auskunft geben könnten über Motive, Strategien und Abläufe, fehlen. Ansätze für den Bereich Turnen und Sport finden sich bei C. Eisenberg, ‚English sports', Kap. 7.

rierte Vereine die Chancen erhöhten, materielle Unterstützung von lokalen Geldgebern einzuwerben. Des Weiteren richtete das Kultusministerium Fortbildungskurse für Chorleiter ein. In Einzelfällen könnten, so der Minister weiter, Vereine finanziell bezuschusst werden. Da aber die Mittel dafür eng begrenzt seien, appellierte der Minister an die Kommunen, Vereinen kostenfrei Proberäume bereitzustellen und ihnen bei öffentlichen Konzerten Auftrittsmöglichkeiten zu gewähren. Zudem sollten die Stadtkämmerer bei der Erhebung der Vergnügungssteuer „Schonung" üben und „Veranstaltungen von volkserzieherischem und künstlerischem Wert möglichst ganz von der Steuer befreien." Als weiteres Kriterium der Förderungswürdigkeit nannte der Erlass „Bestrebungen [...], die zu einem Zusammenschluß und einer Zusammenarbeit der gemischten Chöre mit den Männer- und Frauenchören führen".[10]

In den darauffolgenden Jahren bekräftigte das Kultusministerium mit weiteren Erlassen, Rundschreiben, Denkschriften und Maßnahmen seine Förderabsicht. Man gab ein neues Volksliederbuch heraus und erhöhte die Zahl staatlicher Chorleiterkurse, die ab 1924 in mehreren deutschen Großstädten stattfanden. Das Ministerium empfahl eine enge Zusammenarbeit zwischen Schulen und Vereinen ausdrücklich mit dem Ziel, den Vereinen Sängernachwuchs zuzuführen. Eine verbesserte Musiklehrerausbildung sollte für qualifizierte Chorleiter sorgen. Das Ministerium regte an, Gesangvereine zu staatlichen Gedenktagen, jahreszeitlichen Festen und Schulfeiern heranzuziehen und ihnen so Auftritte zu verschaffen, bei denen die öffentliche Hand das finanzielle Risiko trug. Bei den Oberpräsidenten wurde die Stelle des Staatlichen Musikberaters geschaffen, der einerseits Vereine etwa durch die Vermittlung von Dirigenten unterstützte und andererseits über die Entwicklung des Chorwesens Bericht erstattete.[11]

Den zugkräftigsten Anreiz bildeten in Aussicht gestellte Steuernachlässe. In Folge des Krieges war der Finanzbedarf von Staat und Kommunen stark gestiegen, was unter anderem dazu führte, dass der finanzielle Druck auf die umsatz- und vergnügungssteuerpflichtigen Freizeitvereine zunahm.[12] Vor diesem Hintergrund stieß die Ankündigung, die Abgabenlast für „volksbildende", „gesundheits-

10 „Erlaß des Preußischen Ministers für Wissenschaft, Kunst und Volksbildung C. H. Becker v. 11.6.1921", in: Deutsche Sängerbundeszeitung 13 (1921), S. 129.

11 „Denkschrift des Preußischen Ministers für Wissenschaft, Kunst und Volksbildung über die gesamte Musikpflege in Schule und Volk v. 25.4.1923 (Auszug)", in: Jahrbuch des DSB 1 (1926), S. 205-212, hier S. 207-209.

12 Evelyn Henning: Sport und Gemeinnützigkeit, Stuttgart: Boorberg 2005, S. 19.

fördernde" und „kulturpflegende" Vereine reduzieren zu wollen, auf großes Interesse im Dritten Sektor, wie die kontinuierliche Diskussion dieser Maßnahmen in der Verbandspresse verdeutlicht. Ein Blick in die Bilanzen örtlicher Vereine stützt die Vermutung, dass man auch auf lokaler Ebene die angekündigten Steuervergünstigungen begrüßte. Der Essener Männerchor „Sanssouci" etwa verwendete im Jahr 1928 ein Viertel seiner Ausgaben auf die Vergnügungssteuer.[13] Für Fußball- und Theatervereine war die Abgabenlast ähnlich hoch.[14]

Die Finanzbehörden konnten Vereinen entweder pauschal oder für einzelne Veranstaltungen Steuernachlässe gewähren. In jedem Fall musste der betreffende Verein die Behörden überzeugen, dass er „gemeinnützige" Zwecke verfolgte. Allerdings ließ der Gesetzgeber die Kriterien für „Gemeinnützigkeit" unscharf. Was im Fall der Gesangvereine der „Volksbildung" diente und wodurch sich „kulturell hochstehendes" Liedgut auszeichnete, blieb letztlich der Einschätzung von Finanzbeamten überlassen. Ausführungsbestimmungen machten die Angelegenheit keineswegs klarer. So konnten „mit Rücksicht auf die Bedeutung des Vereins" auch Veranstaltungen als „gemeinnützig" eingestuft werden, zu denen nur Mitglieder eingeladen waren, obwohl „Volksbildung" eigentlich die Offenheit des Teilnehmerkreises voraussetzte. Nicht einmal das Kriterium fehlender Gewinnabsicht definierte trennscharf. Zwar konstruierte der Gesetzgeber einen prinzipiellen Gegensatz zwischen Profitstreben und Gemeinwohl. Im Einzelfall allerdings müsse ein Verein als Summe seiner sämtlichen Veranstaltungen beurteilt werden. So war die eine oder andere Veranstaltung zur Gewinnerzielung erlaubt, sofern diese dem Erhalt einer insgesamt „volkserzieherischen" Organisation diente.[15] Die Offenheit des Begriffs „Gemeinnützigkeit" lag durchaus im Interesse der staatlichen Stellen. Da sie über die Deutungshoheit verfügten, konnten sie das Konzept nutzen, um das Assoziationswesen mit der Gewährung und dem Entzug von Vergünstigungen zu lenken.

Um die lokalen Vereine mit ihrer Förderpolitik zu erreichen, bemühten sich die Kultus-, Wohlfahrts- und Innenministerien um die

13 „Auszug aus der statistischen Erhebung über den Essener Männerchor Sanssouci", Sta Essen, Nr. 421, B 9b, Bl. 2.

14 Nils Havemann: Fußball unterm Hakenkreuz. Der DFB zwischen Sport, Politik und Kommerz, Frankfurt, New York: Campus 2005, S. 56; „Bundestagsaufführungen/Bundestags-Ausstellung", in: Volksbühnenwarte 13 (1932), Nr. 8, S. 7.

15 Zur begrifflichen Offenheit von „Gemeinnützigkeit" siehe den Erlass des preußischen Kultusministers v. 6.8.1923, abgedruckt im Jahrbuch des DSB 1 (1926), S. 235-239.

Zusammenarbeit mit Dachverbänden. Organisationen wie der Deutsche Sängerbund (DSB) und der Deutsche Arbeitersängerbund (DAS), aber auch die Deutsche Turnerschaft (DT), der Deutsche Arbeiter-Turn- und -Sportbund (ATSB) und der Deutsche Fußball-Bund (DFB) hatten schon vor dem Ersten Weltkrieg mitunter hunderttausende Mitglieder vereint und effektive Kommunikations- und Verwaltungsstrukturen ausgebildet. Dies prädestinierte die Verbände dazu, zuständigen Beamten Einblicke in das Vereinswesen zu gewähren und sozialpolitische Initiativen an die lokale Basis zu vermitteln.

Die staatlichen Stellen förderten den Zulauf zu den Dachorganisationen, indem sie die Gewährung öffentlicher Mittel und steuerlicher Privilegien eng an eine Verbandszugehörigkeit knüpften. Im Fall der Chorvereine übertrug das Preußische Kultusministerium den beiden größten Sängerorganisationen, dem DSB und dem DAS, die Koordination der staatlichen Chorleiterkurse. Zudem erkannte das Ministerium die beiden Dachorganisationen als Gutachter an, die sich bei Anträgen auf Verleihung eines staatlichen Diploms zu der Frage äußerten, ob sich ein Verein dauerhaft für die Volksliedpflege eingesetzt hatte. Auch die Kommunen hatten ein Interesse daran, dass sich Vereine Dachverbänden anschlossen, da diese als repräsentative Ansprechpartner die Verwaltung kulturpolitischer Subventionen vereinfachen konnten. Folglich unterstützten Städte und Gemeinden die Beitrittsbewegung in gleicher Weise wie die Ministerien auf Landesebene. In Stuttgart beispielsweise reichte die Zugehörigkeit zu einem der beiden großen Bünde, um als „gemeinnützig“ anerkannt zu werden.[16] Die Stadt Berlin berief führende Funktionäre beider Sängerbünde als Sachverständige in Gremien, die über die Steuerbefreiung von Chorveranstaltungen entschieden. Ernst Schlicht, Mitglied der DSB-Geschäftsführung, erfüllte für seinen Verband diese Funktion und konnte mitteilen, dass der Ausschuss stets seinen Empfehlungen gefolgt sei.[17]

Ähnliche Weichenstellungen in Richtung einer organisatorischen Zusammenfassung des Assoziationswesens erfolgten in anderen Vereinssparten. Im Bereich des Turnens und des Sports war der Beitritt zu einem Verband Voraussetzung, um in den neu geschaffenen „Stadtämtern für Leibesübungen“ vertreten zu sein, die über die Nutzungszeiten für Sportanlagen entschieden und teilweise über

16 Paul Gansmüller: „Gesangvereine, Gemeinde und Staat“, in: Deutsche Sängerbundeszeitung 23 (1931), S. 771f.

17 Ernst Schlicht: „Die Vergnügungssteuer“, in: Deutsche Sängerbundeszeitung 14 (1922), S. 53-55.

eigene Etats verfügten.[18] In der Sparte der Kleingartenvereine übertrugen einige Landesregierungen Regionalgliederungen des Reichsverbandes der Kleingärtner Deutschlands (RVKD) die Aufgabe, die „Gemeinnützigkeit" von Kleingartenvereinen zu überwachen.[19] Staatliche Kredite, die das Preußische Ministerium für Volkswohlfahrt an Laubengärtner vergab, flossen bevorzugt an Mitgliedsvereine des RVKD. Entsprechend „zweckmäßig" erschien es dem Minister, „etwa noch abseits stehenden Kleingartenvereinen oder Verbänden den Anschluß an den Reichsverband nahe zu legen, da sie sonst erst dann für Zuschüsse in Frage kommen würden, wenn keine Anträge von ihm angeschlossenen Vereinen mehr vorliegen."[20]

Infolge der Kopplung von staatlichen Vergünstigungen und Bundeszugehörigkeit stiegen die Mitgliederzahlen der Verbände nach dem Krieg steil an. Der DSB, der 1914 gut 200.000 aktive Mitglieder im Reichsgebiet gezählt hatte, umfasste 1925 eine Sängerschaft von einer halben Million. Die Mitgliederzahl des DAS wuchs zwischen 1914 und 1923 von 108.000 auf 264.000; die DT vereinte 1924 mit 1,75 Mio. Mitgliedern etwa anderthalb Mal so viele wie 1914; der ATSB steigerte seine Mitgliederzahl im selben Zeitraum von 187.000 auf 650.000. Der DFB, der 1914 noch weniger als 200.000 Angehörige gezählt hatte, übertraf zehn Jahre darauf die Millionenmarke, und der 1921 gegründete RVKD hatte 1926 ca. 409.000 Mitglieder.[21] Die Entwicklung der Theaterverbände blieb

18 Zu den Stadtämtern für Leibesübungen siehe Stefan Nielsen: Sport und Großstadt1870 bis 1930. Komparative Studien zur Entstehung bürgerlicher Freizeitkultur, Frankfurt am Main u.a.: Lang 2002, S. 533; Otto Soltmann: Sport und Steuer. Die steuerliche Befreiung der Vereine und Organisationen auf dem Gebiete der Leibesübungen unter dem Gesichtspunkt der Gemeinnützigkeit, Rostock: Hinstorff 1940, S. 16, sowie Horst Ueberhorst u.a.: Arbeitersport- und Arbeiterkulturbewegung im Ruhrgebiet, Opladen: Westdeutscher Verlag 1989, S. 86.

19 Ministerialrat Dr. Kaisenberg: „Reichsverband und Gemeinnützigkeit", in: Kleingartenwacht 9 (1932), S. 1-3.

20 „Schreiben des Ministers für Volkswohlfahrt v. 18.4.1922", Sta Essen, Rep. 102, Abt. XII, Nr. 926, Bl. 270.

21 Mitgliederzahlen nach Richard Kötzschke: Geschichte des deutschen Männergesanges, hauptsächlich des Vereinswesens, Dresden: Limpert 1926, S. 125 (DSB, 1914); Jahrbuch des DSB 1 (1926), S. 250f. (1925); Dietmar Klenke/Franz Walter: „Der Deutsche Arbeiter-Sängerbund", in: Dies.: Arbeitersänger und Volksbühnen in der Weimarer Republik, Bonn: Dietz 1992, S. 153 (DAS); Jahrbuch der Leibesübungen. Jahrbuch für Volks- und Jugendspiele, hrsg. im Auftrag des Deutschen Reichsausschusses für Leibesübungen 31 (1924), S. 240 (DT); Handbuch der Zentralkommission für Sport und Körperpflege, Berlin: Phönix Illustrationsdruck o.J. (1927), S. 9 (ATSB); Heinrich Förster u.a., Zur Geschichte des deutschen Kleingartenwe-

dahinter zurück. Dies lag vor allem daran, dass der Staat dem Amateurtheater kaum Vergünstigungen in Aussicht stellte, weil er es als Konkurrenz der staatlich finanzierten Bühnen betrachtete. Dennoch gab es auch in dieser Vereinssparte Ansätze zur Zentralisierung, zumal die Laienspielfunktionäre ebenso aufmerksam wie neidisch die öffentliche Förderung anderer Vereinsbereiche registrierten.[22] So bildeten im März 1921 fünf Verbände aus Hamburg, Württemberg, Berlin, Westdeutschland und Sachsen die Zentrale deutscher Volksspielkunst-Verbände, und der Verband der Privat-Theatervereine, mit 175 Mitgliedsvereinen vor dem Krieg die größte Dachorganisation des Amateurtheaters,[23] formierte sich 1919 neu als Reichsbund für Volksbühnenspiele mit der Absicht, zum alleinigen „Deutschen Bund" zu avancieren.

Der in den meisten Fällen beeindruckende Mitgliederzuwachs verhalf den Verbänden zu steigenden Einkommen, die diese wiederum in den Ausbau ihrer Organisationsstruktur investierten. Die beiden großen Sängerbünde beispielsweise stellten in den 1920ern bezahlte Kräfte ein, verfolgten prestigeträchtige Bauvorhaben und bemühten sich insgesamt um eine größere öffentliche Präsenz. Der DSB eröffnete 1925 ein „Sängerbundesmuseum" und trat mit der „Nürnberger Sängerwoche", bei der neue Chorkompositionen zur Aufführung kamen, sowie dem dezentral organisierten „Deutschen Liedertag" an die Öffentlichkeit. Zudem richtete der Verband eine Pressekorrespondenz ein, die 800 Tageszeitungen mit Bundesnachrichten belieferte.[24] Der DAS steigerte die Auflagenzahl seines Verbandsblattes auf 80.000 (1929) und gab in den 1920ern gesonderte Mitteilungen an seine Funktionäre heraus. Am Ende des Jahrzehnts beschäftigte der Bund über zwanzig Hauptamtliche und war erstmals in der Lage, ein reichsweites Sängerfest zu veranstalten. Nach dem Vorbild des ATSB plante der DAS den Bau eines Bundeshauses und einer Bundesschule, musste das Projekt jedoch Ende der 1920er Jahre aus finanziellen Gründen einstellen.[25]

Wie stark der staatliche Einfluss auf die Verbandsentwicklung wirkte, belegt neben den steigenden Mitgliederzahlen die hohe Bereitschaft der Verbände, in praktischen Fragen lagerübergreifend zu

sens, Frankfurt am Main: Union-Druck- und Verlags-Anstalt 1931, S. 61 (RVKD).

22 „Steuerfreiheit der Gesangvereinskonzerte", in: Volksbühnenwarte 3 (1922), S. 41.

23 Felix Alexander: Die nebenberuflichen Theatergesellschaften in Deutschland, München: Duncker & Humblot 1913, S. 10.

24 „Pressekorrespondenz des Deutschen Sängerbundes", in: Jahrbuch des DSB 3 (1928), S. 30.

25 D. Klenke/F. Walter: Der Deutsche Arbeiter-Sängerbund, S. 138f.

kooperieren und sich teilweise im Widerspruch zum ideologischen Selbstverständnis staatlichen Vorgaben anzupassen. Zwar pflegten die Dachorganisationen, deren Wurzeln in politische Bewegungen das 19. Jahrhunderts zurückreichten, in ihren Publikationen weiterhin die überkommenen ideologischen Feindbilder. Ging es um materielle Vergünstigungen und die Zusammenarbeit mit staatlichen Institutionen, stellten die Verbände jedoch ihre weltanschaulichen Gegensätze zurück und arbeiteten wohl oder übel zusammen.

Im Fall der Sängerbünde fand dieses „Zusammenraufen" organisatorische Form in der 1927 gegründeten Interessengemeinschaft für das deutsche Chorgesangwesen, der neben kleineren Chorverbänden wie dem Deutschen Lehrergesangverein auch der DSB und der DAS angehörten. Der Zusammenschluss ging zurück auf eine Initiative des DSB, der Anfang der 1920er einen Vorstoß zur Gründung eines „Reichsausschusses für geistige Volkskultur" unternommen hatte, der neben Gesangvereinen auch Theatervereine (Laienspieler und Besucher), Buchgemeinschaften sowie Lese- und Volksbildungsvereine vertreten sollte. Das Vorhaben orientierte sich am Vorbild des Deutschen Reichsausschusses für Leibesübungen (DRA), dem Dachverband der Turn- und Sportverbände, die nach allgemeiner Auffassung besonders erfolgreich um staatliche Unterstützung warben. Angesichts der Vielfalt der „volksbildenden" Verbände und der drückenden Finanznöte der Chorvereine gab der DSB jedoch das weitgesteckte Ziel auf und wandte sich an die anderen Chorverbände, um zumindest eine Arbeitsgemeinschaft der Sängerbünde zu bilden. Dies geschah im März 1923 mit der Gründung des Reichsausschusses für das Chorgesangwesen, dem auch der DAS beitrat. Als der Vorsitzende des Ausschusses, der Staatssekretär im preußischen Innenministerium Friedrich Freund, kurze Zeit später starb, stellte das Gremium seine Tätigkeit vorübergehend ein, bis es mit der Gründung der „Interessengemeinschaft" zu einer Neuauflage kam. Auch diesem Ausschuss saß mit Leo Kestenberg ein Beamter vor. Kestenberg hatte vor dem Krieg zu den führenden Köpfen der sozialdemokratischen Kulturpolitik gezählt, war 1918 in das Preußische Kultusministerium eingetreten und dort bis zum Ministerialrat aufgestiegen.[26]

Die offiziöse „Interessengemeinschaft" zwang die beteiligten Verbände, ihre parteipolitischen Differenzen zurückzustellen. Das wurde anlässlich des 1928 veranstalteten Ersten Kongresses für das

26 Zu Kestenberg siehe Günter Batel: Musikerziehung und Musikpflege. Leo Kestenberg. Pianist – Klavierpädagoge – Kulturorganisator – Reformer des Musikerziehungswesens, Wolfenbüttel u.a.: Möseler 1998. Über Kestenbergs Tätigkeit in der „Interessengemeinschaft" gibt die Studie keine Auskunft.

Chorgesangwesen offenkundig, auf dem Verbandsdeligierte Behördenvertretern die Notlage der Gesangvereine schilderten und Vorschläge zu ihrer Behebung äußerten. Kultusminister Becker, der die Tagung eröffnete, versprach Hilfe, verlangte aber, dass die Verbände zuerst Einigkeit und Gemeinwohlorientierung bewiesen:

„[E]s muß die Sicherheit bestehen, daß Ihre heute erstmalig in Aktion tretende Interessengemeinschaft [...] intakt und sicher vor auflösenden Gegensätzen bleibt. Denn nur wenn eine geschlossene, starke Kraft sichtbar wird, wenn die einzelnen Gruppen in fester Gemeinschaft um gleiche Ziele kämpfen, werden die Stellen, an die Sie sich in ihrer wirtschaftlichen Not wenden, aufhorchen und bereit sein, zum Wohle des Ganzen zu helfen."[27]

Die Sängerbünde beherzigten die Ermahnungen des Ministers, nahmen die ihnen zugedachte Rolle der Subventionsvermittler an und verordneten sich dazu die Sachlichkeit von Zweckverbänden. In letzter Instanz orientierten sie sich an staatlichen Vorgaben, was teilweise parteipolitische Abgrenzungen und ideologische Eindeutigkeiten aufweichte. Beispielsweise hielt der DAS auch gegen verbandsinterne Kritik an seiner Mitgliedschaft in der „Interessengemeinschaft" fest. Die auf der Generalversammlung von 1929 von einem Unterbund erhobene Forderung, die Kooperation mit dem DSB sofort zu beenden, wies der Bundesvorstand zurück mit dem Verweis auf die beträchtlichen finanziellen Vorteile, die der Bund der „Interessengemeinschaft" verdanke. Zudem sei man dem Ausschuss nicht zuletzt auf Anraten führender Sozialdemokraten beigetreten.[28]

Der DSB ging noch weiter reichende Kompromisse ein, um den Erwartungen an „Gemeinnützigkeit" zu genügen. Der Bund, der stets ausschließlich Männerchöre vereint und Patriotismus über musikalische Standards gestellt hatte, sah sich zu umfassenden Reformen veranlasst, zumal der um die staatliche Gunst konkurrierende DAS mit seiner gemischt-geschlechtlichen Mitgliederschaft und seinem künstlerisch anspruchsvollen Repertoire dem Ideal „volkserzieherischer" Chorarbeit weitaus besser entsprach und mit Kestenberg auf einen Parteigenossen in einflussreicher Position zählen konnte. Unter dem doppelten Druck staatlicher Erwartungen

27 „Preußischer Staatsminister Professor Dr. C. H. Becker", in: Organisationsfragen des Chorgesangwesens. Vorträge des 1. Kongresses für Chorgesangwesen in Essen, hrsg. v. d. Interessengemeinschaft für das deutsche Chorgesangwesen und vom Zentralinstitut für Erziehung und Unterricht in Berlin, Leipzig: Quelle & Meyer 1929, S. XII-XIV, hier S. XIV.

28 Verhandlungsniederschrift/Generalversammlung des Deutschen Arbeiter-Sängerbundes 7 (1929), S. 84 u. 26.

und verbandlicher Konkurrenz beseitigte die DSB-Spitze manche Traditionsbestände. So wurde die Zentrale von Stuttgart nach Berlin, an den Sitz der wichtigen Behörden, verlegt und insgesamt gestärkt, indem man zahlreiche historisch gewachsene regionale Kleinstbünde fusionierte. Von der strafferen Organisation versprach man sich einen effektiveren Zugriff auf die lokale Mitgliederbasis. Dieses Ziel motivierte auch den Aufbau einer zentralen Kartei, die jeden angeschlossenen Verein mit der Adresse des Vorsitzenden und der genauen Zahl aktiver und passiver Mitglieder erfassen sollte.[29] Währenddessen begann der Vorstand, das Bundesprogramm auf staatliche Anforderungen zuzuschneiden. Dieser Aufgabe widmete sich ein neu eingerichteter künstlerischer Beirat, der bei den Vereinen die Hebung des musikalischen Niveaus vorantreiben sollte. Überdies, und dies ist wohl das deutlichste Zeichen für die Bereitschaft der Bundesspitze, Ideologie dem „gemeinnützigen" Kurs zu opfern, versuchte der DSB-Vorstand, die Vereine zur Bildung gemischter Chöre zu bewegen. Frauen sollten Einzug halten in den Hort des singenden „deutschen Mannes"; die Vorschläge gingen so weit, weibliche Mitglieder in die Verwaltungsgremien berufen zu wollen.[30] Für die Aufnahme von Frauen argumentierte man mit dem Hinweis auf die größere Klangvielfalt, beschwor die gemeinschaftsstiftende Kraft des Volksliedes oder verwies schlicht auf die staatliche Bevorzugung von gemischten Chören.

Ähnlich dem Chorwesen bemühten sich Verbände anderer Sparten, um der staatlichen Förderung willen die Anforderungen an „Gemeinnützigkeit" zu erfüllen, was zwangsläufig eine Abschwächung parteipolitischer Mobilisierung bedeutete. Lagerübergreifende Kooperation ist für diese schrittweise Neuausrichtung der Verbandspolitik ein schlagkräftiges Indiz. Im Theatervereinswesen bildeten der bürgerliche Reichsbund für Volksbühnenspiele und der sozialdemokratische Deutsche Arbeiter-Theaterbund die Arbeitsgemeinschaft der am Reichstheatergesetz interessierten Laienbühnen-

29 Zur organisatorischen Umbildung des DSB siehe „Kartei (Grundbuch) des Deutschen Sängerbundes", in: Jahrbuch des DSB 1 (1926), S. 71; „Die Bundeskartei des D.S.B.", in: Jahrbuch des DSB 3 (1928), S. 31f., sowie Tab. III, in: Ebd., S. 130.

30 Dies die Position des Gesamtausschussmitgliedes Ernst Schlicht: „Die Aufnahme von gemischten und Frauenchören in den D.S.B.", in: Deutsche Sängerbundeszeitung 19 (1929), S. 103. Zur Debatte vgl. auch Walter Dost: „Die Aufnahme von Frauen- und gemischten Chören in den D.S.B.", in: Ebd., S. 51, sowie Emil Echzell: „Soll der D.S.B. Frauen- und gemischte Chöre angliedern?", in: Ebd., S. 136.

Organisationen.[31] Im Bereich Turnen und Sport hielt sich zwar der ATSB auf Reichsebene dem Deutschen Reichsausschuss für Leibesübungen fern. Diese Form der Abgrenzung vom bürgerlichen Sport konnte sich der Verband leisten, da der für Leibesübungen zuständige sozialdemokratische Staatssekretär Heinrich Schulz ihm direkt staatliche Mittel in überproportionalem Umfang zuwies.[32] Den lokalen Mitgliedsvereinen empfahl die Bundesspitze jedoch, in praktischen Angelegenheiten mit Verbänden anderer politischer Provenienz zu kooperieren, denn „[d]ie Notwendigkeit, sich über bestimmte Dinge zu besprechen, entsteht ja daraus, dass die Spitzenverbände zu den verschiedensten behördlichen Körperschaften ihre Beziehungen haben, und es empfiehlt sich in den allermeisten Fällen eine vorherige Verständigung, um sich nicht gegenseitig die Wege zu verbauen."[33] Im Kleingartenwesen bedurfte lagerübergreifende Zusammenarbeit keines gesonderten Ausschusses, da der RVKD ohnehin der einzige Dachverband war. Als Ergebnis der unwahrscheinlichen Fusion eines bürgerlichen philanthropischen Vereins, des Zentralverbandes deutscher Arbeiter- und Schrebergärten, mit einer Arbeiterselbsthilfeorganisation, dem Zentralverband der Kleingartenvereine, knüpfte der überparteiliche Verband personell wie institutionell an die im Krieg gegründete Zentralstelle für den Gemüsebau im Kleingarten an und behielt in der Republik einen halbamtlichen Charakter.[34] Organisationspolitische, auf den „Gemeinnützigkeits"-Status zielende Erwägungen leiteten schließlich auch den DFB, wie man an dessen Kampagne gegen die von einigen Vereinen geplante Einführung des Profisports erkennen kann. Diese speiste sich, wie eine neuere sporthistorische Arbeit zeigt, nicht so sehr aus ideologischen Vorbehalten gegen die Kommerzialisierung des Fußballs, sondern primär aus der Überlegung, dass der Berufsfußball die mit der „Gemeinnützigkeit" des Amateursports begründeten Steuerprivilegien des Verbandes zur Disposition gestellt hätte.[35]

Der kursorische Überblick über Verbandsentwicklungen in verschiedenen Freitzeitbereichen sollte verdeutlicht haben, dass Dachorganisationen, die meist im 19. Jahrhundert im Zuge und als Be-

31 Hans-Günter Nagel: Die Zeittafel. Zur Geschichte des organisierten Deutschen Amateurtheaters. Nach Beständen deutscher Bibliotheken und Archive, Heidenheim: Sondergeld 1998², S. 42.

32 C. Eisenberg, ‚English sports', S. 360.

33 Zentralkommission für Arbeitersport und Körperpflege: Die Arbeitersportbewegung im Jahre 1926, Berlin: Vorwärts Buchdruckerei 1927, S. 8.

34 Zur Kontinuität von Zentralstelle und RVKD siehe H. Stein: Inseln im Häusermeer, S. 388.

35 N. Havemann, Fußball unterm Hakenkreuz, S. 56-62.

standteil politischer Bewegungen entstanden waren, in der Weimarer Republik ihre Funktion allmählich änderten. Ohne ihr ideologisches Profil ganz aufzugeben, orientierten sie ihre Politik an den Anreizen für „Gemeinnützigkeit" und wandelten sich so von sozialen Bewegungen zu staatsnahen Zweckverbänden. Dieser Funktionswandel lässt Schlüsse von der in Verbandspresse und von Funktionären geäußerten parteipolitischen Ideologie auf ähnliche Gesinnungen der Mitgliederbasis, wie sie die politische Kulturforschung zieht, höchst problematisch erscheinen.[36] Diesbezügliche Zweifel verstärken sich, wenn man das spannungsvolle Verhältnis zwischen Verbänden und Vereinen betrachtet.

„Gemeinnützigkeit" vs. Unterhaltung. Interessenskonflikte zwischen Verbänden und Vereinen

Die Vermittlung staatlicher Vergünstigungen verschaffte den Verbänden zwar großen Mitgliederzulauf und steigende Einkünfte. Allerdings standen die Dachorganisationen nun in der Pflicht, zumindest die ihnen angeschlossenen Vereine zu veranlassen, ihre Praxis auf die staatlich vorgegebenen Ziele auszurichten. Andernfalls konnte die öffentliche Hand Vergünstigungen wieder kassieren bzw. angekündigte Subventionen vorenthalten.

Zunächst versuchten die Verbände, ihre Mitgliedsvereine mit Empfehlungen auf einen „gemeinnützigen" Kurs zu bringen. In ihren Zeitschriften erteilten sie Ratschläge, wie sich Vereine um das Gemeinwohl verdient machen konnten. Gesangvereine sollten künstlerisch anspruchsvolles Liedgut pflegen, sich weiblichen und jugendlichen Stimmen öffnen, rauch- und verzehrfreie „Stuhlreihenkonzerte" veranstalten, bei den Proben lehrreichen Fachvorträgen zuhören und dem Vereinsleben insgesamt „eine etwas edlere Note, ein etwas geistvolleres Niveau" verleihen.[37] Kleingärtnern wurde nahegelegt, Ernteerträge an Krankenhäuser zu spenden und durch den Bau von Spielplätzen, durch Wanderungen, Vorlesestun-

36 Vgl. beispielsweise Dietmar Klenke: Der singende „deutsche Mann". Gesangvereine und deutsches Nationalbewußtsein von Napoleon bis Hitler, Münster u.a.: Waxmann 1998.

37 Ernst Fricke: „Geselligkeit im Gesangverein", in: Jahrbuch des DSB 6 (1931), S. 101-104, hier S. 102.

den und Puppenspiel Jugendarbeit zu leisten.[38] Theatervereinen empfahl man, ausschließlich künstlerisch anerkannte Stücke aufzuführen, sich am Vorbild verbandlicher Musterbühnen zu orientieren und – schon um den Konflikt zwischen Laienspiel und Berufsbühne zu entschärfen – „gute", d.h. öffentlich subventionierte Theater zu besuchen. Bei Gelegenheit sollten die Vereine zu Benefizzwecken spielen und sich in der Jugendpflege engagieren.[39]

Die Vereine sollten aber nicht nur „Gutes" tun, sondern auch breit darüber berichten. Zu diesem Zweck rieten die Verbände, Vereinszeitschriften herauszugeben und im lokalen Rahmen Pressearbeit zu leisten.[40] Auch sollten Vereine Datenmaterial sammeln und an die jeweilige Verbandszentrale schicken, die dieses dann zu Denkschriften zusammenstellte.[41] Schließlich versuchten die Verbände, ihre Mitglieder zu „Bewegungen" zu mobilisieren, die durch Masse und Geschlossenheit Behörden und Allgemeinheit beeindrucken sollten. Keinem Verband fehlte ein Abzeichen, das sich die Mitglieder ans Revers heften und sie als Anhänger des jeweiligen Bundes ausweisen sollte. Der in dieser Hinsicht besonders aktive DSB empfahl seinen Mitgliedern den Kauf von Sängermützen, Ständchenlaternen, Einbandecken für das Verbandsblatt, Briefbögen, Anstecknadeln und Grußkarten, sämtlich mit dem DSB-Logo versehen, und warb dafür in Berichten der Bundeszeitung, die entsprechend ausgestattete Vereine für ihr Erscheinungsbild lobten.[42] Selbst der Deutsche Anglerbund, dessen Mitglieder man wohl eher in stiller Vereinzelung an abgeschiedenen Gewässern vermutet hätte, bemühte sich um eine „corporate identity":

> „Also, weiße Hose, blaues, zweireihiges Jackett, Stehkragen mit Ecken, schwarze, breite Krawatte, blaue Schiffsmütze mit Schirm, Schnürschuhe. – Es wird bei jedem anderen Sport geschafft, warum nicht auch bei uns! [...] Weiter – etwas anderes, was uns noch fehlt. Das Liederbuch! Warum sollen wir auf Fahrten nicht auch singen. [...] Auch das Lied bindet und verknüpft, schafft persönliche

38 „Kreisverband der Kleingartenvereine Dortmund und Umgebung. Empfehlungen für die Jugendpflege an die ihm angehörigen 20 Vereine", in: Kleingartenwacht 3 (1926), S. 81.

39 Gustav Moehl: „Nochmals die Organisationsfrage der Volksspielvereine", in: Volksspielkunst 1 (1919), Nr. 8, S. 1-3.

40 Zu diesbezüglichen Empfehlungen der DT siehe P. Dietrich: „Die Presse im Vereinsleben", in: Deutsche Turnzeitung 66 (1921), S. 186, sowie W. Vieth: „Zur Werbearbeit", in: Ebd., S. 465f.

41 Josef Eimermann: „Die Bedeutung der Statistik der Volksspielvereine", in: Volksspielkunst 1 (1919), Nr. 5, S. 14f.

42 R.D.: „Nehmt Euch ein Beispiel daran!", in: Deutsche Sängerbundeszeitung 19 (1927), S. 206.

Beziehungen und trägt nicht unerheblich zur Erziehung, zur Zusammengehörigkeit, zum Korpsgeist bei. Müssen wir Korpsgeist haben? Ja!“[43]

Die Mitglieder lokaler Vereine jedoch ließen sich nicht so leicht zur „Gemeinnützigkeit“ mobilisieren. Zwar traten sie, wie gezeigt, in großer Zahl den Dachorganisationen bei. Allerdings taten sie dies zumeist einem materiellen Nutzenkalkül folgend. Darauf deuten verbandliche Klagen über mangelnden „Idealismus“ der Vereine[44] ebenso hin wie der zeitliche Verlauf der Verbandsentwicklung. Die Beitrittsbewegung zu den Dachorganisationen entfaltete in der ersten Hälfte der 1920er Jahre, der Phase staatlicher Förderversprechen, ihre größte Dynamik. Gegen Ende des Jahrzehnts aber stagnierte die Mitgliederentwicklung oder ging mitunter zurück, und zwar nicht etwa, weil es keine verbandsfernen Vereine mehr gegeben hätte, sondern weil sich abzeichnete, dass die weitreichenden Hoffnungen auf öffentliche Subventionierung sich nicht erfüllen würden. Die Anträge des Reichsbundes für Volksbühnenspiele auf Anerkennung von „Gemeinnützigkeit“ wurden wiederholt abgewiesen;[45] der RVKD erreichte nicht die angestrebte rechtliche Festschreibung von „Dauerkolonien“, die Kleingartenland gegen andere Nutzungsarten geschützt hätte.[46] Gesangvereine wurden nur in einigen Regionen oder Ausnahmefällen von Steuern befreit und finanziell bezuschusst. Die von Turn- und Sportverbänden geforderten Gesetze zur Schaffung von Sportplätzen wurden nicht verabschiedet, die „Sportpflicht“ nicht eingeführt.[47] Die anfängliche Hoffnung auf staatliche Förderung wich der Ernüchterung, und so sahen die Vereine immer weniger Veranlassung, sich den Verbänden anzuschließen.

Ein weiteres Indiz für eine pragmatische Haltung der Freizeitvereine gegenüber den Verbänden ist die Alters- und Geschlechtsstruktur der Mitgliederschaft. Bei Frauen, Jugendlichen und Kindern, die bei der Freizeitgestaltung in sehr viel höherem Maße als Männer auf staatliche Zuwendungen angewiesen waren, verzeichneten die Verbände ihre größten Zuwächse. Dagegen schrumpfte der Anteil, teilweise gar die absolute Zahl männlicher Mitglieder, denen die Möglichkeit offen stand, sich Unterstützernetzwerke außerhalb

43 Bauer: „Neue Wege!“, in: Deutsche Angler-Zeitung 27 (1926), S. 329-333, hier S. 332.

44 Siehe etwa Adalbert Grüttner: „Die Sänger im Bunde – und die anderen“, in: Deutsche Sängerbundeszeitung 19 (1927), S. 65f.

45 „Bericht über den Besuch im Kultusministerium“, in: Volksbühnenwarte 5 (1924), S. 13f.

46 H. Stein, Inseln im Häusermeer, S. 529.

47 C. Eisenberg, ‚English sports‘, S. 360.

der Verbände zu erschließen. Der DAS etwa erlebte in der Republik eine regelrechte Feminisierung seiner Mitgliederschaft. Der Frauenanteil stieg von 8,9 bei Beginn des Weltkrieges auf 32,3% im Jahr 1932, weil Frauen ein- und gleichzeitig Männer austraten.[48] Der DSB, der als Verband von Männerchören mit der Einbindung von Frauen bei Null begann, zählte 1928 gut 53.000 Sängerinnen, was immerhin 8,5% seiner aktiven Mitgliederschaft ausmachte.[49] Die DT verzeichnete als Reaktion auf die „reinliche Scheidung" von Turnen und Sport Austritte von männlichen Mitgliedern, erlebte aber zugleich einen beständigen Zuwachs an Mädchen und Frauen.[50] 1930 waren schließlich fast 73% der DT-Mitgliederschaft minderjährig und/oder weiblich. Hoch war auch der Anteil von Kindern und Jugendlichen an der Mitgliedschaft beim ATSB und der 1920 gegründeten katholischen Deutschen Jugendkraft (DJK) mit 55,6% bzw. 79,4%.[51]

Verlagert man den Blick von den Verbänden auf die Ebene des lokalen Vereinswesens, dann wird deutlich, dass ständige Ermahnungen zu „Gemeinnützigkeit" und fortgesetzte Versuche, Vereine für die jeweilige „Bundessache" zu mobilisieren, auf die lokale Basis häufig abschreckend wirkten. Folglich blieb ein Teil, in Sparten wie Amateurtheater, Kleingärtnerei und Chorgesang möglicherweise die Mehrheit der Vereine den Verbänden fern, da ihnen eine Affiliierung nicht lohnend erschien. Für die Chöre an Rhein und Ruhr etwa war dies die Regel, denn „[d]ie Gesangvereine des Industriebezirks sind zum grossen Teil der Auffassung, dass eine Mitgliedschaft im Deutschen Sängerbund ihnen keine besonderen Vorteile bietet", wie ein Vereinsvorsitzender der Essener Stadtverwaltung auf Anfrage mitteilte.[52] Von den mindestens 170 Gesangvereinen, die in den 1920er Jahren in Essen aktiv waren, gehörten maximal 44 dem DSB an.[53] Ein anderer Teil der Vereine schloss sich den Dachorganisationen zwar an, entzog sich aber soweit möglich den damit verbundenen Zumutungen. In Essen geriet der örtliche DT-Gau bei der Nominie-

48 D. Klenke/F. Walter: Der Deutsche Arbeiter-Sängerbund, S. 157f.

49 „Tab. III (Zahlen der Einzelbünde)", in: Jahrbuch des DSB 4 (1929), S. 106f.

50 Christian Jung: „Das Gespenst des Mitgliederrückganges", in: Deutsche Turnzeitung 73 (1928), S. 782-784.

51 Berechnet nach den Angaben bei Christiane Eisenberg: „Massensport in der Weimarer Republik. Ein statistischer Überblick", in: Archiv für Sozialgeschichte 33 (1993), S. 137-177, hier S. 156 u. 160.

52 „Antwort des MGV Sängerbund vom 26.6.1930 auf die Anfrage der Stadtverwaltung", Sta Essen, Rep. 102, Nr. 2237 (unpaginiert).

53 Klaus Nathaus: Organisierte Geselligkeit. Deutsche und britische Vereine im 19. und 20. Jahrhundert, Göttingen: Vandenhoeck & Ruprecht 2009, S. 168.

rung von Teilnehmern für das Verbandssportfest in Schwierigkeiten, weil die Vereine ihre besten Turner für ein am selben Tag angesetztes Wettturnen gemeldet hatten.[54] Der Essener Männerchor „Sanssouci", der nach dem Krieg die Anerkennung seiner „Gemeinnützigkeit" anstrebte und sich ganz auf die Empfehlungen des DSB einließ, beklagte bei einer Mitgliederversammlung, dass ein großer Teil seiner besten Sänger sich an nicht als „gemeinnützig" angesehenen Gesangwettstreiten kleinerer Chöre beteiligt habe, worunter ein vom Verein zeitgleich veranstaltetes Gartenkonzert sehr gelitten habe.[55] Sportvereine ignorierten den Aufruf der Essener Verbände, beim jährlichen „Stadtwaldfest" vor Öffentlichkeit und Behörden zahlenmäßige Stärke zu demonstrieren, und nahmen stattdessen andernorts an Wettkämpfen teil. Verständlich wird dies angesichts des sportfremden Charakters des „Stadtwaldfestes", das als „Treffen der Verbände gar keine Leistungsprobleme irgendwelcher Art aufrollen sollte", wie die Tagespresse schrieb, und bei dem es deshalb um „Durchschnittsleistungen", nicht um den Leistungsvergleich ging. Da die Veranstaltung der Präsentation der Verbände diente, konnte schlechtes Wetter wohl eine „Siegerehrung", aber keineswegs den Festzug stoppen. Letzterer trotzte dem Regen, während man die „Siegerkränze" den Verbänden per Post zuschickte.[56] Dies belegt die nachgeordnete Bedeutung des sportlichen Wettkampfes bei diesem Verbandsfest.

Verbände und Vereine verfolgten, wie sich immer deutlicher herausstellte, mit der staatlicherseits geförderten und geforderten „Gemeinnützigkeit" auf der einen und trivialer Unterhaltung auf der anderen Seite konträre Interessen. So warnten Turnverbände die Vereine um der gesundheitsförderlichen Leibesertüchtigung willen davor, weiterhin Wettkämpfe um alkoholische Preise zu veranstalten, bei denen bis zu sechsstöckige menschliche Pyramiden gebildet wurden. Man empfahl den Vereinen, wenn sie unbedingt Wettkämpfe abhalten wollten, diese gemäß „reformierter" Turnordnungen durchzuführen, die unter anderem das Erscheinungsbild eines Vereins in die Bewertung einbezogen und Leistungspunkte für „saubere und einheitliche Kleidung" vorsahen. Für Vereine, die bei ihren „wilden" Turnwettkämpfen die besten Athleten, nicht die Träger des saubersten Hemdes ermitteln wollten, waren solche sportfremden

54 „Bericht über die Turnwarteversammlung am 4.9.1922", in: Protokollbuch des II. Bezirks des Ruhrturngaus, Sta Essen, Best. 454.

55 „Protokoll der Mitglieder-Halbjahrsversammlung v. 29.6.1924", Sta Essen, Best. 421/B 8b.

56 „Das 16. Essener Stadtwaldfest", in: Essener Volkszeitung v. 19.7.1926; „Das Essener Stadtwaldfest 1929", in: Dies. v. 8.7.1929.

Kategorien inakzeptabel.[57] Die Massenfreiübungen, bei denen ATSB und DT ihre Mitglieder synchronosierten, waren für die wettkampfinteressierten Turner erst recht keine Alternative.

Da die Verbände sich gezwungen sahen, um materieller Vergünstigungen willen dem Staat Erfolge vorzuweisen, konnte der Interessengegensatz zwischen „Gemeinnützigkeit“ und Unterhaltung zum offenen Konflikt eskalieren, wie die Auseinandersetzung um den Gesangwettstreit veranschaulicht. Sängerwettstreite, bei denen mehrere Männerchöre vorgegebene oder selbst gewählte Stücke vor Jury und Publikum sangen, nach einem Punktesystem bewertet wurden und entsprechend ihrer leistungsmäßigen Rangfolge Wertpreise erhielten, gehörten neben Turnwettkämpfen, Brieftaubenwettflügen und den aus England importierten Sportarten zu den populärkulturellen Aktivitäten, die bis zum späten 19. Jahrhundert vermehrt im deutschen Vereinswesen Einzug gehalten hatten. An Rhein und Ruhr, neben Südwestdeutschland eine Hochburg des Chorgesangs, entstand in den 1880er Jahren eine regelrechte „Wettstreitszene“ mit zahlreichen Vereinen, die wechselseitig an den meist anlässlich von Vereinsjubiliäen ausgeschriebenen Sängerkonkurrenzen teilnahmen. Ein Wettstreit konnte hunderte, manchmal tausende Sänger zusammenführen. Zu einem Wettsingen des Kölner Liederkranzes im Jahr 1880 reisten 132 Vereine mit gut 6.500 Sängern aus dem In- und Ausland an.[58]

Gesangwettstreite involvierten über die Sängerschaft hinaus die lokale Bürgerschaft. Das Konkurrenzprinzip sorgte dafür, dass derartige Veranstaltungen auch ein musikalisch weniger kundiges Publikum anzogen, das sich in erster Linie mit „seinem“ Verein identifizierte. Wettstreite boten Gelegenheiten, Siege oder Niederlagen zu begießen, über Erfolgsaussichten zu spekulieren und vergangene Erlebnisse wieder und wieder zu besprechen. Wettstreite waren präsent im öffentlichen Raum, etwa wenn Chöre von einem auswärtigen Wettstreit am Bahnhof abgeholt wurden oder Trophäen im Schaufenster lokaler Gewerbetreibender ausgestellt waren.[59]

---

57 Zu verbandlichen Disziplinierungsversuchen der „wilden“ Turnkultur siehe Armin Voß/Willi Wachholz: Die unpolitischen Turner, Iserlohn: Destadt 1988, S. 20-22.

58 D. Klenke: Der singende „deutsche Mann“, S. 159. Zum Wettstreit vgl. auch Annegret Heemann: Männergesangvereine im 19. und frühen 20. Jahrhundert. Ein Beitrag zur städtischen Musikgeschichte Münsters, Frankfurt am Main u.a.: Lang 1992, S. 240-242.

59 Die beim Wettstreit des Essener MGV Sanssouci zu erringenden Preise stellte ein Tabakwarenhändler aus; im Geschäft konnten auch die Eintrittskarten erworben werden. Siehe die Anzeige zum Jubiläumsfest in der Essener Volkszeitung v. 18.6.1885.

Gesangwettstreite waren, kurz gesagt, eine Aktivität mit hohem Vergesellschaftungspotential. Dies zeigte sich nicht zuletzt an der Tatsache, dass sich Vereine, die sich den Wettstreiten verschrieben, sozial öffneten. Zehn Essener Männergesangvereine erwähnen in Festschriften, dass sie als evangelischer Gesangverein, als (katholischer) „Cäcilienverein“ oder Gesangabteilung eines konfessionellen Knappenvereins entstanden waren und die kirchliche Bindung um 1900 gelöst hätten.[60]

Im Kaiserreich waren Gesangwettstreite noch von höchster Stelle gefördert worden. Wilhelm II. hatte erstmals 1899 ein „Kaiserpreissingen“ für die leistungsstärksten deutschen Männerchöre veranstaltet, womit er offenbar das Ziel verfolgte, seine persönliche Beliebtheit bei der Bevölkerung zu steigern.[61] In der Weimarer Republik indes verlor das Wettsingen die staatliche Gunst, da das Singen um Wertpreise mit uneigennütziger Förderung des Gemeinwohls ebenso unvereinbar schien wie mit kontemplativem Kunstgenuss. Die Sängerbünde teilten die Auffassung der Kultusbehörden. Von je her hatten sowohl der DSB als auch der DAS das Wettsingen abgelehnt, weil es ihrer Ansicht nach Zwietracht unter den Vereinen säte und von den ernsten Bundeszielen ablenkte. In der Weimarer Republik verschärften die Verbände den Ton gegen das „Wettstreitunwesen“. Der DAS verurteilte das Preissingen als Begleiterscheinung rückwärtsgewandter Liedertafelei, die nur die Eitelkeit des Bürgers befriedige, aber nicht zur Förderung des Kunstverständnisses der unteren Bevölkerungsschichten beitrage:

> „Eroberung, Kampf um Musik; den Plunder denen, zu denen er gehört, die keine andere Sehnsucht im Leibe haben, als sich eine goldene Kette um den Bierhals zu hängen! Wir – für alle Zukunft – haben solchem Begehren keinerlei Verständnis entgegenzubringen. Punktzahl und Eichenkranz, Lorbeergemüse (famos als Küchenkraut!) – Preisrichtertum […]; es wird auch ohne Dungmittel gehen. Verbindung der Geister zu gemeinsamem Musizieren. Gibt es Besseres auf der Welt? Müssen wir denn in der Kunst sogar zueinander Raufbolde sein? Raufbolde um den 1. Preis?“[62]

---

60 K. Nathaus: Organisierte Geselligkeit, S. 128. Den gleichen Trend konstatiert für die Stadt Münster A. Heemann: Männergesangvereine, S. 166-168.

61 „Das Kaiserpreissingen (Aus zeitgenössischen Berichten)“, in: Franz Josef Ewens: Das deutsche Sängerbuch. Wesen und Wirken des Deutschen Sängerbundes in Vergangenheit und Gegenwart, Karlsruhe u.a.: Schille 1930, S. 371-387.

62 „Wertungssingen“, in: Deutsche Arbeiter-Sänger-Zeitung 27 (1926), S. 5f., hier S. 6.

Als Alternative zum Wettstreit propagierte der DAS das Wertungs- oder Prüfungssingen, bei dem Gutachter die gesanglichen Darbietungen ausführlich kommentierten und ihr Urteil mit den Chorleitern besprachen. Dies ersetzte die vergleichende durch eine absolute Wertung, was der Veranstaltung einen gänzlich anderen Charakter verlieh. Dass der DAS seinen Mitgliedsvereinen die Teilnahme an Wettbewerben streng untersagte und ganz auf das Wertungssingen setzte, drängte den DSB, ähnliche Schritte zu unternehmen, wollte der Bund im Wettlauf um die ministerielle Gunst nicht zurückfallen. Allerdings sah sich der bürgerliche Verband zu größerer Zurückhaltung gezwungen, zählten doch selbst Bundesvereine zu den Anhängern der Chorwettbewerbe. Von den zeitweilig 44 Essener DSB-Vereinen beteiligte sich in den 1920ern mindestens ein Viertel an solchen Veranstaltungen.[63]

Die praktische Regelung der Wettstreitfrage überließ der DSB zunächst den regionalen Bünden. Deren Versuche, Gesangwettstreite einzuschränken, indem sie Wertpreise verboten, die Veranstaltung an ein durch 25 teilbares Jubiläum banden oder Bundesvereinen, die an verbandsfernen Konkurrenzen teilnahmen, mit dem Ausschluss drohten,[64] ließen die Wettstreitanhänger unbeeindruckt. 1927 bemerkte der DSB sogar ein Ansteigen des „Wettstreitfiebers".[65] Die dem Wettstreitlager nahestehende Westdeutsche Musikzeitung (WMZ) nahm an, dass in diesem Jahr im Westen 150 Preissingen ausgeschrieben worden seien, an denen sich mindestens 1.500 Vereine mit insgesamt 45.000 Sängern beteiligt hätten.[66] Bei dieser Zahl handelt es sich tatsächlich um Sänger und nicht um Teilnahmen, denn wie Festschriften belegen, war der Besuch nur eines Wettstreites pro Jahr die Regel. Auch dürfte die WMZ mit ihrer Schätzung nicht zu hoch gegriffen haben. Die in Berlin erscheinende Tonkunst ging für das Jahr 1925 sogar von annähernd 2.000 Wettstreiten in Rheinland-Westfalen aus.[67] Bundesvereine setzten sich also in großer Zahl über die Richtlinien hinweg und beteiligten sich weiterhin an Wettstreiten um Geld- und andere Wertpreise. Der MGV Essen-Huttrop 1897, einer der aktivsten Essener Wettstreit-

63 K. Nathaus: Organisierte Geselligkeit, S. 173.

64 „Gesangwettstreite. Richtlinien für Sängerwettstreite", in: Allgemeine Sänger-Zeitung 18 (1924), S. 107; „Regelung der Gesangwettstreitbedingungen. Im Westfälischen Sängerbund./Im Rheinischen Sängerbund", in: Allgemeine Sänger-Zeitung 20 (1926), S. 4f.

65 H. Spaemann: „Gesangwettstreite – Wertungssingen", in: Deutsche Sängerbundeszeitung 19 (1927), S. 315f.

66 Franz Wildt: „Für und wider", in: Westdeutsche Musikzeitung 8 (1927), S. 160-162.

67 J.E.: „Wettstreitsorgen", in: Die Tonkunst 29 (1925), S. 20-22.

vereine und seit 1921 DSB-Mitglied, nahm zwischen 1921 und 1929 an fünf Wettstreiten teil und richtete 1922 selbst einen aus.[68]

Ende 1928 startete die DSB-Spitze eine Offensive zur endgültigen Regelung der Wettstreitfrage. Der Hauptausschuss formulierte am 15. Dezember 1928 eine Beschlussvorlage für den Gesamtausschuss, welche die angeschlossenen Landesbünde zwingen sollte, das Teilnahmeverbot an Wettstreiten satzungsmäßig zu verankern.[69] Dieser Schritt provozierte die Gegenwehr der Wettstreitvereine. Bissig karikierte die Iserlohner Allgemeine Sänger-Zeitung (ASZ), ein Forum der Wettstreitfreunde, den Zentralismus des DSB, indem sie für den 1. April 1929 ein gemeinsames Konzert aller deutschen Sängerbünde mit 250.000 Sängern auf dem Tempelhofer Feld in Berlin ankündigte, bei dem der Taktschlag des künstlerischen Leiters den zweihundert Unterdirigenten „direkt in die Knochen" geleitet würde.[70] Wettstreitanhänger kündigten an, sich einem Wettstreitverbot zu widersetzen und einen Verbandsausschluss in Kauf zu nehmen.[71] In der verbandsunabhängigen Sängerpresse wurden Vorschläge zu einem Zusammenschluss außerhalb des DSB geäußert. Konkret wurden Organisationspläne, als sich Chorleiter, Komponisten, Verleger und Vertreter prominenter Vereine zu einer Arbeitsgemeinschaft zusammenschlossen und für Ende Mai 1929 die Gründung eines „Verbandes deutscher Männerchöre" ankündigten. Die Vereinigung sollte neue Tantiemenverträge mit den Tonsetzergenossenschaften aushandeln und das Wettsingen gegen Angriffe des DSB schützen.[72] Die Drohung der Wettstreitanhänger, den Rheinischen Sängerbund zu verlassen, ließ diesem keine Wahl, als sich im April gegen das Verbot auszusprechen.[73] Daraufhin zog sich auch der DSB zurück.

Dass nach diesem Konflikt das Tischtusch zerschnitten war, offenbarte zwei Jahre darauf das „1. Wertungssingen im Rheinisch-Westfälischen Sängerbund", mit dem der DSB den Freunden des Preissingens wieder ein Stück entgegen kommen wollte. Als Zuge-

68 Franz Feldens: „Aus der Geschichte des Männer-Gesang-Vereins Essen-Huttrop 1897", in: Festschrift aus Anlaß des 50jährigen Bestehens des M.G.V. Essen-Huttrop 1897, Essen, Kaiser o. J. (1948), S. 3-9.

69 „Sitzung des Hauptausschusses des D.S.B. in Berlin", in: Deutsche Sängerbundeszeitung 20 (1928), S. 797.

70 W.v.M. (d.i. Willi von Möllendorf): „Die Reformierung der Reformen", in: Allgemeine Sänger-Zeitung 22 (1928), S. 49f.

71 „Westfälischer Sängerbund und Gesangwettstreite", in: Allgemeine Sänger-Zeitung 23 (1929), S. 19.

72 Franz Wildt: „Gründung eines Verbandes deutscher Männerchöre (Sitzungsbericht)", in: Ebd., S. 49.

73 „Zur Wettstreitfrage", in: Ebd., S. 85.

ständnis an die Wettstreitanhänger wurde das Wertungssingen als Ausscheidungsrunde für ein reichsweites Bundessingen angekündigt. Allerdings gab es im Interesse der Wettstreitgegner weder Sieger noch Verlierer, denn alle teilnehmenden Chöre erhielten entweder eine goldene, silberne oder bronzene Plakette. Dies zeigte schon deshalb keine klare Rangfolge an, weil schließlich knapp die Hälfte der auftretenden Vereine mit „Gold“ ausgezeichnet wurde.[74]

Das Kompromissangebot an die Wettstreitanhänger scheiterte auf der ganzen Linie. Statt achtzig Chöre, mit denen die Veranstalter gerechnet hatten, traten nur 17 auf, was die Essener Volkszeitung auf den fehlenden Wettbewerbscharakter zurückführte.[75] Sänger und Zuschauer, welche die Veranstaltung dennoch besuchten, interessierten sich lediglich für den Wettstreitaspekt. Als DSB-Präsident Karl Hammerschmidt, der dem Konzert beiwohnte, um den abtrünnigen Vereinen gegenüber Versöhnungsbereitschaft zu demonstrieren, im Anschluss an die Medaillenverleihung noch das musikalische Niveau der Veranstaltung kommentieren wollte, kehrten ihm die Wettstreitanhänger den Rücken. „[R]ücksichtslos drängte man aus dem Saal“, beobachtete die ASZ, „und als der greise Führer der deutschen Sängerschaft zum Schluß in die Unruhe hinein zum Singen des Deutschlandliedes aufforderte, war nur noch eine kleine Gruppe von Unentwegten anwesend.“[76] Offenbar ließ sich der Bruch zwischen Wettstreitvereinen und Verband auch mit dem Rückgriff auf ideologische Gemeinsamkeiten nicht kitten.

Die Dachverbände konnten die Vereine weder zur „Gemeinnützigkeit“ überreden noch sie dazu zwingen. In dieser Lage gingen die Verbände dazu über, die unwilligen Vereine mit Negativkampagnen zu überziehen. Dazu stellten die Funktionäre den „gemeinnützigen“ die bloß „vereinsnützigen“ Vereine gegenüber, die allein den Interessen ihrer Mitglieder, nicht aber der Allgemeinheit dienten und demzufolge sogar „gemeinschädlich“ seien.[77] Mit scharfen Worten und krasser Metaphorik sagten die Verbände solcher „Gemeinschädlichkeit“ den Kampf an. Theatervereine, die nicht den Ansprüchen an förderungswürdiges Laienspiel genügten, wurden im Singular als

74 Carl Borris: „Das Wertungssingen und seine Bedeutung für die deutsche Sängersache“, in: Essener Volkszeitung v. 10.5.1931.

75 „Wertung des Wertungssingens“, in: Die Sängerzeitung. Beilage der Essener Volkszeitung v. 12.5.1931.

76 Alfred Brasch: „I. Wertungssingen im Rhein.-Westf. Sängerbund“, in: Allgemeine Sänger-Zeitung 26 (1932), S. 68-70, hier S. 69.

77 So der im Preußischen Wohlfahrtsministerium für das Kleingartenwesen zuständige Oberregierungsrat Walther Pauly, zitiert nach: Ministerialrat Dr. Kaisenberg: „Reichsverband und Gemeinnützigkeit“, in: Kleingartenwacht 9 (1932), S. 1-3, hier S. 1. Vgl. auch H. Stein, Inseln im Häusermeer, S. 254f.

„rasender grimmer Feind [...], der gierig nach dem Kitsch greift" gebrandmarkt, und der Reichsbund für Volksbühnenspiele beantwortete die Frage „Was ist ein Unorganisierter?" bündig mit: „Er ist ein Egoist, Mammonist, Materialist, Pessimist, nur kein Idealist."[78] Der DSB verschärfte den Ton gegen die Wettstreitvereine, indem er wiederholt die „Auswüchse" des Wettsingens in den schlimmsten Farben ausmalte. So habe dem DSB-Jahrbuch von 1932 zufolge die „Wettstreitseuche" des Sommers Anlass gegeben für „[m]ehrere große Schlägereien, bei der die Polizei zum Schutze der Preisrichter vom Gummiknüppel Gebrauch machen mußte".[79] Herauszuheben aus der Vielzahl publizierter Klagen über das Wettstreitwesen ist ein Bericht über eine Chorkonkurrenz in Thüringen, bei der die Teilnehmer zunächst einander „umschlichen" und „ausspähten", dann auf schlechtes Abschneiden der jeweils anderen hofften und schließlich lautstark die Preisrichter beschimpften. Für nachhaltigen Eindruck sorgte die Erwähnung, dass der Wettstreit um ein lebendiges Schwein ausgetragen wurde. Damit begründete der Bericht das Image von Gesangwettkämpfen als „Schweinerei", auf das in den darauffolgenden Jahren wiederholt zur Diffamierung des Wettsingens rekurriert wurde und von dem es hieß, „[d]as Bild ist [...] in Jahrzehnten nicht wieder auszulöschen."[80]

Die Kampagnen gegen „Gemeinschädlichkeit" trafen die Vereine an ihrem materiellen Fundament. Um ihr populärkulturelles Treiben veranstalten zu können, waren die aktiven Mitglieder, die vorwiegend der Arbeiterschaft und der unteren Bürgerschicht angehörten, auf die finanzielle Unterstützung der sogenannten passiven Mitglieder angewiesen, bei denen es sich meist um Personen aus höheren sozialen Schichten handelte.[81] Honoratioren wie beispiels-

78 W. Heller: „Die Feinde der Volksbildung", in: Volksbühnenwarte 6 (1925), Nr. 5, S. 7f., hier S. 8; Franz Bien: „Was ist ein Unorganisierter?", in: Volksbühnenwarte 11 (1930), Nr. 1, S. 11f., hier S. 11.

79 Franz-Josef Ewens: „Jahresrundschau", in: Jahrbuch des DSB 7 (1932), S. 35-72, hier S. 47.

80 Alfred Reppold: „Randbemerkungen zum ‚Wettsingen'", in: Deutsche Sängerbundeszeitung 19 (1927), S. 573f. Das Schwein als Hauptpreis findet Erwähnung bei Arthur Berg: „Grundsätzliches zum Preiswettsingen", in: Ebd., S. 748f., Walter Siepmann: „Die andere Seite", in: Allgemeine Sänger-Zeitung 27 (1933), S. 70, sowie in: „Auswüchse im Sängerleben. Ein Gesangwettstreit mit fetten Schweinen und einem Rind", in: Ebd., S. 123. – Die ASZ, in den 1920ern ein Sprachrohr der Wettstreitfreunde, hatte sich zu diesem Zeitpunkt aus Opportunitätsgründen auf die Seite der verbandlich organisierten Wettstreitkritiker geschlagen.

81 Diese typische Organisationsform lässt sich anhand von Mitgliederlisten aus zeitgenössischen Vereinsfestschriften sowie Einwohnerbüchern, in de-

weise Lokalpolitiker, Akademiker (Ärzte, Oberlehrer) oder die vermögenderen Geschäftsleute (Bauunternehmer, Kaufhausbesitzer) unterstützten Vereine, weil sie sich davon eine Hebung ihres persönlichen Ansehens versprachen; sie investierten gewissermaßen in die Aufwertung ihres symbolischen Kapitals. Die verbandlichen Kampagnen zerstörten die Grundlage für diese Transaktion, weil sie die Reputation der verbandsfernen Vereine unterminierten. Da „wilde" Turnwettkämpfe und Gesangwettstreite in der verbreiteten verbandlichen Polemik mit Unordnung, Betrug und „Schweinereien" assoziiert wurden, mussten ihre Unterstützer Rufschädigung befürchten. Dies hatte zur Folge, dass die lokalen Größen sich vom verbandsfernen Vereinstreiben distanzierten. So lehnte die Essener Bürgermeisterei, die stets wohlwollend auf Anträge zur Stiftung städtischer Preise für Gesangwettstreite reagiert hatte, 1932 eine solche Bitte des MGV Huttrop 1897 ab, nachdem sie verwaltungsintern die Frage geklärt hatte, ob „nicht grundsätzliche Vereinbarungen innerhalb des Rheinischen oder Deutschen Sängerbundes [bestehen; KN], die die Veranstaltung von Gesangwettstreiten ausschließen sollen".[82]

Die Distanzierung der Honoratioren traf die Vereine umso härter, als auch die Unterstützung der kleinen Gewerbetreibenden, der Metzger, Schuster, Schneider, Friseure, Bäcker und Wirte, abnahm. Diese Gruppe hatte das Vereinstreiben primär gefördert, um für das eigene Geschäft zu werben und Kunden zu binden. Die Wirtschaftskrise Ende der 1920er schwächte die Finanzkraft dieser Förderer und dürfte ebenfalls zum Rückgang der passiven Mitglieder beigetragen haben, den nicht nur die Gesangvereine zu erleiden hatten.[83] Angesichts schwindender Beiträge aus der Honoratiorenschaft und dem lokalen Gewerbe gingen den verbandsfernen Vereinen allmäh-

nen fast immer die Berufsangabe männlicher Haushaltsvorstände zu finden ist, rekonstruieren. Nachweise für das Essener Vereinswesen in K. Nathaus: Organisierte Geselligkeit, S. 178.

82 Handschriftlicher Vermerk auf dem Schreiben des MGV ‚Essen-Huttrop' 1897 betr. die Stiftung eines städtischen Ehrenpreises v. 1.12.1932, Sta E, Rep. 102, Abt. I, Nr. 873, Bl. 183.

83 Nachweise für Essener Sport- und Gesangvereine bei K. Nathaus: Organisierte Geselligkeit, S. 179. Für die Region Schwarzwald bzw. die Stadt Greifswald konstatieren Oded Heilbronner: „Der verlassene Stammtisch. Vom Verfall der bürgerlichen Infrastruktur und dem Aufstieg der NSDAP am Beispiel der Region Schwarzwald", in: GG 19 (1993), S. 178-201, und Helge Matthiesen: Greifswald in Vorpommern. Konservatives Milieu im Kaiserreich, in Demokratie und Diktatur 1900-1990, Düsseldorf: Droste 2000, einen Niedergang des Vereinswesens aus wirtschaftlichen Gründen.

lich die Ressourcen aus, die nötig waren, um ein politikfernes, populärkulturelles Treiben aufrecht zu erhalten.

Vereinsfreizeit und ihre politischen Folgen

Die Analyse der Organisationsentwicklung von Freizeitvereinen und Verbänden hat zu Ergebnissen geführt, die quer zu der üblichen politisch-kulturellen Sicht auf Assoziationen stehen. Weder Dachorganisationen noch Vereine erschienen in dieser Darstellung als politische Sozialisationsagenturen. Verbände pflegten zwar die vertrauten ideologischen Abgrenzungen. Vor allem aber zielte ihre Politik auf den Erhalt materieller Vergünstigungen, so dass sie sich im Zweifel an staatlichen Vorgaben orientierten. Vereine entzogen sich sozialpolitischen Interventionen und versuchten, politikferne Vergnügungen zu organisieren. Angesichts des spannungsvollen Verhältnisses zu den Verbänden und dem primären Unterhaltungsinteresse einfacher Mitglieder erscheint höchste Zurückhaltung geboten bei Folgerungen von der Mitgliedschaft in einem Freizeitverein oder gar der Zugehörigkeit zu einem Dachverband auf eine bestimmte politische Gesinnung.

In ihrem Kern waren, so das Ergebnis der vorliegenden Studie, die Gesangwettstreite, Turnwettkämpfe und anderen Vereinsaktivitäten politikfern, weil ausschließlich auf zweckfreies Vergnügen gerichtet. Nichtsdestotrotz war diese politikferne Vereinsgeselligkeit in bestimmter Hinsicht politisch relevant. Wie im Zusammenhang mit dem Preissingen angedeutet, verfügten populärkulturelle Aktivitäten über ein hohes sozialintegratives Potential. Sänger, aber auch Angehörige des gesellschaftlichen Umfeldes ließen sich in vielfacher Weise in das Treiben involvieren, wobei, wie die Herauslösung von Männerchören aus dem kirchengemeindlichen Umfeld und ihre Entwicklung zu säkularen, konfessionell offenen Vereinen zeigt, soziale und weltanschauliche Unterschiede in den Hintergrund treten konnten. In diesem Vermögen, Menschen jenseits ihrer sozialen Stellung unter Ausblendung der „ernsten" Dinge des Lebens zu vergesellschaften, liegt die politische Bedeutung von Freizeitvereinen. Diese können Räume eröffnen, in denen alternative Formen des sozialen Umgangs unverbindlich erprobt und gesellschaftlich bedingte Spannungen entschärft werden können.

Dass Entpolitisierung ein politisches System in gesellschaftlichen Krisenzeiten entlasten und dadurch stabilisieren kann, vertritt für den englischen Fall der Sozialhistoriker Ross McKibbin. McKibbin identifiziert einen für die britische Mittelschicht kennzeichnenden sozialen „code", der Eigenschaften wie „good humour" und „niceness" ermutigte und zugleich politische Streitfragen tabuisierte. Zwar wurde dieser Geselligkeitsstil auch gegen die organisierte Arbeiterschaft gewendet, der man vorhielt, sie beschwöre mit ihren „radikal“ vertretenen politischen Anliegen doch nur vermeidbare Konflikte herauf. Insofern war die konsequente Entpolitisierung aller sozialen Bereiche auch ein Mittel, gesellschaftlichen Wandel hin zu größerer Gleichberechtigung zu verhindern. Jedoch zeitigte Entpolitisierung auch einen zivilisierenden Effekt, wie McKibbin feststellt: „The fact that the code was more or less acceptable to all classes and most political persuasions, and that it provided a ‚non-political‘ discourse to which people could retreat if offence were likely to be given, stood in the way of that disastrous politicization of all relationships which did so much damage to European society as a whole in the interwar years.”[84] Der deutsche Vergleichsfall liefert die negative Bestätigung dieser These. Denn in der Weimarer Republik fielen Freizeitvereine unter dem wachsenden Druck sozialstaatlicher Politisierung in ihrer Funktion als politikferne Rückzugsräume aus.

Formuliert man den vorliegenden Befund unter der Frage nach der Beziehung von Populärkultur und Politik verallgemeinernd, dann muss das Verhältnis zwischen diesen beiden Bereichen nicht wie in der politischen Kulturforschung konzipiert als spiegelbildlich, sondern als komplementär charakterisiert werden. Anstatt dass Populärkultur politische Handlungsnormen reflektiert oder vermittelt, erfüllt sie zunächst einmal fernab von Politik eine sozialintegrative Funktion. Im Idealfall bietet sie ein Medium, in dem sich Menschen jenseits von Familie, Arbeit und Politik unter Absehung ihrer gesellschaftlichen Unterschiede temporär und unverbindlich auf neue Weise vergesellschaften. Ob und wenn ja welche politischen Implikationen sich aus dieser Vergesellschaftung ergeben, hängt ab sowohl von der sozialen Offenheit von Populärkultur und den Sozialisationsprozessen, die in der kollektiven Beschäftigung mit ihr ablaufen, als auch von der Responsivität der gesellschaftlichen Umwelt. Die Frage nach dem politischen Effekt des Populären wäre demnach für jeden Einzelfall unter Berücksichtigung der Kontextbedingungen neu zu stellen.

84 Ross McKibbin: Cultures and Classes. England 1918-1951, Oxford: OUP 1998, S. 98.

Antisemitische Agitation in der „Hochzeit des Konsums"

Weihnachtsboykotte in Deutschland 1927-1934

HANNAH AHLHEIM

In der Vorweihnachtszeit des Jahres 1934 erregte ein dicker, papierner Weihnachtsmann in Leipzig die Gemüter von Geschäftsleuten, die sich wie in jedem Jahr auf die „Hochzeit des Konsums", auf das Weihnachtsgeschäft vorbereiteten. Der umstrittene Herr war „auf der Vorder- und Rückseite farbig, grün, rot, braun und ocker, ca 23x33 cm gross, naturgetreu gestanzt"[1]. Sein rechter Arm war „henkelartig ausgeschnitten, so dass man ihn an der Wohnungstür aufhängen kann", und genau dort sollte er die „Leipziger Hausfrau" auch eines Morgens überraschend begrüßen. Klappte die Hausfrau den farbigen Weihnachtsmann dann auf, fand sie einen ansprechend gestalteten Wunschzettel für Gross und Klein, den Kinder oder Enkelkinder ausfüllen konnten – angeregt durch einen kurzen Text, der „zum Kauf im Fachgeschäft" der Textilbranche aufforderte.

Der Papierweihnachtsmann war Teil einer geplanten „Gemeinschaftswerbung" der Leipziger Textilgeschäfte, eines modernen Werbefeldzugs nach allen Regeln der Kunst. Der Weihnachtsmann mit integriertem Wunschzettel sollte nicht nur die Treppenhäuser und Einfahrten in Leipzigs Innenstadt bevölkern: Am nächsten Tag würde er die Hausfrau aus allen Schaufenstern der Stadt grüßen, als direkter „Wegweiser in unsere Geschäfte"[2], so stellten es sich die Textilläden vor. Ganz klar definierten die Händler jedoch auch, welche Geschäfte denn „ihre" waren: „Diese Gemeinschaftswerbung", so hieß es in einem Rundschreiben des Reichsbunds des Textilhandels vom November 1934, „ist als Weihnachtswerbung gedacht und

1 Rundschreiben Reichsbund des Textileinzelhandels e.V., 13. November 1934, Central Archives for the History of the Jewish People, Jerusalem (CAHJP) HM2/8808, Bl. 2169 (Sonderarchiv Moskau 721-1-3187).

2 Ebd.

wird mit christlichen Symbolen durchgeführt. Selbstverständlich können sich unter diesen Umständen nur arische Firmen daran beteiligen."[3]

Die vorweihnachtliche Werbekampagne sollte das Publikum also nicht nur zum Kaufen animieren und das Weihnachtsgeschäft anregen, sie sollte die Kunden gleichzeitig auch in die „richtigen", in die „arischen", die „christlichen", die „deutschen" Geschäfte lenken. Eine scheinbar harmlose und alltägliche Geschäftswerbung, die nicht etwa von radikalen Antisemiten, sondern von einem Branchenverband und einzelnen Geschäften der Stadt Leipzig organisiert werden sollte, wurde Teil der Boykottbewegung gegen jüdische Gewerbetreibende. Ganz offensichtlich konnten die Geschäfte auch mit den entsprechenden Reaktionen des Publikums rechnen, die jüdischen Textilgeschäfte zumindest fürchteten materielle Folgen der Kampagne und sahen Anlass, sich zu wehren: Sie planten eine Gegenkampagne, die die mögliche Wirkung der Weihnachtsmannkampagne aushebeln sollte, und wollten dafür eine ähnliche Schaufensterwerbung entwerfen, „sodass eine Unterscheidung arischer und nichtarischer Geschäfte nach aussen hin für das Publikum nicht in Erscheinung treten wird"[4].

Der bunte Weihnachtsmann mit dem Henkelarm war nicht der einzige Versuch, „jüdische" Geschäfte und ihre Inhaber durch Kennzeichnung zu isolieren und zu stigmatisieren. Schon seit dem Ende der 1920er Jahre versuchten antisemitische Gruppierungen, allen voran die NSDAP, aber auch Branchenverbände und Geschäftsleute auf verschiedenen Wegen, jüdische Geschäfte zu identifizieren, zu kennzeichnen, von „deutschen" Geschäften zu trennen und damit die Grundlage für ihren Ausschluss aus der Wirtschaft zu schaffen.[5] Durch den Aufruf zum Boykott jüdischer Gewerbetrei-

3 Ebd.

4 Schreiben vom Landesverband Mitteldeutschland, CAHJP HM2/8808, Bl. 2161 (Sonderarchiv Moskau 721-1-3187). Der Weihnachtsmannfeldzug scheiterte letztlich, weil die nationalsozialistische Regierung, in diesem Fall das Reichswirtschaftsministerium, darauf bestand, dass auch „nichtarische" Firmen zu dieser Werbung zugelassen werden sollten, wenn auch „mit dem Vorbehalt, sofern nicht örtlich auf Einwirken politischer Stellen Rücksicht zu nehmen ist". Brief Reichsbund Textileinzelhandel e.V. an verschiedene Firmen, 15. Dezember 1934, Betr. Gemeinschaftswerbung, CAHJP HM2/8808, Bl. 2971 (Sonderarchiv Moskau 721-1-3187).

5 Grundlegend u.a. Sybille Morgenthaler: „Countering the Pre-1933 Nazi Boycott against the Jews", in: LBIYB 36 (1991), S. 127 – 149; Michael Wildt: Volksgemeinschaft als Selbstermächtigung. Gewalt gegen Juden in der deutschen Provinz 1919-1939, Hamburg 2007.

bender versuchten die Nationalsozialisten, die deutsche Bevölkerung zum entscheidenden Akteur antisemitischer Aktionen zu machen. Eine einfache alltägliche Handlung, das Einkaufen, sollte zum politischen Akt werden, und das „kaufende Publikum" wurde durch Werbung, durch Flugblätter, Plakate, Lautsprecherdurchsagen und spektakuläre Inszenierungen umworben und damit auch offen mit der antisemitischen Politik der Nationalsozialisten konfrontiert. Die Grenze zwischen nichtjüdischen und jüdischen Deutschen wurde durch die Boykottaktionen tagtäglich in der deutschen Öffentlichkeit thematisiert und verhandelt, Konsumenten, Kollegen, Nachbarn, Geschäftspartner und Kunden nutzten und unterstützen den Boykott auf vielfältige Weise und trugen entscheidend zur Stigmatisierung und Diskriminierung jüdischer Gewerbetreibender bei.

Boykotte gegen den „raffenden Juden" gehörten zwar seit dem Ende des 19. Jahrhunderts fest ins Repertoire bekennender Antisemiten, doch in den Jahren der Weimarer Republik begannen die Nationalsozialisten, die Aktionsform Boykott verstärkt für ihre antisemitische Agitation zu nutzen. Bereits vor der Machtübernahme durch die Nationalsozialisten im Januar 1933 und dem bald darauf folgenden offiziellen und reichsweiten Boykott vom 1. April gehörten Boykotte gegen jüdische Gewerbetreibende zum Alltag in deutschen Städten und Dörfern, ebenso wie in den ersten Jahren der nationalsozialistischen Herrschaft. Die Boykottaktionen der 1920er und 30er Jahre wurden dabei, mit Ausnahme der Aktion vom April 1933, nicht von oben befohlen, sie entstanden aus der Gesellschaft heraus, wurden auf der lokalen Ebene geplant und zeigten dort ihre Wirkung.

Der Boykott als Aktionsform

Die Struktur der Agitation vor Ort ist wichtig für das Verständnis der vor allem von den Nationalsozialisten vorangetriebenen Boykottbewegung insbesondere in den Jahren vor 1933. Die Forschung und erst recht die öffentliche Vorstellung von der nationalsozialistischen Propaganda vermitteln auch für diese Zeit schnell das Bild eines durchstrukturierten, straff organisierten Apparates mit Joseph Goebbels an der Spitze, der durch den gezielten Einsatz neuer Medien, durch Massenspektakel im großen Stil und groß angelegte Propagandafeldzüge die deutsche Bevölkerung indoktrinieren und verwirren konnte. Dass dieses Bild für die Zeit der Weimarer Republik und sogar noch für die erste Zeit der nationalsozialistischen Herrschaft nicht zutrifft, haben jüngere Forschungsarbeiten, vor allem die Studie von Gerhard Paul, gezeigt.[6] Vor 1930 schlugen Versuche, die Aktionen der einzelnen Ortsgruppen zu bündeln und zu dirigieren, fehl, und in der Führungsspitze konkurrierten Joseph Goebbels und Gregor Strasser ebenso miteinander wie die zahlreichen Gauleiter, von denen jeder seine eigene Politik verfolgte. Gerade für die frühe Phase der nationalsozialistischen Bewegung und die ersten Jahre des „Dritten Reiches" muss man den Begriff der „Propaganda" daher lösen von der Vorstellung einer von oben durchorganisierten und „durchregierten" Struktur; die „Werbung" für die Partei und ihre Ideologie war vielmehr angewiesen auf die Aktivität der Parteigenossen vor Ort, auf ihre Initiative und ihre Kreativität. Auch nach der Übernahme der Reichspropagandaleitung durch Joseph Goebbels 1930, die eine „neue Phase" einleitete, blieb die „*Kleinarbeit* an der Basis" wichtiger Faktor der Parteipropaganda.[7] Aktionen, die sich wie die Boykotte an die lokale Bevölkerung richteten und von lokalen Gruppen organisiert wurden, passten also in die Strukturen der NSDAP, die von einer zentralen und alles umfassenden Organisation auch in den letzten Jahren der Weimarer Republik noch weit entfernt war.

Der sogenannte „politische Boykott", ein Boykott also, der mit wirtschaftlichen Mitteln politische und ideologische Ziele durchzusetzen versucht, eignete sich aus verschiedenen Gründen besonders für die antisemitische Agitation vor Ort. Zum einen legten es weitverbreitete antisemitische Phantasien verschiedener Couleur nahe, „den Juden" gerade in seiner wirtschaftlichen Position zu „entlarven" und anzugreifen. Zum anderen bot die Aktionsform Boykott den Antisemiten einmalige Möglichkeiten, ihre ideologischen Ziele nicht nur zu propagieren, sondern auf spezifische Weise in Handlungsanweisungen zu übersetzen und das Publikum zum Akteur zu machen.

Boykotte wurden zwar von radikalen Antisemiten organisiert, doch sie richteten sich an die gesamte Bevölkerung. Schon die Grundkonstellation der Aktionsform Boykott bot die Chance, den Ausschluss der Juden aus der deutschen Gesellschaft nicht durch aktives Handeln der Bevölkerung, sondern eben gerade durch ihr Nichthandeln voranzutreiben: Die nationalsozialistischen Antisemiten forderten das „kaufende Publikum" ja nicht dazu auf, gegen Juden vorzugehen und so Position zu beziehen, sie sollten einfach etwas unterlassen. Durch diese Grundkonstellation erhielt die Rolle

6 „*Das* allgemein verbindliche Propagandakonzept, wie es die spätere Parteilegende vielfach beschwor, gab es vor 1933 nicht." (Gerhard Paul: Aufstand der Bilder. Die NS-Propaganda vor 1933, Bonn: Dietz 1990, S. 53).

7 G. Paul: Aufstand der Bilder, S. 71 f.

der Zuschauer eine neue, eine andere Bedeutung: Durch das bloße „Beiseitestehen“ erfüllte die deutsche Bevölkerung im Falle der Boykotte die ihr von den Antisemiten und aktiven Nationalsozialisten zugedachte Funktion vollkommen.

Die antisemitischen Boykottaktionen der Nationalsozialisten, die in den letzten Jahren der Weimarer Republik zunahmen und immer aggressiver wurden, zeigen, dass die NSDAP offen und für jeden Konsumenten sichtbar ihre antisemitischen Ziele „bewarb“. Denn ein Hauptmerkmal von Boykottaktionen, so beschreibt es der Jurist Rainer Beisenwenger, ist ihre „Natur einer meist medienwirksamen Kampfsituation“[8]. Tatsächlich zeigt schon der Eindruck, den etwa Bilder vom reichsweiten Boykott jüdischer Geschäfte am 1. April 1933 noch heute beim Betrachter hinterlassen, dass die Aktion eine gekonnte und durchaus wirkungsvolle Inszenierung war. Die Bilder von uniformierten SA-Posten, die vor jüdischen Geschäften standen und potentielle Kunden vom Betreten abzuhalten versuchten, gingen damals um die Welt, und diese Szenen gehören zu den wohl bekanntesten und auch einprägsamsten Bildern von der Verfolgung der Juden im nationalsozialistischen Deutschland. In der „Kernszene“ des Boykotts, wie man es nennen könnte, auf der Straße, in aller Öffentlichkeit trafen radikale nationalsozialistische Antisemiten, diskriminierte jüdische Geschäftsleute, Ärzte und Rechtsanwälte und die deutsche Bevölkerung aufeinander.

Diese „Kernszene“ war in vielen Fällen wesentlich komplexer, als es der erste Eindruck vermittelt. So zeigen etwa die bekannten Bilder vom 1. April grimmig aussehende SA-Männer vor geschlossenen Rollläden, meist tragen sie Schilder, auf denen die Parole „Deutsche, kauft nicht bei Juden“ zu lesen ist. Auf vielen Bildern stehen diese Männer allein und einsam Posten – von Publikumsverkehr ist nichts zu sehen, in einigen Fällen sind veröffentlichte Bilder auch entsprechend zurechtgeschnitten. Es gibt jedoch zahlreiche Bilder, die eine ganz andere Stimmung vom Boykotttag vermitteln. Uniformierte Posten diskutieren mit einer Gruppe von Herren im Anzug, zwei lachende Mädchen wollen mit aufs Bild (hier lacht auch der zivile Wachposten), Menschen stehen vor den geschlossenen Geschäften, debattieren, gehen einfach vorbei, fahren mit dem Fahrrad vorüber, die jüdischen Geschäftsleute stehen in einigen Fällen in ihrer Ladentür und bieten den Boykottierern die Stirn.[9]

8 Rainer Beisenwenger: Der nichtwettbewerbliche Boykott. Rechtliche Aspekte des gesellschaftlichen Einflusses auf den Marktverkehr (Schriften zum bürgerlichen Recht, Bd. 218), Berlin: Duncker & Humblot 1998, S. 19.

9 Die Geschichte eines Fotos vom Boykott am 1. April in der Flensburger Innenstadt, in deren Verlauf sowohl die Täter ihr Gesicht verloren als auch möglicher Protest aus der Szene verschwand, schildert Gerhard Paul: „Der

Auch Zeitzeugenberichte über den Boykott vom 1. und 2. April erzählen sowohl von „widerständigen“ Kunden, die trotz oder sogar wegen der Aktion in jüdischen Geschäften kauften, als auch von einer „stumpfen Masse“[10] und Passanten, deren Lächeln „ihre heimtückische Freude verriet“[11]. Doch fast alle Berichte erwähnen, genau wie die Zeitungsmeldungen, immer wieder das „Publikum“. Die Innenstädte waren nicht etwa ausgestorben, sondern auch und gerade am Tag des Boykotts belebt. In der Essener Innenstadt etwa herrschte nach der Beschreibung in der *Jüdischen Rundschau* vom 10. März am Vormittag „buntes Leben. An den Toren und Eingängen zahlreicher jüdischer Geschäfte, dem Karstadt-Warenhaus Althoff, auf dem eine Hakenkreuzfahne wehte, den Epa- und Woolworth-Einheitspreisgeschäften hatten sich grosse Menschenmengen angesammelt.“[12]

Ähnliche Szenen schildern Berichte vom 1. April aus den Stadtzentren von Berlin, Frankfurt, München und vielen anderen deutschen Städten.[13] Bereits in den frühen Morgenstunden waren die Posten aufmarschiert, sie trugen einheitliche Schilder, oft in Deutsch und Englisch, an den Litfasssäulen prangten Plakate, und an Schaufenster und Türen waren Handzettel geklebt worden. Während in Berlin am Potsdamer Platz zunächst nur vor einem schwach besuchten Café Nationalsozialisten standen, vereinzelte Fahrzeuge zu sehen waren und das Warenhaus Wertheim an der Leipziger Straße noch geöffnet hatte und unbehelligt blieb, änderte sich das Bild gegen 11 Uhr vormittags: Die „Straßen belebten sich, auch die Boykottorganisation trat nun stärker in Erscheinung“[14]. Schnell

---

Judenboykott vom 1. April. Vom Originalbild zur Retusche – Etappen der lokalen Erinnerungspolitik“, in: Jürgen Matthäus/ Klaus-Michael Mallmann (Hg.), Deutsche, Juden, Völkermord. Der Holocaust als Geschichte und Gegenwart, Darmstadt: Wiss. Buchges. 2006, S. 293 – 310.

10 Kurt Jacob Ball-Kaduri: Das Leben der Juden in Deutschland im Jahre 1933. Ein Zeitbericht, Frankfurt a. M. 1963, S. 86. Vgl. auch S. 88 f.

11 Edwin Landau: Mein Leben vor und nach Hitler, Ms. Ramat Gan 1940, in: Monika Richarz (Hg.), Jüdisches Leben in Deutschland. Bd.3: Selbstzeugnisse zur Sozialgeschichte 1918 – 1945, Stuttgart 1982, S. 99 – 108, hier S. 104.

12 „Aktionen gegen jüdische Geschäfte. Eingreifen des Polizeikommandanten“, in: Jüdische Rundschau, 10. März, S. 95.

13 Die *Vossische Zeitung* beschrieb die „Spannung des Tages“, die „spürbar über der ganzen Stadt“ Berlin gelegen habe, und sprach von „dem stärker belebten Straßenbild“, von „Menschenansammlungen vor den Geschäften, deren Eingänge mit Boykottposten besetzt sind“ (Vossische Zeitung, Abendausgabe vom 1. April 1933, S. 1).

14 Ebd.

waren, so die Berichte aus Berlin weiter, auch Wittenbergplatz, Tauentzienstraße und der Kurfürstendamm miteinbezogen. Vor den Türen von Wertheim drängten sich „dichte Scharen", „Gruppen Schaulustiger umstehen die SA-Posten, unterhalten sich mit ihnen und tun, was auch bei jüdischen Geschäften nicht verboten ist, sie betrachten die Auslagen"[15]. Am Alexanderplatz und weiter hinauf in den Norden „ist der Verkehr stellenweise kaum zu bewältigen. Soviel Volks ist hier unterwegs"[16]. Die Boykottaktion der Nationalsozialisten fand also, das zeigen diese Berichte, ihr Publikum, das sich das oft in spektakulären Formen inszenierte Boykottgeschehen ansah und im selben Moment zum Akteur in diesem Geschehen wurde.

Weihnachtliche Boykottpropaganda der NSDAP vor 1933

Die reichsweite und konzentrierte Aktion am 1. April 1933 blieb zwar ein Einzelfall, doch bereits seit Mitte der 1920er Jahre hatten Nationalsozialisten in den belebten Innenstädten Boykottaufrufe inszeniert. Dabei war es alljährlich die Weihnachtszeit, die „Hochzeit des Konsums", die auch zur „Hochzeit des Boykotts" wurde. Nicht nur konnte ein erfolgreicher Boykott die jüdischen Gewerbetreibenden zu dieser Jahreszeit besonders treffen, die Weihnachtszeit machte das Publikum durch die besondere „Weihnachtsstimmung"[17] auch empfänglich für politische Agitation, und wohl zu keiner Jahreszeit wurde den Konsumenten so schnell und deutlich bewusst, wie prall oder leer der eigene Geldbeutel war. So nutzten die Nationalsozialisten die Tradition des antisemitischen Weihnachtsboykotts, die schon seit dem letzten Drittel des 19. Jahrhunderts gepflegt wurde,[18] spätestens seit Dezember 1927 steigerte sich die „Boykotthetze gegen jüdische Geschäfte [...] besonders zur

15 Frankfurter Zeitung, 2. April 1933.

16 Ebd.

17 Vgl. dazu u.a. Doris Foitzik: „Kriegsgeschrei und Hungermärsche. Weihnachten zwischen 1870 und 1933", in: Richard Faber/Esther Gajek (Hg.), Politische Weihnacht in Antike und Moderne. Zur ideologischen Durchdringung des Fests der Feste, Würzburg: Königshausen & Neumann 1997, S. 217-247.

18 Vgl. Henry Wassermann/ Eckart Franz: „‚Kauft nicht bei Juden'. Der politische Antisemitismus des späten 19. Jahrhunderts in Deutschland", in: Eckart G. Franz (Hg.), Juden als Darmstädter Bürger, Darmstadt: Roehter 1984, S. 129-136.

Weihnachtszeit"[19]. Zunächst richteten sich die Angriffe der NS-Presse[20] vor allem gegen das – jüdische – „Warenhaus"[21], gegen die „Feinde des Verbrauchers, die ihm für meist unnützen und wertlosen Bofel die letzten Pfennige aus der Tasche ziehen"[22]. Doch schon bald wandten sich die Boykottaktionen nicht mehr „nur" gegen das „Warenhaus", sondern gegen jüdische Geschäfte und Unternehmen im Allgemeinen.

In Königsberg beispielsweise zogen in den Wochen vor Weihnachten 1928 Wagen durch die Stadt, die mit antisemitischen Karikaturen geschmückt waren. Auf den Plakaten warb die damals noch unbedeutende NSDAP unter der Führung des für seinen Antisemitismus bekannten Gauleiters Erich Koch für ihre Parteipolitik und für ein neues, ein „deutsches" Einkaufsverhalten: „Warenhäuser und Konsumvereine – die Todfeinde aller Schaffenden!", so prangte es neben antisemitischen Karikaturen auf den Plakaten.[23] Am 1. Dezember war bereits ein Rundschreiben an alle „christlichen" Geschäfte gegangen,[24] das größere Aktionen gegen die „jüdischen Warenhäuser und Konsumvereine" ankündigte. Während dann einige Tage später die Wagenkolonne durch die Stadt zog, wurde zur Unterstützung ihrer Wirkung ein Flugblatt[25] ausgegeben, das neben offen rassistischen Stereotypen auch traditionelle religiöse antisemitische Vorurteile vom „Juden" als „Christusmörder" ansprach. An das Publikum wurden zudem Klebezettel verteilt, auf denen zu lesen war: „Wenn Ihr beim Juden kauft, verachten wir Euch und Ihr seid in unseren Augen Verbrecher."[26] Mit dem Verteilen dieser Zettel zum „Selbstkleben" gaben die Nationalsozialisten konkrete Propa-

19 Hans Lazarus: „Brennende Rechtsfragen. Wir wehren wir uns gegen Boykott und Beleidigung?", in: C.V.-Zeitung, 13. Dezember 1929, S. 661.

20 Vor allem der *Völkische Beobachter*, der *Angriff* und Julius Streichers antisemitisches Hetzblatt *Der Stürmer* ebenso wie die heterogene Menge lokaler NSDAP-Blätter. Die NS-Presse erhielt jedoch auch im Falle der Boykottpropaganda die Unterstützung verschiedener nationaler Lokalblätter, die nach Gerhardt Paul entscheidend war für die Pressepropaganda der NSDAP (G. Paul: Aufstand der Bilder, S. 185).

21 Im Jahr 1928 setzte die Boykottpropaganda gegen die Warenhäuser sogar schon im Oktober ein (vgl. Heinrich Uhlig: Die Warenhäuser im Dritten Reich, Köln/Opladen: Westdeutscher Verlag 1956, S. 35).

22 Völkischer Beobachter, 14. Dezember 1927.

23 Vgl. auch Verhandlungsbericht im Völkischer Beobachter, 21. Januar 1929, S. 3 f.

24 Vgl. Schreiben des Landesverbandes Ostpreußen, CAHJP HM2/8767, Bl. 2459 (Sonderarchiv Moskau 721-1-2532).

25 Abschrift CAHJP HM 2 8767, Bl. 2458 (Sonderarchiv Moskau 721-1-2532).

26 CAHJP HM2/8767, Bl. 2452 (Sonderarchiv Moskau 721-1-2532).

gandaarbeit weiter an die Passanten und Käufer. Schließlich fand auch noch eine große Versammlung in der Stadthalle statt, eine für die Nationalsozialisten typische und erfolgreiche Methode, Anhänger zu mobilisieren.[27] Auf dieser Versammlung hielt Gauleiter Erich Koch, so berichtete es ein eingeschleustes Mitglied des Centralvereins deutscher Staatsbürger jüdischen Glaubens (C.V.), eine Rede „[g]egen Warenhäuser und Konsumvereine". Der Saal sei dekoriert gewesen mit Karikaturen und „Judenfratzen", und der Beifall für Kochs Rede war, so der Eindruck des Berichtenden, „sehr gross", und die „grotesken Bemerkungen" Kochs schienen dem Publikum „grade so angenehm zu sein, denn es raste mit dem Beifall, wenn es über die Juden herging"[28].

Der C.V., der im Kampf gegen den Boykott eine seiner Hauptaufgaben sah[29] und die jüdischen Geschäftsleute aus Königsberg unterstützte, fasste in seinem Bericht zu dieser durchaus medienwirksamen Aktion zwar zusammen, „dass eine Auswirkung der Hetze bisher nicht in Erscheinung getreten sei"[30]. Doch zumindest hatte die Hetze dem Ansehen der NSDAP und Kochs nicht geschadet: Zwei Jahre später, vor Weihnachten 1930, rollten wieder antisemitisch geschmückte Möbelwagen durch die Straßen, und die jüdischen Geschäftsleute und ihre Anwälte, die sich 1928 noch zu wehren versuchten, fürchteten 1930 bereits die Konsequenzen einer Anzeige gegen die nationalsozialistische Boykottaktion.[31] Nur noch zwei der ursprünglich sechs jüdischen Firmen trauten sich „angesichts der zunehmenden Bedeutung der NSDAP"[32], den Antrag auf Bestrafung einzureichen. Gauleiter Erich Koch war inzwischen

27 Vgl. G. Paul: Aufstand der Bilder, S. 120.

28 CAHJP HM2/8767, Bl. 2452 (Sonderarchiv Moskau 721-1-2532).

29 Vgl. Avraham Barkai: „Wehr Dich!" Der Centralverein deutscher Staatsbürger jüdischen Glaubens (C.V.) 1893-1938, München: C.H. Beck 2002; Arnold Paucker: „Der jüdische Abwehrkampf", in: Werner E. Mosse (Hg.), Entscheidungsjahr 1932. Zur Judenfrage in der Endphase der Weimarer Republik. Ein Sammelband, unter Mitwirkung von Arnold Paucker, 2. revidierte und erweiterte Ausg., Tübingen: Mohr 1966, S. 405 - 499, hier S. 442 ff.

30 CAHJP HM2/8767, Bl. 2452 (Sonderarchiv Moskau 721-1-2532). Dennoch beschlossen die Betriebsräte der großen Kauf- und Warenhäuser und der Einzelhandelsgeschäfte, in einer Versammlung gegen die Aktionen zu protestieren.

31 Zur Arbeit des Königsberger C.V. unter der Leitung von Kurt Sabatzky und den erfolgreichen Prozessen 1928 und 1929 siehe auch Stefanie Schüler-Springorum: Die jüdische Minderheit in Königsberg/Preußen 1871-1945, Göttingen: Wallstein 1996, S. 281 ff., vor allem S. 286.

32 Schreiben des Landesverbandes Ostpreußen an den C.V., 19. Dezember 1930, CAHJP HM2/8767, Bl. 2446 (Sonderarchiv Moskau 721-1-2532).

Reichstagsabgeordneter geworden, und Ostpreußen/Königsberg gehörte zu den Hochburgen der Nationalsozialisten. 1930 erhielten sie in der Provinz 22,49 %, im Juli 1932 dann 47,06 % der Wählerstimmen.

Zwischen den beiden Königsberger Weihnachtsboykotten von 1928 und 1930 hatte sich die Lage der Dinge entscheidend verändert. Denn nicht nur war die kleine, radikale Partei NSDAP plötzlich zu einer großen Partei geworden und fand nach dem Sieg bei den Reichstagswahlen vom 14. September 1930 ihre Wähler in allen Schichten der deutschen Bevölkerung, inzwischen war auch der „Hetzboykott“ ein weit verbreitetes „Medium“ der nationalsozialistischen Bewegung, waren die Boykottaktionen gegen jüdische Geschäftsleute immer aggressiver geworden. Nach dem Zusammenbruch der New Yorker Börse, dessen Folgen für die gesamte Weltwirtschaft sich sehr bald abzeichneten, waren die Boykotte zu Weihnachten 1929 so heftig wie nie zuvor, und kurz vor Weihnachten 1930 hatte die C.V.-Hauptgeschäftsstelle ihre Landesverbände und Ortsgruppen davon in Kenntnis gesetzt, dass „nationalsozialistische Boykottaufforderungen mit ungeheuerer Macht eingesetzt“[33] hätten.

In den Zentren vieler deutscher Städte verschärfte sich die Situation dann in den Wochen vor Weihnachten 1932 noch einmal deutlich. Der Boykott werde „in der letzten Zeit mit besonderer Zähigkeit und ausgeklügeltem Raffinement betrieben“, stellte Hans Lazarus am 2. Dezember 1932 fest. Als Grund dafür sah er die „Fernhaltung der NSDAP von der Leitung der politischen Geschicke Deutschlands“[34], also die Niederlage Hitlers bei den Wahlen des Reichspräsidenten im März und die unerwarteten Verluste der NSDAP bei den Reichstagswahlen im November, nachdem sie im Sommer bei den Landtagswahlen weitere Zugewinne hatte verbuchen können. Gerade vor Weihnachten 1932, rechtzeitig zur besinnlichen und friedvollen Jahreszeit, machten die Nationalsozialisten ganz bewusst „Werbung“ mit ihrem Antisemitismus. Sie wandten sich mit ihrem Aufruf zum Boykott an die allgemeine Öffentlichkeit und nutzten verschiedene Medien, um ihre Ideen zu verbreiten und zu bewerben.

---

33 Schreiben der Hauptgeschäftsstelle an die Landesverbände, Beamten und Ortsgruppen vom 10. Dezember 1932, abgedruckt bei Arnold Paucker: Der jüdische Abwehrkampf gegen den Antisemitismus und Nationalsozialismus in den letzten Jahren der Weimarer Republik, Hamburg: Leibniz-Verl. 1968, S. 196 f.

34 Hans Lazarus: „Boykott, schwarze Listen, u.a.m.“, in: C.V.-Zeitung, 1. Dezember 1932, S. 489.

Die spektakulär inszenierten und schnell mit gewaltsamen Aktionen verbundenen Boykottaktionen auf der Straße und die vorgestellte „Kernszene", in der sich Boykottierer, Boykottierte und das Publikum gegenüberstanden, waren jedoch nur ein Teil der „medienwirksamen Kampfsituation", die durch Boykottaktionen geschaffen wurde. Die Boykotte entfalteten ihre Wirkung gerade auch jenseits von offener Gewalt und Machtdemonstration. Die Inszenierung des antisemitischen Boykotts ging über die „Kernszene", ging über das Postenstehen und die tätlichen Angriffe auf potentielle Kunden weit hinaus. Die vielfältigen Formen und möglichen Wirkungen von Boykottaktionen sind durch die „Drehung der Perspektive" auf die „ordnende Gewalt"[35], wie sie etwa der Historiker Michael Wildt einfordert, nur teilweise erfassbar. Gerade diejenigen Formen und Bestandteile von Boykottaktionen, die möglicherweise vorhandene latente antisemitische Ressentiments ansprechen, verändern und verstärken sollten und konnten, ohne vom einzelnen ein offenes Bekennen zu Gewalt gegen Juden zu verlangen, bereiteten den Boden für die Akzeptanz der radikalen antisemitischen Politik der Nationalsozialisten in der deutschen Gesellschaft.

Genuiner Teil der von den Nationalsozialisten vorangetriebenen antisemitischen Boykottaktionen waren neben dem Postenstehen auch verschiedenen Formen von Werbung und Publikumsattraktionen. Die Antisemiten, aber auch Geschäftsleute und Branchenverbände nutzen Plakate, Klebezettel, Flugblätter und Zeitungsinserate, sie arbeiteten mit Preisausschreiben, Bonusmarken und -heftchen und Spektakeln wie Wagenumzügen und Musikbeschallung. Diese vielen kleinen und wiederholten Aktionen auf der lokalen Ebene trugen dazu bei, „dem Juden" eine Adresse, einen Namen und ein Gesicht in der Nachbarschaft zu geben und so eine „deutsche" bzw. eine „jüdische" Topographie in deutschen Städten zu etablieren.

Der antisemitische Aufruf zum „christlichen" Weihnachtsboykott als Form der „indirekten Diskriminierung"

Gerade für die Boykottpropaganda bot sich dabei das Spiel mit Begriffen und Vorstellungen von „deutsch", „christlich" und „jüdisch" an, das auch den Papierweihnachtsmann zur Werbung für „deutsche", „arische" Geschäfte werden ließ: Man warb für „deutsche" und „christliche" Geschäfte und forcierte damit eine „indirekte Dis-

35 M. Wildt: Volksgemeinschaft, S. 15.

kriminierung". Man konnte also antisemitische Agitation betreiben, ohne „den Juden" überhaupt erwähnen zu müssen. Dieser Weg, die Trennung zwischen „deutsch" und „jüdisch" durchzusetzen, hatte mehrere Vorteile für die antisemitischen Agitatoren: Zum einen konnten sie so bereits während der Weimarer Republik offen agieren, schließlich war gegen eine Werbung für „deutsche" Geschäfte rechtlich kaum etwas einzuwenden. Und schließlich war die Werbung *für* etwas, *für* deutsche Waren und Geschäfte, möglicherweise auch besser geeignet, ein breites Publikum anzusprechen, als die explizite Stellungnahme *gegen* die Juden.

Seit 1928 erschienen in zahlreichen Städten Verzeichnisse christlicher oder deutsch-christlicher Geschäfte, „kleine Merkbüchlein in Form eines Notizbuches mit Postgebühren-Tarifen, Kalendarium usw."[36], die den Konsumenten helfen sollten, im Alltag die richtigen Geschäfte zu finden und zu wählen. Bonusmarken sollten die Käufer in die „christlichen" und „deutschen" Geschäfte locken, Präsentkörbe, Ausflugsfahrten und Rabatte belohnten das „richtige" Einkaufen.[37] Zusätzlich zu den aufgeführten Geschäften enthielten diese Heftchen meist noch einen Anzeigenteil, in dem Firmen inserieren und für sich werben konnten. Ganz offensichtlich sahen die Gewerbetreibenden, die hier zahlreich inserierten, in der Betonung des „Deutschen" und „Christlichen", das das „Jüdische" ausschloss, eine Möglichkeit, Kunden zu gewinnen. Die antisemitische Agitation, die das „Deutsche", „Christlich" dem „Jüdischen" entgegensetze, war hier bereits verinnerlicht und Teil des Alltagsgeschäfts geworden.

Eine besonders gute Gelegenheit, die Begriffe „deutsch", „christlich" und „jüdisch" gegeneinander auszuspielen, war wiederum die

36 Schreiben der Schutzgemeinschaft der Großbetriebe des Einzelhandels und verwandter Gruppen e.V. an das Wirtschaftsministerium, 13. August 1932, Bundesarchiv Berlin (BArch) R 3101, 13859, Bl. 87.

37 In Dresden waren die im „Bezugsquellen-Anzeiger" für Dresden aufgeführten Geschäfte durch ein System von Marken miteinander verbunden, so dass hier ein kleines, abgeschlossenes, nationalsozialistisches Wirtschafts- und Einkaufssystem mit einem festen Kundenstamm entstehen sollte. CAHJP HM2/8787, Bl. 515 (Sonderarchiv Moskau 721-1-2880). Einen ähnlichen Versuch unternahm der Stahlhelm anscheinend in Berlin, wo er „weisse Einkaufszettel" verteilte mit der Aufschrift: „Soeben hat ein Stahlhelmer gekauft. Der Stahlhelm B.D.T. bekämpft Trust, Warenhaus und Konsumvereine und fördert den Einzelhandel. Fördern Sie unsere Bewegung, dann fördern Sie sich." (Schreiben der Schutzgemeinschaft der Großbetriebe des Einzelhandels und verwandter Gruppen e.V. an das Wirtschaftsministerium, 13. August 1932, BArch R 3101, 13859, Bl. 92). Die „Kampfgemeinschaft" vertrieb „Rote Einkaufszettel" (ebd.).

Boykottpropaganda in der Vorweihnachtszeit. Schließlich war Weihnachten, das „Christfest“, in den Augen von Nationalsozialisten auch das „deutscheste aller Feste“[38]. In der Weihnachtspropaganda konnten auf besondere Weise Motive eines traditionellen religiösen antisemitischen Vorurteils aufgegriffen und mit Elementen eines modernen, sozialen oder rassistischen Antisemitismus in der Propaganda kombiniert und verschmolzen werden.

Die meist kurzen Aufrufe zum Boykott jüdischer Geschäfte in der Vorweihnachtszeit, die die NSDAP seit 1927 alljährlich verbreitete, arbeiteten mit „klassischen“ Stereotypen vom „Juden“ mit seinen „gierigen und raffenden Gewinnabsichten“[39], die immer wiederkehrten und die kaum noch erklärt werden mussten. Einige wenige Stichworte genügten, um die ganze Palette der antisemitischen Vorurteile mit all ihren Konnotationen und Verbindungen aufzurufen. Im Mittelpunkt der Agitation stand eine Figur, die in antisemitischen Phantasien und in antisemitischer Politik seit dem letzten Drittel des 19. Jahrhunderts eine zentrale Stellung einnahm: der „raffende Jude“, der dem „schaffenden Deutschen“ gegenüberstand. Der „raffende Jude“, so das Vorurteil, hatte keine Moral, er blendete mit Reklame und Ramsch,[40] er betrog, wollte nur seinen Profit und strebte die Herrschaft über die Völker durch seine „Geldmacht“ an.[41] Der Jude in der Wirtschaft war weiterhin der arme und ver-

38 Flugblatt der NSDAP, Abschrift CAHJP HM 2 8767, Bl. 2458 (Sonderarchiv Moskau 721-1-2532).

39 Flugblatt der Kampfgemeinschaft gegen Warenhaus und Konsumverein. „Was müssen die Verbraucher Münchens noch vor Weihnachten wissen?“. „Auf den deutschen Weihnachtstisch nur deutsche Gaben aus deutschen Geschäften“, schloß das Blättchen (BArch NS 26, 2021).

40 „Während das Symbol christlich-deutschen Weihnachtens“, so ein Artikel in der nationalsozialistischen Essener National-Zeitung, „der Tannenbaum, im Strassenbild auftaucht, während Kinderherzen selig dem Christkind entgegenschlagen, haben sich die Zwingburgen des Warenhauskapitals zum Geschäft gerüstet. Marktschreierisch aufgemachte Fenster locken, Lichttürme fesseln die Aufmerksamkeit des christlichen Publikums, das achtlos an den soliden Auslagen der eigenen Volksgenossen vorüberdrängt. Wie die Motte zum Licht, in die jüdischen Kaufhäuser.“ (National-Zeitung Nr. 290, 11. Dezember 1931, CAHJP HM 2/8766, Bl. 344; Sonderarchiv Moskau 721-1-2460).

41 Der Deutsche dürfe nicht zulassen, „daß unser Volksvermögen von einem jüdischen Gastvolk gierig und mit allen Listen errafft und der jüdischen Weltherrschaft nutzbar gemacht wird“, so stand es im Verzeichnis „Deutscher Geschäfte“ für Berlin Schöneberg (CAHJP HM2/8787, Bl. 331; Sonderarchiv Moskau 721-1-2880).

schlagene „Wucherer", „fremdartig", bedrohlich und „galizisch"[42], gleichzeitig war er jedoch der Vertreter des „Weltkapitalismus", die internationale – jüdische – Hochfinanz war der „Feind", gegen den „alle deutschen Volksgenossen" zusammenstehen mussten[43].

In vielen Boykottaufrufen an Weihnachten fehlten die offen rassistischen und die körperlich bedrohlichen Motive eines radikalen Antisemitismus, die die Boykottaufrufe im *Angriff* oder im *Stürmer* prägten. Flugblätter, Plakate und Zeitungsartikel, die sich an die gesamte deutsche Bevölkerung wandten, warben vor allem mit Phantasien, in denen religiöse und wirtschaftliche Stereotype eine Rolle spielten. An Weihnachten 1931 sprachen zum Beispiel gleich mehrere nationalsozialistische Zeitungen[44] die „christliche Nächstenliebe" und das Gefühl sozialer Ungleichheit auf ganz besondere Weise an: Auf dem ersten von insgesamt drei Bildern, die in Form eines Triptychons angeordnet waren, sieht man Jesus ans Kreuz geschlagen, die Bildunterschrift lautete: „So haben Juden Jesus ans Kreuz genagelt." Das zweite Bild zeigte die moderne Fassade eines Warenhauses inmitten einer Menschenmenge: „Hier strömen die Christen zur Weihnachtsmesse jüdischer Warenhäuser", lautete der Kommentar. Das letzte Bild zeigte dann einen „kleinen Geschäftsmann", der sich in seinem Laden über dem Schild „Konkurs" aufgehängt hat: „Und hier der letzte Schritt eines kleinen Geschäftsmannes als Folge großjüdischer Warenhauspolitik!"[45]

Die Betonung wirtschaftlicher und religiöser Elemente in der Boykottpropaganda an Weihnachten war in beinahe allen Fällen eng verbunden mit dem Gedanken der christlichen und „deutschen" Volksgemeinschaft. Die Christen[46] waren auch die Deutschen, und

---

42 „Das jüdische Warenhaus. Das christliche Weihnachtsfest", in: Schaffendes Volk, 9. Dezember 1931, BArch R 3101, 31859, Bl. 7.

43 Flugblatt *Die unterstützt Du!*, CAHJP HM2/8767, 2610 (Sonderarchiv Moskau 721-1-2537).

44 So die *Neue National-Zeitung* in Augsburg, der *Schlesische Nationalsozialistische Beobachter* und die *Schlesische Volkszeitung* (vgl. Hans Lazarus: „Neue Rechtsprechung zur Boykottfrage", in: C.V.-Zeitung, 29. Januar 1932, S. 39 – 40, hier S. 40).

45 Neue Nationalzeitung, 19. Dezember 1931 (vgl. BArch R 3101, 13859, Bl. 45). Die Veröffentlichung dieser Bildchen wurde vom Landgericht Breslau und vom Landgericht Augsburg untersagt, vgl. H. Lazarus: Neue Rechtsprechung, S. 40.

46 Zu mehr oder weniger offen „völkisch" orientierten christlichen Gruppen vgl. u.a. Christoph Weiling: Die „christlich-deutsche Bewegung". Eine Studie zum konservativen Protestantismus in der Weimarer Republik, Göttingen: Vandenhoeck & Ruprecht 1998; Angela Treiber: Volkskunde und evangelische Theologie. Die Dorfkirchenbewegung 1907 – 1945, Köln u.a.: Böhlau

auch das „deutsche Blut“ fand hier seinen Weg in die weihnachtliche und christliche Boykottpropaganda. „Sei ein Christ!“, hieß es auf einem Flugblatt aus der Umgebung von Rastatt 1930. „Wer sein Christentum durch die Tat beweisen will, hat Mitgefühl mit dem ringenden Geschäftsmann deutschen Blutes und schämt sich, einen Christbaum-Tisch mit Geschenken zu entweihen, die aus jüdischen Häusern stammen.“[47] Das Flugblatt *Weihnachten 1932 steht vor der Tür*[48] der „Kampfgemeinschaft gegen Warenhaus und Konsumverein der N.S.D.A.P., Gau Unterfranken“ machte gleich im ersten Satz klar, dass „Deutsche“ und „Christen“ zusammengehörten: „Das Fest der Deutschen und Christen wird in wenigen Wochen gefeiert“[49], hieß es hier. Das Flugblatt zeigt, dass die Aufrufe zum Kauf „deutscher Waren“ in „christlichen“ oder „deutschen“ Geschäften“ nicht „nur“ ein patriotischer Aufruf waren, sondern sich auch und vor allem gegen „Volksfremde“ im Innern richteten. Der Jude, so griff das Blättchen bekannte Vorurteile auf, „hat nur einen Gott, das Gold. Er kennt kein Vaterland; denn sein Vaterland ist dort, wo er am leichtesten verdienen kann. Er, der Rasse- und Volksfremde hat an der deutschen Wirtschaft so viel Interesse, wie der Melker an der Kuh. Ihm ist die Wirtschaft die Henne, die die goldenen Eier legt. Er handelt mit allem, kennt keine Moral und keine Ehre dabei.“[50] Die Konzentration auf und der Glaube an die nationale, die „deutsche“ Wirtschaft, die eng verbunden war mit dem Gedanken des deutschen Vaterlandes und der deutschen Heimat, war dem „fremden“ Juden von vorneherein verschlossen.[51]

2004; Paul Ciupke u.a. (Hg.): „Die Erziehung zum deutschen Christen“. Völkische und nationalkonservative Erwachsenenbildung in der Weimarer Republik, Essen: Klartext-Verl. 2007. Die Bedeutung des Zusammengehens von NSDAP und Christen thematisiert u.a. Martin Broszat: „Zur Struktur der NS-Massenbewegung“, in: VfZ 31 (1983), S. 52-76, S. 61 f.

47 CAHJP HM2/8767, Bl. 2470 (Sonderarchiv Moskau 721-1-2533).

48 Weihnachten steht vor der Tür! CAHJP HM2/8768, Bl. 2018 (Sonderarchiv Moskau 721-1-2550).

49 Ebd.

50 „Es widerspricht christlichem Empfingen, die Geschenke bei den Nachfolgern der Christusmörder zu kaufen“, hieß es im „Schaffenden Volk“ („Mittelstand in Not. Der Deutsche kauft nur beim Deutschen“, 16. Dezember 1931, BArch R 31859, Bl. 8).

51 Die deutschen Erträgnisse, so ein Flugblatt, das sich an den „Deutschen Bauern“ richtete, sollten nicht „in den Besitz eines *fremden* Volkes wandern“ (BArch NS 26, 860, Hervorhebung im Original). Der Boykott sei Teil eines „Reinigungsprozesses“, hieß es in der *Leipziger Tageszeitung*. „Die strenge Durchführung unserer Parole würde das jüdische Gastvolk ohne Härte zum Verlassen unseres Vaterlandes zwingen“ (BArch R 3101, 13859, Bl. 74).

Auf welche Weise verschiedene Elemente antisemitischen Denkens gerade in der Boykottpropaganda an Weihnachten miteinander verbunden werden konnten, wird deutlich am Beispiel des hetzerischen Flugblatts, das während des schon erwähnten Wagenumzugs 1928 in Königsberg verteilt wurde: „DAS GOLDENE KALB SPIELT CHRISTKIND!", war hier fett gedruckt: „In echt jüdischem Zynismus sagt ein Rabbiner: Schade, dass Maria nicht zwei Jesusknaben geboren hat. Dann könnten UNSERE LEUT das gute Weihnachtsgeschäft zweimal machen!!!", hieß es weiter. Anders als die meisten Weihnachtsboykottaufrufe endete das Königsberger Flugblatt allerdings mit heftigen Bildern eines rassistischen Antisemitismus: „[H]abt acht, dass nicht der fremdstämmige Volksschädling, der jüdische Blutsauger schmunzelnd den Profit einstreicht. Jeder Groschen, den Ihr an der Warenhauskasse für die jüdischen Schicksen hinlegt, wird einst zum Nagel, mit dem man Euch und Eure Kinder ans Kreuz heften wird."[52]

Die Schlagworte vom Warenhaus, dem Konsumverein und dem Mittelstand, die sich auf die aktuelle gesellschaftliche und wirtschaftliche Entwicklung der Weimarer Republik bezogen, mischten sich ohne Schwierigkeiten mit klassischen religiösen antisemitischen Stereotypen: Das goldene Kalb, der Tanz um den falschen Gott, um Mammon, waren direkte Anleihen aus der Bibel, und der christliche Charakter des Weihnachtsfestes, ins Lächerliche gezogen durch die – fingierten – Worte eines Rabbiners, wurde bedroht durch das jüdische „Raffen", durch die Profitgier. Hier spielen auch die bedrohlichen, körperlichen Bilder wieder eine Rolle; der Jude „rafft" nicht nur, er saugt das Blut aus und schmunzelt dabei noch dazu. Zu guter Letzt taucht dann noch das sexuell konnotierte Bild der „Warenhausschickse" auf, der man einen Groschen zuschiebt – um dann, und zwar samt Kindern, wie Christus von Juden ans Kreuz genagelt zu werden.

Diese krude Mischung mag auf der einen Seite zu absurd, zu überladen mit antisemitischen Phantasien aus ganz unterschiedlichen Traditionen erscheinen. Auf der anderen Seite ist sie aber ein Beispiel dafür, dass die nationalsozialistischen Agitatoren und andere Gruppierungen, die sich am vorweihnachtlichen Aufruf zum Boykott jüdischer Geschäfte beteiligten, sich an ein breites Publikum wandten und an verschiedene Traditionen und Facetten antisemitischen Denkens anknüpften. Durch die Betonung der Begriffe „deutsch" und „christlich" und die Nutzung einer christlich geprägten Bildersprache versuchten die Boykottierer, antisemitische

52 Abschrift CAHJP HM2/8767, Bl. 2458 (Sonderarchiv Moskau 721-1-2532).

Ressentiments verschiedenster Couleur zu aktivieren und ein möglichst breites Publikum für ihre Aktionen zu gewinnen.

Die Nutzung der Begriffe „deutsch" und „christlich" machte es auch den jüdischen Gewerbetreibenden schwerer, sich gegen die Angriffe zu wehren, schließlich war die antisemitische Stoßrichtung der Werbung für „deutsche" Geschäfte nicht einfach zu belegen. Doch bereits vor 1933 konnten sich jüdische Geschäftsleute auch nicht mehr auf ihre „Rechtssicherheit" verlassen, wenn sich die Agitation explizit gegen sie wandte.[53] Das zeigt unter anderem das Urteil des Landgerichts Nürnberg, das sich vor Weihnachten 1932 unter Berufung auf die „Werbefunktion" der Boykotte gegen einen Antrag jüdischer Geschäftsleute aussprach.

Der Antrag sei damit begründet, so die Ausführungen des Gerichts, „daß in aufreizenden und hetzerischen Worten vor dem Kauf in jüdischen Geschäften, insbesondere Warenhäusern, gewarnt und diese Warnung mit der Kreuzigung Christi in Zusammenhang gebracht werde, einem Vorgange, der 2000 Jahre zurückliege."[54] In den folgenden Absätzen legte das Gericht dann dar, welche Fragen es zu prüfen gelte, um herauszufinden, ob es sich bei dem vorliegenden Flugblatt um einen sittenwidrigen Boykott handele. „Bei dieser Prüfung ist ein allgemein durchschnittlicher Maßstab anzulegen"[55], hieß es hier. Unter Anlegung des durchschnittlichen Maßstabs kam das Gericht nun zu dem Schluss, eine „unwahre Behauptung" sei in dem Flugblatt nicht zu finden. „Abgesehen von der Verquickung der Boykottaufforderung mit der Kreuzigung Christi,

53 Zur Diskussion um die „Rechtsnot der deutschen Juden" vgl. u.a. Martin Liepach: „Das Krisenbewußtsein des jüdischen Bürgertums in den Goldenen Zwanzigern", in: Andreas Gotzmann/ Rainer Liedtke/ Till van Rahden (Hg.), Juden, Bürger, Deutsche. Zur Geschichte von Vielfalt und Differenz 1800 - 1933 (Schriftenreihe wissenschaftlicher Abhandlungen des Leo Baeck Instituts 63), Tübingen: Mohr Siebeck 2001, S. 395-417, hier S. 401 - 407; Cyril Levitt: „The Prosecution of Antisemites by the Courts in the Weimar Republic: Was Justice served?", in: LBIYB 36 (1991), S. 151 - 167; Donald L. Niewyk: „Jews and the Courts in Weimar Germany", in: Jewish Social Studies 37 (1975), Nr. 2, S. 99 - 113. Vgl. auch „Rechtschutzarbeit des C.V.", in: C.V.-Zeitung, 7. Januar 1927, S. 4; H. Lazarus: „Brennende Rechtsfragen"; Rudolf Callmann: Zur Boykottfrage. Ein Gutachten, Berlin: Philo Verlag 1932.

54 Beschluss vom 14. Dezember 1932, CAHJP HM2/8768, Bl. 2021 (Sonderarchiv Moskau 721-1-2550).

55 „Es dürfen weder die in manchen Kreisen herrschenden laxen Auffassungen noch die Denkungsart eines vornehmen Hauses oder die kaufmännische Kulanz als Maßstab genommen werden." (Ebd., Bl. 2024 f.)

die zwar geschmacklos, aber nicht als unwahr zu betrachten ist“[56], handele es sich schließlich nur um Behauptungen, die „in einem großen Teil der Parteipresse fast täglich unbeanstandet aufgestellt werden und die weder bewiesen noch widerlegt werden können“[57]. Der „Wahrheitsgehalt“ antisemitischer Ressentiments, die „Verquickung“ unterschiedlicher antisemitischer Stereotype in der Propaganda für den antisemitischen Weihnachtsboykott schien zumindest für das Gericht in Nürnberg vor dem Hintergrund eines „durchschnittlichen Maßstabs“ und vor dem Hintergrund des gesellschaftlichen Klimas Ende des Jahres 1932 nicht widerlegbar.

„Im neuen Reiche unsere alte Bitte“: Exklusion durch Weihnachtswerbung

Die Gegenüberstellung der Begriffe „deutsch“, „jüdisch“ und „christlich“, aber auch die Nutzung populärer Medien und Symbole zur „Boykottwerbung“ vor Ort und die Bemühungen um eine Kennzeichnung und Trennung von „deutschen“ und „jüdischen“ Geschäften im alltäglichen Miteinander prägten die Boykottaktionen auch in den ersten Jahren der nationalsozialistischen Herrschaft. Die erste große, von der neuen Regierung unterstützte Aktion war der reichsweite Boykott vom 1. April. Doch Boykottaktionen jenseits des 1. Aprils waren offiziell nicht erwünscht: Nach Äußerungen des Reichswirtschaftsministers Alfred Hugenberg, des Reichsministers für Volksaufklärung und Propaganda, Joseph Goebbels, des Reichsinnenministers Wilhelm Frick und des Reichskanzlers Adolf Hitler im Frühjahr 1933 wiesen Behörden und Gauwirtschaftsberater immer wieder darauf hin, „dass alle Eingriffe in privatwirtschaftliche Betriebe grundsätzlich unzulässig sind. Zu den Betrieben gehören auch Warenhäuser, Konsumvereine, jüdische Geschäfte usw.“[58] Er halte, so auch der neue Reichswirtschaftsminister Kurt Schmitt schließlich in einem Erlass im Oktober 1933, „eine Unterscheidung zwischen arischen und nicht arischen oder nicht rein arischen Firmen innerhalb der Wirtschaft, insbesondere bei dem Eingehen geschäftlicher Beziehungen, nicht für durchführbar“, da Auswirkun-

56 Ebd., Bl. 2025.

57 Ebd., Bl. 2021 ff.

58 Abschrift aus der Textil-Zeitung, 13. Mai 1933, CAHJP HM2/8759, Bl. 2077 (Sonderarchiv Moskau 721-1-2317). Vgl. auch BArch R 3101, 13860.

gen auf die Gesamtwirtschaft und eine Störung des „wirtschaftlichen Wiederaufbaus“ dabei nicht zu vermeiden seien.[59]

Doch die Aussagen auch der Regierung und der nationalsozialistischen Führung waren letztlich so eindeutig doch nicht, und die „offizielle“ Linie der Parteiführung stellte die nationalsozialistischen Antisemiten keineswegs zufrieden. Wie auch in den Jahren zuvor nutzen daher antisemitische Agitatoren vor Ort im Dezember 1933 und 1934 die Gelegenheit, zum Boykott jüdischer Geschäfte aufzurufen und vor allem auf dem Weg der „indirekten Diskriminierung“ eine Kennzeichnung „deutscher“ und „christlicher“ und damit „nichtjüdischer“ Geschäfte voranzutreiben. „Im neuen Reiche unsere alte Bitte“, so lauteten etwa die einführenden Sätze eines Inserats des Verbandes des Einzelhandels in einer Glauchauer Zeitung: „Kauft die Weihnachtsgeschenke schon jetzt! Die grösste Auswahl ist dadurch gewiss! Kauft beim soliden deutschen, christlichen Einzelhandel! Jeder sorgt damit für die Zukunft seiner Kinder!“[60]

Für ihre Versuche zur Kennzeichnung nutzten Antisemiten, Branchenverbände und Geschäftsleute auch im „neuen Reich“ nicht nur lautstarke, provokative Aktionen auf der Straße. Vielmehr griffen sie auf populäre Symbole und Traditionen zurück und verlegten den Konflikt um die Stigmatisierung „jüdischer“ Geschäfte auf einen vollkommen unpolitischen, aber eben doch sehr öffentlichen und werbewirksamen Schauplatz: in die Schaufenster. Verschiedene Akteure jenseits der „großen Politik“ und der radikalen Parteigruppierungen versuchten, für das „kaufende Publikum“ mit einem Blick in ein Schaufenster erkennbar zu machen, ob sie „beim Juden“ kauften. So hatte die Ortsgruppe des Vereins „Deutscher Einzelhandel“ in Breslau im November 1933 ihre Mitglieder darum gebeten, die Dekoration der Schaufenster einheitlich und „schlagartig“ mit dem 1. Dezember auf Weihnachten umzustellen, um die Wirkung zu steigern. Zur Vermeidung von Unannehmlichkeiten und Schwierigkeiten empfahl der Verein allerdings seinen jüdischen Mitgliedern „dringend, in den Dekorationen und Werbemitteln *auf kei-*

59 BArch, R 3101, 13860, Bl. 86. Vgl. auch Schreiben d. Bayerischen Staatministers für Wirtschaft, München, 5. Oktober 1933, YV O 2. 1166-א, Bl. 1. Im Übrigen sei er wie auch der Reichsminister für Volksaufklärung und Propaganda der Meinung, „daß keine Veranlassung besteht, gegen eine Firma vorzugehen, solange ihre Inhaber nicht gegen gesetzliche Vorschriften oder gegen die Grundsätze der kaufmännischen Ehre verstoßen“ (BArch, R 3101, 13860, Bl. 86).

60 Brief Landesverband Mitteldeutschland, Leipzig, 30. Dezember 1933, CAHJP HM2/8768, Bl. 2422-2424 (Sonderarchiv Moskau 721-1-2553).

nen Fall die *Symbole des deutschen christlichen Weihnachtsfestes* zu verwenden“[61].

Richard Blumenthal, der in Mannheim ein Papiergeschäft betrieb, erhielt ein ähnliches Rundschreiben des Verbandes des Einzelhandels e.V. in Mannheim. Im Einvernehmen mit der an vielen Boykottaktionen beteiligten Nationalsozialistischen Handwerks-, Handels- und Gewerbeorganisation (NS-Hago) teilte der Verband seinen „nichtarischen“ Mitgliedern mit, „dass sie an christlichen Feiertagen christliche Kultgegenstände weder verkaufen noch für Dekorationszwecke verwenden“ sollten. Auch Klebemarken und Bildchen, die christliche Symbole enthielten, sollten nicht verwendet werden, und zur Kommunion oder Konfirmation solle nicht mit „Kreuzen, Kerzen, Gesang- und Gebetbüchern und zu Weihnachten Christbaumschmuck“[62] dekoriert werden. Blumenthal wies aber daraufhin, daß bestimmte Elemente zur Weihnachtswerbung freigegeben werden müssten: „Die bekannten Weihnachtspreisschilder, die noch ganz neutral sind, [...] Schneewatte, Streuglimmer und Lametta, um die harmlosesten und notwendigsten Artikel zu nennen“[63].

Beim Reichswirtschaftsministerium, das für eine solche Freigabe zuständig zu sein schien, gingen im November und Dezember zahlreiche Schreiben von Firmen ein, die wissen wollten, „welche Schilder, Plakate und Ausstattungswaren für die Weihnachtssaison die nichtarischen Firmen in Ihren Schaufenstern verwenden dürfen“[64]. Die Mannheimer Firma Walter Landauer etwa, die beim Schaufenster-Dekorations-Bedarf Goetz & Müller Weihnachtsartikel beziehen wollte, wollte ihren Auftrag erst erteilen, „falls es Ihnen möglich ist, im besonderen ein Schreiben des Reichswirtschaftsministeriums zu beschaffen, das uns das Recht gibt, entgegen dem Rundschreiben Nr. 51 vom Einzelhandelsverband Weihnachtsdekorationen in Schaufenstern etc. zu verwenden“[65]. Goetz & Müller

61 Rundschreiben Deutscher Einzelhandel E.V., Abschrift BArch R 3101, 13860, Bl. 358. Vgl. auch CAHJP HM2/8791, Bl. 1175 (Sonderarchiv Moskau 721-1-2927).

62 Verband des Einzelhandels E.V., Mannheim, Rundschreiben Nr. 51, BArch R 3101, 13860, Bl. 380.

63 Schreiben Blumenthal, 20. Oktober 1933, CAHJP HM2/8791, Bl. 1184 (Sonderarchiv Moskau 721-1-2927).

64 Schreiben Friedrich Stenger. Großbetrieb für Schaufensterreklame, 23. Nov. 1933, BArch R 3101, 13860, Bl. 367. Weitere Fälle, z.B. Anweisungen an die „nichtarischen Firmen“ der IHKs Berlin, Kassel u. Köslin/Pommern, ebenfalls in BArch R 3101, 13860.

65 Abschrift in einem Schreiben von Goetz & Müller an das Reichswirtschaftsministerium, 16. November 1933, BArch R 3101, 13860, Bl. 359.

fürchtete nun um die Aufträge und bat das Reichswirtschaftsministerium am 16. November dringend um Klärung der Situation, da solche Schreiben „täglich mehrfach bei uns eingehen!“[66]

Die Lage war, so der Papierindustrie-Verein e.V. am 20. November, noch „völlig ungeklärt“[67]. Die Hauptgemeinschaft des Deutschen Einzelhandels[68], deren Vorsitz nach dem Austritt der Großbetriebe seit Spätherbst 1932 der nationalsozialistische „Kampfbundführer“ Paul Hillandt inne hatte, wies die ihr angeschlossenen Verbände am 5. Dezember darauf hin, daß ein Dekorationsverbot für jüdische Firmen nicht „erwünscht“ sei. Die Verbände sollten als „wirtschaftliche Organisation, in deren Reihen auch jüdische Firmen sind“[69], nicht in die Entscheidungen politischer Instanzen eingreifen.

Der C.V. hatte sich angesichts der schwierigen Lage bereits am 24. November zu einer Stellungnahme durchgerungen, die allerdings nicht veröffentlicht werden sollte: Es sei wohl in der gegenwärtigen Lage angemessen, „wenn jüdische Firmen bei ihrer Weihnachtsdekoration von der Verwendung ausgesprochener Kultgegenstände, wie Krippen, Heiligenfiguren, Madonnen usw., absehen.“ Max Angerthal betonte, man habe in den vergangenen Jahren „oft eine Verwendung von Gedanken des Weihnachtsfestes bei geschäftlicher Werbung beobachtet, die uns hart an der Grenze des geschmacklich zulässigen zu liegen schien. In diesem Jahr“, fuhr er fort, „würden wir es besonders taktlos finden, wenn etwa jüdische Kaufleute in ihrer Werbung auf Symbole des Weihnachtsfestes sich beziehen würden. Wir würden einen solchen Versuch als würdelos empfinden.“[70] Dagegen führte der C.V. weiter aus, dass „gegen die Verwendung des Tannenbaums, der verschiedenen Wattedekoratio-

66 Schreiben von Goetz & Müller an das Reichswirtschaftsministerium, 16. November 1933, BArch R 3101, 13860, Bl. 357.

67 BArch R 3101, 13860, Bl. 392.

68 Die Hauptgemeinschaft und ihr Vorsitzender Heinrich Grünfeld, Schwiegersohn des Warenhausbesitzers Tietz, waren während der Weimarer Jahre von den nationalsozialistischen Antisemiten hart angegriffen worden (vgl. H. Uhlig: Warenhäuser, S. 61; Heinrich August Winkler: Mittelstand, Demokratie und Nationalismus. Die politische Entwicklung von Handwerk und Kleinhandel in der Weimarer Republik, Köln: Kiepenheuer & Witsch 1972, S. 171; S. 165).

69 Rundschreiben Nr. 437, BArch R 3101, 13860, Bl. 401.

70 Schreiben Angerthal, CAHJP HM2/8791, Bl. 1163 (Sonderarchiv Moskau 721-1-2927). Angerthal machte allerdings deutlich, dass es auch darum ging, wirtschaftliche Schäden zu vermeiden, die aus dieser „Taktlosigkeit“ entstehen könnten, und er sah, dass es sich dabei „zweifellos um ein Grenzgebiet unserer Wirkungsmöglichkeit“ handele (ebd.).

nen, von Kerzen, Baumschmuck, Tannenzweigen usw. nichts einzuwenden"[71] sei, und auch „Märchendarstellungen" seien erlaubt.[72] Watte gehörte also nicht zu den „Devotionalien", aber bei anderen Gegenständen bzw. Figuren wurde eine Einteilung in „christlich" oder „nicht christlich" schon schwieriger. Ein Problem war der Weihnachtsmann, der in Leipzig im Falle des Papierweihnachtsmannes ja so eindeutig als „christliches Symbol" gedeutet worden war. Nach Aussage des C.V. konnte der Weihnachtsmann „zu der Aufreihung der Geschenke in den Schaufenster als zugehörig" angesehen werden, allerdings nur, „sofern dieser nicht als Verkörperung des heiligen Nikolaus betrachtet wird. Das letzte sollte nur in katholischen Gegenden der Fall sein."[73]

War die Frage des Weihnachtsmannes schon schwer zu beantworten, bereitete der Weihnachtsbaum erst recht Schwierigkeiten. War er einfach ein Baum, war er weihnachtlicher Schmuck oder war der heidnische Fruchtbarkeitsbaum „Symbol christlichen Weihnachtens"? Die NS-Hago in Schneidemühl in Pommern klärte diese schwierige Frage, indem sie die Fa. Saly Eifert zur „Vermeidung von Unzuträglichkeiten" darauf aufmerksam machte, „dass es nicht angebracht ist, in Ihren Schaufenstern und Läden dem christlichen und germanischen Brauch des Weihnachtsfestes angepasste Symbole (Weihnachtsbaum, Knecht-Ruprecht, Plakate mit Christglocken und ähnliche) als Reklame zu verwenden"[74]. Germanisch und christlich, darunter fiel der Baum allemal. Es sei möglich, so deshalb der C.V., „daß auch die Verwendung des Tannenbaums usw. örtlich beanstandet wird". Allerdings sei eine jüdische Firma „zu einer derartigen Einschränkung der Reklamemöglichkeiten auch

71 CAHJP HM2/8790, Bl. 1141 (Sonderarchiv Moskau 721-1-2915).

72 So der Reichsverband der Mittel- und Großbetriebe des Deutschen Einzelhandels, Schreiben an das Reichswirtschaftsminiterium, 23. November 1933, BArch R 3101, 13860.

73 Brief Reichmann an den Kaufmann Centawer in Breslau vom 23. November 1933, CAHJP HM2/8759, Bl. 1388 (Sonderarchiv Moskau 721-1-2303). Der Kaufmann Wronkow im schlesischen Johannisburg bekam allerdings Besuch von zwei Herren „als Beauftragte der NS-Hago", die ihn aufforderten, das Tannengrün und das Lametta aus seinem Fenster zu entfernen, da es „nicht der deutschkirchlichen Sitte für mich als Nichtarier" entspreche (Brief Wronkow in Johannisburg an C.V. Berlin, CAHJP HM2/8808, Bl. 2126; Sonderarchiv Moskau 721-1-3187). Ähnliches berichtete der Innenminister in Braunschweig (Otto Kulka/Eberhard Jaeckel (Hg.): Die Juden in den Geheimen NS-Stimmungsberichten (Schriften des Bundesarchivs, Bd. 62), Düsseldorf: Droste 2004, Buch, Nr. 52, S. 93 f.).

74 CAHJP HM2/8768, Bl. 2642 (Sonderarchiv Moskau 721-1-2553).

aus allgemeinen wirtschaftlichen Erwägungen heraus nicht verpflichtet“[75].

Die jüdischen Geschäftsleute erhielten in der Frage der Weihnachtsdekoration sogar zunächst Unterstützung zumindest von Teilen der Regierung: Der Reichswirtschaftsminister sah die „ungestörte Abwicklung des Weihnachtsgeschäfts“ durch die Aktionen einzelner Gruppierungen gefährdet und veröffentlichte am 17. Dezember 1933 ein Rundschreiben an die Landesregierungen und die Spitzenverbände der Wirtschaft[76]. Die „Verwendung weihnachtlichen Schmuckes, eine ungehinderte Werbung in dem Rahmen und in den Formen, wie sie für den Weihnachtsverkauf hergebracht sind“, seien daher ebenso sicherzustellen wie der „freie[] Verkauf von Weihnachts- und Christbaumschmuck sowie von Weihnachtsgeschenken“[77].

Doch auch die ministeriellen Erlasse der Jahre 1933 und 1934 halfen den jüdischen Geschäftsleuten in konkreten Boykottsituationen kaum,[78] und die Schaufenster und Geschäftseingänge in den deutschen Innenstädten waren in der Vorweihnachtszeit 1933 und 1934 Schauplatz nicht nur ökonomischer, sondern auch politischer, ideologischer und sozialer Konflikte. Nicht nur die NSDAP, sondern verschiedene Gruppen, einzelne Geschäftsleute und Branchenverbände versuchten, durch die Dekoration ihrer Schaufenster für jeden sichtbar zu machen, welche Geschäfte „deutsch“ und „christlich“, und welche „jüdisch“ waren. Populäre Symbole wurden auf spezifische Weise genutzt und gedeutet, und alltägliche Dinge des Geschäfts- und Einkaufslebens wie Dekorationen und Klebemarken wurden zu einem Mittel, eine Gruppe von Menschen inmit-

75 CAHJP HM 2 8790, Bl. 1141(Sonderarchiv Moskau 721-1-2915).

76 Vgl. Frankfurter Zeitung, 17. Dezember 1933; Jüdische Rundschau, 19. Dezember 1933. Der Kaufmann Levy aus Strehlen fürchtete schon im September um das Weihnachtsgeschäft und fragte beim Reichswirtschaftsminister an, ob „den nicht-arischen Geschäften beim Weihnachtsgeschäft Schwierigkeiten bereitet werden“ (Schreiben 17. September 1933, BArch R 3101, 13860, Bl. 179). Vgl. auch „Juden in der Wirtschaft“, Jüdische Rundschau, 19. Dezember 1933, S. 977.

77 Ebd. 1934 erschien der entsprechende Erlass bereits am 17. November. Abdruck u.a. im Völkischen Beobachter, 18./19. November 1934.

78 Die „jüdischen Beschwerdeführer“, so der Regierungspräsident in Kassel mit höhnischem Tenor, seien, „wenn sie persönlich vorstellig werden, fast regelmäßig mit einer Abschrift des bekannten Erlasses des Herrn Reichswirtschaftsminister bewaffnet. Die Behörden andererseits müssen aufpassen, darauf bedacht zu sein, bei der Bevölkerung nicht in den Ruf zu kommen, Hüter und Schützer des Judentums zu sein.“ (Kulka, O./Jaeckel, E.: Stimmungsberichte, Buch, Nr. 67, S. 104).

ten der Gesellschaft und aus der Gesellschaft heraus zu definieren, zu stigmatisieren und zu diskriminieren. Ganz offensichtlich rechneten alle Beteiligten mit den entsprechenden Reaktionen des „kaufenden Publikums“, und die Bemühungen um ein „rein christliches Weihnachtsgeschäft“ machte den Ausschluss der Juden aus der Gesellschaft zu einem Thema im alltäglichen und öffentlichen Leben in deutschen Städten.

Die Macht der Straße: Die Begegnung der Akteure in der „Kernszene“ des Boykotts

Die Boykottpropaganda war Teil des Alltagslebens und wurde auf offener Straße betrieben. Das antisemitische Vorurteil, das die Phantasiewelt radikaler Antisemiten beherrscht hatte, hatte sich nicht nur in der Gesellschaft materialisiert, hatte einen Namen, eine Adresse und einen Körper bekommen. Die verdrängten Ängste und Wünsche konnten in Person des „Juden“ bekämpft und niedergezwungen werden, ohne dass gesellschaftliche Normen und Instanzen das Ausbrechen unbewußter Phantasien einschränkten. Im Gegenteil schufen die Aktionen radikaler Antisemiten ein gesellschaftliches Klima, in dem im „Juden“ der ewige Konkurrent, der lästige Vorgesetzte, der faule Arbeitnehmer, der unangenehme Nachbar oder beneidete erfolgreiche Überflieger ohne großen Aufwand oder eigenes Engagement zurückgedrängt und gedemütigt werden konnte.

Während Boykottaufforderungen vor 1933 in den meisten Fällen über Presseveröffentlichungen und Flugblätter verbreitet worden waren, traten die Boykottierer in den ersten Jahren der nationalsozialistischen Herrschaft vermehrt auch in Person den jüdischen Geschäftsleuten und dem kaufenden Publikum gegenüber, die deutsche Bevölkerung musste sich gegenüber ihren jüdischen Kollegen und Konkurrenten, ihren Nachbarn und den Inhabern ihrer Stammgeschäfte verhalten. Zwar nahmen auch Nacht- und Nebelaktionen wie das Zettelkleben zu, bei denen der „Täter“ anonym bleiben konnte, doch die Antisemiten scheuten die Konfrontation mit dem Publikum, den Betroffenen und auch der Polizei immer weniger. So änderte sich vor Weihnachten 1934 nicht nur die Schaufensterdekoration, auch die „Stimmung“ in den Einkaufsstraßen und vor den Geschäften war an vielen Orten geprägt von antisemitischen Boykottierern.[79] Der Reichswirtschaftsminister warnte,

79 „Im Monat Dezember sind zahlreiche Ausschreitungen gegen jüdische Geschäftsinhaber und Warenhäuser zu verzeichnen“, meldete etwa die Sta-

daß solche Eingriffe dem Geschäft schaden könnten, „weil sie erfahrungsgemäß die Kaufwilligkeit und Lauflust allgemein herabdrücken“[80], ganz sicher aber schadeten sie den betroffenen jüdischen Gewerbetreibenden.

Die Akteure der Boykottaktionen waren meist Angehörige einer Gruppierung der NSDAP, doch sie agierten, das zeigen viele Schilderungen jüdischer Geschäftsleute, nicht im luftleeren Raum und konnten auf die Reaktionen des Publikums vertrauen. Eine typische Situation schilderte der Inhaber eines Spezialgeschäftes für Herren- und Knaben-Kleidung im schlesischen Waldenburg, Herr Korn: „Am heutigen Sonntag, dem 1. offenen Sonntag vor Weihnachten, sind im Laufe des Tages am hiesigen Ort Plakate herumgetragen worden mit der Aufschrift: ‚Wer beim Juden...‘, andere Plakate haben einen ähnlichen Inhalt gehabt. Während der Hauptgeschäftszeit durchzog Hitlerjugend in Trupps von ca. 40 Jungens die Stadt und rief im Sprechchor vor den jüdischen Geschäften: ‚Wer ...!‘ Durch diesen Umstand ist der Geschäftsbetrieb am heutigen Sonntag *erheblich* gestört worden.“ [81] Die Polizei, die informiert wurde, teilte Herrn Korn mit, dass die Boykottaktion für ganz Preußen genehmigt sei,[82] was der C.V. sofort bestritt.[83] Es stellte sich heraus, daß die Boykottdemonstration offenbar eine eigenmächtige Aktion der NS-Hago mit Unterstützung des HJ-Führers war, dem Sohn des vor Ort bekannten Gastwirts Jacob. Der Ortspolizei sei die Sache „unangenehm“ gewesen.

Auffällig ist nicht nur in diesem Fall die Aktivität der Jüngsten der Gesellschaft, aber auch Erwachsene lebten ihre Aggressionen gegen Juden offen aus, und es waren nicht nur eindeutig erkennbare Parteigenossen, die ihre antisemitischen Ressentiments offen ausagierten und sich gegen den „raffenden Juden“ wandten. In Hessen wurden am 10. Dezember 1934 Aktionen aus Worms, Limburg und Herborn an das Reichswirtschaftsministerium gemeldet.[84]

---

postelle Regierungsbezirk Hannover im Januar 1935 (O .Kulka/E. Jaeckel: Stimmungsberichte, Buch, Nr. 59, S. 99).

80 Juden in der Wirtschaft. Jüdische Rundschau, 19. Dezember 1933.

81 D. Korn an C.V. Berlin, 9.Dezember 1934, CAHJP HM2/8808, Bl. 2125 (Sonderarchiv Moskau 721-1-3187).

82 Ebd.

83 Schreiben vom 10. Dezember 1934, CAHJP HM2/8808, Bl. 2127 (Sonderarchiv Moskau 721-1-3187).

84 Auch in Nordhessen war die „Propaganda der Partei in der Judenfrage [...] wieder lebhafter geworden“, wie ein Bericht der Stapostelle Kassel am 5. November vermeldete (O. Kulka/E. Jaeckel: Stimmungsberichte, Buch, Nr. 45, S. 89. Vgl. ebd., Nr. 61-88, Berichte aus verschiedenen Orten über Boykott im Dezember 1934).

In Herborn hielten sich den ganzen Tag über alle Amtswalter der NS-Hago in den Geschäftsstraßen auf, „sodass dadurch der Anschein einer Kontrolle erweckt wurde", außerdem drückten Posten gezielt den Kunden, die ein jüdisches Geschäft verließen, Zettel in die Hand mit der Aufschrift: „Wissen Sie, dass Sie beim Juden gekauft haben?"[85] Die Posten und die Amtswalter blieben an diesem Tag aber nicht allein, trotz eines Polizeieinsatzes wurden die Menschenansammlungen vor den Geschäften grösser, und um „16 Uhr bildeten sich bereits Sprechchöre, die vor den Geschäftseingängen regelmässig das Publikum mit Rufen wie: ‚Pfui, Volksverräter, Juda verrecke, kauft nicht beim Juden, das ist ein jüdisches Geschäft' begrüssten"[86].

Einige christliche Angestellte der jüdischen Geschäfte bemühten sich um Beruhigung der Situation und riefen die Versammelten zur Vernunft auf, was ihnen Zurufe wie „Judenknechte" einbrachte. „Die eigentlichen Geschäftseingänge", so der C.V. in seinem Bericht, „blieben etwa ab 16 Uhr frei, um sie bauten sich aber Zivilpersonen in einem geschlossenen Kreis auf und liessen keine Kauflustigen mehr durch." Es waren also durchaus nicht nur die Amtswalter der NS-Hago, die hier ihren Dienst taten, sie bekamen tatkräftige Unterstützung von Teilen des Publikums, die auch keine Scheu hatten, mit Körpereinsatz gegen die fehlgeleiteten Käufer vorzugehen.[87] Es blieb auch nicht bei der Blockade der Eingänge, in verschiedenen Herborner Kaufhäusern explodierten Stinkbomben, das Kaufhaus Merkur musste um 17 Uhr ganz schliessen, die „übrigen jüdischen Geschäfte waren etwa vom gleichen Zeitpunkt ab restlos blockiert"[88].

Im ostfriesischen Aurich, wo nach Aussage des Geschäftsmanns Meyer Sternberg die jüdischen Geschäfte im Dezember 1934 „sowieso stark unter dem sogenannten stillen Boykott"[89] litten, beteiligte sich das Publikum ebenfalls an der Überwachung des Einkaufs der „Volksgenossen". Nachdem dann eine Woche lang vor jedem jüdischen Geschäft auch noch eine Wache gestanden und offen zum

---

85 Eingabe an das Reichswirtschaftsministerium, 10. Dezember 1934, CAHJP HM2/8808, Bl. 2128 f (Sonderarchiv Moskau 721-1-3187).

86 Ebd.

87 Unter anderem auch die Mecklenburgische Politische Polizei berichtete von „einigen Personen", die versuchten, „die jüdischen Geschäfte dadurch zu blockieren, daß sie sich vor den Geschäften aufstellten und die Käufer am Betreten der Geschäfte zu hindern versuchten. Zu Zusammenstößen ist es nicht gekommen." (Bericht vom 5. Januar 1935, vgl. O. Kulka/ E. Jaeckel: Stimmungsberichte, Buch, Nr. 63, S. 101).

88 Ebd.

89 CAHJP HM 8774, Bl. 2694 (Sonderarchiv Moskau 721-1-2604).

Boykott aufgefordert hatte, kam das Geschäft am 23. und 24. Dezember „vollständig zum Erliegen“[90]. „Insbesondere vor unserem Geschäft“, schilderte Sternberg, „sammelten sich etwa 100 bis 200 Menschen, die auch durch das Eingreifen der herbeigerufenen Polizei (die ihren Pflichten nur sehr mangelhaft genügen konnte) nicht gehindert wurde, die hereingehenden oder herauskommenden Kunden zu beschimpfen, zum Vorzeigen der evtl. gekauften Sachen zu nötigen und sogar einzelne Kunden gezwungen haben, ihre Jacken auszuziehen usw.“ Die Übeltäter, nach Sternberg „zum Teil sehr übel beleumundete Elemente“, waren dabei eindeutig zu identifizieren: Da waren vor allem der „am hiesigen Platz ansässige Auto- und Fahrradhändler Jürgen Osterkamp“ und ein Landwirt aus der Nachbarschaft. Die Initiative sei von der „Partei“ ausgegangen: Ein „Wachmann“, der übrigens bei einem jüdischen Tischler sein Geld verdiene, habe angegeben, daß er mit vielen anderen zusammen von der Partei hierher beordert worden sei.[91] Sternberg wollte jedoch keine Strafanzeige vor Ort einreichen, da er eher „noch mehr Repressalien“ befürchtete, und bat stattdessen den C.V., „durch Einwirken höheren Orts diese Vorkommnisse, die den verschiedenen Anordnungen des Wirtschaftsministers doch strikt widersprechen“, zu unterbinden.

Louis Kuchenthal in Schwerin geriet am 10. Dezember 1934 zunächst nur in Konflikt mit einem Beamten der Kriminalpolizei, der sich mit der Schaufensterdekoration auseinandersetzte. „Vertrauend auf den Erlass des Herrn Reichswirtschaftsministers“, so berichtete Kuchenthal, habe er in seinem Schaufenster einen Tannenbaum mit elektrischer Beleuchtung aufgestellt. Nachdem der Baum fast eine Woche dekoriert war, erhielt er durch einen Beamten der Kriminalpolizei die Aufforderung, den Baum unverzüglich zu entfernen. Kuchenthal verwies auf die Verfügung des Reichswirtschaftsministers und weigerte sich zunächst, den Baum zu entfernen. Doch der Kriminalbeamte, der seinen Vorgesetzten befragt hatte, kam wieder und teilte mit, „dass der Baum trotzdem entfernt werden müsse, falls ich mich nicht *Weiterungen* und *Gefahren* aussetzen wolle“[92]. Kuchenthal entfernte den Baum sofort persönlich.

Obwohl er seinen Baum wie geheißen entfernt hatte, bekam Kuchenthal aber bereits zwei Tage später wieder Besuch. Vor seinem Geschäft erschienen „ca. 15 junge Leute, die im Sprechchor riefen:

90 Ebd.

91 Ebd.

92 Brief Louis Kuchenthal an C.V. Berlin, Schwerin, 10. Dezember 1934, CAHJP HM2/8808, Bl. 2120/21 (Sonderarchiv Moskau 721-1-3187).

'wir fordern die Christenreklame von Juden heraus!'"[93]. Kuchenthal rief die Polizei zu seinem Schutz, musste jedoch schnell feststellen, „dass sie auf höheren Befehl zwar die Strasse frei hielt, die Leute aber nicht am Rufen hinderte". Außerdem kamen noch drei weitere Kriminalbeamte, „die dann das Lokal betraten und energisch forderten, wir sollten die Glocken aus dem Fenster nehmen (es handelte sich dabei um je 3 winzig kleine Glöckchen, die in jedem Fenster hingen). Ausserdem wurde die Entfernung des Weihnachtsbildes verlangt, das in sehr dezenter Art einen Weihnachtstraum versinnbildlichte (ein Kind träumt vom Weihnachtsmann und Heinzelmännchen)."[94] Auf Druck der geballten Ansammlung von Kriminalbeamten und der Menge, die gegen drei Glöckchen, den Weihnachtsmann und das Heinzelmännchen vorgehen wollten, entfernte Kuchenthal die Glocken und verhängte das Märchenbild.

Inzwischen hatte sich vor dem Geschäft eine Menge eingefunden, die sich, so Kuchenthal, „neutral" verhielt, das ganze Spektakel aber ganz offensichtlich spannend fand und sich erst zerstreute, nachdem Kuchenthal nachgegeben hatte. Kuchenthal war erschüttert über diese beinahe absurde Szene, mit der er anscheinend nicht gerechnet hatte. Er wolle noch bemerken, schrieb er dem C.V., „dass ich seit Jahrzehnten jedes Jahr stadtbekannte vorbildliche Weihnachtsbilder bringe, die niemals einen Missklang hervorgerufen haben, auch im vorigen Jahr nicht"[95]. Doch er musste noch mehr erleben vor Weihnachten 1934: Am darauf folgenden Wochenende standen zwei Herren in Zivil vor seinem Laden Posten und brachten Kinder dazu, im Eingang „Knallkorken zur Explosion zu bringen". Als einer der Inhaber des Geschäftes aus der Tür trat, „um den beiden Leuten ihr Verhalten zu untersagen, wurde er mit wüsten Schimpfnamen belegt"[96]. Die Polizei griff dieses Mal ein und half dem jüdischen Geschäftsinhaber.

Kuchenthal beschreibt die Reaktion des Publikums, seiner potentiellen Kunden sehr positiv: „Ich möchte noch bemerken", schreibt er am Schluss des Briefes an den C.V., „dass die Menge, die sich natürlich am Sonntag gleich gebildet hatte, um während des ganzen Nachmittags die Herren und die von ihnen beauftragten Kinder zu beobachten, sich sehr ablehnend diesem Tun gegenüber verhielt". Und doch hatten sich hier offenbar viele Leute versammelt, die mit einiger Ausdauer dem Treiben von zwei Männern und

---

93 Brief Kuchenthal, 12. Dezember 1934, CAHJP HM2/8808, Bl. 2107 (Sonderarchiv Moskau 721-1-3187).

94 Ebd.

95 Ebd.

96 Brief Kuchenthal, 18. Dezember 1934, CAHJP HM2/8808, Bl. 2045 (Sonderarchiv Moskau 721-1-3187).

Kindern zusahen und die Inszenierung spannend genug fanden, dass den ganzen Nachmittag über Zuschauer anwesend waren. Weder mischten sie sich ein, noch entzogen sie dem diskriminierenden und erniedrigenden Vorgang ihre Aufmerksamkeit, die die ganze Aktion ja erst zu einem Ereignis machte.

Der antisemitische Boykott als Mittel der mentalen und sozialen Exklusion

Der Prozess der Ausgrenzung jüdischer Gewerbetreibender war nicht „von oben" angeordnet, und er war in den ersten Monaten nach der Machtübernahme durch die Nationalsozialisten auch keineswegs systematisch geplant und organisiert. Im Gegenteil ergänzten sich die Aktivitäten verschiedener staatlicher Institutionen und Parteigliederungen auf der regionalen Ebene mit den Bemühungen von einzelnen Gewerbetreibenden und Wirtschaftsverbänden, die oft sogar den Erlassen der Reichsregierung zuwider liefen. Die Boykottaktionen entstanden aus der Gesellschaft vor Ort heraus, auf der lokalen Ebene, und die Trennung von „deutsch" und „jüdisch" und die Stigmatisierung jüdischer Gewerbetreibender wurde für jeden sichtbar in der Öffentlichkeit vorangetrieben.

Die Aktionsform Boykott bot sich aus verschiedenen Gründen für die antisemitische Agitation an: Zunächst einmal schufen die Aufrufe zum Boykott eine „medienwirksame Kampfsituation". Der Boykott wurde auf den Straßen durch verschiedene Medien, durch Plakate, Flugblätter, Klebezettel, Artikel und Transparente beworben. Man veranstaltete Wagenumzüge, spannte Transparente, baute Lautsprecher auf, und in der „Kernszene" des Boykotts trafen dann die Boykottierer, die Boykottierten und das Publikum in der Öffentlichkeit aufeinander. Gerade in dieser „Kernszene" spielte die Bevölkerung eine zentrale Rolle: Denn es waren nicht nur SA-Männer und HJ in Uniform, die hier agierten, auch das „kaufende Publikum" war auf vielfältige Weise an den Aktionen beteiligt. Es kam zu Angriffen, zu drohenden Sprechchören und dem Abriegeln von Eingängen, Kunden jüdischer Geschäfte wurde belästigt, verlacht und teilweise auch körperlich bedroht. Harmlose „Spiele" wie das Zünden von Knallkorken im Eingang des Geschäfts von Louis Kuchenthal in der Weihnachtszeit 1934 konnten Folgen haben, und eine „sich neutral verhaltende" Menge stellte hier das Publikum für die Aktionen, die ohne Zuschauer keine gesellschaftliche Bedeutung erhalten hätten. Sie verschaffte den Akteuren Beachtung, sie verstopfte den Zugang zu jüdischen Geschäften und machte das Einkaufen dort zu einem Akt, den der einzelne gegen die Menge vollziehen musste. Zuschauen, „Beiseitestehen" oder auch schon das weiträumige Meiden jüdischer Geschäfte trugen so zum Erfolg eines Boykotts bei, der Konsument unterstützte, und das war ein weiterer Vorteil der Aktionsform Boykott, schon durch Passivität die antisemitische Aktion.

Von entscheidender Bedeutung für die Wirkungsmacht von Boykotten waren aber auch die Aktionen unterhalb der Schwelle zur offenen Gewalt, die das alltägliche Miteinander von jüdischen und nichtjüdischen Deutschen langsam veränderten und einen „normalen" Umgang unmöglich machten. Durch die Kennzeichnung einzelner Geschäfte als „jüdisch" bzw. als „deutsch" etwa wurde im Alltagsleben eine sichtbare Grenze gezogen, abstrakte Vorurteile vom „Juden" wurden in der Nachbarschaft konkretisiert, „der Jude" erhielt einen Namen und eine Adresse. Besonders die Zeit vor Weihnachten bot den Antisemiten die Möglichkeit, die Begriffe „deutsch", „christlich" und „jüdisch" gegeneinander auszuspielen und auf diese Weise antisemitische Ressentiments auch jenseits eines offen rassistischen Antisemitismus anzusprechen. Durch die Nutzung und die Deutung bekannter Symbole wurde beim „kaufenden Publikum" für das „Deutsche" geworben und das „Jüdische" ausgeschlossen, Weihnachtsmänner aus Pappe, Weihnachtsbäume, Märchenbilder und Schneewatte wurden zum Mittel „indirekter Diskriminierung" und sollten dem Konsumenten zeigen, wo er kaufen konnte.

Der Boykott gegen jüdische Gewerbetreibende trug dazu bei, „jüdische" bzw. „deutsche" Geschäfte erkennbar und bekannt zu machen, und schuf so bereits in den ersten Jahren der nationalsozialistischen Herrschaft die Grundlage für den Ausschluss der Juden aus der deutschen Wirtschaft und der deutschen Gesellschaft. Der „soziale Tod" der jüdischen Bevölkerung, der Verlust ihrer Würde, ihrer Rechte und ihres Vermögens inmitten der deutschen Gesellschaft aber waren entscheidende Schritte auf dem Weg zu ihrer physischen Vernichtung.

„Fort mit dem nationalen Kitsch!“

Die Reglementierung des Umgangs mit politischen Symbolen im Nationalsozialismus

WENKE NITZ

Die Inszenierung von Politik ist kein Phänomen des 20. Jahrhunderts – sie ist vielmehr in allen historischen Epochen zu finden. Die erste Hälfte des 20. Jahrhunderts ist im Gegensatz dazu jedoch durch weitreichende Veränderungen und Transformationen in verschiedenen gesellschaftlichen Bereichen geprägt. Von herausragender Bedeutung für die massenkulturelle Popularisierung von Politik, von der hier die Rede sein wird, sind besonders zwei dieser Entwicklungen, die eng miteinander verknüpft sind: Die Fundamentalpolitisierung breiter Bevölkerungsschichten und der Durchbruch der sogenannten Massenkultur. Der im Zentrum des Aufsatzes stehende sogenannte nationale Kitsch, die Bebilderung von Alltagsgegenständen mit politischen Symbolen und hochrangigen Persönlichkeiten, ist ein Schnittpunkt dieser Verbindung von Politik und Massenkultur – er ist somit ein möglicher Ausdruck des neuen politischen Stils zur Beeinflussung der Massen und interessiert deswegen gerade für die Betrachtung der Popularisierung von Politik unter den Bedingungen der Massengesellschaft.[1]

Der Umgang mit nationalen Kitschgegenständen wird im Folgenden beispielhaft für das Verhältnis von Politik und Massenkultur analysiert, wobei dieses Verhältnis im Kontext des Nationalsozialismus unter den Bedingungen einer Diktatur beleuchtet wird, die möglichst alle Bereiche des gesellschaftlichen Lebens zu reglementieren suchte. Wie Waltraut Sennebogen in ihrer Monographie „Zwischen Kommerz und Ideologie“ feststellt, war das Ziel der NS-Propaganda, „die Popularisierung des Regimes und seiner führen-

1 Siehe zum neuen politischen Stil Georg Mosse: Die Nationalisierung der Massen, Frankfurt am Main, New York: Campus 1993.

den Vertreter."[2] Welchen Regelungen unterlag vor diesem Hintergrund die Verwendung der nationalen Symbole, waren nationale Devotionalien, die Symbole und Personen abbildeten, uneingeschränkt gewünscht oder ging man gegen die Produktion derselben restriktiv vor? Mit welchen Begründungen und Argumentationen arbeiteten die Propagandisten des „Dritten Reichs" hinsichtlich des Umgangs mit diesen Kultgegenständen?

Die Entwicklung von Mechanismen zur Popularisierung von Politik ist mit der Fundamentalpolitisierung und dem Aufstieg der Massenkultur eng verbunden. Durch die Ausweitung des aktiven Wahlrechts mussten seit der zweiten Hälfte des 19. Jahrhunderts weite Bevölkerungsschichten in Europa in politische Belange einbezogen werden, die bislang von diesen weitgehend ausgeschlossen gewesen waren. Otto von Bismarck hatte diese Entwicklung im Deutschen Bund 1867 mit dem Wahlrecht für Männer eingeleitet; abgeschlossen wurde sie 1919 mit der Einführung des Wahlrechts für Frauen. Für die jeweiligen politischen Machthaber brachten diese Entwicklungen die politische Notwendigkeit mit sich, die neuen Staatssubjekte ernst zu nehmen, mit ihnen „zu rechnen". Sie mussten überzeugt werden, wenn nicht von politischen Inhalten und Programmen, so doch zumindest von der Persönlichkeit des Politikers. Aus Gründen der Legitimationsbeschaffung war es somit unumgänglich, diese Schichten zu umwerben. Die Politiker mussten den Wählern entgegenkommen und zu diesem Behuf ihre politischen Vorstellungen und Programme in populärer Weise aufbereiten.[3] Politikvermittlung und Populärkultur wurden deswegen in wachsendem Maße bewusst miteinander verknüpft, um Machthaber und ihre Politik zu popularisieren. Zustimmung und Legitimation basierten nun auch auf der Überzeugung breiter Bevölkerungsschichten.

2 Waltraut Sennebogen: Zwischen Kommerz und Ideologie, München: Martin Weidenbauer Verlagsbuchhandlung 2008.

3 Siehe hierzu auch Georg Seeßlens These, dass der NS die Grenzen zwischen Kunst, Volkstümlichkeit und Massenkultur aufhob. Es gab, so Seeßlen, keine faschistische Kunsttheorie, „es genügten klare Abgrenzungen: die deutsche Kunst war zu säubern, personell und von allem Jüdischen, Bolschewistischen, Undeutschen stilistisch von allem Modernen, Unverständlichen, Elitärem, von allem, was individuelle Frage und nicht deutsche Antwort scheinen mochte. Was übrig blieb, musste die Kriterien von bürgerlicher Kunst, Volkstümlichkeit und Massen-Appeal zugleich erfüllen. Daraus konnte nichts anderes entstehen als blickloser Naturalismus, monumentalisierter Kitsch und verdrückte Geilheit." Georg Seeßlen: Natural Born Nazis, Berlin: Ed. Tiamat 1996, S. 43.

Als wesentliche zweite gesellschaftliche Umwälzung kam um 1900 die moderne Massenkultur in Europa zu ihrem gesellschaftlichen Durchbruch.[4] Basis dieser Veränderung war die fortschreitende Industrialisierung, in deren Zuge die unteren Gesellschaftsschichten über größere finanzielle Mittel und freie Zeit verfügen konnten. Aufgrund dieser gesellschaftlichen Wandlungen entstand ein neues Publikum, das durch das Leben in der Stadt und Lohnarbeit geprägt war.[5] Die Bereitschaft, Geld für Entspannung und Vergnügen auszugeben, wuchs dabei beträchtlich. An entsprechenden Angeboten mangelte es in den großen Städten in keiner Weise, da sich dort schnell findige Kulturunternehmer fanden, die es verstanden, aus dem Bedürfnis breiter städtischer Bevölkerungsschichten nach Unterhaltung finanzielle Vorteile zu schlagen. Bald war dieses Phänomen jedoch nicht mehr auf die großen Städte beschränkt, sondern dehnte sich auch auf kleinere Orte aus.

Außerdem blieben die Vergnügungen der Massenkultur in der Folge mitnichten auf die unteren Bevölkerungsschichten beschränkt, vielmehr zogen sie auch die Mittelschichten in wachsendem Maße in ihren Bann. Die Charakteristiken der eher groben und derben Vergnügungen der unteren Bevölkerungsschichten einerseits und die der bereits bestehenden Vereinskultur der Mittelschichten andererseits wurden in den Angebote der Kulturunternehmer miteinander vermischt und aufeinander abgestimmt. Dies führte langfristig zu einer Verallgemeinerung der Massenkultur, die Auswirkungen auch auf die nationale Integration hatten.[6] „Bei allen Unterschieden zwischen den eher auf respektable Familie zugeschnittenen Vereinen und den wilderen Vergnügungen der Jüngeren und Ledigen – moderne Nationen wuchsen nicht zuletzt in der Freizeit zusammen."[7]

Trotz dieser Verallgemeinerung der Massenkultur blieben zwei kulturelle Abgrenzungen bestehen: Die Anhänger und Vertreter der sogenannten bürgerlichen Hochkultur zogen eine scharfe Trennung zu den von ihnen bisweilen als vulgär titulierten Volksvergnügungen einerseits und den abstrakten Kunstwerken der Moderne andererseits. Diese beiden kulturellen Sphären lösten beim Bürgertum Unbehagen aus. Während die moderne Kunst die bislang gültigen künstlerischen Traditionen durch neue, nicht-realistische Darstellungsformen erschütterte, erschien die Massenkultur als Zeichen

4 Siehe hierzu Kaspar Maase: Grenzenloses Vergnügen, Frankfurt am M.: Fischer 1997, der die Massenkultur als Element der Demokratisierungsprozesse der Moderne versteht.

5 Ebd., S. 20.

6 Ebd., S. 70ff.

7 Ebd., S. 76.

raschen gesellschaftlichen Wandels, der die althergebrachten kulturellen Beziehungen zu erschüttern drohte.[8]

Trotz dieser erheblichen bürgerlichen Ablehnung konnten jedoch die massenkulturellen Tendenzen nicht ignorierte werden, vielmehr sahen sich politische Machthaber zunehmend gezwungen, ihre Charakteristiken auch für die Vermarktung und Popularisierung von Politik aufzunehmen. Wie Sennebogen herausarbeitet, bestand bereits seit dem Kaiserreich eine Tendenz in diese Richtung, findige Geschäftsleute produzierten Devotionalien, die herausragende Persönlichkeiten ehrten, besonders den Kaiser. „Die Möglichkeit, mit den Mitteln der Reklame für politische Ziele zu werben oder werben zu lassen, bestand schon im Wilhelminischen Kaiserreich – und sie wurde durchaus akzeptiert und teilweise sogar aktiv genutzt."[9] Als Beispiel nennt sie u.a. die frühen Sammelbilder, Schaufensterdekorationen und Postkarten.

Bereits um die Jahrhundertwende hatte man erkannt, dass die überkommenen Formen des Herrscherkults aufgrund der gesellschaftlichen Wandlungen seit der Industrialisierung und dem Aufkommen der Massengesellschaft verändert werden mussten. „Es war nötig geworden, sich gut zu vermarkten – und sich gegebenenfalls auch vermarkten zu lassen. So ließ man denn auch geschehen, was an Handel mit Herrscher-Devotionalien betrieben wurde, gewährte Einblicke ins Leben der kaiserlichen Familie und gab sich volksnah."[10] Diese ersten Schritte hin zu einer Form von Staatspropaganda waren jedoch bis zum Beginn des Ersten Weltkriegs ungeplant und entwuchsen spontanen Entschlüssen von einzelnen Firmen und Kaufleuten. Sennebogen bezeichnet die Zeit bis 1914 aus diesem Grund als „Inkubationsphase der modernen politischen Propaganda".[11] Mit dem Weltkrieg begannen hingegen die geplanten Propagandaaktionen, einerseits um den Feind gezielt herabzusetzen, andererseits aber auch, um den Durchhaltewillen der eigenen Bevölkerung zu stärken und die Moral aufrechtzuerhalten. Kaufleute und Unternehmen übernahmen aus Absatzgründen wesentliche Propagandavorstellungen der Politik freiwillig und betonten nun vor allem die deutsche Herkunft ihrer Produkte. Wesentliches Merkmal dieser Form der Zusammenarbeit von Politik und Wirtschaft war jedoch die Freiwilligkeit zur Propaganda auf Seiten der Unternehmen, die der Kaiser gezielt nutzte.

---

8 Ebd., S. 152.

9 Vgl. W. Sennebogen: Kommerz und Ideologie, S. 93.

10 Ebd., S. 95. Wie Sennebogen weiter ausführt, kannte man auch bereits Kampagnen für bestimmte politische Maßnahmen, wie das Tirpitz'sche Flottenprogramm.

11 Ebd., S. 96.

Die Zeit der Weimarer Republik war hingegen durch ein anderes Verhältnis von Politik, Propaganda und Massenkultur gekennzeichnet. Obwohl sie von Anbeginn durch politische Propaganda dominiert wurde, handelte es sich nicht um Propaganda für das neue System, sondern vor allem um solche, die von der Opposition bewusst gegen die Republik lanciert wurde. Untersuchungen zeigen, dass „es der ersten deutschen Demokratie nicht gelang, sich als lohnenswerter Neubeginn zu verkaufen".[12] Weimar-Devotionalien wird man deswegen vergebens suchen.

Seit dem Ende des Ersten Weltkrieges kamen in den politischen Diskussionen Thesen über das Wesen der Masse zu einiger Prominenz. In den meisten Fällen knüpfte man hier an Überlegungen Gustave Le Bons über die Massenpsyche von 1895 an.[13] Le Bon war der Meinung, dass die Bevölkerung nicht rational mit der neu gewonnenen politischen Entscheidungsmacht umgehe, sondern vielmehr vor allem emotional auf politische Fragen reagiere. Er betonte besonders die Bedeutung von Symbolen für die Stabilisierung von Herrschaft. Gerade in der Weimarer Republik stellte sich diese Frage aufs Neue, da die Gesellschaft politisch zersplittert war. Es bestand bspw. keinerlei Einigkeit über die nationalen Symbole, wie der Flaggenstreit verdeutlicht.[14] Das Schwarz-Rot-Gold der Republik war nicht anerkannt, Monarchisten und Nationalsozialisten befürworteten die Wiedereinführung der Flagge des Kaiserreichs.

Beschäftigten sich Wissenschaftler nach dem Ersten Weltkrieg vor dem Hintergrund der Niederlage vor allem mit der Analyse von politischer Propaganda, hielten seit Ende der Weimarer Republik auch Grundsätze und Ideen der Werbeforschung Einzug in politische Kreise, da sie die Erkenntnisse der Massenpsychologie umzusetzen versprachen.[15] Man begann zu überlegen, welche Strategien verwendet werden müssten, „um das ‚öffentliche Vertrauen' durch

12 Ebd., S. 103.

13 Gustave Le Bon: Psychologie der Massen, Stuttgart: Kröner 1982.

14 Zur Frage der Traditionen der verschiedenen Flaggen seit den Napoleonischen Befreiungskriegen siehe Andreas Koop: NSCI. Das visuelle Erscheinungsbild der Nationalsozialisten 1920-1945, Mainz: Verlag Hermann Schmidt 2008, S. 61f.

15 Siehe hierzu bspw. Edgar Stern-Rubarth: Die Propaganda als politisches Instrument, Berlin: Trowitsch 1921. Auch Johann Plenge: Deutsche Propaganda. Die Lehre von der Propaganda als praktische Gesellschaftslehre, Bremen: Angelsachsen-Verlag 1922. Zur Bedeutung dieses wissenschaftlichen Zweiges siehe Thymian Bussemer: Propaganda. Konzepte und Theorien, Wiesbaden: Verlag für Sozialwissenschaften 2005.

die Einführung eines Markenartikels zu gewinnen."[16] Der Werbefachmann Hans Domizlaff konstatierte trotz dieser wechselseitigen Beeinflussung von politischer Propaganda und Werbewirtschaft noch 1932 in seinem Buch „Propagandamittel der Staatsidee", dass „die systematische Ausnutzung moderner Propaganda-Erfahrungen bei der Schaffung geistiger Machtmittel zur Beeinflussung großer Volksmassen in der Politik noch wenig bekannt" sei.[17] Die Masse, so Domizlaff weiter, sei aber „anlehnungsbedürftig und stets bereit, Verantwortung, Arbeit und Leistung irgendwelchen Führern zu überlassen. Der Geltungstrieb führt selten zum unmittelbaren Selbstbewusstsein, sondern zum Stolz auf irgendwelche Repräsentanten, die sie zu vergöttern liebt." Es bestehe ein „stark ausgeprägter Trieb zur Fetischbildung", „der den Helden und Symbolen einer Masse eine unerhörte Bedeutung verleiht."[18] Um einen gesellschaftlichen „Ewigkeitswert" für ein politisches System zu schaffen, benötige man folgerichtig Symbole, da die abstrakte Staatsidee nur schwer zu verehren sei. Symbole dienten nach Domizlaff also der Bevölkerung als Quasi-Fetisch.[19]

In Weiterführung dieses Diskurses über die Verbindung von Politik und massenwirksamer Wirtschaftswerbung berichtet Domizlaff in seinen Memoiren von einer Zusammenkunft mit Reichskanzler Brüning und dem Fraktionsvorsitzenden des Zentrums Ludwig Kaas im Herbst 1932, in der die Möglichkeiten einer wirksamen Frontstellung gegen Hitler besprochen wurden. Der Werbefachmann betonte bei dieser Gelegenheit „die Notwendigkeit der staatlichen Repräsentation, die genau den nun einmal gegebenen Bedürfnissen der Masse angepaßt sein muß."[20] Eine außergewöhnliche Führungspersönlichkeit müsse geschaffen werden, ein „Kristallisationspunkt", dem die Masse vertraue. Diese wolle nämlich weniger umfassend aufgeklärt und belehrt werden, sondern vielmehr ihrem Instinkt Glauben schenken. Alle politischen Symbole und Instrumente erwiesen sich als unbrauchbar, so Domizlaff, wenn sie nicht von

16 Zur Verbindung von politischer Propaganda und Werbung siehe auch Sabine Behrenbeck: „Der Führer. Die Einführung eines politischen Markenartikels", in: Gerald Diesener/Rainer Gries (Hg.), Propaganda in Deutschland, Darmstadt: Primus Verlag 1996, S. 51-78, hier S. 52 und Peter Longerich: „Nationalsozialistische Propaganda", in: Karl Dietrich Bracher u.a. (Hg.), Deutschland 1933-1945, Düsseldorf: Droste 1992, S. 291-314.

17 Vgl. Hans Domizlaff: Propagandamittel der Staatsidee, Leipzig: Poeschel & Trepte 1932, S. 15.

18 Ebd., S. 23.

19 Ebd., S. 29.

20 Hans Domizlaff: Nachdenkliche Wanderschaft, Zürich: Kriterion Verlag 1992, S. 551.

einer Person verkörpert würden. Der Werbefachmann kritisierte weiterhin offen Brüning: „Der oberste Beamte des Staates muß aufhören, die Gebote individueller Vornehmheit und Geistigkeit auf seine Person anzuwenden. Er darf sich nicht dagegen wehren, zu einem Massenidol zu werden und damit sich selbst zu verleugnen.“[21] Diese Äußerungen sprechen deutlich gegen die verbreitete Ablehnung bürgerlicher Politiker gegenüber den neuen gesellschaftlichen Entwicklungen in der Massengesellschaft: Notwendig sei das Anerkennen der neuen Staatssubjekte, nicht die Abkehr und Ignoranz diesen Teilen der Gesellschaft gegenüber aufgrund von bürgerlichen Vorbehalten. Man dürfe in politischen Dingen nicht mehr vornehme bürgerliche Zurückhaltung üben und primär rationale Argumentationen verfolgen, sondern müsse vielmehr auf die Bevölkerung und ihre Bedürfnisse zugehen und sie bewusst umwerben. „Die Funktions- und Wirkungsweise von Werbung und Propaganda waren somit aus Sicht der Zeitgenossen vollkommen identisch.“[22] Obwohl die Nationalsozialisten eine strikte begriffliche Trennung zwischen politischer Propaganda, wirtschaftlicher Werbung und „jüdischer“ Reklame propagierten, waren sie sich der engen Verknüpfung von Politikvermittlung und werbender Populärkultur bewusst und instrumentalisierten letztere explizit bereits in der „Bewegungsphase“ und verstärkt nach der Machtergreifung zum Zwecke der Legitimationsbeschaffung.[23]

Die allzu späten Bemühungen um eine erfolgreiche demokratische Propaganda waren in der Weimarer Republik bekanntermaßen nicht erfolgreich. „Kristallisationspunkt“ politischer Macht wurde vielmehr seit dem Beginn der 30er Jahre die Person Hitlers, der zum Massenidol aufstieg, weil er antimoderne, nationalistische Aspirationen und das Versprechen der Lösung der sozialen Frage zusammenbrachte und diese Topoi effektiv zu verbreiten wusste.[24] Mindestens ebenso wichtig war aber die Inszenierung seiner Person. Das politische System der NS-Diktatur baute im Gegensatz zur Republik auf die breite Mobilisierung der Bevölkerung durch eine aktive politische Propaganda. Die Beschaffung von Legitimation fußte dabei zu großen Teilen auf der Inszenierung der Volksgemeinschaft als Aufhebung der Klassengesellschaft und damit Lösung der sogenannten sozialen Frage. Ihre Darstellung fand diese Vorstellung in der versammelten, Beifall spendenden Masse. „Von allen Elemen-

21 Ebd., S. 552f.

22 Vgl. W. Sennebogen: Kommerz und Ideologie, S. 107.

23 Siehe Gerhard Paul: Aufstand der Bilder, Bonn: Dietz 1990.

24 Nach den Aufzeichnungen Domizlaffs verwandte das Reichsministerium für Volksaufklärung und Propaganda (RMVP) seine Schrift als Grundlage propagandistischer Entscheidungen. H. Domizlaff: Wanderschaft, S. 564.

ten, die das Dritte Reich zu einer modernen Diktatur machten, war sein unablässiges Verlangen nach einer Legitimierung durch die Bevölkerung eines der auffälligsten."[25] Die Personalisierung von Politik wurde auf den Führer monopolisiert. Mit dem Reichsministerium für Volksaufklärung und Propaganda (RMVP) schufen die Nationalsozialisten zudem eine Institution, die sich um die gesamte Einwirkung auf die Nation und deren sogenannte „nationale Erziehung" kümmern sollte. Daneben bestanden weitere Institutionen, die sich mit Fragen der Propaganda beschäftigten, wie die Reichspropagandaleitung und Reichsleiter Rosenberg.

Thomas Mann verwies bereits 1930 auf den von den Nationalsozialisten durchgeführten Spagat hinsichtlich ihrer politischen Vorstellungen. Einerseits übernähmen sie Grundsätze der bürgerlichen Ablehnung der modernen Massenkultur, andererseits aber verwendeten sie bewusst auch Tendenzen und Mittel der modernen Unterhaltungskultur. Die „Bewegung" sei deswegen zum einen „vom Geistigen her" geprägt und verwende zu diesem Zweck diffuse Identifikationsmuster des Bürgertums: Dazu gehören eine „gewisse Philologen-Ideologie, Germanisten-Romantik und Nordgläubigkeit aus akademisch-professoraler Sphäre, die in einem Idiom von mystischem Biedersinn und verstiegener Abgeschmacktheit mit Vokabeln wie rassisch, völkisch, bündisch, heldisch auf die Deutschen von 1930 einredet und der Bewegung ein Ingrediens von verschwärmter Bildungsbarbarei hinzufügt". Diese sei gefährlicher, als die Gemütslage von 1914, die die Deutschen in den Ersten Weltkrieg geführt habe. Andererseits aber verbinde sich die NS-„Bewegung" mit „der Riesenwelle exzentrischer Barbarei und primitiv-massendemokratischer Jahrmarktsroheit"[26] und integriere damit ein Element populärer Politik, das der akademisch-professoralen Sphäre konträr entgegen stand. Ablehnung massenkultureller Entwicklungen einerseits und bewusste Instrumentalisierung massenkultureller Mittel andererseits gingen hier eine diffuse Verbindung ein.

In der Wahl der Versatzstücke ihrer Inszenierungen waren die Nationalsozialisten keineswegs kongeniale Neuschöpfer, sie griffen vielmehr auf bereits existierende Symbole und Rituale zurück und verwandten diese eklektizistisch zu ihren Zwecken.[27] Der italienische und der deutsche Faschismus betrieben erstmals eine umfas-

25 Siehe Richard Evans: Das Dritte Reich. Diktatur, Bd. II/1, München: Deutsche Verlagsanstalt 2006, S. 150.

26 Vgl. Thomas Mann: „Deutsche Ansprache. Ein Appell an die Vernunft", in: ders., Von deutscher Republik, Frankfurt: Fischer 1984, S. 302.

27 P. Longerich: Propaganda, S. 293 spricht vom „plagiatorischen Charakter" der NS-Propaganda.

sende massenmediale Ästhetisierung von Politik.[28] Walter Benjamin wies bereits 1936 darauf hin, dass diese Ästhetisierung zwei Seiten hatte, „der Vergewaltigung der Massen, die [der Faschismus, W.N.] im Kult eines Führers zu Boden zwingt, entspricht die Vergewaltigung einer Apparatur, die er der Herstellung von Kultwerten dienstbar macht."[29] Ästhetisierung und die Schaffung von Kultwerten hingen, so Benjamin weiter, eng miteinander zusammen. Die NS-Bewegung war somit einerseits auf die Unterstützung breiter Bevölkerungsschichten angewiesen und instrumentalisierte deswegen Grundsätze und Ideen der Massenpsychologie sowie der modernen Werbeforschung für die Popularisierung von Politik. Andererseits suchte sie jedoch das Bürgertum für eine breite Legitimationsbasis ihres Regimes zu integrieren, indem sie vermeintlich die Grundsätze der modernen Kultur ablehnte und die sogenannten Auswüchse der Moderne für die gesellschaftliche Krise verantwortlich machte. In diesem Spannungsfeld zwischen Moderne und Tradition bewegte sich auch die Diskussion um die Verwendung nationalsozialistischer Symbole.

Um die Instrumentalisierung von populärkulturellen Produkten zu politischen Zwecken weiter zu charakterisieren, lohnt der Blick auf Saul Friedländers Definition von Kitsch: „Betrachten wir Kitsch als ästhetisch minderwertige Ausdrucksform, als Nachahmung von Kunst, die eine gedankenlose, emotionale Sofortreaktion auslösen soll, so besteht seine Funktion entweder darin, in erster Linie etwas ohne Rücksicht auf das Umfeld kommerziell zu propagieren, oder aber darin, in erster Linie in einem bis ins letzte definierten Umfeld die ideologische Identifikation zu steigern."[30] Wie die folgenden Ausführungen über das Gesetz zum Schutz der nationalen Symbole, seine Durchführungsverordnung und die Beurteilungspraxis zeigen werden, wollten die nationalsozialistischen Gesetzestexte die Kommerzialisierung politischer Symbole zu absatzsteigernden Zwecken möglichst weitgehend unterbinden. Gleichzeitig aber konnten die Machthaber den nationalen Kitsch aufgrund der „klaren Mobilisierungsfunktion"[31] und seiner enormen Popularität nicht gänzlich verbannen. Die folgenden Abschnitte möchten diesen Zwiespalt in Bezug auf die Verwendung nationaler Symbole aufzeigen, zu denen neben dem Hakenkreuz auch Bilder Adolf Hitlers auf Postkarten und Gemälden gezählt werden müssen, da er als die Verkörperung

28 Walter Benjamin: Das Kunstwerk im Zeitalter seiner technischen Reproduzierbarkeit, Frankfurt am M.: Suhrkamp 1977, S. 48.

29 Ebd., S. 42.

30 Siehe Saul Friedländer: Kitsch und Tod, Frankfurt am M.: Fischer 1999, S. 14.

31 Ebd.

der Vorstellungen und Ziele des Regimes angesehen wurde. In einem ersten Schritt werden jeweils die gesetzlichen Maßnahmen und Regelungen aufgearbeitet, denen dann Beispiele des Umgangs mit dem Phänomen des Kitsches gegenübergestellt werden.

Die Verwendung nationaler Symbole und Versuche zu ihrer juristischen Reglementierung

Nach der Machtergreifung der Nationalsozialisten fanden sich schnell findige Geschäftsleute, die den Absatz ihrer Produkte durch das Verzieren mit den Symbolen der Bewegung steigern wollten. Da eine Flut solcher Gegenstände den Markt überschwemmte, schickten sich die Nationalsozialisten bereits im Mai 1933 an, diese Verwendung zu reglementieren. Das Gesetz zum Schutz der nationalen Symbole verbot in Paragraph 1, „die Symbole der deutschen Geschichte, des deutschen Staates und der nationalen Erhebung in Deutschland öffentlich in einer Weise zu verwenden, die geeignet ist, das Empfinden von der Würde dieser Symbole zu verletzen."[32] Der weitere Gesetzestext ließ nähere inhaltliche und ästhetische Regelungen vermissen und beschäftigte sich in den folgenden Paragraphen vorrangig mit den institutionellen Regelungen und Vorgehensweisen im Falle eines gegen den § 1 verstoßenden Gegenstandes.

Die Entscheidung über regelrechte oder regelwidrige Verwendung lag bei der höheren Verwaltungsbehörde des Herstellungsortes. Eine zentrale staatliche Institution wurde nicht eingerichtet, da man sich der „Schwierigkeiten durch örtliche Verschiedenheiten bei Beurteilung dessen, was das Empfinden von der Würde der Symbole" verletzen könne, bewusst war. Der § 3 sah zudem vor, dass die betreffenden Polizeibehörden der Region vor einer Entscheidung der Verwaltungsbehörde Gegenstände beschlagnahmen konnten, „wenn nach ihrem Ermessen ein Verstoß gegen das Verbot des § 1 vorliegt". Eine Entschädigung war auch im Falle des für den betreffenden Gegenstand entlastenden Urteils der Behörde nicht vorgesehen. Auf diese Weise wurde sichergestellt, dass die zuständigen Behörden nicht durch drohende Entschädigungszahlungen vom Einziehen abgehalten wurden: Im Zweifelsfall konnte eingezogen werden, ohne dass finanzielle Konsequenzen zu erwarten gewesen wären. Getroffene Entscheidungen waren für das gesamte Reichsgebiet bindend. Waren sich die Behörden nicht sicher, ob im betreffenden

32 Siehe RGBl. I/285. Aufgehoben wurde dieses Gesetz durch das Kontrollratsgesetz Nr. 1, Art. 1. vom 20. 9.1945.

Fall ein Verbot auszusprechen war, sah § 6 die Hinzunahme eines Sachverständigen vor, „der künstlerisches Verständnis mit nationalem Verantwortungsbewußtsein vereinigt". Die Verwendung des nationalen Symbols sollte qualitativ zumindest auf der Ebene des Kunsthandwerks angesiedelt sein und „nicht in Billigausführung hergestellt" werden.[33] Der Gefahr einer minderwertigen Ausführung hofften die Propagandisten durch die Begutachtung der Sachverständigen entgegenzuarbeiten, wobei die Verbindung von nationalem Bewusstsein und Kunstverständnis zu diesem Behuf ausreichende Qualifikation zu sein schien.

Als Indiz für die Bedeutung, die der Verwendung nationaler Symbole in einem vermeintlich angemessenen Rahmen zugesprochen wurde, seien im Folgenden drei Beispiele aufgeführt, die zeigen, dass sich sowohl das Ausstellungswesen als auch die Presse mit dem Problem beschäftigten, in welchem Zusammenhang die infragestehenden Insignien der Macht verwendet werden durften. Im Sommer 1933 richtete der Kampfbund für deutsche Kultur im Kölnischen Kunstverein eine Ausstellung zu diesem Thema aus. Unter dem Motto „Fort mit dem nationalen Kitsch" wurden spiegelbildlich zwei Wohnräume gezeigt: Einer dieser beiden war angefüllt mit Kitschartikeln, der andere hingegen sollte die gewünschte Einrichtung versinnbildlichen, die durch Funktionalität und Klarheit gekennzeichnet war.[34]

Gerade diese gegenüberstellende Kontrastierung von verbotener und erwünschter Verwendung der nationalen Symbole war für den Umgang der Nationalsozialisten mit dem nationalen Kitsch charakteristisch. In der Presse erschien im November 1933 eine vom Propagandaministerium herausgegebene Liste erlaubter und verbotener Gegenstände. Die Frankfurter Zeitung vom 27.11.1933 führte folgende Beispiele an: Erlaubt waren danach Neujahrskarten mit Hakenkreuz, Christbaumschmuck mit Hakenkreuz, ein „durchsichtiges Bild des Reichskanzlers mit der Vorrichtung zur Erleuchtung" und SA und SS- Puppen, „weil sie von guter Ausführung waren und der SA und SS ein würdiges Aussehen verliehen." Von den 49 als unzulässig deklarierten Gegenständen der Liste wählte die Frankfurter Zeitung folgende aus: Abziehbilder, Krawatten mit Hakenkreuz, Pullover mit aufgenähtem Hakenkreuz, Kinderschürzen mit Hakenkreuz oder „Heil Hitler" und mit diesen Symbolen verzierte

33 Siehe S. Friedländer: Kitsch, S. 13.

34 Leider sind die Räume des Kölnischen Kunstvereins 1943 völlig ausgebrannt, weswegen sich bis auf einen Hinweis auf die Ausstellung im Jahresbericht keine weiteren Akten finden, wie mir auf Anfrage im Februar 2009 mitgeteilt wurde. Die Beschreibung der Räume findet sich in Rolf Steinberg: Nazi-Kitsch, Darmstadt: Melzer Verlag 1975, S. 82.

Hosenträger. Zudem waren Buntdrucke „in ganz unsymmetrischer Art mit unähnlicher, zum Teil entstellender Wiedergabe der Bildnisse der Staatsmänner beim Staatsakt in der Garnisonkirche von Potsdam" verboten.[35] Wie dieselbe Zeitung in einem anderen Artikel zu berichten wusste, hatte eine Inspektion in Königsberger Geschäften „Auswüchse" des nationalen Kitsches zutage treten lassen, die die Würde der Symbole verletze. Darunter seien Aschenbecher mit Hakenkreuzen, Kinderbälle, mit dem Horst-Wessel-Lied verzierte Bleistifte, Briefpapier mit dem Hakenkreuz, Brieftaschen mit dem Hoheitszeichen der NSDAP, Zigarettenetuis mit schwarz-weiß-roter Flagge und Hakenkreuz, Kissen mit dem Hoheitszeichen der NSDAP, Lakritzstangen mit Hakenkreuz, Manschettenknöpfe und Papierservietten mit Hakenkreuzen, Schokoladenpackungen, die das „Heil Hitler" und das Bild des Reichskanzlers zierten und Tabakpäckchen mit marschierenden SS- Männern.

Auch der Illustrierte Beobachter (IB) wandte sich dem Thema nationaler Kitsch Ende 1933 zu.[36] Dort heißt es: „Eine betriebsame Industrie hat Deutschland unter häßlichem Mißbrauch der heiligen Symbole seiner völkischen Wiedergeburt mit einer Flut von Kitsch überschwemmt." Es gebe Volksgenossen, die meinten, dass „jeder Gegenstand durch Verzierung mit den Symbolen der Bewegung geheiligt werde. In diesem naiven Glauben wird ihre arme geschmacklose Seele ein Opfer gewinnsüchtiger Kitschfabrikanten." Die Produzenten dieser Erzeugnisse würden jedoch keineswegs national denken, sondern lediglich an das Füllen ihrer eigenen Taschen. Durch diese Vorgehensweise würden die Symbole keineswegs geheiligt, sondern vielmehr „verballhornt". „Wenn Kitsch die unzulässige Prägung hoher, erhabener Werte bedeutet, dann ist der ‚nationale Kitsch' sicher die übelste Art solchen Erzeugnisse." Unter einem nationalen Mäntelchen verbänden sich hier Geschmacklosigkeit und Gewinnsucht. Weder Verniedlichung noch Verspießung der Symbole könne jedoch geduldet werden. Die Illustrierte bebilderte ihren Artikel mit Fotos von verbotenen Gegenständen. Neben der Hakenkreuztapete und der Kinderschürze mit „Heil Hitler" war dort auch eine Marzipantorte abgebildet, die mit dem Bild eines SA-Mann verziert war, der seinen toten Kameraden in den Armen hielt, darunter folgte der Spruch: „Aus unsrer Asche werden die Rächer erstehn!".

Aus dieser Gegenüberstellung von erlaubten und unerwünschten Gegenständen wird zunächst deutlich, dass der Entscheidung keine ästhetischen Kategorien zugrunde lagen. Bedeutender war

35 Der Artikel wird zitiert in R. Steinberg: Nazi-Kitsch, S. 83.

36 Vgl. IB, 1933, Nr. 51, S. 1807.

offensichtlich das Gebrauchsumfeld der jeweiligen Gegenstände, das entweihend und verballhornend wirken konnte, wie bspw. aus dem Verbot des Hakenkreuzaschenbechers hervorgeht: Hier wurde aus Sicht der Entscheidungsbehörden während der Nutzung das nationale Symbol beschmutzt. Als wesentliches Charakteristikum, das auch im Bericht des IB deutlich wird, kann zudem die Gegenüberstellung von vermeintlich ernsthaftem Bemühen um die Popularisierung der Symbole auf der einen Seite und „bloßer Geschäftemacherei" auf der anderen Seite herausgearbeitet werden. Die Gegenüberstellung von nationalem Bewusstsein und unerwünschter Verwendung zu eigenem finanziellen Vorteil verdeutlicht das Bewusstsein auf Seiten der Nationalsozialisten, ihre Symbole popularisieren zu müssen. Andererseits sollte die massenkulturelle Nutzung jedoch nach ihren Vorstellungen kontrolliert und reglementiert werden.

Wie die Praxis zeigte, waren die im Gesetz zum Schutz der nationalen Symbole erlassenen Bestimmungen jedoch für die Durchführung zu schwammig und unkonkret, weswegen sich ausgewählte Vertreter verschiedener, mit dem Problem beschäftigten Behörden Ende Januar 1934 zu Beratungen über die Richtlinien für die Handhabung des Gesetzes trafen, um eine „größere Gleichmäßigkeit der Entscheidungen herbeizuführen."[37] Eingangs stellte der Sitzungsleiter Ministerialrat Schmidt-Leonhardt fest, dass bis zum 1. Februar 1934 insgesamt 854 Entscheidungen auf der Grundlage des Gesetzes getroffen worden seien, von denen „72% die Verbreitung von Gegenständen für unzulässig erklärten und 28% für zulässig." Der überwiegende Teil der eingesandten Gegenstände wurde also von den entscheidenden Behörden als unzulässig klassifiziert – knapp 30 Prozent durften jedoch produziert werden. In einem zweiten Schritt wurden Kompetenzfragen zwischen staatlichen Behörden und Parteistellen geklärt. Man einigte sich dahingehend, dass die Parteistellen sich aus den Verfahren weitgehend zurückziehen sollten und nur in Fällen parteiamtlich zugelassener Abzeichen und Darstellungen des Führers Entscheidungshoheit besitzen sollten. In diesen speziellen Bereichen sollte folglich die Reichsleitung der NSDAP zuständig zeichnen.

Das Wirtschaftsministerium verwies im Folgenden darauf, dass die Entscheidungen schwerwiegende wirtschaftliche Konsequenzen v.a. für die Spielwaren- und Edelmetallindustrie besäßen und man hierauf möglichst Rücksicht nehmen müsse. Wie aus dem Protokoll hervorgeht, war Thüringen auch aufgrund der Tatsache, dass sich in diesem Land einige dieser Wirtschaftszweige fanden, Vorreiter in

37 Vgl. BA Berlin, R55/20749, Bl. 1.

der Aufstellung allgemeiner Richtlinien für die Anwendung des Gesetzes. Der Vertreter des Landes konstatierte prinzipiell, dass der Maßstab für die Beurteilung der individuelle Geschmack sei. „Es sei selbstverständlich, dass sich dabei Verschiedenheiten ergäben. Sie könnten aber durch die Richtlinien in weitgehendem Maße beseitigt werden."[38] Er vermisse zudem ein striktes Verbot der Verwendung nationaler Symbole zu Reklamezwecken.[39]

Nachdem man sich in diesen allgemeinen Punkten einig sah, gingen die Vertreter zur Diskussion des Entwurfs über. Dieser unterschied zunächst grundsätzlich zwei Arten von Gegenständen: Erstens könne der Gegenstand selbst das Symbol sein, zweitens sei eine Verbindung von Gegenstand und Symbol denkbar. Im ersten Fall sei in besonderer Weise die kunsthandwerkliche Begutachtung von Bedeutung. Wenn das betreffende Symbol hingegen in Verbindung mit einem Gegenstand stehe, müsse eine „innere Verbindung" zwischen beiden vorhanden sein. Bloßer Zierrat durch die nationalen Symbole sei unzulässig. Als Beispiele werden genannt die „Verwendung des Hakenkreuzes oder der deutschen Farben auf Kinderspielbällen, Sparbüchsen, Papier-, Manschettenknöpfen, Schokoladen- und Tabakverpackungen."[40] Nochmals wurde betont, dass die Verwendung zu Zwecken der Absatzsteigerung oder Reklame strikt unterbunden werden müsse.

Der Anhang zu diesem Dokument enthält eine klassifizierende Übersicht über erlaubte und unerlaubte Gegenstände aus Thüringen. Nach dieser Liste waren im September und Oktober 1933 neun Artikel zugelassen worden und drei verboten worden. Fünf verschiedene SA- und HJ-Puppen passierten die Kontrolle. Eine SA-Figur mit Spielwerk, die das Horst-Wessel-Lied intonierte,[41] wurde hingegen abgelehnt. Die eingereichten Glaskugeln mit Hakenkreuz, ein Hitler-Relief und ein Hitler-Spiel (Gesellschaftsspiel), auf dessen

38 Ebd., Bl. 3.

39 Hingewiesen sei an dieser Stelle auf die feinen Abstufungen in der nationalsozialistischen Verwendung der Terminologie: war der Begriff „Werbung" vor allem wirtschaftlich konnotiert und „Propaganda" ausschließlich für den politischen Bereich reserviert, verwandte man den Begriff „Reklame" offen pejorativ, meist in Verbindung mit antisemitischen Vorurteilen. Siehe hierzu Rainer Gries: „Zur Ästhetik und Architektur von Propagemen", in: ders./Wolfgang Schmale (Hg.), Kultur der Propaganda, Bochum: Dr. Dieter Winkler Verlag 2005, S. 9-35, hier S. 10.

40 Vgl. BA Berlin, R55/20749, Bl. 20.

41 Verbote erstreckten sich auch auf Lieder und Hymnen der Bewegung. Dies war offensichtlich die Entscheidungsgrundlage für das Verbot der betreffenden Figur. Vgl. ebd.

Karton ein Hakenkreuz abgebildet war, wurden zugelassen.[42] Zwei Produzenten reichten mit Liebesperlen gefüllte Glasröhrchen ein, an denen Hakenkreuzfähnchen angebracht waren. Diese fielen unter die Kategorie des Zierrats und erhielten dementsprechend ablehnende Beurteilungen. Grundlage der für Thüringen im Herbst 1933 aufgeführten Entscheidungen waren die später in den Richtlinien vorgeschriebenen Kategorisierungen der inneren Verbindung, der vermeintlichen kunsthandwerklichen Qualität der Gegenstände und des Zierrats.

Deutlich werden aus der Besprechung über die Richtlinien mehrere Argumentationsmuster im Umgang mit dem nationalen Kitsch. Zunächst war allen Beteiligten klar, dass die Einstufung in unerwünschter Kitsch einerseits oder gewollte Popularisierung andererseits individuellen Geschmacksurteilen unterlag und deswegen nur schwer zu definieren war. Man wollte den Entscheidungsbehörden mit den Richtlinien jedoch klarere Vorgaben für die Beurteilung an die Hand geben. Pauschal beschloss man zunächst, dass die Verwendung zu absatzsteigernden Zwecken strikt zu unterbinden sei. Dennoch musste ein Entscheidungsmerkmal gefunden werden, dass den Behörden über den Hinweis auf sorgfältige Ausführung hinaus die Arbeit erleichterte. Dieses meinten die Verantwortlichen in der Kategorie der „inneren Verbindung“ gefunden zu haben. Schließlich galt es zudem, auf andere Faktoren Rücksicht zu nehmen, wie bspw. den Bestand besonderer Wirtschaftszweige, die sich auf die Produktion von Spielwaren etc. konzentrierten und die von den Entscheidungen direkt betroffen waren.

Die Propagandisten des Regimes verwandten einige bürokratische Energie darauf, gesetzliche Regelungen und Vorkehrungen zur Kontrolle der populären Verwendung von nationalen Symbolen auf den Weg zu bringen. Die Gegenüberstellung von Erlaubtem und Verbotenem entbehrt jedoch trotz der Bestrebungen um Einheitlichkeit nicht eines gewissen Eklektizismus. Saul Friedländers Urteil über Erlaubtes und Verbotenes lautet dementsprechend: „Aus der Gegenüberstellungsliste erlaubter und verbotener Schmuckformen wird augenscheinlich, dass das Erlaubte nicht weniger kitschig war als das Verbotene.“[43] Eine retrospektive ästhetische Beurteilung

42 Die Zulassung dieser neuen Form von Weihnachtsschmuck war durchaus kein Einzelfall. Die Produktion von sogenanntem „Julschmuck“ wurde gutgeheißen, wie auch ein Vorgang in den Akten BA Berlin, NS 18/704 zeigt. Die Nationalsozialisten wollten hierdurch in christliche Festtraditionen eingreifen und diese verändern.

43 Siehe S. Friedländer: Kitsch, S. 13. Dort findet sich die Anmerkung, dass die Kommentatoren nichts dem Zufall überlassen hätten: auch die Hakenkreuzbratwurst sei verboten gewesen.

dieser Art ist methodisch immer schwierig, da Bewertungskategorien und Wahrnehmungsmuster in Bezug auf Kunst und Kunsthandwerk einem Wandel von Akzeptanz und ästhetischen Trends unterliegen. Die Gegenüberstellung verdeutlicht jedoch eines: Dass nämlich die Verwendung nationaler Symbole mitnichten prinzipiell unterbunden und verboten wurde, sondern dass man vielmehr versuchte, die Produktion von Devotionalien oder Kultgegenständen zum eigenen Nutzen zu kontrollieren und zu reglementieren. Die mit der Entscheidung beauftragten Behörden legten als entscheidenden Maßstab die Frage zugrunde, ob der fragliche Gegenstand „symbolverstärkend" oder „symbolentweihend" wirkte.[44] Aus dieser Kategorisierung erklärt sich der Begriff der „inneren Verbindung". Der mit dem Hakenkreuz verzierte Spielball würde mit hoher Wahrscheinlichkeit im Laufe des Spiels mit Füßen getreten werden. Ebenso wie der durch die Verwendung beschmutzte Aschenbecher mit demselben Symbol musste er in dieser Perspektive als symbolentweihend bewertet werden. Die symbolische Umdeutung des Christbaumschmucks durch die Verwendung des Hakenkreuzes hingegen konnte als symbolverstärkend gedeutet werden, da sie der Untergrabung bestehender christlicher Traditionen diente. Das gerahmte Foto des Führergemäldes an der Wand und die SA/SS-Puppen in der Schrankwand hingegen dienten der Popularisierung des Regimes und waren deswegen erlaubt. Insofern schwankte die Beurteilung der eingereichten Gegenstände zwischen diesen beiden Polen von Verstärkung und Entweihung der Symbole aufgrund des Verwendungszusammenhangs.

Die Entscheidungspraxis hinsichtlich der Führerbilder und anderer nationaler Symbole

Die bislang nachgezeichneten Verordnungen haben vor allem gezeigt, dass die nationalsozialistischen Propagandisten eine ästhetische Beurteilung der infragestehenden Gegenstände zu umgehen suchten. Dennoch generierte man Kategorien der Bewertung, die jedoch in der konkreten Arbeit nur schwer anzuwenden waren. Dies lag sicherlich auch an Fragen des individuellen Geschmacks, über die man bekanntlich (nicht) streiten kann. Die Praxis zeigt darüber hinaus jedoch, dass auch weniger schwammige juristische Vorgaben nicht immer eingehalten wurden, wie bspw. das strikte Verbot des Gebrauchs zu absatzsteigernden Zwecken. Obwohl eine Verwendung dieser Art verboten war und die Behörden versuchten,

44 Ebd.

dagegen relativ strikt vorzugehen, gab es immer wieder Fälle, in denen das Verbot umgangen wurde. Waltraut Sennebogen hat die Münchner Gutachterpraxis genauer untersucht, in der gerade im Hinblick auf das Hakenkreuz als Werbeträger eine strenge Linie vertreten wurde. Mit dem Symbol verzierte Werbeprospekte wurden deswegen z.B. über die Polizeidirektion verboten und eingezogen.[45] Eine Entscheidung der Münchner Gutachter vom September 1934 verdeutlicht die Bedeutung, die für die Propagandisten dem Verwendungszusammenhang des infragestehenden Gegenstandes zukam: Die Firma Wilhelm Andrä hatte eine „schwarze Tafel mit kleinen Birnen in Hakenkreuzform angeordnet, umgeben von einem Kreis roter Birnen" eingereicht und um eine Genehmigung zur Verwendung für Geschäftsfeiern und im regulären Geschäftsverkehr gebeten. Die Gutachter urteilten, dass die Tafel zu Dekorationszwecken bei Geschäftsfesten erlaubt war, eine Verwendung im alltäglichen Geschäftsverkehr wurde jedoch untersagt. Für die ideologische Untermauerung der Feiern der „Betriebsgemeinschaft" war der Gegenstand statthaft – im Geschäftsverkehr hingegen wäre er zu werbenden Zwecken eingesetzt worden und wurde somit abgelehnt. „Das Hakenkreuz war somit als gleichsam nationalsozialistisches Warenzeichen geschützt und durfte weder zur privatwirtschaftlichen noch zur öffentlichen Werbung jenseits von Staat und Partei genutzt werden."[46] Wie Sennebogen weiter herausarbeitet, war auch die Bezeichnung „Hakenkreuz" selbst Gegenstand der Gutachtertätigkeit. So musste eine Gastwirtschaft in München ihren Namen „Hakenkreuzstube" aufgeben, da dies nicht mit dem Gesetz zum Schutz der nationalen Symbole in Einklang zu bringen war.

Der Darstellung Hitlers kam innerhalb der Propagandakonzeptionen des Regimes eine besondere Bedeutung zu, da er die wesentlichen Errungenschaften und positiven Eigenschaften in seiner Person verkörpern und damit sichtbar machen sollte. Der Überwachung dieser Bilder und Gegenstände wurde deswegen besondere Aufmerksamkeit gewidmet. Ziel war seit der Machtergreifung durch das Gesetz zum Schutz der nationalen Symbole eine Vereinheitlichung des veröffentlichten Hitler-Bildes.[47] Für die Schaffung eines „Kristallisationspunktes" der Macht, wie Domizlaff ihn propagierte, war eine klare Linie im Umgang mit Abbildungen Adolf Hitlers notwendig. Die Führerbilder können aufgrund der engen Verbindung von politischer Propaganda und Produktwerbung als eine Form der

45 Vgl. W. Sennebogen: Kommerz und Ideologie, S. 329.

46 Ebd., S. 330.

47 Ebd., S. 314.

Werbung für einen Markenartikel angesehen werden – das Regime wollte sich der Bevölkerung als positive Errungenschaft verkaufen.[48]

Häufig mussten Münchner Gutachter Postkarten mit dem Bildnis Adolf Hitlers beurteilen. Interessant ist in diesem Zusammenhang, dass selbst Bilder des Reichsbildberichterstatters Heinrich Hoffmann, der ein weitreichendes Monopol auf Führerbilder besaß, der Begutachtung zumindest 1933 unterzogen wurden, wobei die Behörde nichts gegen die vorgelegten Bilder einzuwenden hatte. Diese Tatsache ist insofern wenig verwunderlich, als Hoffmann selbst maßgeblich an der Schöpfung des von Seiten des Diktators selbst intendierten Hitlerbildes beteiligt war.[49] Zum Jahreswechsel 1935/36 brachte Hoffmann jedoch ohne vorherige Begutachtung Weihnachts- und Neujahrspostkarten bedruckt mit dem Bildnis des „Führers" auf den Markt. Wie Sennebogen herausarbeitet, wurde diese Umgehung der Behörden erst Wochen später bemerkt. Seine besondere Funktion und Position innerhalb des Systems sorgte aber dafür, dass die Behörden von einer Beanstandung absahen.[50] Die strikte personelle Kontrolle der Produzenten spielte für die Erlaubnis oder die Ablehnung von Gegenständen eine wesentliche Rolle. Dieses Thema der personellen Besetzung wird auch in den folgenden Beispielen immer wieder deutlich werden – Erkundigungen über Firmenbesitzer aufgrund von Anfragen oder Beschwerden waren im nationalsozialistischen System der Kontrolle von nationalen Devotionalien unumgänglicher Bestandteil der Entscheidungspraxis.

Zu nennen ist im Zusammenhang von Darstellungen Hitlers auch das Beispiel eines Kalenders des Reichssportverlags: Dieser zeigte Hitler mit dem Reichssportführer. Der Polizeipräsident von Berlin fragte im Februar 1936 beim persönlichen Referenten des Führers an, aufgrund welcher Kriterien der Kalender genehmigt worden sei, da seiner Meinung nach der Aufdruck „überreicht durch (folgt Firma)" gegen das Gesetz zum Schutz der nationalen Symbole verstieße.[51] Dieser Zusatz diene „zweifellos wirtschaftlichen Werbezwecken". Der Polizeipräsident bat im Folgenden um Nachricht, ob seine Bedenken bei der Entscheidung geteilt worden seien und aufgrund welcher Überlegungen dennoch die Genehmigung ergangen sei, damit er diese in Zukunft seinen eigenen Entscheidungen zugrunde legen könne. Referent Meerwald antwortete, dass

48 Zu Überlegungen dieser Art siehe S. Behrenbeck: Führer sowie Stephen Heller: Iron Fists, Berlin: Phaidon 2008.

49 Siehe hierzu Rudolf Herz: Hitler und Hoffmann, München: Klinckhardt und Biermann 1994

50 Vgl. W. Sennebogen: Kommerz und Ideologie, S. 317.

51 Siehe BA Berlin, R43II/974b.

Hitler nur das Bild vorgelegen habe, gegen dessen Verwendung nichts einzuwenden sei. Der Aufdruck sei zum damaligen Zeitpunkt jedoch keineswegs erwähnt worden. Wie mit Verlag und Kalender weiter verfahren wurde, ist aus den Akten nicht ersichtlich – die Einschätzung des Polizeipräsidenten wurde jedoch bestätigt. Dieses Beispiel verdeutlicht, dass auch knapp drei Jahre nach der Verabschiedung des Gesetzes bei den verschiedenen, staatlichen Behörden immer noch Unklarheiten hinsichtlich der konkreten Praxis der Verwendung nationaler Symbole bestanden. Zudem wird klar, dass trotz aller Reglementierung – das Bild hatte den Behörden zur Genehmigung vorgelegen – Zuwiderhandlungen möglich waren und vermeintliche Schlupflöcher genutzt wurden.

Wie in vielen anderen Bereichen des NS-Regimes findet man auch im Bereich der Kontrolle zur Verwendung nationaler Symbole nicht klar begrenzte Kompetenzen bei verschiedenen Behörden, die großen bürokratischen Aufwand mit Beurteilungen und Anfragen trieben. Bislang sind vor allem Entscheidungen von Gutachtern nachgezeichnet worden, die den normalen behördlichen Gang darlegen sollten. Die entsprechenden Firmen und Unternehmer boten ihre Gegenstände zur Begutachtung dar und erhielten dann ein Urteil. Beschwerden und Anfragen zu auf dem Markt befindlichen Objekten gingen – bisweilen über verschiedene institutionelle Zwischenschritte – an den Reichsring in der Reichspropagandaleitung. Er sollte für die Sicherstellung der einheitlichen Führung der Propaganda aller Gliederungen und angeschlossenen Verbände durch die NSDAP Sorge tragen. Die Leitung des Reichsrings oblag seit seiner Einrichtung 1935 bis zum Ende des Regimes Walter Tießler, der sich u.a. mit Anfragen und Beschwerden von verschiedenen Parteiorganisationen zur Verwendung von Führerbildern und parteiamtlichen Zeichen beschäftigte.

Nach den Richtlinien zur Handhabung fiel die Entscheidung über parteiamtliche Zeichen und Führerbilder in den Zuständigkeitsbereich der Reichsleitung der NSDAP. Mit den Ergebnissen dieser Reglementierung waren die verschiedenen Behörden (bspw. RPL und Dienststelle Rosenberg) jedoch nicht zufrieden, da seit dem Jahreswechsel 1941/42 Überlegungen kursierten, diese Bestimmungen zu verschärfen, indem von nun an sämtliche Darstellungen des Führers, v.a. auch Büsten und Plaketten, der Genehmigung durch die Reichsleitung der NSDAP bedürfen sollten.[52] Mitte 1942

52 Ausgenommen von dieser Regelung waren lediglich Fotografien. Zuständig war das „Amt Bildende Künste in der Dienststelle des Beauftragten des Führers für die Überwachung der gesamten geistigen und weltanschaulichen Schulung und Erziehung der NSDAP“. Vgl. BA Berlin, NS 18/1188.

erging schließlich an die betroffenen Institutionen eine dementsprechende Richtlinie. Im Zuge dieser Änderung wurde zudem eine Kennzeichnung durch Prägung oder Papiersiegel vereinbart, vorausgesetzt die Beschaffenheit der Gegenstände ließ dies zu.[53] Da jedoch weiterhin Führerbilder, die von nicht zuständigen Stellen genehmigt worden waren, in Umlauf gerieten, wurde im April 1943 nochmals auf die Notwendigkeit der Genehmigung hingewiesen. In dieser vertraulichen Information betonte man, dass diese „ausschließlich vom Amt Bildende Kunst in der Dienststelle der Reichsleiters Rosenberg ausgesprochen" werden könne.[54] Deutlich wird hier noch 1943 der Kampf um Kompetenzen zwischen RPL und der Dienststelle Rosenbergs.

Als ein Beispiel für die Vorgänge aufgrund von Beschwerden beim Reichsring soll der Fall der Firma Bilder-Bätz aus Coburg angeführt werden: Die Deutsche Arbeitsfront (DAF) beschwerte sich im November 1940 beim Reichsring über die Firma, die Bilder von Hitler und Göring vertreibe, wobei sie sich direkt an verschiedene Betriebe wende. Problematisch seien nicht nur solche Werbeschreiben prinzipiell, sondern die Bilder seien zudem „äußerst kitschig".[55] Die DAF könne allerdings keine Probebilder vorweisen. Angehängt war das Schreiben der Firma von Anfang November 1940 an den Betriebsobmann des Reichsbahnausbesserungswerks Sebaldsbrück in Bremen. Dort heißt es: „Die Bilder sind, wie Sie sehen, sehr schön und auch billig. Sie werden deshalb überall und in jedem Betrieb gerne von den Arbeitskameraden gekauft." Auch die Lieferungsbedingungen seien vorteilhaft. Es sei hier „Gelegenheit geboten, das Bild unseres Führers für wenig Geld in jedes Haus und in jede Wohnung zu bringen."[56] Das Bild des Führers in jedes Haus zu bringen, war durchaus ein Anliegen der politischen Propaganda – an Anzeigen von Firmen, die Führerbilder zu niedrigen Preisen versprachen, mangelte es im IB mitnichten.

Der Reichsring rügte daraufhin im Dezember 1940 die Firma Bätz: Einerseits werde die Ausführung der Bilder abgelehnt, andererseits benötige die Firma die Genehmigung des Reichsrings zum Vertrieb an Parteidienststellen und Betriebe, die aber nicht vorliege. Im Februar 1941 antwortete der Firmeninhaber, er habe „die zugrunde liegenden Bestimmungen nicht in Erfahrung bringen können und bitte deshalb hiermit um Auskunft, auf welche grundsätz-

53 Ebd.

54 Ebd.

55 Vgl. BA Berlin, NS18/842.

56 Als Beweis für den Erfolg der Bilder wird angeführt, dass die Gustloff- Werke in Suhl in den letzten Wochen mehr als 2000 Stück abgenommen hätten. Vgl. ebd.

lichen Bestimmungen und Verbote sich Ihr Schreiben stützt, d.h. wo die Verbote zu finden sind, dass an Parteidienststellen und Betriebe Führerbilder und dergl. nicht vertrieben werden dürfen ohne besondere Genehmigung." Alle von ihm vertriebenen Bilder seien genehmigt. Wenn eine besondere Genehmigung notwendig sei, würde er diese gern beantragen. Mitte März 1941 antwortete der Reichsring schließlich, dass für den Vertrieb jeglicher Bilder an Parteistellen und Unterorganisationen seine Genehmigung unabhängig von allen anderen Genehmigungen notwendig sei.[57] Auf die offizielle Bewerbung der Firma hin, zog der Reichsring zunächst bei der Gaupropagandaleitung Bayerische Ostmark Erkundigungen über die Firma ein. Im April 1941 antwortete diese, dass Bätz im Mai 1933 in die NSDAP eingetreten sei und anfangs Probleme mit seinem Bildergeschäft gehabt habe. „Seit ungefähr 3 Jahren ist er gut vorangekommen, jedenfalls hat der Verkauf der Führerbilder viel mitgeholfen."[58] Weiter heißt es, Bätz sei politisch einwandfrei, weswegen man das Gesuch befürworte. Nachdem die politische Zuverlässigkeit des Firmeninhabers geklärt war, verlangte man im Juni 1941 die Vorlage von Musterbildern. Daraufhin wurde Ende Juni 1941 entschieden, dass die Fotografien zulässig seien, wobei Bätz die Frage der Urheberrechte selbst klären müsse. Die farbigen Bilder hingegen hätten nur bedingten Wert, da „auf dem Bildermarkt bestimmt schon bessere farbige Bilder des Führers" existierten.

Dieser Vorgang verdeutlicht zunächst den ungeheuren bürokratischen Aufwand, mit dem die Kontrolle aufgrund der zugrunde liegenden Beurteilungsmaßstäbe verbunden war. Er klärt zudem, dass auch für die betroffenen Unternehmer keine Klarheit hinsichtlich der Beurteilungskategorien und der notwendigen Genehmigung bestand, vielmehr ist erkennbar, dass einzelne Stellen für unterschiedliche Verwendungsmöglichkeiten jeweils eigene Genehmigungen ausgaben und man sich für diese erneut vorstellen musste. Ein wesentliches Charakteristikum der Beurteilung war schließlich, dass man auf dem Gebiet der Herstellung von politischer Propaganda eine strikte personelle Kontrolle anstrebte, weswegen man detaillierte Erkundigungen über die Loyalität der infrage stehenden Produzenten einholte.[59] Wer nationalsozialistische Devotionalien pro-

57 Die gleiche Argumentation bei der Firma Hermann Sörnsen (Hamburg) in: BA Berlin, NS18/691.

58 Die Firma hatte sich offensichtlich erst nach der Machtergreifung auf den Vertrieb führender Persönlichkeiten spezialisiert. Vgl. BA Berlin, NS18/842.

59 Ein Beispiel für diese personelle Kontrolle war die Firma Bilder-Redl-Wien, die in ungenehmigten Prospekten ein Führerbild „mit kitschigem Wandspruch" vertrieb. Die Untersuchung förderte zutage, dass Redl guter Parteigenosse und Träger des goldenen Ehrenzeichens war. Redl durfte von

duzieren wollte, musste dem Regime treu ergeben gegenüberstehen und die Erlaubnis staatlicher Behörden einholen.

Aber auch innerhalb der Kontrollinstanzen spielte die personelle Besetzung eine wesentliche Rolle. Wurden Personen abberufen oder versetzt, standen von diesen getroffene Entscheidungen u.U. erneut zur Diskussion, was die Durchsetzung der Richtlinien nicht vereinfachte. Hierzu ein Beispiel: Der Vorgang der Firma Güttin aus Liegnitz legt dar, dass aufgrund eines Wechsels innerhalb des Personals der Behörde bereits getroffene Entscheidungen wieder zur Debatte stehen konnten. Güttin vertrieb Hitler-, Göring- und Mussolinibilder. Im Sommer 1940 beanstandete die RPL, dass die betreffenden Bilder aus künstlerischen Gründen nicht zum Verkauf geeignet seien. Der mit dem Vorgang beauftragte Reichsring bat daraufhin die Firma, die Genehmigungen für die den Bildern zugrunde liegenden (fotografischen) Vorlagen einzusenden.[60] Es erwies sich als auffällig schwieriges Unterfangen, die Herkunft derselben zu klären.[61] Obwohl das Verfahren zur Klärung der Genehmigungen noch lief, unterrichtete die RPL unterdessen die Gaupropagandaleitungen über ihren ablehnenden Standpunkt hinsichtlich der Bilder und forderte die Behörden auf, dafür Sorge zu tragen, dass dieses Urteil „in entsprechender Form weitgehendst bekannt wird."[62] Im Oktober 1940 bestand schließlich Klarheit darüber, dass die Genehmigungen für die Vorlagen bei der Firma May in Dresden lägen.[63] Diese rechtfertigte sich für die misslungene Farbgebung der Drucke u.a. damit, dass die weitreichende Monopolstellung des Reichsbildberichterstatters Heinrich Hoffmanns auf Führerbilder es notwendig mache, als Vorlagen für die Ölbilder billige Amateurbilder zu verwenden.[64]

---

nun an seine Prospekte mit Ausnahme des Gaus Wien weiter vertreiben, wenn er das entsprechende Bild rausstanzte oder überklebte. Vgl. BA Berlin, NS18/842.

60 Der Vertrieb an sich war nicht genehmigungspflichtig, lediglich die Herstellerfirma musste sich hier absichern. Vgl. BA Berlin, NS18/471, Bl. 22)

61 Zunächst behauptete die Firma, dass die Vorlagen von Heinrich Hoffmann und der Firma May stammten, wohl in der Hoffnung, dass sich mit der Nennung des Namens des „Reichsberichterstatters" jegliche weitere Nachforschungen im Sande verlaufen würden. Der Reichsring bezweifelte aufgrund der Qualität der Bilder eine Beteiligung Hoffmanns, der dieselbe auf Anfrage des Reichsrings auch bestritt. Vgl. BA Berlin, NS18/471, Bl. 17f.

62 Siehe BA Berlin, NS18/471.

63 Zumindest für das Hitler- und das Göringbild lagen Genehmigungen vor, Mussolinis Bild fiel nicht unter das Gesetz zum Schutz der nationalen Symbole. Vgl. ebd., Bl. 12.

64 Zu den Hitlerdarstellungen Heinrich Hoffmanns siehe R. Herz: Hitler und Hoffmann.

Deswegen seien die Druckvorlagen nicht einwandfrei. Sie seien aber von der Gauleitung in Dresden genehmigt worden.[65] Von dort wurde auf Anfrage über das Urteil mitgeteilt, dass die Gründe für die Zulassung nicht mehr nachzuvollziehen seien, da der entsprechende Sachbearbeiter im Feld sei. Offensichtlich waren aber die Drucke selbst nicht mehr zur Genehmigung eingereicht worden, weswegen man auf die unzulässige Qualität derselben nicht aufmerksam geworden sei. Die beanstandeten Bilder seien zurückgehalten worden, man habe sich mit der Firma geeinigt, in Zukunft auch die Andrucke genehmigen zu lassen.[66] Ein den Vorfall Ende Oktober 1940 abschließendes Schreiben vom Reichsring wies die Gauleitung an, „bei den weiteren Auflagen so streng wie möglich zu verfahren, da wir dies allein schon dem Ansehen der betreffenden Persönlichkeiten schuldig sind."[67] Deutlich wird aus den beispielhaft angeführten Vorgängen, mit welchem institutionellen und personellen Aufwand man einerseits über die Darstellung des Führers und anderer Persönlichkeiten wachte und dass sich andererseits Entscheidungen über einzelne Streitfragen aufgrund bürokratischer Vorgänge Monate hinziehen konnten.

Neben diesen personellen und bürokratischen Hürden wurden zusätzlich noch andere, organisatorische Gesichtspunkte in die Beurteilung aufgenommen. Die Dekoration und Bebilderung von Parteiveranstaltungen auf regionaler und lokaler Ebene wurde intensiv beobachtet und reglementiert. Der Vorgang um große Transparente mit dem Abbild Hitlers der Firma Rutzki zeigt dies deutlich. Diese warb in verschiedenen Gauen für ihre Transparente. Einige Gaupropagandawalter waren unsicher, wie mit diesen Produkten zu verfahren sei und befragten die DAF. Diese wandte sich wiederum

65 Hingewiesen wurde zudem auf technische Schwierigkeiten, da kleinere Bilder schneller und in höherer Auflage gedruckt werden müssten, sei hier auch maschinentechnisch die Farbechtheit nicht immer gewährleistet. Dies heiße jedoch keineswegs, dass die Bilder die Würde der nationalen Symbole verletze. Die Firma unterstütze „die Propaganda-Idee durch den Vertrieb derartiger Bilder unserer nationalen Führer in wirksamer Form", da der niedrige Preis auch dem ärmsten Volksgenossen die Möglichkeit gebe, „für wenig Geld ein farbiges Bild des Führers anzuschaffen". Vgl. BA Berlin, NS18/471, Bl. 13.

66 Hinsichtlich des Göringbildes bat die Firma die Vorlage weiterhin nutzen zu dürfen, da die Reproduktion eines anderen Bildes vor Weihnachten nicht erledigt werden könne. Diese Bilder würden auf langsamer laufenden Maschinen gedruckt und vor dem Verkauf nochmals geprüft werden. Man bat den Reichsring in dieser Hinsicht um Nachricht. Die Genehmigung wurde jedoch verweigert. Ebd.

67 Ebd.

im September 1941 an den Reichsring zur Beurteilung dieser Frage. Die Firma hatte Probeexemplare an die DAF gesandt und unterstrichen, dass die Propaganda-Ämter der NSDAP diese „wärmstens befürwortet und unterstützt" hätten. Dieses Urteil musste auch die DAF bestätigen: Die Ausführung des Führerkopfes sei tatsächlich gut. Dennoch fand die DAF einen bedeutsamen Einwand: „Auf der anderen Seite bleibt aber zu bedenken, dass durch die Anschaffung eines Transparentes bei der Kreiswaltung oder durch die Betriebe auf Versammlungen und Betriebsappellen eine direkte Uniformierung in der Dekoration dieser Veranstaltungen erreicht werden würde. Für größere Kreisveranstaltungen z.B. kann dieses Transparent nur ein- höchstens zweimal verwandt werden." Diese Argumentation gegen die Transparente wurde weiter verstärkt durch ihren hohen Anschaffungspreis: Ein Transparent der Größe 2 x 3m kostete bspw. 300 RM, die Größe 3x4m belief sich bereits auf 600 RM und das größte Transparent von 4x6m kostete 1500 RM.[68] Der Reichsring bestätigte diese Bedenken in einem Schreiben vom 23.9.1941. Bezugs- und Orientierungspunkt bei der Ausrichtung lokaler Provinzfeste waren die Großveranstaltungen des Regimes, deren organisatorische und finanzielle Leistungen natürlich nicht erreicht werden konnten. Die lokalen Parteistellen strebten nach einer Inszenierung, die der der Großfeste ähneln sollte, konnte mit diesen aber nicht mithalten. Innerhalb der provinziellen Parteiarbeit waren aufgrund des geringen Budgets deswegen „Warnungen vor ‚Dekorationskitsch'" an der Tagesordnung.[69]

Hinsichtlich der Verwendung der nationalen Symbole und des Führerbildes im lokalen Raum wurden also auch Überlegungen der Werbeforschung und der Massenkultur beachtet: Gerade einer Versteinerung und Veralltäglichung der Darstellungen Hitlers aufgrund einer Uniformierung der entsprechenden Bilder wollte man durch Abwechslung entgegen wirken, weswegen Transparente dieser Größe und dieses Preises nicht angeschafft wurden. Obwohl man prinzipiell eine Vereinheitlichung des Führerbildes anstrebte, wog die Gefahr der immer gleichen Bilder und damit der Uniformierung der Darstellung schwerer, als die Aussicht auf eine gelungene Inszenierung. Nachdem Hitler seit der Machtergreifung massenmedial erfolgreich vermarktet worden war, ergaben sich im Verlauf des Zweiten Weltkrieges zunehmend gravierende Darstellungsprobleme, da Hitler nur noch selten öffentlich auftrat und sich v.a. an den Fron-

68 Zum Vergleich: der durchschnittliche Jahresbruttoverdienst eines Facharbeiters betrug 1937 ca. 2000 RM. Vgl. Kurt Bauer: Nationalsozialismus, Wien: Böhlau 2008, S. 263.

69 Vgl. P. Longerich: Propaganda, S. 308.

ten aufhielt. Zusätzlich erschwerend kam hinzu, dass die Großfeste des Regimes nicht mehr stattfanden und somit wesentliche Inszenierungsmöglichkeiten entfielen. Hitler wurde durch diese Umstände zunehmend zum „propagandistischen Problemfall".[70]

Doch die Kontrollinstanzen hatten im weiteren Verlauf des Zweiten Weltkriegs mit zusätzlichen, neuen Problemen hinsichtlich der Reglementierung von Gegenständen mit nationalen Symbolen zu kämpfen. Von großer Bedeutung war nun bspw. die Frage der Materialknappheit und der Kriegswichtigkeit der infragestehenden Gegenstände. Der Gauringleiter von Posen wandte sich im Juni 1941 an den Reichsring mit einer Anfrage wegen zweier Gegenstände. Dabei handelte es sich erstens um Spielzeugfiguren von Hitler, Mussolini, Göring und anderen Persönlichkeiten und zweitens um einen Miniatur-Stahlhelm, der als Briefbeschwerer diente. Im Juli 1941 antwortete der Reichsring, dass die Produktion der Elastolin-Spielfiguren bekannt sei. Da diese Spielfiguren jedoch nicht kriegswichtig seien, würden sie im Moment nur beschränkt hergestellt. Sie fielen jedoch nicht unter das „Antikitschgesetz". Wegen der Stahlhelme müsse man noch Erkundigungen einholen. Die Ergebnisse dieser Nachforschungen wurden im September 1941 weitergeleitet: Da die Stahlhelme aus Aluminium-Abfallstoffen bestünden, dürften sie hergestellt werden.[71] Die Frage der verwendeten Materialien gewann mithin während des Krieges an Dringlichkeit, wobei in den meisten Fällen von einem ablehnenden Urteil über die Kriegswichtigkeit der in Frage stehenden Gegenstände ausgegangen werden kann.

Die Produktion von Führerbildern wurde jedoch nicht vollkommen eingestellt. Die erhoffte systemstabilisierende Wirkung überwog besonders im Fall der Führerdarstellungen oftmals kriegswirtschaftliche Bedenken, wie auch die Frage des „Vertriebs minderwertiger Kunsterzeugnisse" zeigt. Dieser war eigentlich seit einer Anordnung im Oktober 1940 verboten[72], dennoch wurde das Problem damit offensichtlich nicht gelöst. Besonders der im Bericht zuletzt genannte Vorwurf, dass Mitglieder der Reichskammer der bildenden Künste (RdbK) die unerwünschten Produkte schufen, beschäftigte die Reichskulturkammer. Man überlegte, ob eine Aufnahmeprüfung für Künstler eingeführt werden solle. Der zuständige Staatssekretär im RMVP, Leopold Gutterer, antwortete, „dass eine Prüfung zur Aufnahme in die Reichskammer der bildenden Künste nicht in Frage

70 Siehe hierzu auch Rudolf Herz: „Vom Medienstar zum propagandistischen Problemfall", in: Martin Loiperdinger u.a. (Hg.), Führerbilder, München: Piper 1995, S. 51-64.

71 Siehe BA-Berlin, NS 18/1188, Bl. 27ff.

72 Ein Verweis auf diese Anordnung findet sich in BA Berlin, NS18/849, Bl. 3.

komme, aber sonst eine Erschwernis eingeführt werden soll, damit nicht jeder Dilettant in die Kammer aufgenommen werden kann".[73]

Goebbels selbst hingegen argumentierte eher in entgegengesetzter Richtung und riet im März 1941 „in dieser Frage nicht zu engherzig vorzugehen". Es sei besser, „solche an Kitsch grenzenden Erzeugnisse in Kauf zu nehmen, als Gefahr zu laufen, in ländlichen katholischen Haushalten überhaupt kein Führerbild zu finden".[74] Aus Sicht des Propagandaministers überwog zu diesem Zeitpunkt also die Präsenz von Führerbildern vor der kunsthandwerklichen und ästhetischen Qualität derselben.

Die Behörden legten jedoch trotz dieses Goebbelschen Urteils weiterhin großes Gewicht auf die Frage der „minderwertigen Kunsterzeugnisse". Während die Wehrmacht an verschiedenen Fronten „Lebensraum" für das Dritte Reich eroberte, kämpfte man an der „Heimatfront" weiterhin gegen den Kitsch. Die Reichskulturkammer beschäftigte sich bspw. aufgrund des SD-Berichts Nr. 268 vom März 1942 mit dieser Frage. Dieser enthielt den Verweis, dass verschiedentlich Beschwerden der Bevölkerung über die Zunahme dieser Art von Produkten laut würden. „In Kunsthandlungen, vor allem aber in Glas-, Möbel-, Papier-, Rahmen-, Postkarten- und ähnlichen Geschäften würden in steigendem Masse grosse [sic] Mengen dieser minderwertigen Kunstgegenstände zum Kauf angeboten. Es handele sich sehr oft um ausgesprochenen ‚Ramsch'. Diese Erscheinung sei insofern kriegsbedingt, als gegenwärtig künstlerische Geschenkartikel zum grossen Teil fast ausverkauft seien. An ihre Stelle treten deshalb entweder minderwertige, fabrikmässig hergestellte Kitscherzeugnisse oder sogenannte ‚Kunstwerke' aller Art von privaten Künstlern, deren Preise sehr häufig in überhaupt keinem Verhältnis zur Wertlosigkeit der angebotenen Erzeugnisse stünden."[75] Es handele sich u.a. auch um schlecht gemalte Reproduktionen und Postkartenvergrößerungen. Problematisch neben der Erregung, die in der Bevölkerung über die Preise dieser Erzeugnisse entstünden, sei aber auch, dass „alle Bemühungen um eine positive Kunsterziehung breiter Volkskreise immer wieder in Frage gestellt" würden.[76] Selbst die lokalen Zeitungen hätten bisweilen schon darauf hingewiesen, dass die Partei diese minderwertigen Produkte ablehne. Zudem stelle sich die Frage, ob die Produktion dieser Erzeugnisse nicht eine Vergeudung von wichtigen Rohstoffen darstelle.

---

73 Vgl. ebd., Bl. 29.

74 Vgl. Rita Sänze: „Nazikitsch", in: Form+Zweck, 1991, Jg. 23, S. 65, dort leider keine weiteren Angaben.

75 Vgl. BA Berlin, R56I/129, Bl. 30f.

76 Vgl. ebd., Bl. 31.

Schließlich wurde als problematisch erachtet, dass viele der sogenannten Künstler Mitglied in der RdbK seien. „In kunstinteressierten Bevölkerungskreisen werde erstaunt gefragt, warum die zahlreichen Hersteller minderwertiger Kunsterzeugnisse durch die ihnen gewährte Mitgliedschaft bei der RdbK (Reichskammer der bildenden Künste, W.N.) noch ausdrücklich eine Genehmigung zur Herstellung billigen Kitsches erhielten." Die „wirklichen Künstler" würden aus diesen Gründen zunehmend über geeignete „Auslesemassnahmen" [sic] nachdenken.[77] In Zeiten des Krieges schwankten die Propagandisten also zunehmend zwischen Popularisierung des Regimes durch massenkulturelle Produkte und den begrenzenden Notwendigkeiten des Krieges. Es musste entschieden werden, wer mit welchem Material weiterhin Gegenstände für den „Kitschmarkt" produzieren durfte, gleichzeitig ließ die Qualität der produzierten Gegenstände nach. Die Produktion von systemstabilisierenden Devotionalien stieß hier an die Grenzen der Kriegswirtschaft und deren Vorgaben.

Eine weitere wenig verwunderliche Grenze des Absatzes dieser Gegenstände lag im Rassismus des Systems begründet. Neben den bereits aufgezeigten Grenzen durch qualitative Mindestansprüche, personelle Zugangskontrollen, organisatorische Gesichtspunkte und Kompetenzüberschneidungen der zuständigen Behörden fand die Verbreitung von politischen Symbolen rassistische Grenzen wie ein Rundschreiben der Reichskammer der bildenden Künste von Oktober 1940 an alle Kunstverleger und -händler zeigt. Dort heißt es, dass der Vertrieb von „deutschem Kulturgut" in den „eingegliederten Ostgebieten nicht erwünscht" sei. Die Distribution nationalsozialistischen Gutes an Polen sei nicht genehm, lediglich an sogenannte „Volksdeutsche" war er gestattet. „Dabei handelt es sich besonders häufig um Kulturgut, das eine nationalsozialistische Note trägt, wie z.B. Führerbüsten, Bilder des Führers und führender Männer der Bewegung, nationalsozialistisches Schrifttum, nationalsozialistische Zeitschriften. Das Anbieten und der Verkauf derartiger Äußerungen deutschen Kulturlebens an Polen ist aus zahlreichen Gründen unerwünscht und daher untersagt." Wenn Firmen in Polen solche Gegenstände verkaufen wollten, müssten sie sich den Volkszugehörigkeitsausweis des Käufers zeigen lassen.[78] Die Popularisierung von Politik über massenwirksame Produkte war demnach auch an die Zugehörigkeit zur in den Augen der Propagandisten „richtigen" Rasse geknüpft – einziges Ziel politischer Propaganda war die Integration der eigenen Bevölkerung, die besetzten Gebiete zählten nicht

77 Ebd.

78 Vgl. R 55/1450, Bl. 114.

dazu. Wesentlich für die Verbreitung massenkultureller Devotionalien war also die rassische Zugehörigkeit der Käufer. Wie die Anzeigen für Hitlerbilder bereits deutlich machten: „In jedes Deutsche Haus" gehörte das Bild des Führers.

Wandern auf dem Grat – Zwischen Popularisierung und Verbot nationaler Symbole

Grundsätzlich kann konstatiert werden, dass die Einsicht in die enge Verbindung von politischer Propaganda und Erkenntnissen der Werbeforschung die Nationalsozialisten dazu führte, für die Beschaffung von Legitimation die Popularisierung ihrer Politik auch mit Hilfe von massenkulturellen Produkten zu fördern. „Nationaler Kitsch" wurde mitnichten vollständig unterbunden – vielmehr wollten die entscheidenden Behörden die Produktion möglichst strikt reglementieren und kontrollieren, welche Produkte auf dem Markt zu haben waren.

Diese Reglementierungsvorstellungen stießen an verschiedenen Stellen jedoch auf ihre Grenzen: Die Propagandisten suchten zwar einerseits, den Markt zu kontrollieren, weigerten sich aber andererseits – mit gutem Grund – klare ästhetische Vorgaben für die Beurteilung der entsprechenden Gegenstände zu erlassen. Die Gutachter wurden in der Entscheidungspraxis deswegen mit gravierenden Problemen konfrontiert. Die Tatsache, dass man auch während des Krieges noch gegen sogenannte „minderwertige Kunsterzeugnisse" kämpfte, zeigt deutlich, dass eine Kontrolle dieses Marktes nicht gelang. Die Entscheidung über Zugelassenes und Verbotenes sollte auf der Grundlage von vermeintlicher Verstärkung des Symbols einerseits und ungewollter Entweihung der Symbole andererseits gefällt werden. Die Produktion von „Edelkitsch", wie Friedländer die vom System gewünschten Gegenstände nennt, wurde zur Verbreitung nationaler Symbole durchaus gefördert, da man sich von diesen eine systemstabilisierende Wirkung erhoffte und massenkulturelle Identifikationsmöglichkeiten und -objekte für die breite Bevölkerung zu schaffen gedachte. Die Gutachter mussten aufgrund so schwammiger Kategorien wie „innerer Verbindung" zwischen Gegenstand und Symbol oder „kunsthandwerklicher Qualität" entscheiden, was nicht erwünscht war. Wesentliche Bedeutung wurde deswegen für die Bewertung der fraglichen Gegenstände dem Verwendungszusammenhang beigemessen.

Erschwerend kam für Produzenten und Behörden hinzu, dass institutionelle Kompetenzfragen wie in vielen gesellschaftlichen Bereichen im nationalsozialistischen Regime auch bei der Überwachung der nationalen Symbole nicht abschließend geklärt und einsichtig waren. Die in vielen Bereichen des NS-Systems zu findende doppelte Vergabe von Kompetenzen an staatliche und parteiamtliche Stellen gleichzeitig ist auch im Bereich der Reglementierung und Überwachung der nationalen Symbole beobachtbar. Aufgrund des dadurch notwendigen internen Schriftverkehrs zwischen den Behörden wuchs die für Entscheidungen benötigte Zeit wesentlich an. Als Ansprechpartner für Anfragen und Beschwerden wurden verschiedene Institutionen angesehen, wie etwa der Reichsring, der persönliche Referent des Führers, die DAF, die Reichspropagandaleitung und das RMVP. Ein Großteil der institutionellen Arbeit bestand deswegen in der bürokratischen Weiterleitung von Dokumenten an die richtige Behörde.

Wesentliche Bedeutung für die Reglementierung des Kitsch-Marktes stellte die personelle Überwachung und Kontrolle der Produzenten dar. Nur dem Regime loyal gegenüberstehende Bürger, die meistens Parteimitglieder waren, sollten die entsprechenden Produkte herstellen und vertreiben dürfen. Das politisch einwandfreie Führungszeugnis der jeweiligen Gauleitungen war unausweichliche Voraussetzung für die Genehmigung zur Produktion von nationalem Kitsch. Unter ökonomischen Gesichtspunkten galt es, bereits bestehende, oft von Parteigenossen unterhaltene Firmen der Spielwaren- und Edelmetallindustrie zu erhalten und zugleich die vom Regime vorgegebenen Mindestansprüche an Qualität einzuhalten. Die personelle Kontrolle beschränkte sich jedoch nicht nur auf die Produzenten, auch der potenziellen Käuferschicht wurden Grenzen gesetzt, hier aufgrund von „rassischen" Kriterien: Nur Volksdeutsche waren zum Kauf der „Devotionalien" berechtigt.

In Bezug auf Hitlerbilder befand sich das Regime in einem Zwiespalt: Einerseits sollte möglichst in jedem deutschen Haushalt ein solches hängen, andererseits sollten diese jedoch trotz geringer Anschaffungskosten eine akzeptable Qualität besitzen. Die angestrebte Omnipräsenz des Führers fand ihre Begrenzung oftmals in der technischen Umsetzung der Darstellungen. Die Propagandisten des Regimes vertraten hier vor allem während des Krieges unterschiedliche Meinungen – während die Entscheidungsbehörden der RPL strikt an Qualitätsmargen festhielten, überwog für den Propagandaminister die Bedeutung der möglichst großen Verbreitung des Markenartikels des Nationalsozialismus schlechthin: Adolf Hitler.

Beobachtbar ist eine Ambivalenz im Umgang mit dem nationalen Kitsch. Die beschriebenen Vorgänge haben dargelegt, dass von einer strikten Ablehnung des nationalen Kitsches während der nationalsozialistischen Diktatur keineswegs gesprochen werden kann. Der neue politische Stil der Nationalsozialisten baute auch auf die Mechanismen der Popularisierung von Politik, die an das Regime gestellten, massenkulturellen Bedürfnisse nach Produkten dieser

Art durch breite Bevölkerungsschichten wurden durchaus ernst genommen. Zum Zwecke der gesellschaftlichen Legitimationsbeschaffung und nationalen Identifikation war das Regime auf diese Art von Gegenständen angewiesen. Die Gratwanderung der Propagandisten hinsichtlich der Reglementierung bestand in dem Wunsch zur möglichst vollständigen Kontrolle dieses Marktes einerseits und relativ unklaren Regelungen andererseits, die es den Produzenten immer wieder ermöglichten, den starr konzipierten Rahmen für die Produktion von Kitsch zu ignorieren. Hinzu kamen Grenzen institutioneller, personeller und bürokratischer Art. Die aufgezeigte etwas bizarre Mischung aus Erlaubtem und Verbotenem ergab sich somit aufgrund des Auseinanderfallens von Anspruch und Realität.

Die Erneuerung des nationalsozialistischen Theaters „von ganz unten her"?

Der Erfolg der „Volkskomödie" 1929-1936

PATRICK MERZIGER

August Hinrichs, einer der erfolgreichsten Theaterautoren der Zeit zwischen 1933 und 1945, zog im Frühjahr 1938 eine Bilanz, in der er die Entwicklung des populären Theaters in den ersten Jahren der nationalsozialistischen Herrschaft beleuchtete: Die sogenannte Volkskomödie, für die er selbst wie kein anderer stand, habe inzwischen die Theaterlandschaft erobert. Seine Stücke und die Stücke seiner Nachahmer hätten die Art, professionelle Unterhaltung auf die Bühne zu bringen, tiefgreifend verändert. Aber diese „Erneuerung" gehe nicht etwa auf die Bemühungen der nationalsozialistischen Kulturbürokratie oder der Propagandisten zurück, sondern sie komme aus dem „Volk":

> „Bezeichnenderweise kommt es [das neue Theater, PM] von ganz unten her, aus dem Laienspiel, das in den bayrischen und norddeutschen Bauernländern zuhause ist. Es ist sicher kein Zufall, daß die größten Bühnenerfolge der letzten Jahren eben diese süd- und norddeutschen Bauernstücke fanden - nicht weil sie etwa besonders gekonnt oder spannend aufgebaut waren, sondern weil hier keine idealistischen Wesen, dafür aber Menschen unserer Zeit und Gedanken unserer Zeit lebendig gemacht wurden, die jeder Zuschauer unmittelbar miterlebte."[1]

Hinter dieser Aussage, der auch andere Beobachter und Theaterautoren am Ende der 30er Jahre zustimmten,[2] verbarg sich natürlich

1 August Hinrichs: „Die Lage des deutschen Theaters", in: Der 30. Januar. Braune Blätter der Städtischen Bühnen Frankfurt am Main 5 (1937/38), S. 94-96.

2 Vgl. z.B. Karl Bunje: „Meine Stellung zum Volksbühnenspiel", in: Volksbühnenwarte 20,3 (1939), S. 3-4.

zu einem guten Teil Werbung in eigener Sache. Die Stücke, so behaupteten Hinrichs und seine Adepten, erfreuten sich nicht nur größter Beliebtheit, sondern sie drückten die Sorgen, Wünsche und Träume des „Volkes" aus, auch weil sie im engen Kontakt mit dem „Volk" entwickelt worden seien. In einer Zeit, in der der Begriff „Volk", verstanden als Gemeinschaft der „arischen" Deutschen, ideologisch stark aufgeladen und positiv besetzt war, reklamierten die Autoren mit der Bezeichnung „*Volk*skomödie" eine unhinterfragbare Qualität, die sie von Komödienautoren aus der Zeit vor 1933 abheben sollte.

Doch jenseits solcher Eigenwerbung lässt sich, das soll dieser Artikel zeigen, in solchen Bilanzen auch ein Stück Wahrheit finden. Der Begriff „Volkskomödie", so wird hier argumentiert, weist erstens darauf hin, dass die Stücke tatsächlich aus einem anderen Milieu stammten als die Lustspiele der Weimarer Republik. Die „Volkskomödien" feierten ihre ersten Erfolge vor 1933 auf den winzigen und informellen Bühnen eines Amateurtheaters, das besonders im niederdeutschen Raum verbreitet war und das vor allem das „Volk" - in den 30ern immer auch noch ein Synonym für die „einfachen Leute" – besuchte. Zweitens werden diese Komödien auch vor dem Hintergrund eines ideologisch aufgeladenen Volksbegriffes durchaus zu Recht als „Volkskomödien" bezeichnet. In bis dahin nicht gekannter Form inszenierten die Autoren in ihren Stücken immer wieder die harmonische Gemeinschaft der Deutschen, die – mal mehr mal weniger deutlich in Szene gesetzt – auf der Exklusion des Andersartigen und Abweichenden beruhte. Die Stücke passten sich somit bestens in die Ideologie der NSDAP ein.

Bisher sind diese „Volkskomödien" trotz ihrer Popularität in der Forschung kaum beachtet worden. Ein Teil der deutschen Theaterwissenschaft beschränkte sich lange Zeit auf „das Stück" selbst, also auf die Ästhetik, und man arbeitet sich an Stücken ab, die unter diesem Gesichtspunkt wertvoll oder innovativ waren. Im Mittelpunkt standen ein Kanon klassischer und moderner Stücke oder aber Stücke, die sich von diesem Kanon abhoben. Deshalb dominierten lange Zeit, wenn man sich der NS-Zeit zuwandte, Arbeiten zur „verfälschenden" Klassikerrezeption durch die nationalsozialistischen Theater oder zur „Vertreibung" der Moderne aus dem deutschen Theater. Es wurden also hauptsächlich die unbestreitbar großen Verluste für die deutsche Theaterkultur durch die Machtübernahme der NSDAP beschrieben.[3]

3 Vgl. z.B. Claudia Albert (Hg.): Deutsche Klassiker im Nationalsozialismus. Schiller, Kleist, Hölderlin, Stuttgart: Metzler 1994.

Eine bedeutende Ausnahme ist das DFG-Projekt „Strukturgeschichte des deutschen Schauspieltheaters“, das Henning Rischbieter an der Freien Universität Berlin leitete und dessen Ergebnisse er und andere Autoren in dem 2000 erschienen Band *Theater im „Dritten Reich“. Theaterpolitik, Spielplanstruktur, NS-Dramatik* zusammenfassten. Die Forschergruppe erschloss die Struktur des nationalsozialistischen Theaters, indem sie sich nicht an einem Kanon orientierte, sondern an dem tatsächlich Aufgeführten. Bei der Erhebung des Gespielten traf das Projektteam allerdings die Entscheidung, die Popularität der Stücke nicht über ihre Aufführungszahlen, sondern über die Zahl der Inszenierungen an den Theatern zu bestimmen. Dadurch rücken solche Stücke in den Vordergrund, die eine große Zahl von Theatern inszenierte, auch wenn tatsächlich nur eine Aufführung stattfand. So sind in dieser Art der Zählung Stücke überrepräsentiert, die die Intendanten nur aus politischen Erwägungen z.B. zum „Heldengedenktag“ im Spielplan aufnahmen, die aber ansonsten kein Publikum fanden.

Aus dieser Perspektive stellt sich das Theater im nationalsozialistischen Deutschland als eine seriöse Veranstaltung dar. In der Spielzeit 1935/1936 ist die Zahl der Inszenierungen von ernsten Stücken und heiteren Stücken auch nach zeitgenössischen Quellen mit 199 beziehungsweise 190 auf den ersten Blick fast ausgeglichen; die Mitarbeiterin des Projektes zur Strukturgeschichte, Barbara Panse, kommt in ihrer Zählung immerhin noch auf einen Anteil von 35,45% ernster Stücke.[4] In ihrer Vorstellung der 14 populärsten Autoren, die sich wiederum an der Zahl der Inszenierungen orientiert, ist mit Sigmund Graff nur ein Komödienautor vertreten, August Hinrichs fehlt sogar ganz.[5] Legt man nun aber die Aufführungszahlen zu Grunde, waren in der Spielzeit 1935/36 mehr als 75% der Aufführungen Komödien (857 ernste zu 2027 heiteren Aufführungen)[6], und August Hinrichs dürfte insgesamt der populärste zeitgenössische Autor gewesen sein. Hätte man also konsequent nach der tatsächlichen Popularität der Stücke gefragt, wäre man zu einem anderen Bild der Struktur des deutschen Theaterschaffens gelangt: Das NS-Theater war vor allem Unterhaltungstheater, bestimmt durch scheinbar harmlose und wenig kunstvolle Komödien.

4 Barbara Panse: „Zeitgenössische Dramatik 1933-44. Autoren. Themen. Zensurpraxis“, in: Henning Rischbieter (Hg.), Theater im „Dritten Reich“. Theaterpolitik, Spielplanstruktur, NS-Dramatik, Seelze-Velbe: Kallmeyer 2000, S. 491-720, hier S. 597

5 Ebd., S. 598-720.

6 Hans Joachim Beyer: „Die große Spielplan-Statistik 1935/36“, in: Neues Theater-Tageblatt 8,31 (1936), S.1-2 und 8,32 (1936), S. 2.

Neben der Konzentration auf kanonische und ernste bzw. „ernst zu nehmende" Theaterstücke ist der zweite Grund dafür, dass der „Volkskomödie" bisher in der Forschung wenig Aufmerksamkeit entgegen gebracht wurde, darin zu sehen, dass das Amateurtheater praktisch völlig unerschlossen ist. Die Forschung zur Theatergeschichte war lange allein auf Berlin konzentriert,[7] aber auch die Arbeiten zu den „Provinzbühnen" der letzten Jahre beschränkten sich auf große Stadt-, Landes- und Staatstheater in deutschen Mittel- oder Großstädten wie Freiburg, Frankfurt am Main oder Mannheim. Selbst wenn man wirklich aufs Land geht, stehen nur die gemeinnützigen Theater im Mittelpunkt.[8]

Allein in der Regionalgeschichte Norddeutschlands findet sich eine rege Auseinandersetzung mit dem Thema „Amateurtheater". Die Regionalhistoriker gingen jedoch vor allem der Frage nach, ob es sich dabei um ein völkisches Theater gehandelt habe, ob nun aus apologetischer und verharmlosender[9] oder kritischer Perspektive.[10] Entsprechend rücken in der Forschung die reaktionären Heimatvereine als Träger dieses Theaters in den Vordergrund,[11] gleichzeitig gewinnen die ernsten Stücken, die die völkische Ideologie erkennbar bedienten, eine Bedeutung, die sie für die Zeitgenossen nicht hatten.[12] Die „Volkskomödien" erscheinen aus dieser Perspektive als „harmlos unverbindlicher Schwank"[13] oder als „seichte Possen und

7 Bogusław Drewniak: Das Theater im NS-Staat. Szenarium deutscher Zeitgeschichte 1933-1945, Düsseldorf: Droste 1983; Hans Daiber: Schaufenster der Diktatur. Theater im Machtbereich Hitlers, Stuttgart: Neske 1995.

8 Anselm Heinrich: Entertainment, Propaganda, Education. Regional Theatre in Germany and Britain between 1918 and 1945, Hatfield: University of Hertfordshire Press 2007.

9 Bruno Peyn: Richard-Ohnsorg-Theater. Beiträge zur Geschichte der Niederdeutschen Bühne, Hamburg: Quickborn-Verlag 1965; Karl Veit Riedel: Niederdeutsches Theater in Oldenburg. Geschichte der August Hinrichs Bühne am Oldenburgischen Staatstheater, Oldenburg: Isensee 1996.

10 Ulf-Thomas Lesle: Das Niederdeutsche Theater. Von „völkischer Not" zum Literaturtrost, Hamburg: Christians 1986.

11 Ulf-Thomas Lesle: „Das Niederdeutsche und die norddeutsche Bühnenbewegung", in: Museumsdorf Cloppenburg u.a. (Hg.), Regionaler Fundamentalismus, Oldenburg: Isensee 1999, S. 198-217, hier S. 204-207.

12 Vor allem das Freilichtspiel *Die Stedinger* von August Hinrichs wurde vielfach auf seine Verbindung zu nationalsozialistischem Gedankengut untersucht, vgl. z.B. Catrin Finsterhölzel: „Die Einweihung der ‚niederdeutschen Gedenkstätte Stedingsehre'. Ein Beispiel nationalsozialistischer Selbstinszenierung im Gau Weser-Ems", in: Oldenburger Jahrbuch 99 (1999), S. 177-207.

13 Lesle: Das Niederdeutsche Theater, S. 171.

‚Volksstücke‘, die eine Verflachung des niederdeutschen Theaters befürchten ließen“[14].

Diese Konzentration auf die offensichtlich ideologischen Stücke des Amateurtheaters und die Vernachlässigung der Produktionsbedingungen spiegeln sich dann auch in Überblicksdarstellung zum Theater im nationalsozialistischen Deutschland. Der Theaterhistoriker Gerwin Strobl identifizierte jüngst das Amateurtheater zutreffend als bedeutendes Desiderat der historischen Forschung, er sieht seine Bedeutung jedoch allein in einer angeblichen Verbindung zum Thing-Spiel.[15] Die populären „Volkskomödien“, die bei weitem den größten Teil des Repertoires der Amateurtheater ausmachten, hatten jedoch mit diesen spektakulär erfolglosen NS-Weihespielen nichts gemein. Einem zweiten Theaterhistoriker, William Grange, waren kurz zuvor in seiner Studie zu den Komödien in der NS-Zeit die erfolgreichen „Volkskomödien“ aus dem niederdeutschen Raum zwar aufgefallen. Da er die Stücke aber allein nach ihren völkischen Inhalten beurteilt, von der Verwurzelung dieser Stücke in einer lebhaften Kultur des Amateurtheaters jedoch absieht, will er in diesem Erfolg bloß eine Episode erkennen, die auf nationalsozialistische Steuerung des Theaters zurückzuführen sei.[16]

Um nun die Bedeutung der „Volkskomödien“ in der nationalsozialistischen Theaterlandschaft erschließen zu können, sollen im folgenden Herkunft und Spezifik, der Erfolg und das Nachwirken dieser speziellen Form des Unterhaltungstheaters analysiert werden. Zuerst stehen die Produktionsbedingungen im Mittelpunkt. In einem kurzen Überblick, der 1929 ansetzt, wird der Raum des niederdeutschen Amateurtheaters, aus dem die „Volkskomödien“ hervorgingen, skizziert. Besondere Aufmerksamkeit gilt der Frage, ob die „Verwurzelung“ im „Volk“ jenseits der Propaganda eine Realität hatte. Darauf aufbauend soll analysiert werden, welche Art von Stücken die besondere Produktionsweise des Amateurtheaters hervorbrachte und wo der Unterschied zu anderen Komödien des deutschen Theaters aus der Zeit vor 1933 lag; die zentrale Eigenschaft, die die Stücke verband und von anderen abhob, war ihre Konzentration auf die Gemeinschaft. Im dritten und vierten Teil soll dem Aufstieg und dem baldigen Verschwinden der „Volkskomödie“ nach 1933 nachgegangen werden. Dabei gilt es der These entgegen zu treten, beim Erfolg der Komödien nach 1933 handele es sich um

14 Riedel: Niederdeutsches Theater in Oldenburg, S. 23.

15 Gerwin Strobl: The Swastika and the Stage. German Theatre and Society, 1933-1945, Cambridge: Cambridge University Press 2007, S. 164 und S. 55-56.

16 William Marshall Grange: Hitler Laughing. Comedy in the Third Reich, Lanham, Md.: University Press of America 2006, S. 37-40 und 149-153.

das Resultat einer gezielten nationalsozialistischen Theaterpolitik. Der Grund für den schnellen Aufstieg ist vielmehr in der Theaterkrise in der Spielzeit 1933/34 zu suchen. Am recht abrupten Ende des Erfolgs nach 1936 lässt sich dann sogar zeigen, dass erst die nationalsozialistische Förderung die Bedingungen so veränderte, dass die Produktion der „Volkskomödien" abbrach.

Das niederdeutsche Amateurtheater in der Weimarer Republik

Seinen Anfang nahm das niederdeutsche Theater um 1900. Vor dem Ersten Weltkrieg blieb es aber eine bürgerliche Veranstaltung. Philologisch Interessierte wollten mit solchen Stücken die niederdeutsche Sprache erhalten, fortentwickeln und ihren Wert unterstreichen, indem sie nachwiesen, dass auch in dieser Sprache Literatur zu verfassen sei. Erst nach dem Ersten Weltkrieg entwickelte sich das niederdeutsche Amateurtheater zu einer prosperierenden Bühnenform. Zwei unterschiedliche Strömungen beförderten die Konjunktur, einerseits der wachsende „Stolz" auf die „Heimat", eine Reaktion auf den Ersten Weltkrieg, der als „Schmach" empfunden wurde, andererseits das Bedürfnis, die zusätzliche „freie Zeit", die durch die neue Arbeitsgesetzgebung zur Verfügung stand, mit Unterhaltung zu füllen. Indem das Amateurtheater beides bediente, wurde es zu einer erfolgreichen Form der Unterhaltung, besonders auf dem Land, wo die Versorgung mit Abspielstätten für professionelle Medien geringer war als in der Stadt und sich gleichzeitig eine konservative Grundeinstellung gegenüber dem „modernen Leben" eher hielt als in städtischen Milieus.

Bis zum Jahr 1929 hatte sich im niederdeutschen Raum eine rege Theaterkultur ausgebildet. In einer Dissertation zum Laientheater aus dem Jahr 1942 wird die Zahl der Bühnen, die Laien oder private Geschäftsleute betrieben, für die Jahre vor 1933 auf 60.000 geschätzt.[17] Ein Autorenteam, das 1934 versuchte, das fremde Thema „Amateurtheater" für die nationalsozialistische Regierung aufzuarbeiten, schätzte die Zahl solcher Bühnen in Deutschland auf „Zehntausende".[18] 1935 blickte ein Freund des Amateurtheaters zurück und bestätigte die Diagnose eines regen Theaterlebens besonders für den niederdeutschen Raum: „Es gibt heute in ganz

17 Margarete Franke: Die Münchener Laienspiele, Phil. Diss. Wien 1942, S. 75.

18 Therese Paris: „Die Laienbühne. Weg und Ziel", in: Ortsgruppe Weimar des Kampfbund für deutsche Kultur (Hg.), Die Laienspielbewegung, Warendorf: Wulf 1934, S. 3-21, hier S. 7.

Norddeutschland, von Ostfriesland angefangen bis hinauf nach Königsberg, kaum eine Stadt oder einen größeren Flecken, die nicht ihre plattdeutsche Spieltruppe hätten. Ja, manche dieser Laienbühnen bringen im Winter mehr Schauspielaufführungen heraus als die stehenden Theater.“[19]

Drei verschiedene Typen von Bühnen bildeten das niederdeutsche Amateurtheater. Erstens sind die Vereinsbühnen zu nennen. Gesellige Vereine, wie Sportvereine und Gesangsvereine, veranstalten zu besonderen Anlässen innerhalb des dörflichen Lebens, wie z.B. Wintervergnügen, Jubiläen des Vereins oder des Dorfes, zumeist einmalige Aufführungen mit Laien aus der Dorf- und Stadtteilgemeinschaft. Geprobt wurde ein bis zwei Wochen. Die Aufführungen fanden in den Sälen der Gastwirtschaften statt. Das Theaterstück hatte hier die Funktion eines feierlichen und erkennbaren Auftaktes und einer zusätzlichen Attraktion im Wortsinne, die das Festpublikum anlocken sollte.[20]

Zweitens findet man die ländlichen Mundartbühnen, die getragen wurden von Heimatvereinen und Mundartspielgruppen. Sie zeichneten sich durch längere Probenzeiten aus und hatten ein stabiles Ensemble von Laiendarstellern. Sie konnten zumeist auf einen Festsaal oder eine Kneipe als Stammbühne zurückgreifen. Die eingeprobten Stücke kamen mehrmals zur Aufführung. Teilweise gaben sie zu besonderen Gelegenheiten Stücke in Auftrag, oder die Mitarbeiter der Bühnen traten als Autoren hervor. Diese Bühnen wollten mit ihren Aufführungen die niederdeutsche „Art“ befördern und sahen sich als unpolitische Vereinigung. Deutlich erkennbar ist jedoch ihre antimoderne und antiparlamentarische Stoßrichtung. Sie verstanden sich als „eine neutrale Insel im Lärm der Gegenwart“ und verorteten sich „außerhalb des politischen, besonders des parteipolitischen Getriebes“[21].

Drittens bestanden (klein)städtische Mundartbühnen, z.B. die Niederdeutsche Bühne des Landestheaters in Oldenburg und das größte Niederdeutsche Theater in Hamburg, das Richard Ohnsorg

19 Friedrich Lindemann: „Lichter der Heimat“, in: Das Volksbuch von Jolanthe, Berlin: Drei Masken Verlag 1935, S. 9-32, hier S. 28.

20 Walther Blachetta: Das Laienspiel und seine heutige Aufgabe, Stuttgart: Franckh 1934, S. 115-120; Carl Voscherau: „Niederdeutsches Bühnenspiel auf dem Dorfe?“, in: Mitteilungen aus dem Quickborn 35 (1941/1942), S. 69-70.

21 Peter Zylmann: „Sind die Heimatvereine reaktionär?“, in: Die Tide 6,1 (1922/1923), S. 38-39. Vgl. auch Ernst Heinrich Bethge: „Laienspiel und Lebensziel“, in: Vierzig Jahre Verlag Arwed Strauch. Ein kurzer Überblick über die Entwicklung der Handlung und ihrer Arbeitsgebiete in Beiträgen einiger Mitarbeiter, Leipzig: Strauch 1931, S. 73-74.

leitete und das bis heute als Ohnsorg-Theater aktiv ist. Hierbei handelte es sich schon damals um professionell wirtschaftende Unternehmen. Sie bespielten feste Theater und schufen sich durch Gastspiele zusätzliche Einnahmen. Die Schauspieler erhielten pro Stück eine Aufwandsentschädigung, die für viele besonders in der wirtschaftlichen Krise nach 1929 Haupteinnahmequelle war und zu scharfen Konflikten mit den Organisationen der Berufsschauspieler um den Status dieser Bühnen führte.[22]

Die drei Theatertypen im norddeutschen Raum bildeten einen Zusammenhang, der sich zuerst über die gemeinsame Sprache „Plattdeutsch“ herstellte und schließlich in einem speziellen Repertoire von Stücken mündete. Da professionelle Schreiber dieses prosperierende Theater nicht wahrnahmen, bildete sich, angeregt durch eine Vielzahl von Wettbewerben um das beste niederdeutsche Stück, eine eigene Autorengruppe.[23] Die Autoren waren oft selbst Amateurschauspieler, sie kannten in jedem Fall die Bedingungen vor Ort und konnten ihr Schaffen dem Theater der „einfachen Leute“ anpassen.

Damit ihre Stücke auf den drei Bühnentypen gespielt wurden, mussten sie vier Eigenschaften erfüllen: Die Stoffe sollten so nah an der Lebenswelt der Bauern, Handwerker und ländlichen bzw. städtischen Arbeiterschaft angesiedelt sein, dass diese die Stücke als Ausdruckform innerhalb der eigenen Festivitäten annahmen. Die Ideologie der Stücke musste auch im antimodernen und antiparlamentarischen Umfeld der Heimat- und Kriegervereine auf Zustimmung stoßen, ohne dass sie sich aber allzu bekenntnishaft in den Vordergrund gedrängt und in der Dorfgemeinschaft zu Auseinandersetzungen geführt hätte. Gleichzeitig hatten die Stücke so unterhaltsam zu sein, dass sie sich auch von den größeren Bühnen, die, obwohl sie vehement den Status des Amateurtheaters reklamierten, als professionelle Privattheater arbeiteten, verkaufen ließen. Die Stücke mussten auch für Konsumenten in einem (klein)städtischen Umfeld attraktiv sein und sich dort gegen andere Unterhaltungsangebote durchsetzen können.[24]

Alle drei Theaterformen teilten schließlich eine letzte Anforderung an die Stücke: Da für die Inszenierungen nur geringe Ressour-

22 Peyn: Richard-Ohnsorg-Theater, S. 105; A. Strempel: „Laienspiel, Niederdeutsche Bühne Hamburg und Doppelverdiener“, in: Mitteilungen aus dem Quickborn 26 (1932/1933), S. 114-117.

23 „Das Ergebnis des Hamburger Preisausschreibens“, in: Niederdeutsche Monatshefte 5 (1930), S. 275; es wurden 44 Einsendungen gezählt.

24 August Hinrichs: „Über die Niederdeutsche Bühne“, in: Mitteilungen aus dem Quickborn 25,4 (1930/1931), S. 118-119. Hinrichs kritisierte hier diese Tendenzen, von denen er selbst allerdings profitierte.

cen zur Verfügung standen, bevorzugten die Amateurtruppen Stücke, die im umfassenden Sinn einfach waren. Die Laiendarsteller hatten nicht die Übung und die Zeit professioneller Schauspieler, um Texte einzustudieren. Deshalb verboten sich komplexe Texte und lange Monologe. Wegen der einfachen Bühnen und der geringen Mittel für Bühnenbild und Requisite griffen die Regisseure zu Stücken, die die Einheit des Ortes und der Zeit strikt einhielten und die in der Gegenwart angesiedelt waren. Schließlich war mit einem Publikum zu rechnen, dass nicht unbedingt mit höchster Konzentration der Handlung folgen werde, so dass eher einfache Fabeln und robuste Komik erfolgversprechend erschienen.

Aus einer anderen Perspektive betrachtet war diese einfache Form des Theaters eine Möglichkeit für die Autoren und Theatergruppen, zusammen mit ihrem Publikum neue Stücke ohne großen Aufwand auszuprobieren. Selbst die professionell wirtschaftenden, großen „Amateur"-Theater waren im Vergleich zum öffentlichen Theater hochgradig flexibel, da auch von ihnen keine Professionalität erwartet wurde. Es gab kein stehendes Ensemble, es waren keine Löhne zu zahlen, so dass selbst im Fall des Misserfolgs das unternehmerische Risiko gering blieb. Da die Stückeschreiber strickt auf eine möglichst alltägliche Umgebung und die Einheit des Ortes und der Zeit achteten, brauchten die Laiengruppen vor Ort keine Beleuchter, Bühnentechniker, Bühnenarbeiter oder gar Bühnenbildner, die die Kulisse gestaltetet oder die Umbauten übernommen hätten. Durch das geringe Risiko und den geringen Aufwand waren die größeren (klein)städtischen Mundarttheater in der Lage, viermal mehr Neuinszenierungen pro Jahr zu wagen als durchschnittliche Theater. Die Niederdeutsche Bühne Hamburg errang mehrfach den „Weltmeistertitel für deutsche Uraufführungen"[25]. Mit den Bühnen der geselligen Vereine und Heimatvereine, die ein Stück im Normalfall nur einmal, im Erfolgsfall durchaus öfter aufführten, vermehrten sich die Orte für das Austesten neuer Stücke.

So entstand im Niederdeutschen eine ganz eigene Theaterszene, die mit dem Unterhaltungstheater der Städte nicht in Verbindung stand. Die Autoren des niederdeutschen Amateurtheaters wurden auf den Bühnen der professionellen Staats-, Landes- oder Stadttheatern nicht gespielt, nicht einmal wahrgenommen. Während sich im Amateurtheater in Norddeutschland die „Volkskomödie" als Stückform herausbildete und als erfolgreich erwies, dominierten auf den gemeinnützigen Bühnen neben den ernsten „Klassikern" und Zeitstücken die Boulevard-, Salon- oder Gesellschaftskomödien mit ei-

25 Wilhelm Frels: „Die deutsche dramatische Produktion des Jahres 1935", in: Die Neue Literatur 37 (1936), S. 336-343, hier S. 343.

nem stark satirischen oder gar grotesken Einschlag.[26] Schließlich unterschieden sich auch die Publika deutlich: Die gemeinnützigen Theater waren bis 1933 eine bürgerliche Institution und auch die städtischen Privattheater, in denen praktisch ausschließlich Boulevardkomödien auf die Bühne kamen, wandten sich nicht an die Arbeiterschaft, sondern an ein Publikum, das das außergewöhnliche Vergnügen suchte. In den Amateurbühnen, ob auf dem Land oder in der Stadt, fanden sich allen Berichten zufolge „einfache Leute" zusammen, die ansonsten nie ins Theater gegangen seien. Ein Autor machte bei einer Premiere eines Stückes von August Hinrichs in Oldenburg eine „wahrhafte Volkswanderung" aus.[27] Aber nicht nur beim ländlichen Publikum, auch bei den „schaffenden Kameraden", bei den „Ölbohrern in der Heide", der „Gefolgschaft der I. G. Farbenindustrie", bei den „Glasbläsern in Schlesien" und den „Kohlenwäschern des Saargebiets" habe sich die „Volkskomödie" größter Beliebtheit erfreut.[28]

Die Gemeinschaft auf der Bühne. Struktur und Form der „Volkskomödien"

Die Stücke, die aus diesem Zusammenhang von Theatern hervorgingen, unterschieden sich in Inhalt und Anlage weitgehend von den Stücken der professionellen Theater, sowohl von den Boulevardkomödien als auch von den klassischen Komödien. August Hinrichs Stücke, die sich nach 1933 zu den bekanntesten und erfolgreichsten Theaterstücken auch im professionellen Theater entwickelten, können stellvertretend für das Muster der „Volkskomödie" stehen. Hinrichs ist der Prototyp eines Autors im niederdeutschen Raum. Er arbeitete noch bis 1929 als Tischlermeister, schrieb nebenbei Heimatromane auf Hochdeutsch und hatte kleinere Erfolge. Nach der Wirtschaftskrise 1929 verlor seine Tischlerei den Großteil der Aufträge, und Hinrichs beschloss, als freier Schriftsteller sein Glück zu versuchen. Rückblickend schilderte er die Anfertigung seiner ersten „Volkskomödie" *Krach um Jolanthe* im Jahr 1930 (unter dem Titel *Swienskomödi*) als bloße Gefälligkeit für das Oldenburger Niederdeutsche Theater, dem er seit 1923 verbunden war.

26 William Grange: Comedy in the Weimar Republic. A Chronicle of Incongruous Laughter, Westport, Conn.: Greenwood Press 1996.

27 Bernhard Schmidt zitiert nach Heinz Grothe (Hg.): August Hinrichs zum 60. Geburtstag am 18. April 1939. Stimmen der Freunde, Leipzig: Quelle & Meyer 1939, S. 49.

28 Heinz Steguweit zitiert nach ebd., S. 52.

Hinrichs gesteht jedoch selbst ein, dass es 1930 eigentlich seine größte Sorge war, wie er sich als freier Schriftsteller neue Verdienste erschließen könnte.[29] So ist es wahrscheinlich, dass er in dem florierenden niederdeutschen Amateurtheater mit seinem großen Bedarf an Stücken eine einfache Möglichkeit sah, ohne den Aufwand, den ein neues Buch mit seinen langen Vorlaufzeiten bedeutet hätte, schnell an Geld zu kommen.

Die Rechnung ging auf. Die Niederdeutsche Bühne Hamburg übernahm *Krach um Jolanthe* sofort nach der Uraufführung in Oldenburg (10. Dezember 1930). Auch auf den anderen beiden Bühnentypen des niederdeutschen Amateurtheaters, die tatsächlich von Laien betrieben wurden, war die Komödie erfolgreich. Das wird an einer Aufstellung der Theateraufführungen in der Wesermarsch deutlich. Der Männerturnverein Abbehausen, der dem Typus „geselliges Vereinstheater“ entspricht, spielte das Stück schon am 30. Oktober 1930 in Nordenham. Die Aufführung stieß offenbar auf großes Interesse, denn in den nächsten vierzehn Tagen fanden vier Aufführungen in den Nachbardörfern statt. Auch von den Heimatvereinen wurde die *Swienskomödi* übernommen, so z. B. vom Theaterverein Oldenbrok, der das Stück am 7. Dezember 1930 erstmals und dann noch bis weit in das nächste Jahr hinein spielte.[30]

Deutlich ist aber auch, dass die Komödie *Krach um Jolanthe* vor 1933 nur im Raum des niederdeutschen Amateurtheaters funktionierte. Obwohl August Hinrichs umgehend eine hochdeutsche Version anfertigte, die in Dresden am 29. Oktober 1931 unter dem Titel *Wurschtbrühe* uraufgeführt wurde, fiel die Komödie auf den professionellen Bühnen durch und wurde nur sporadisch aufgeführt. Auch August Hinrichs erkannte schnell, dass die Übersetzung ins Hochdeutsche allein nicht ausreichte, um auf den großen Bühnen Erfolg zu haben, dass es sich bei den öffentlichen Theatern und dem niederdeutschen Amateurtheater um getrennte Theaterkulturen handelte. Für das professionelle Weimarer Theater schrieb er schon 1931 ein zweites Stück in Hochdeutsch, das mit einer „Volkskomödie“ nichts zu tun hatte. Das Stück *Freie Bahn dem Tüchtigen* war eine Satire auf das Parteiensystem der Weimarer Republik. Es erreichte „gewiß nicht die strahlende Heiterkeit und die volkhafte Unmittelbarkeit“ der niederdeutschen Komödien, wie ein Laudator Hinrichs' vorsichtig, aber deutlich kritisch anmerkte.[31] In

29 August Hinrichs: „Bretter, die die Welt bedeuten“, in: Das Volksbuch von Jolanthe, Berlin: Drei Masken 1935, S. 33-70, hier S. 57-58.

30 Tobias Klein: Mundarttheater als „Volkstumspflege“. Heimatbewegung und Laienspiel in der Wesermarsch 1920-1945, Magisterarbeit Berlin 2004, S. 11-12 des Anhangs.

31 Lindemann: „Lichter der Heimat“, S. 30.

den letzten Jahren der Weimarer Republik war es aber eines der meistgespielten komischen Stücke in den professionellen Theatern.

Wie weit sich die beiden Theaterkulturen in Anlage und Inhalt der Stücke unterschieden, wird deutlich, wenn man die beiden erfolgreichsten Komödien des professionellen öffentlichen Theaters und des niederdeutschen Amateurtheaters aus den Spielzeiten 1930/31 bis 1932/33 gegen einander hält: *Marguerite durch Drei* von Fritz Schwiefert, 1930 uraufgeführt, und eben *Krach um Jolanthe.*

Marguerite durch Drei ist eine typische Komödie des Weimarer Boulevardtheaters. Der Autor Schwiefert gibt sich alle Mühe, das Lustspiel als Zeitstück zu positionieren. Spielort ist eine Großstadt, genauer Berlin mit seinem vielfältigen Unterhaltungsangebot und seiner modernen und dynamischen Angestelltenkultur. Im Mittelpunkt stehen die drei Junggesellen Lorenz, Ludwig und Karl, die in einer Wohngemeinschaft leben. Alle drei sind rechte Schwerenöter, lernen aber in kurzen Abständen ihre jeweilige Traumfrau kennen. Der Schauspieler Lorenz trifft sein „Margueritchen" nach einem Besuch im Romanischen Café, dem Künstler-Café des Berlins der 20er Jahre. Sie ist ein liebes, etwas dümmliches Mädchen, das er sich als Mutter seiner Kinder vorstellt. Der Chirurg Ludwig lernt seine „Mar" auf dem Potsdamer Platz, der als die Metapher für die Großstadt der 20er Jahre verwandt wird, kennen. „Mar" durchschreitet kühl und unberührt das Gewühl, Lorenz sieht in ihr das lang gesuchte „Girl", mit dem er sachliche Erotik ohne bürgerliches Gefühl leben kann. Der Kaufmann Karl lernt seine „Rita" in der Villa d'Este kennen, einem Vergnügungs- und Tanzlokal, das der Mode der Zeit folgend Versatzstücke fremder oder vergangener Kulturen, hier der Renaissance, als Attraktion einsetzt. Karl sieht in Rita die mondäne und verruchte Frau, die den Abenteurer in ihm weckt und ihn aus seiner Langweile befreit.

Hinter diesen drei Frauen verbirgt sich jedoch eine einzige namens Emmi, die im Haus gegenüber der Junggesellen-WG wohnt. Da die drei Männer sie nie beachtet hatten, hatte sie beschlossen sich so zu inszenieren, dass sie ihr verfallen. Emmi reizt die Männer im Verlaufe des Stückes zu Übertreibungen, bis sie sich in Widersprüche verfangen. Als „Mar" enttarnt sie zum Beispiel in einem Gespräch Ludwigs Prätentionen, der sich sachlich kalt gibt, von romantischer Liebe nichts wissen will und den Geschlechtsverkehr als ökonomischen Vorgang sieht:

„Mar: Sie sind kein Schwärmer

Ludwig: Nein. Absolut nicht.

Mar: Sehr schön. Wir sind uns vollkommen einig. (charmant lächelnd) Sie wollen mich natürlich auch nicht umsonst haben?

Ludwig: (sieht sie verblüfft an)

Mar: Sie wollen mich natürlich nicht umsonst haben! Weil Sie nicht wahnsinnig sind!
Ludwig: (steht auf, geht erregt hin und her) Das will ich natürlich nicht. Aber Sie sprechen davon mit der Kälte einer klinischen Studie, die ich als Mensch von Takt und Gefühl auf allerschärfste ablehnen muß.“[32]

Den zu erwartenden Abschluss, dass nun einer der blamierten Männer gewählt und dessen Position damit geadelt wird, legt die Komödie durch wiederholtes undeutliches Zulächeln an den richtigen Stellen zwar nahe. Emmi verschwindet dann aber mit einem nicht näher bekannten Ewald und lässt die zerknirschte Wohngemeinschaft zurück.

Das Besondere an dieser Komödie ist, dass sie alle Standpunkte desavouiert und daraus ihre Komik zieht und dass dies durch eine Frau geschieht. Zudem wird der Spannungsbogen, an dessen Ende sich die gespannte Erwartung in Nichts auflöst, immer wieder durch Reflexionen der Komödie auf sich selbst als Theaterstück unterbrochen. So tritt etwa der Hausdiener Jean am Ende aus der Handlung heraus und beantwortet die Frage nach der Moral von der Geschichte:

„Es ist heute Abend sehr viel von Leidenschaft und Moral und Glück die Rede gewesen. Also: Leidenschaft und Moral! oder: Leidenschaft ohne Moral! oder: Moral ohne Leidenschaft! Da sind ja schließlich alles nur Worte. --- Einerlei ob Sie moralisch und leidenschaftlich oder eins von beiden oder keins davon sind: wenn Sie, meine verehrten Damen, einen Herren oder Sie, meine Herren, eine Dame irgendwo kennen lernen sollten, dann gebe ich Ihnen die Moral, die sich für mich aus dem Stück ergibt: legen Sie sich nicht allzu früh fest!“[33]

Es sei also um Nichts nicht gegangen oder allenfalls um die Relativierung von Lebensentwürfen und Idealen.

Krach um Jolanthe ist nun ebenso deutlich in der Gegenwart angesiedelt, allerdings im bäuerlichen Umfeld, und es ist auch sehr viel einfacher und klarer gebaut. Das Stück nimmt einen aufsehenerregenden Fall im südoldenburgischen Sevelten auf, wo 1929 einem Bauern wegen seiner Steuerschulden ein Schwein und damit nach seinen Aussagen seine Lebensgrundlage gepfändet wurde. Eine Gruppe Bauern raubte das Schwein und gab es dem Besitzer zurück. Diese Befreiungs-Aktion war Teil eines sich im Oldenburger und Schleswiger Land formierenden Bauernwiderstandes. In der Wirtschaftskrise Ende der zwanziger Jahre, bei steigenden Zinsen

32 Fritz Schwiefert: Marguerite durch drei. Lustspiel in drei Akten, Berlin: Arcadia Verl. 1930, S. 39.

33 Ebd., S. 98.

und sinkenden Preise für landwirtschaftliche Produkte, kamen viele Höfe in starke Bedrängnis. Die Bauern boykottierten die Steuerzahlungen und die Bewegung radikalisierte sich. Die NSDAP nahm diesen Unmut auf und schlachtete ihn politisch aus, mit Carl Röver stellte sie nach den Wahlen im Mai 1932 im Land Oldenburg erstmals einen Ministerpräsidenten.[34]

Hinrichs nahm nun in seiner Komödie dem Fall in Sevelten den Ernst, indem er den Bauer Krischan seine Steuerzahlungen aus purem Eigensinn und auch aus Geiz verweigern lässt. Der Raub des Schweins findet auch in dem Stück statt, verliert aber an Bedeutung, da Krischans Tochter Anna die Steuerschuld zuvor beglichen hatte und der Bauer damit nur die eigene Sau stiehlt. Im Stück *Krach um Jolanthe* werden zwar noch die Ideologeme der Heimatbewegung – Verherrlichung der Subsistenzwirtschaft, Ferne zum demokratischen Staat – an prominenter Stelle vorgetragen. Aber auch darum geht es der Komödie letztlich nicht. Der komische Konflikt konzentriert sich auf die Auseinandersetzung von vitalem Land und verbildeter Stadt. Für das Land treten Anna und besonders Gerd, ihr Liebster, auf. Die Stadt vertritt der Lehrer Meiners, der um Anna wirbt und sich damit beständig lächerlich macht:

„Meiners [...] (zieht sie an sich)
Anna (schmiegt sich an) Nein, Nein, Herr Meiners – um Gotteswillen, wenn das jemand sieht! Sie sind aber einer - .
Meiners:(küßt sie zart und vorsichtig) Sie haben Recht – ich will mich bezwingen, bis ich ein Recht dazu habe. [...] (rasch ab)
Anna (enttäuscht): Davon hatte ich mir mehr vorgestellt – das kann Gerd besser."[35]

Das kann Gerd tastächlich besser, er erzwingt bei jeder Gelegenheit "gewaltsam" einen Kuß von Anna. Anna nimmt die Sache schließlich in die Hand und bewegt Gerd zu einem Heiratsversprechen. In der Vereinigung mit diesem „aufgeweckten, frischen Kerl, der lebenslustig und übermutig, strotzend vor Kraft immer bereit zu lustigen Streichen"[36] ist, liegt ein Ziel des Stückes.

Gleichzeitig durchläuft der Lehrer Meiners einen Lernprozess. Zuerst muss er erkennen, dass er mit seiner gewohnten individuellen, intellektuellen Lebensweise hier nicht weiter kommt, er erfährt

34 Joachim Kuropka: „Ein Lustspiel mit politischem Hintergrund. ‚Krach um Jolanthe' und das Ende der Weimarer Republik", in: Jahrbuch für das Oldenburger Münsterland (1994), S. 161-171, hier S. 163-166.

35 August Hinrichs: Krach um Jolanthe (Metzelsuppe). Bauernkomödie in 3 Akten, Berlin: Drei Masken Verlag 1931, S. 36.

36 Ebd., S. 8.

jedoch auch, dass seine Vorstellungen von der ländlichen Gemeinschaft als Ideal ebenso wenig weiterführen. Als er selbst in den Verdacht gerät, mit dem Verschwinden des Schweines in Zusammenhang zu stehen, scheint er nur durch die Bauern Unterstützung zu erhalten und schwingt sich zu Lobesreden auf: „Gerade in dieser Zeit, wo alles auseinanderstrebt, da müssen wir uns soviel fester zusammenschließen.“ [37] „Man muß auf das Ganze sehen. Die Volksgemeinschaft nicht wahr?“[38] Den Bauern selbst scheint ein solcher Beifall übertrieben, als politisches Geschwätz; Gerd etwa entgegnet: „Wollen se sich nich in’n Reichstag wählen lassen, Herr Meiners? Da sind noch Plätze frei!“[39] Kurz darauf erfährt der Lehrer Meiners, dass seine Lobreden tatsächlich sehr übertrieben waren. Die Bauern hatten ihn nämlich gezielt angeschwärzt, um von ihrer Tat abzulenken. So erkennt er, dass sich die Bauern durchaus lächerlich und dumm aufführen, hinterlistig und bösartig handeln.

Jedoch gibt es jenseits dieser lässlichen Verfehlungen einen gleichsam naturwüchsigen Zusammenhalt, und dessen Darstellung ist Hinrichs zentrales Anliegen. Gerd ist in diesem Stück ausersehen, das Lob der Gemeinschaft, diesmal unwidersprochen, zu verkünden:

„Nein – alles was recht is – und was sein muß, das muß sein! Wir Bauern wolln tun, was wir können, aber wenn man uns das letzte Hemd vom Leib ziehen will, dann sagen wir: Halt! Bis hierher und nicht weiter! Dann wollen wir zusammenstehen, Mann für Mann, unseren alten Bauernstand hochzuhalten. – Ja, unser alter Bauernstand, der soll leben: Hoch! – Hoch! Und zum dritttenmal Hoch! (Jedesmal brausendes Hoch, die Musik spielt den Tusch dazu.)“[40]

In der Gemeinschaft der Bauern haben kleinere charakterliche Schwächen ihren Platz, da die Gemeinschaft als natürlich und deshalb unerschütterlich erscheint. Zum Schluss des Stückes wird dann diese nur halbperfekte, aber feste Gemeinschaft auf die Bühne gebracht. Den Protagonisten wird entdeckt, was das Publikum längst weiß: Die Sau gehörte längst wieder dem Bauern Krischan, das Schlachtfest wird nachgeholt und in einem für Komödien der 30er Jahre klassischen Abschluss lachen alle gemeinsam über die eigenen komischen Verwirrungen, einschließlich des Gendarmen und des Lehrers.

Ein solches Ende mag allzu einfach erscheinen, aber gerade diese Einfachheit war das zentrale Merkmal der „Volkskomödien“, das

37 Ebd., S. 68.
38 Ebd., S. 20.
39 Ebd.
40 Ebd., S. 52.

schon durch die Produktionsbedingungen der niederdeutschen Theaterkultur vorgegeben war. Anders als in den Boulevardkomödien wurde hier kein Spiel mit den Erwartungen der Zuschauer getrieben, es standen keine wilden Verwechslungen und moralischen Relativierungen im Mittelpunkt, am Ende stand nicht Nichts. Vielmehr setzten die „Volkskomödien" auf ein glückliches Ende, auf das absehbar alles hin lief, und dieses Ende erhielt einen Sinn, indem die Gemeinschaft sich als robustes Konzept erwies. Trotzdem blieben die „Volkskomödien" Komödien, hier wurde nicht in Monologen Politik verhandelt, im Gegenteil gaben sich die Akteure betont unpolitisch. Die Stücke waren lustig und unterhaltsam, da immer wieder kleinere Abweichungen vom Ideal der Gemeinschaft zum Thema wurden.

In der Fabel der „Volkskomödien" stand immer die Gemeinschaft am Ende, eine Gemeinschaft, die zwar mit durchaus fehlerhaften Charakteren besetzt war, die aber gegen das Außen zusammen hielt. Jedoch trugen nicht nur das glückliche Ende, sondern auch der Bau der Komödie und die spezielle Anlage der komischen Konflikte dazu bei, dass in diesen Stücken die Gemeinschaft im Mittelpunkt stand und stehen konnte. Die spezielle Komik der „Volkskomödie" tritt deutlich in den Remakes bekannter Bühnenstoffe hervor, in denen eine Dämpfung der Komik gegenüber dem Original unübersehbar ist.

Für Komödien, so klagten die Zeitgenossen, gebe es in Deutschland nicht viele Vorbilder; Lessings *Minna von Barnhelm* schien vielen zu ernst, als klassische deutsche Komödie blieb allein Kleists *Der Zerbrochene Krug.*[41] Doch auch hier bemängelten Kritiker die unnötige Schärfe, und sehr viel erfolgreicher als das Original waren dann die zeitgenössischen Umarbeitungen, die die Schärfe herausnahmen. Die Verfilmung mit Emil Jannings aus dem Jahr 1937, die recht nah am Stück blieb, erhielt zwar höchste politische Ehrungen, konnte sich aber an der Kasse nicht behaupten. Mit größtem Erfolg arbeitete jedoch Heinrich Spoerl den Stoff in seinem Buch *Der Maulkorb* (1936, verfilmt 1938) um. Den Anfang aber hatte August Hinrichs mit seiner „Volkskomödie" *Wenn der Hahn kräht* bereits um die Jahreswende 1932/33 gemacht; uraufgeführt wurde seine Neufassung des *Zerbrochenen Krugs* am 24. März 1933, wiederum am Niederdeutschen Theater in Oldenburg.

Wie auch später bei Spoerl ist in Hinrichs Neufassung die Dämpfung der ursprünglichen Schärfe des Stückes bis in die De-

41 Hermann Pongs: „Warum lachen wir? Eine Untersuchung über das Lustspiel. II. Der zerbrochene Krug als Beispiel der vollkommenen Komödie", in: Rheinisch-Westfälische Zeitung, Nr. 135, 21.5.1944.

tails hinein offensichtlich. In Kleists *Zerbrochenem Krug* steigt der Dorfrichter Adam bei der jungen Eve ein und forderte dort von ihr „So Schändliches, [...] daß es kein Mädchenmund wagt auszusprechen!“[42] Der Dorfrichter wird dort vom eigentlichen Liebhaber Eves, Rupprecht, überrascht. Der zieht ihm zweimal eine Türklinke über den Kopf, bevor Adam entkommen kann. Bei der wilden Flucht zerbricht der Krug, der Dorfrichter verliert seine Perücke und zieht mit seinem Klumpfuß eine unverkennbare Spur. Bei Hinrichs ist der gesamte Konflikt gemildert. Hier steigt der verheiratete Bauer und Gemeindevorsteher Jan Kreyenborg völlig betrunken und dadurch geil bei der Tochter des Schneiders Peter Witt ein, stößt in deren Bett aber auf den Schneider selbst. Da seine Tochter auswärts schlief, hatte der erkrankte Witt sich, um seine Frau nicht zu stören, hier niedergelegt. Kreyenborg verliert bei der wilden Flucht einen Rockknopf und einen Stiefel im Matsch und wird von der Frau des Schneiders Trina Witt mit der Mistgabel in den Hintern gestochen.

Kreyenborg trifft also die Tochter nicht an, zu etwaigen schändlichen Annäherungsversuchen kommt es erst gar nicht (und selbst wenn, wäre das nicht weiter tragisch gewesen; im Stück wird die Schneidertochter als liederliches „verfügbares“ Mädchen hingestellt). Zudem war er betrunken, damit nicht Herr seiner selbst – Trunkene im Ausnahmezustand sollten sich zu einem typischen Motiv der Komödien in den 30er Jahren entwickeln. In der Interpretation Kleists wird der Krug gerne als Bild für die Unschuld von Eve gesehen, das Zerbrechen somit als Symbol für die verlorene Unschuld. Bei Hinrichs zerbricht schlichtweg nichts. Auch die Schäden, die die turbulente Szene verursacht, halten sich bei Hinrichs in Grenzen. Der Stich mit der Mistgabel in den Hintern stammt aus dem Repertoire der Stummfilmkomödie und gilt konventionell als wenig schmerzhafter Angriff. Bei Kleist schleppt sich der Dorfrichter Adam hingegen schwer verletzt auf die Bühne und führt die gesamte Gerichtsverhandlung zur Aufklärung des nächtlichen Übergriffs in diesem Zustand. Dieses Moment einer starken Körperlichkeit und der ihr innewohnenden Komik nahm Hinrichs insgesamt zurück.

Bei Kleist lag der Reiz des Stückes in seinem kontrastreichen komischen Konflikt, in der Figur des schuldigen Richters. Der Dorfrichter Adam muss über sein eigenes Vergehen urteilen. Unter den Augen des auswärtigen Beobachters, in Gestalt des Gerichtsrats Walter, windet er sich umso mehr und findet keine Lösung für die-

42 Heinrich von Kleist: Der zerbrochene Krug. Ein Lustspiel, Frankfurt am Main: Insel 1976, S. 136.

ses Dilemma. Das schlägt sich in den Stockungen und Doppeldeutigkeiten der Rede nieder, die das Stück auch für den Zuschauer zu einer verwirrenden Angelegenheit machen. Bei Hinrichs wurde dieser Kontrast wiederum stark abgemildert. Kreyenborg muss sich nicht selbst anklagen, die Ermittlungen übernimmt vollständig eine externe Autorität in Person des Amtshauptmanns Kröger und des Wachtmeisters Stindt.

Kleist treibt den Konflikt im Verlauf des Stückes auf die Spitze, und das Stück kommt erst dadurch zu einer Lösung. Der Gerichtsrat Walter lässt Adam, den er bald als Schuldigen erkannt hat, das Verfahren fortsetzen, und betreibt bewusst die Verurteilung des unschuldigen Ruprecht. Erst dadurch kann sich Eve, die aus Angst vor dem Dorfrichter schweigt, dazu durchringen, den wahren Schuldigen zu nennen. Der Dorfrichter wird suspendiert, der Konflikt ist gelöst. Auch in *Wenn der Hahn kräht* wird der Konflikt gelöst, die Pointe ist allerdings, dass nichts geschehen ist. Zu einer unsittlichen Annäherung kam es nicht, Kreyenborg wird aber verdächtig, bei dem Einbruch Geld gestohlen und dem Scheider Witt mit einer Axt vor den Kopf geschlagen zu haben. Der Zuschauer wissen schnell und am Ende wird auch den Protagonisten entdeckt, dass nichts gestohlen wurde und der Schneider Witt auf eine Harke getreten war, worauf ihm der Stil vor den Kopf schlug.

Ein Rezensent fasste die Geschichte zusammen: Es „bleibt von dem Überfall nichts übrig, so daß die Sache sich selbst erledigt“[43]. Viel Lärm um nichts, könnte man meinen. Die Veränderungen haben aber Gründe. Ein Grund ist in den unterschiedlichen Publika und Aufführungsorten zu suchen. Kleist schrieb ein symbolisch aufgeladenes, sprachlich komplexes Lustspiel für ein bürgerliches Publikum. Es kann als Parodie des Ödipusmythos gelesen werden (beide „ermitteln“ gegen sich selbst) oder als eine Darstellung des grundlegenden Konflikts eines Mannes (Adam kommt durch Eva auf Abwege). Von diesem „Ballast“, der ohne entsprechende Vorbildung nicht auffiel, befreite Hinrichs sein Stück und reduzierte es auf seinen komödiantischen Kern; für das von ihm anvisierte Publikum, also Handwerker, Arbeiter und Bauern, mag Hinrichs das als angebracht erachtet haben.

Gleichzeitig aber waren diese Änderungen, Milderung des Konfliktes und die Dämpfung der komischen Mittel, notwendig, um das eigentliche Ziel des Stückes zu erreichen. Am Ende sollte die Bestätigung der engen Gemeinschaft des Volkes stehen. Im *Zerbrochenen Krug* kann die Dorfgemeinschaft aber den Konflikt mit eigenen Mit-

43 Hermann Oncken: „Wenn de Hahn kreiht“, in: Niederdeutsche Welt 8 (1933), S. 101.

teln nicht lösen. Weil der Richter zugleich der Ankläger ist, ist eine Lösung innerhalb der Gemeinschaft verbaut, und da die Hinweise, die den Dorfrichter als Schuldigen identifizieren, zu deutlich sind, kann man seine Schuld nicht unter den Teppich kehren. Schließlich ist tatsächlich eine Sache beschädigt und die Unschuld der Eve zumindest symbolisch in Zweifel gezogen worden. Es bedarf einer externen Instanz, um das Vergehen zu bestrafen und damit den Frieden wiederherzustellen. Im Gegensatz dazu sieht die Staatsmacht bei Hinrichs *Wenn der Hahn kräht* zum Schluss ein, dass sie hier besser nicht weiter stört. Als Kröger darauf hingewiesen wird, dass, obwohl ja nichts passiert sei, der Einbrecher weiter frei herumlaufe, stößt er entnervt aus: „Lassen Sie ihn um Gotteswillen laufen – ich habe die Nase voll von dieser Sache.“[44]

Den unterschiedlichen Zielen der Stücke entsprechend ist auch die jeweils zentrale komische Figur anders gestaltet. Während bei Kleist der Dorfrichter Adam ein reiner Narr ist, ein Richter, der vollständig aus der Rolle fällt, ist der Gemeindevorsteher Kreyenborg ein gemischter Charakter, der in einem Zustand verminderter Zurechnungsfähigkeit seinem Trieb nachgibt. Wo Adam sich in dieser Dorfgemeinschaft unmöglich macht und am Ende suspendiert wird, da sind die kleinen Fehler Kreyenborgs Ausweis seiner Zugehörigkeit zu der Gemeinschaft und ein Schmunzeln wert. Der zentrale Satz des Stücks *Wenn der Hahn kräht*, der schon in der Eröffnungsszene fällt und danach beständig wortgleich oder in Abwandlungen wiederholt wird, ist auf Kreyenborgs Verhalten gemünzt: „Lass ihn doch. N' Kerl der nicht mal ab und an übers Tau schlägt, der taugt nichts.“[45]

Solche gemischten Charaktere, die Hinrichs für eine gute Gemeinschaft des Volkes als typisch entwarf, ergeben den Eindruck einer gedämpften Komik, sie können aber auch glaubhaft innerhalb ihrer Gemeinschaft die Probleme regeln. Das Neue an diesen „Volkskomödien“ war, dass durch eine geringe Ausbildung des komischen Kontrastes der Zusammenhalt der Gemeinschaft möglich blieb und der Bestand der Gemeinschaft garantiert wurde. Während Kleist auf die Widersprüchlichkeit des Lebens hinweist, gab Hinrichs dem Stück als Sinn mit, die Einheit und die Gemeinschaft auf der Bühne vorzuspielen. Der Zustand vom Beginn, eine feste, aber nicht konfliktfreie Gemeinschaft, die ihre kleinen Probleme selbst löst, ist am Ende wiederhergestellt.

44 August Hinrichs: Wenn der Hahn kräht. Komödie in drei Akten, Berlin: Drei Masken Verlag 1933, S. 87.

45 Ebd, S. 4.

Die Theaterkrise in der Spielzeit 1933/34

Beginnend mit der Spielzeit 1933/34 entwickelten sich dann die „Volkskomödien" von Hinrichs zu großen Erfolgen. *Krach um Jolanthe* war der Überraschungserfolg der Spielzeit 1933/1934 mit Inszenierungen in 74 Theatern (bei ca. 220 erfassten Spielstätten). Seinen Anfang nahm der Erfolg im größten Berliner Privattheater, dem Lessingtheater. Hier erlebte das Stück in der ersten Spielzeit 400 und bis 1939 über 900 Aufführungen (ein zufriedenstellend erfolgreiches Stück erreichte sieben Aufführungen pro Inszenierung und Spielzeit). Bei 1101 Sitzplätzen des Lessingtheaters lässt das selbst bei einer sehr vorsichtigen Schätzung auf mindestens 653.394 Besucher schließen, die das Stück allein in diesem Theater sahen. Hinrichs *Wenn der Hahn kräht* erreichte in derselben Spielzeit „nur" 56 Inszenierungen an öffentlichen Theatern, wurde aber über die Jahre bis 1945 zum erfolgreichsten Stück im nationalsozialistischen Theater.

Die Zeitgenossen waren erstaunt, dass diese Stücke „losgelöst von allen sprachlichen Bindungen, bei dem Publikum einer Großstadt wie Berlin" erfolgreich waren.[46] Aber der Erfolg lässt sich erklären. Die Gründe für diesen Erfolg liegen nicht in der nationalsozialistischen Steuerung im Sinn einer Kampagne zur Förderung des niederdeutschen Amateurtheaters oder der „Volkskomödie". Vielmehr stießen die „Volkskomödien" in eine Lücke bei der Versorgung der Bühnen mit erfolgsträchtigen Komödien, die angesichts der wirtschaftlichen Situation der Theater im Jahr 1933/34 und der Forderung der Nationalsozialisten, die bürgerliche Anstalt zu einem „Theater des Volkes" zu machen, entstanden war. Die politischen Einwirkungen durch den Systemwechsel, den die NSDAP betrieb, waren also nur indirekter Natur, und zur Hilfe kamen den Stücken allenfalls nicht-intendierte Effekte nationalsozialistischer Theaterpolitik.

Zum Zeitpunkt der Ernennung Hitler zum Reichskanzler befand sich das deutsche professionelle Theater in einer tiefen Krise. So wurde im *Deutschen Bühnenjahrbuch* 1933 ein dramatisches Bild der Lage gezeichnet: Gemeinnützige Theater wie das Schiller-Theater in Berlin oder das Prinz-Regententheater in München seien von Schließungen betroffen, Aachen und Bielefeld hätten ihre Spielzeiten auf acht Monate verkürzt und gerade die Theater kleinerer Städte wie Görlitz, Essen, Halle und Gera könnten sich nur noch durch solche Verkürzungen oder gar Teilschließungen halten. Auch die größeren Privattheater fristeten „ihr Dasein von Fall zu Fall, das

46 Lindemann: „Lichter der Heimat", S. 12.

heißt: von einer Direktion zu anderen, das heiß von einem Zusammenbruch zum anderen."[47]

Der Regisseur, Schauspieler und Intendant Ernst Josef Aufricht, in dessen Theater die Dreigroschen Oper in den 20ern Premiere gefeiert hatte, stellt in seinen Erinnerungen dieselbe Diagnose auf: Selbst „die Freikarten wurden nicht angenommen. Das realistische Zeittheater der zwanziger Jahre war gestorben."[48] Er sieht den Grund in der wirtschaftlichen Lage: „Die Zeit mit ihren Börsenkrachs und geschlossenen Bankschaltern kroch den Menschen in ihre Wohnungen und ging mit ihnen als Alpdruck ins Bett. Der Schatten des Pleitegeiers vom schwarzen Freitag des November 1929 war vom Himmel nicht mehr wegzuscheuchen."[49] Die Autoren des *Deutschen Bühnenjahrbuchs* wollten zudem im Repertoire der Bühnen, besonders eben im „Zeittheater" einen Grund für den Niedergang sehen. Die Impulse für ein neues Theater, das Ensemblespiel, hätten sich letztlich als „Betrug am Schauspieler" erwiesen, zwar sei die Freude am Experiment groß gewesen, ökonomisch müsse man diese Experimente aber als „katastrophal" bezeichnen, „nach ganz kurzer, mehr oder (meist) weniger künstlerisch erfolgreicher, finanziell gänzlich unlohnender Arbeit" sei die Tätigkeit wieder eingestellt worden. Aber selbst in der Depression sah das *Deutsche Bühnenjahrbuch* noch Hoffnung, auch für das Ensemblespiel. Ein solches Ensemble aus Berlin, die „Mausefalle", habe es geschafft, in eine zweite, erfolgreiche Spielzeit zu gehen, und zwar mit einem Unterhaltungsstück. „Und damit ist die Richtung gewiesen, in der die Behebung des ganzen Ach und Weh der deutschen Bühne liegt. Interessante, gebrauchsfähige Bühnenstücke, und die Krise ist gewesen!"[50]

Hier lag nun aber das zweite Problem neben dem mangelnden Zuspruch der Zuschauer: Solche gebrauchsfertigen Stücke waren knapp geworden. Die NSDAP zwang viele Theaterschaffende zur Emigration, darunter Theatermacher wie Aufricht und Max Reinhardt, die für das experimentelle Theater standen, aber auch die Autoren, die acht der zwölf erfolgreichsten Stücke der Spielzeiten von 1929/30 bis 1932/33 geschrieben hatten: Bruno Frank, László Fodor, Rudolf Bernauer, Franz Arnold, Ludwig Hirschfeld und Rudolf Oesterreicher. Diesen Autoren war gemein, dass die Nationalsozialisten sie als jüdisch einstuften. Zwar wurde auch immer wieder

47 Emil Lind/Zoepffel: „Theaterwirtschaft", in: Deutsches Bühnenjahrbuch 44 (1933), S. 56-62, hier S. 59.

48 Ernst Josef Aufricht: Erzähle, damit Du Dein Recht erweist. Aufzeichnungen eines Berliner Theaterdirektors, Berlin: Propylaen 1966, S. 103.

49 Ebd.

50 Lind/Zoepffel: „Theaterwirtschaft", S. 60.

gegen das angeblich jüdische Boulevardtheater polemisiert, das allein ökonomischen Interessen entspränge, Autoren wie Fritz Schwiefert oder auch Leo Lenz, die dasselbe Theater bedienten, in den Kategorien der NSDAP aber als „arisch" galten, konnten problemlos weiterarbeiten.

Der Mangel an leichten Gebrauchsstücken, den die erzwungene Abwanderung von Unterhaltungsprofis auslöste, wurde noch größer, weil die Zeitgenossen den Eindruck hatten, dass in Zukunft leichte Unterhaltung kaum gewünscht sein werde. Nun sei die Zeit des Heroismus und Pathos angebrochen, eine neue Ernsthaftigkeit sei festzustellen,[51] allenfalls das „reche Mannsweib" Satire, mit dem man die Gegner des Nationalsozialismus klein halten könne, habe noch eine Berechtigung auf dem Unterhaltungsmarkt.[52] Das Programm des Deutschen Bühnenvertriebs, der als Teils des NSDAP eigenen Eher-Verlages ein neues nationalsozialistisches Theater propagieren sollte, bestätigte diese Erwartungen. Hier erschienen in den ersten Jahren der nationalsozialistischen Regierung nur Stücke, in denen – oft in langen Monologen - entweder die „Helden der Deutschen" gewürdigt oder die „Märtyrer der Bewegung" verehrt wurden. Die Theatermacher in den öffentlich geförderten Theatern passten sich diesen Erwartungen und Zeichen an. Der erste Spielplan im nationalsozialistischen Deutschland, der Mitte 1933 und damit zu einem Zeitpunkt gestaltet wurde, als es noch keine funktionierenden Institutionen zur Kontrolle der Theater gab, zeichnete sich durch eine forcierte Ernsthaftigkeit und politische Ausrichtung auf die Ideologie der NSDAP aus.[53] Durch die Erwartungen eines neuen Ernstes und den vermehrten Einsatz von Helden- und Märtyrerstücken ging die Produktion gebrauchsfertiger, heiterer Stücke weiter zurück; der Anteil der Komödien an allen neu veröffentlichen Stücken sank in der Spielzeit 1933/34 von ehemals 39 Prozent auf 26 Prozent.[54]

51 Georg Foerster: „Können wir heute Humor haben?", in: Der Tag, Nr. 93, 19.4.1934.

52 Richard Nordhausen: „Schaffen - aber mit Humor", in: Der Tag, Nr. 105, 3.5.1934.

53 Anja Brunsbach: Theaterkultur im Nationalsozialismus als politisches Instrument nationalsozialistischer Ideologie und Propaganda. Oberhausener Theaterarbeit und Spielplanpolitik zwischen 1933 und 1934 im Spiegel zeitgenössischer Quellen, 2 Bände, Duisburg: Gerhard-Mercator-Universität 2002, Band 1, S. 102-111 und S. 121-123; Konrad Dussel: Ein neues heroisches Theater? Nationalsozialistische Theaterpolitik und ihre Auswirkungen in der Provinz, Bonn: Bouvier 1988, S. 335-348.

54 Wilhelm Frels: „Die deutsche dramatische Produktion 1936", in: Die Neue Literatur 38 (1937), S. 278-286.

Das Verschwinden der Unterhaltungsstücke schlug sich schließlich in weiter sinkenden Besucherzahlen nieder. Der Komödienautor Sigmund Graff, der in der Reichstheaterkammer als Zensor tätig war, zeichnete in seiner Autobiographie ein hoffnungsloses Bild von der Situation Ende 1933. Der Büroleiters des Präsidenten der Reichstheaterkammer, Carl Spode, habe die Verteilung der unverkäuflichen Karten übernommen und sie oft nur mit großen Schwierigkeiten unters Volk bringen können:

„Am frühen Nachmittag trafen die Boten aus allen Ecken Berlins ein und luden beträchtliche Mengen davon ab, die bis 17 Uhr untergebracht werden mußten. [...] Was nicht von den verschiedenen Ministerien, der Reichskanzlei, privaten Verbindungen usw. geschluckt wurde [...] ließ er gelegentlich zu den Maurern hinausbringen [...].“[55]

Der Zuschauerschwund, den die nationalsozialistische Machtübernahme noch verschärfte, stand im scharfen Gegensatz zu den Vorgaben nationalsozialistischer Kulturpolitik. Denn aus dieser Sicht spielte das Theater eine hervorragende Rolle für die Propaganda. Man versprach sich durch die Konzentration auf das Theater einen Gewinn an Prestige, denn das Theater galt in Deutschland als zentrale Stätte deutscher Kultur. Die Führung der NSDAP hoffte, dass dieses Ansehen auf die nationalsozialistische Partei überspringen werde. Besonders Joseph Goebbels und Hermann Göring kümmerten sich in einer bisweilen grotesken Konkurrenz um „ihre“ jeweiligen Theater in Berlin.[56]

Gleichzeitig wollten die NS-Kulturpolitiker möglichst die gesamte „Nation“ an diesen Segnungen teilhaben lassen, symbolisch war etwa die Umbenennung des Theaters von Max Reinhardt, das den Nationalsozialisten als Hort eines intellektualistischen „Kulturbolschewismus“ galt, in „Theater des Volkes“.[57] Der Präsidenten der Reichstheaterkammer forderte in der Anordnung 44 die Besucherorganisationen auf, Teile der Bevölkerung anzusprechen, „die bisher kaum oder gar nicht mit dem deutschen Theater in Berührung gekommen sind“ [58]. Ihnen waren Preisnachlässe zu gewähren, selbst

55 Sigmund Graff: Von S.M. zu N.S. Erinnerungen eines Bühnenautors 1900-1945 . München-Wels: Welsermühl 1963, S. 13

56 Henning Rischbieter: „‚Schlageter‘ – ‚der erste Soldat des Dritten Reichs‘. Theater in der Nazizeit“, in: Hans Sarkowicz (Hg.), Hitlers Künstler. Die Kultur im Dienst des Nationalsozialismus, Frankfurt am Main: Insel 2004, S. 210-244, hier S. 227-243.

57 John London: „Introduction“, in: Ders. (Hg.), Theatre under the Nazis, Manchester: Manchester University Press 2000, S. 18.

58 Abgedruckt in Theater-Tageblatt, Nr. 1637, 3.7.1935.

dann wenn das Theater so nicht mehr kostendeckend arbeiten könne.[59] Gezielt unterstützten Organisationen wie die Nationalsozialistische Gemeinschaft „Kraft durch Freude“ (KdF) und die SA, später auch das Heer, den Besuch der Theater. Sie starteten im großen Umfang Freikartenaktionen und machten verbilligte Theaterbesuche möglich.[60]

Umso wichtiger schien nun die Frage, was gespielt werden sollte. Ein im engeren Sinn nationalsozialistischer Spielplan hatte sich als Fiasko erwiesen und schien wenig geeignet, ein neues Publikum zu erschließen. Diese Einsicht setzte sich im Theater aufgrund der nicht zu übersehenden und sich zuspitzenden Zuschauerkrise noch schneller durch als in anderen Medien.[61] Bürgerliche Autoren und nationalsozialistische Propagandisten versuchten nun die Leitlinie, es müsse an ein heroisches Theater dominieren, umzudeuten. Wahrhaft heroisch sei das lebendige und populäre Theater, hieß es jetzt.[62]

Friedrich Hedler, Landesleiter der Reichsschrifttumskammer und Chefdramaturg in Magdeburg, veröffentlichte einen programmatischen Aufsatz zum Thema in den *Bausteinen zum Nationaltheater*[63] und dann ausführlicher in der Zeitschrift *Die Neue Literatur*,[64] also in zwei zentralen Organen nationalsozialistischer Kulturpolitik. Auch Hedler kommt zu dem zuerst überraschenden Schluss, dass „das reine Lustspiel [...] tatsächlich gegenüber dem echten Trauerspiel die höhere und vollkommenere Stufe“ darstelle.[65] Hedler ging von der Diagnose aus, es habe bisher in Deutschland keine Lustspiele gegeben. Lustspiele „im Sinne unsres Volkscharakters, der Besonderheit des deutschen Humors und seiner schöpferischen Kräfte“ könnten erst im nationalsozialistischen Deutschland, das zu sich selbst gekommen sei, geschaffen werden.[66]

59 Gerhard Brückner: „Eintrittspreisgestaltung“, in: Die Bühne 2 (1936), S. 361-363.

60 Ute Kiehn: Theater im „Dritten Reich“. Volksbühne Berlin, Berlin: Wissenschaftlicher Verlag 2001, S. 124-146.

61 Wolfgang Braumüller: „Die dramatische Produktion der Gegenwart“, in: Die Neue Literatur 35 (1934), S. 437-439.

62 Wolf Braumüller: „Zum deutschen Theater-Spielplan 1934/35“, in: Bausteine zum deutschen Nationaltheater 2 (1934), S. 225-226.

63 Friedrich Hedler: „Das Lustspiel als Kulturaufgabe des nationalen Theaters“, in: Bausteine zum deutschen Nationaltheater 2 (1934), S. 171-176.

64 Friedrich Hedler: „Die Geburt der Komödie. Das Lustspiel als Kulturaufgabe des nationalen Theaters“, in: Die Neue Literatur 35 (1934), S. 677-692.

65 Hedler: „Das Lustspiel als Kulturaufgabe“, S. 172.

66 Hedler: „Die Geburt der Komödie“, S. 679.

Hedler wusste nun aber auch um das grundlegende Problem, vor dem die Komik im Nationalsozialismus stand: Die Komik wende sich immer dem Abweichenden zu, sie thematisiere die Spannung zwischen dem „positiven Pol hochgespannter Ziele und dem negativen einer niederen Tatsachenwirklichkeit“[67] und stand also in einem latenten Widersprich zur ewig gültigen „Weltordnung“.[68] Für Hedler war dieser Kontrast zwischen zwei unterschiedlichen Systemen von Werten oder Normen die Voraussetzung für jedes Theaterstück, ob nun für tragische oder für komische. Das solle auch so bleiben, denn in „einem Reich des Vollendeten und Idealen“ müsse man auf die Trauer und das Lachen verzichten, da dort die jeweilige Weltordnung unangefochten herrsche.[69]

Es gebe zwei mögliche Wege, den Antagonismus zu überwinden. Bei der „pessimistisch-idealistischen Lösung“, in der Tragödie, empöre sich der Mensch gegen eine dominante Ordnung, wolle sein Ideal, das durchaus erstrebenswert sein könne, der faktischen Welt aufzwingen. Der Held erschüttere diese Welt, scheitere jedoch, da er seine Kräfte überschätze, und gehe zu Grunde. Die „ewige Weltordnung“ bestehe weiter und trotz allen Respekts vor dem Helden müsse sie auch weiter bestehen. Die „optimistisch-lebensvolle Lösung“ zeichne sich dagegen dadurch aus, dass von vorneherein die faktische Ordnung der Welt positiv gewertet werde und unerschütterlich sei. Der abweichende Held erscheine davor immer unzureichend und lächerlich. Um solche Stücke nun zu Stücken des Humors zu machen, sei es entscheidend, dass das Stück „mit Wiederaufnahme des belehrten Frevlers in die Gemeinschaft endet“,[70] womit dann die Überlegenheit und Richtigkeit der Weltordnung unterstrichen werde.

Im Gegensatz zur Tragik also war die hier geforderte Komödie eine Anerkennung des Bestehenden. „Denn während wir uns am Ablauf der komischen Katastrophe vergnügen und ergötzen, neigen wir uns zugleich ehrfurchtsvoll vor der ewig ordnenden Allmacht.“[71] Eine solche Komödie sei heroischer als die Tragik, da man sich bescheide und die unabänderliche Weltordnung akzeptiere. Hier komme die in „Schöpfertum und Führerschaft verwurzelte Gemein-

67 Ebd., S. 682.

68 Zu diesem zeitgenössischen Problem und den Lösungsversuchen vgl. Patrick Merziger: Nationalsozialistische Satire und „Deutscher Humor“. Politische Bedeutung und Öffentlichkeit populärer Unterhaltung 1931-1945, Stuttgart: Steiner 2010, S. 50-70 und S. 228-236.

69 Hedler: „Die Geburt der Komödie“, S. 681.

70 Ebd., S. 683.

71 Ebd., S. 690.

schaftskultur“ zu ihrem Ausdruck.[72] Der Humor der wahren Komödie solle also, so wird Hedler am Ende grundsätzlich, auch über das Theater hinaus angestrebt werden. Denn er sei „recht eigentlich der ideale Ausdruck des Lebensgefühls eines freien Volkes [...], das wieder lachen will, weil es an sich und seine Zukunft glaubt.“[73]

Der kurze Konjunktur der „Volkskomödien“ 1934-1936

Vor diesem Hintergrund ist es nun wenig erstaunlich, dass die „Volkskomödien“ gleichsam von heute auf morgen größte Erfolge feierten. Hier stand eine große Gruppe von Autoren bereit, geübt im Schreiben mit einem großen Repertoire von Stücken, die dem deutschen Publikum noch völlig unbekannt waren. Die Stücke hatten im niederdeutschen Raum zudem bereits bewiesen, dass sie ein großes Publikum anziehen und besonders die neue Zielgruppe, die das nationalsozialistische „Theater des Volkes“ ansprechen sollte, begeistern konnte.[74] Nicht zuletzt passten die Stücke genau in das Anforderungsprofil, das bürgerliche Theoretiker im Auftrag nationalsozialistische Organe entworfen hatten, um der Theaterkrise beizukommen; Fabel, Bau und Komik dieser Komödien waren eine „Anerkennung des Bestehenden“.

Die „Volkskomödien“, die so viel Wert auf Gemeinschaft legten und sich deshalb auf eine milde Form der Komik beschränkten, waren im nationalsozialistischen Deutschland extrem erfolgreich. *Krach um Jolanthe* blieb kein Einzelfall. Neun der zwanzig erfolgreichsten Theaterstücke zwischen 1933 und 1945 stammen aus der Sphäre des Amateurtheaters oder sind eng an diese Komödien angelehnt. Jüngere Autoren wie Karl Bunje folgten Hinrichs Beispiel.[75] Bunje eröffnete 1932 die Niederdeutsche Bühne in Brake, die von vorneherein als Theaterunternehmen angelegt war. Bunje schrieb dann selbst mit dem *Etappenhasen* ein Erfolgsstück. Hinzu kam, dass ältere niederdeutsche Stücke, allen voran *Straßenmusik* von Paul Schurek, das 1920 entstanden war, nun auch hochdeutsch veröffentlicht wurden. *Straßenmusik* erlebte im Jahr seiner hoch-

72 Ebd., S. 692.

73 Ebd., S. 690.

74 Vgl. A. Strempel: „‚Ein wirkliches Problem des deutschen Theaters‘ oder ‚Hühner flattern im Parkett‘“, in: Mitteilungen aus dem Quickborn 29,1 (1935/1936), S. 10-16, hier S. 11.

75 Karl Bunje zitiert nach Grothe (Hg.): August Hinrichs zum 60. Geburtstag, S. 31-32.

deutschen Veröffentlichung 1934/1935, nachdem es schon jahrelang im niederdeutschen Raum gut gelaufen war, mit 38 Inszenierungen noch einmal einen Höhepunkt auf den öffentlichen Bühnen.

Aber auch Autoren wie Jochen Huth, Maximilian Böttcher oder Heinrich Zerkaulen, die nicht direkt aus dem Bereich des niederdeutschen Amateurtheaters stammten, nahmen sich die Erfolge der „Volkskomödien“ zum Vorbild. Sie erschlossen neue Sujets wie das Arbeitermilieu oder die Angestelltenkultur und neue Regionen wie das Rheinland oder Berlin, blieben aber ganz im Muster der „Volkskomödien“, achteten auf die Dämpfung der Komik, Geschlossenheit im Bau und die Bestätigung der Gemeinschaft als Sinn der Stücke. Obwohl die Autoren biographisch keine Verbindung zum Laientheater hatten und die Stücke von Beginn an auf die große Bühne zielten, nahmen die Zeitgenossen und auch die Laienspieler sie doch als Autoren des Amateurtheaters war.[76]

Die Übersetzung in andere Medienformen zeigt die Popularität und Eingängigkeit der Stücke an. Die Autoren konnten ihre Stücke allesamt als Hörspiele an das Radio verkaufen.[77] *Krach um Jolanthe* wurde als Hörspiel sogar mehrfach wiederholt und in verschiedenen Dialekten jeweils neu aufgenommen und versendet.[78] Viele Stücke wurden zu Romanen umgearbeitet oder in Sonderausgaben als Buch veröffentlicht. Praktisch alle niederdeutschen Stücke und Stücke in der Art des Amateurtheaters wurden verfilmt. Hier stachen *Krach um Jolanthe*, der Erfolgsfilm des Jahres 1934, sowie *Krach im Hinterhaus* von Maximilian Böttcher, der Erfolgsfilm des Jahres 1936, heraus. Hinter diesen Erfolgen stand, wie schon bei den Theaterproduktionen, kein nationalsozialistisches Konzept gezielt eingesetzter und humoristisch verschleierter Propaganda. Im Gegenteil entstanden beide Filme bei kleinen Produktionsfirmen, die Regisseure und Produzenten zeigten sich überrascht von dem Publikumszuspruch.[79]

Der Erfolg der „Volkskomödien“ ist offensichtlich. Mühseliger ist es zu bestimmen, welche Eigenschaften die Stücke beim Publikum so beliebt werden ließen. Rezeptionen sind nur schwer nachzuvollziehen und Anschlusskommunikationen jenseits des Kassenerfolges

---

76 Karl Künkler: „Zu Jochen Huths Volksstück ‚Der goldene Kranz‘“, in: Volksbühnenwarte 20,7 (1939), S. 3; Walter Herbst: „Krach im Hinterhaus. Uraufführung der Neubearbeitung für die Volksbühnenspieler“, in: Volksbühnenwarte 19,11 (1938), S. 8-9.

77 „Norddeutscher Humor im Deutschlandsender“, in: Mitteilungen aus dem Quickborn 31 (1937/1938), S. 89.

78 „‚Krach um Jolanthe‘ – ganz echt!“, in: Deutsche Radio Illustrierte 5,51 (1936), S. 22.

79 BArch (BDC), RK/RSK, Maximilian Böttcher, 20.7.1872.

- der allerdings eine wichtige Botschaft ist – wurden nicht aufgezeichnet. Umso schwieriger ist die Suche nach den Gründen für den Erfolg bei Stücken, die wie *Krach um Jolanthe* vor 1933 entstanden waren und deren Aktualisierung und Interpretation nach 1933 aus dem Stück selbst kaum valide erschlossen werden kann. Ein Weg zur Ermittlung der zeitgenössischen Bedeutung sind natürlich Rezensionen. Sie hoben immer und immer wieder die Geschlossenheit des Baus, die gedämpft Komik und die Konzentration auf die Gemeinschaft als zentrale Eigenschaft der „Volkskomödie" hervor.[80] Gerade in der NS-Zeit begibt man sich damit jedoch auf schwankenden Grund, da der Rezensent sich nicht nur den üblichen Einflüssen auf seine Arbeit ausgesetzt sah, sondern auch verstärkt auf das politische Gewünschte zu achten hatte.

Aber bei den „Volkskomödien" gibt es auch jenseits der professionellen Kritik einige Anzeichen dafür, dass gerade die oben herausgearbeiteten Eigenschaften beim Publikum Anklang fanden. Zuerst sind die filmischen Umsetzungen wie *Krach um Jolanthe* oder *Krach im Hinterhaus* zu nennen, die mehr noch als die ursprünglichen Stücke die Geschlossenheit der Gemeinschaft in den Vordergrund spielten und die Konflikte, auf denen die Stücke immer noch basieren mussten, um komisch zu bleiben, weiter milderten. Der Regisseur Carl Froelich stellte dem Lehrer Meiners aus *Krach um Jolanthe* ein Pedant gegenüber, ein Mädchen vom Lande, das aber eine Erziehung in der Stadt genossen hat. So kann am Ende eine Doppelhochzeit gefeiert werden, und selbst das Schwein „Jolanthe" überlebt das Stück, anders als im Original, versteckt zwischen den anderen Schweinen. Die Versöhnung zum Schluss konnte sehr viel umfassender ausfallen, und das Stück wirkte durch die zusätzliche Protagonistin insgesamt sehr viel ausgewogener auf die Zeitgenossen.[81]

Dann gibt es einige Hinweise aus Textbüchern von zeitgenössischen Inszenierungen, dass man sich gerade in den einfacheren Theatern bemühte, den Sinn der Stücke deutlicher heraus zu arbeiten. Für eine Inszenierung in einem großen Haus, dessen Standort nicht mehr zu ermitteln ist, nahm z.B. ein Regisseur laut Textbuch des zweiten Inspizienten einige bezeichnende Streichung an dem Stück *Wenn der Hahn kräht* vor. Neben Auslassungen, die den Um-

80 Herbert Jhering: „‚Kramer Kray'. Gastspiel in der Volksbühne", in: Berliner Tageblatt, Nr. 49, 29.1.1936; Anton Dietzenschmidt: „Niederdeutsche Bühne in Berlin im Theater am Horst-Wessel-Platz", in: Berliner Tageblatt, Nr. 47, 28.1.1936; P. H. Keulers: „Die Komik auf der Laienbühne", in: Volksbühnenwarte 19,4 (1938), S. 9-10.

81 Gerhard Eckert: Gestaltung eines literarischen Stoffes in Tonfilm und Hörspiel (Neue deutsche Forschungen 67). Berlin 1936, S. 211.

gangston freundlicher machten – Invektiven wie „Ekelhafter Kerl!“[82] fielen weg –, griff er besonders stark in eine Szene ein, die das Stück als Zeitstück positioniert hätte. Der Amtshauptmann Kröger rätselt zusammen mit seinem Gehilfen Stindt und im Beisein des Bauern Kreyenborgs über die Motive für den vermeintlichen tätlichen Angriff auf den Schneider Witt [Streichungen im Textbuch]:

Kröger: Das ist ja sehr interessant! Denn war das vielleicht nicht einmal ums Geld – mehr so ein ~~politischer~~ Racheakt?
Kreyenborg: Wer kann das wissen, was das war!
~~Stindt: Wär heutigentags ja grad kein Wunder.~~
Kreyenborg: (dem das Gespräch unbequem wird) Aber sie essen ja nicks! [...] denn 'n büschen dick Butter auf – anders rutscht das ja nicht!
~~Kröger: Danke, danke! Wissen Sie vielleicht, zu welcher Partei Witt gehört?~~
~~Kreyenborg: Partei? Nee, da kümmer ich mich nich um. Ich lass hier jeden nach seiner Fasson selig werden, wenn er bloss keinen Krach macht –~~
Kröger: Ganz recht – ich hätte nur gern einen Anhaltspunkt gehabt.[83]

Im Original deutete Hinrichs also an, dass Witt in der sozialdemokratischen oder kommunistischen Partei gewesen sei, wodurch er im nationalsozialistischen Deutschland eine naheliegende Zielscheibe abgegeben habe. Die Szene war natürlich ideologisch nicht anstößig, trotzdem kürzte der Regisseur die Anspielungen heraus, um allzu tiefgehende Konflikte zu entschärfen. Solche Veränderungen weisen darauf hin, dass die Zeitgenossen die grundlegende Tendenz der „Volkskomödien“ noch verstärken wollten.

Schließlich, und das ist wohl das stärkste Argument, veränderten selbst solche Profis wie Leo Lenz ihre Art zu schreiben. Leo Lenz versorgte das deutsche Theater seit dem Kaiserreich mit erfolgreichen Boulevardkomödien. Er dürfte der erfolgreichste und produktivste Schriftsteller der ersten Hälfte des 20. Jahrhunderts in Deutschland gewesen sein, und er beobachtet natürlich aufmerksam den Markt. Seine Serienproduktion in der Weimarer Republik ähnelte stark den Boulevardkomödien Fritz Schwieferts. Auch Lenz kontrastierte unterschiedliche Lebensentwürfe, bezog daraus die Komik, ohne aber eine Entscheidung nahezulegen. Seine Komödien spielten allerdings anders als bei Schwiefert immer in den Salons der besseren Gesellschaft.[84] Nach 1933 jedoch bemühte er sich erkennbar um Sujets, die näher an der Alltagswirklichkeit waren, und seine Boulevardkomödien hatten nicht mehr Verwirrung zum Ziel,

82 Hinrichs: Wenn der Hahn kräht, S. 52.

83 Ebd., S. 37-38.

84 Vgl. z.B. Leo Lenz: Der Mann mit den grauen Schläfen. Lustspiel in 3 Akten, Berlin-Wilmersdorf: Bloch 1932.

sondern stellten von Beginn an ein harmonisches und geordnetes Ende als Ziel in Aussicht, das gerne auch eine Doppelhochzeit sein durfte.[85]

Obwohl sich das Muster durchsetzte und selbst dogmatische Nationalsozialisten, die bis dahin allein in der Satire die nationalsozialistische Form der Unterhaltung gesehen hatten, die „Volkskomödien" anpriesen,[86] brach die Produktion von „echten" „Volkskomödien" recht abrupt um 1936 ab. Bekanntere Autoren wie Hinrichs und Bunje, Apologeten wie Böttcher und Huth produzierten zwar weiter, es wuchsen aber keine neuen Autoren nach. Der Historiker William Grange interpretiert den Erfolg der „Volkskomödie" deshalb als eine kurze Episode. Nachdem die Kulturschaffenden erkannt hätten, dass die NSDAP anders als erwartet bei der leichten Unterhaltung kaum steuernd eingegriffen habe, sei man zu den alten Routinen zurückgekehrt.[87]

Dagegen spricht schon der dauerhafte Erfolg der „Volkskomödien" aus der Zeit vor 1936. Im Zweiten Weltkrieg erreichten die alten Stücke wieder bemerkenswerte Inszenierungszahlen, *Wenn der Hahn kräht* wurde noch einmal auf 42 Bühnen zur Aufführung gebracht. Unverkennbar sind auch die Bemühungen, „Volkskomödien" nachzuschaffen. Gerhard Brückner, Abteilungsleiter in der Reichstheaterkammer, nahm sich für seinen Versuch, dem nach 1936 vielfach beklagten Mangel an Komödien[88] abzuhelfen, eine niederdeutsche Novelle zum Vorbild. Seine „Volkskomödie" *Das Himmelbett aus Hilgenhöh* hatte Max Dreyer 1928 veröffentlicht, sie war bereits 1937 als Film unter dem Titel *2 x 2 im Himmelbett* verarbeitet worden. Nach der Uraufführung am 13. März 1941 konnte Brückner das Stück immer noch auf 69 Bühnen unterbringen.

Es lag also nicht am mangelnden Bedarf oder fehlender Popularität, dass die „Volkskomödien" verschwanden. Ein Grund für das nicht gewollte Verschwinden ist in Differenzen zwischen den NS-Funktionären zu suchen, durch die die Lage für das Amateurtheater unübersichtlich wurde. Der erste Präsident der Reichstheaterkammer, Otto Laubinger, sah in den Amateuren pauschal Dilettanten, die den professionellen Schauspielern Verdienstmöglichkeiten

85 Vgl. z.B. Leo Lenz: Hochzeitsreise ohne Mann. Lustspiel in drei Akten, Berlin: Meisel 1938.

86 Anonym: „Gebt uns ein Lustspiel!", in: Das Schwarze Korps 2,37 (1937), S. 6.

87 Grange: Hitler Laughing, S. 37-40 und S. 149-153.

88 Wolfgang Goetz: „Ist das Lustspiel noch zeitgemäß?", in: Der Autor 14 (1939), S. 121-122.

nahmen.[89] Dieser Geist schlug sich in dem am 15. Mai 1934 erlassenen Theatergesetz und den zwei Durchführungsverordnungen vom 18. Mai 1934 und vom 28. Juni 1935 nieder. Jegliche Aufführung musste nun genehmigt werden. Die örtliche Konkurrenz, der Intendant des gemeinnützigen Theaters, durfte über die Zulassung entscheiden. Da an anderer Stelle jedoch die Bedeutung der Stücke für das Theater im nationalsozialistischen Deutschland erkannt worden war, versuchte Joseph Goebbels, mit mehreren Anweisungen und Erlassen (15. März 1935, 23. Juli 1935 und 7. April 1936) „gegen die überflüssige Erschwerung des Laienspiels durch untergeordnete Organe“ vorzugehen.[90] Schon die Wiederholung des Erlasses zeigt aber an, dass die lokalen Behörden angesichts der unklaren Situation weiterhin zu Verboten griffen, um auf der sicheren Seite zu stehen. Die Amateurgruppen mussten also nicht nur den bürokratischen Aufwand meistern, auch der Erfolg ihrer Anträge war nicht sicher gestellt. Ergebnis war eine starke Dämpfung des Engagements für die örtliche Amateurbühne.

Die Amateurtheater im norddeutschen Raum verschwanden paradoxerweise endgültig, als sich nationalsozialistische Institutionen ihrer annahmen, um den Bestand zu sichern und die Produktion wieder anzukurbeln. Im Rahmen der KdF sollte das gesamte Amateurtheater von 1936 an neu organisiert werden. Die Niederdeutschen Bühnen, die sich seit jeher durch rege Gastspieltätigkeit ausgezeichnet hatten, wurden in die KdF eingegliedert. Sie sollten im niederdeutschen Raum die Funktion von Wanderbühnen übernehmen, mit ihren Gastspielen die Dörfer bereisen und so private Unternehmungen, die sogenannte Schmiere, ersetzen.[91] Gleichzeitig war vorgesehen, das Amateurspiel durch die Gründung neuer Laiengruppen, die sich der Pflege der „wertvollen“ deutschen Kultur zu widmen hatten, wieder anzuregen. Aber da nun semiprofessionelle Bühnen die Dörfer bereisten und die Nachfrage befriedigten, zudem das Engagement für die deutsche Kultur auf Anweisung wenig attraktiv war, blieben letztlich nur 33 große Niederdeutsche Bühnen übrig. Eine eigene literarische Produktion lohnte sich für eine so geringe Zahl von Aufführungsorten nicht mehr, denn „hier handelt es sich in erster Linie auch um ein finanzielles Moment. Daß solche in monatelanger Arbeit entstandenen Werke

89 Otto Laubinger: „Ein Jahr Aufbauarbeit“, in: Deutsches Bühnen-Jahrbuch 46 (1935), S. 1-8, hier S. 3.

90 „Mitteilungen“, in: Die Neue Literatur 36 (1935), S. 238.

91 Vgl. dazu Gerhard Brückner: „Die deutschen Wanderbühnen“, in: Die Bühne 2 (1936), S. 521; „Planmäßiger Einsatz der Wanderbühnen“, in: Germania, Nr. 234, 23.8.1936; „25 Wanderbühnen der NS Kulturgemeinde“, in: Berliner Börsen-Zeitung, Nr. 511, 30.10.1936.

nur drei oder viermal aufgeführt werden, ist nicht angängig, weil der Dichter so nicht zu seinem Recht kommt. Das ihm zufließende Honorar würde die Arbeit nicht verlohnen"[92]. Die Produktion brach also ab und die „Volkskomödien" verschwanden ebenso plötzlich, wie sie 1933 auf den deutschen Bühnen erschienen waren.

Fazit: Die „Erneuerung" des Theaters von „ganz unten her"

An den „Volkskomödien" lässt sich im Detail nachvollziehen, wie begrenzt und machtlos letztlich nationalsozialistische Kulturpolitik und Propaganda trotz der Allmacht, die Politiker wie Joseph Goebbels immer wieder behaupteten, sein konnte. Vor dem Hintergrund der hier geschilderten Entwicklung erscheint der Begriff der „Gleichschaltung", mit der sämtliche Bereiche des kulturellen Lebens angeblich nach dem Willen der NSDAP ausgerichtet worden seien, als Propagandabegriff, mit dem die Politik versuchte, die eigene Machtlosigkeit zu bemänteln.

Denn die „Volkskomödien" kamen tatsächlich von „ganz unten her", aus einer Theaterkultur, die vor 1933 durch das Engagement und den Zuspruch der „einfachen Leute" jenseits der städtischen Zentren getragen wurde. Dieser Teil des Publikums hatte wegen fehlender Angebote, aber auch aufgrund ökonomischer und soziokultureller Schwellen keinen Zugang zu „dem" Theater der Weimarer Republik. In der speziellen kleinteiligen Theaterkultur des Amateurtheater entwickelten sich Stücke, die aufgrund der Produktionsbedingungen durch Einfachheit und Geschlossenheit geprägt waren. Sie unterschieden sich damit deutlich vom populären Weimarer Theater, in dem verwirrende Boulevardkomödien sich großer Popularität erfreuten. Den Autoren der Boulevardkomödien ging es darum, das Ende möglichst offen zu gestalten und unterschiedliche Wertsysteme gegeneinander unaufgelöst in Kontrast zu setzen. Die Autoren der „Volkskomödien" strebten hingegen die umfassende Synthese zum Schluss an, die in der „natürlichen" Gemeinschaft der Deutschen gelingen sollte.

Während die „Volkskomödien" bis 1933 auf den großen Theatern kaum gespielt wurden, auch das lebhafte niederdeutsche Ama-

92 „Niederschrift über die geschäftlichen Verhandlungen des 44. Bundestages des Reichsbundes für Volksbühnenspiele e.V. vom 9. bis 10.8.1941 in Berlin", abgedruckt in Hans-Günther Nagel: Die Zeittafel. Zur Geschichte des organisierten Amateurtheaters, 2., erweiterte Auflage, Heidenheim: Sondergeld 1998, S. 77-82, hier S. 79-80.

teurtheater kaum wahrgenommen wurde, erfreuten sich diese Stücke von Ende 1933 an größter Beliebtheit. Dieser plötzliche Erfolg war aber nicht das Resultat der Steuerung durch die NSDAP. Im Gegenteil, die Institutionen, die mit der Steuerung des Theaters betraut waren, setzten zu Beginn auf heroisches Theater, Klassikerinterpretationen, Helden- und Märtyrerstücke, sie wollten allenfalls scharfe Satiren auf den politischen Gegner als vorbildliche nationalsozialistische Unterhaltung gelten lassen. Zusammen mit der Vertreibung profilierter Komödienautoren, die als „jüdisch“ klassifiziert wurden, führte die Propagierung des forcierten Ernstes schnell zu einem Mangel an populären Komödien. Hinzu kam, dass die Propagandisten und die Kulturbürokratie wiederholt einforderten, aus der bürgerlichen Institution ein „Theater des Volkes“ zu machen. Deshalb waren populäre Komödien gefragter denn je und die „Volkskomödien“, die ihre Popularität bei breiten Zuschauerschichten unter Beweis gestellten hatten, stießen in diese Lücke.

Noch deutlicher werden die Grenzen nationalsozialistischer Kulturpolitik dann an den Entwicklungen, die zu dem Ende der Produktion von „Volkskomödien“ führten. Zuerst hatte sich vor allem die Reichstheaterkammer angesichts der Vielfalt von kleinen Bühnen, die unkontrolliert ihren eigenen „Spielplan“ erstellten, irritiert gezeigt. Die Kontrollmechanismen schnürten einen großen Teil der Eigeninitiative ab. Die Gegenmaßnahmen erhöhten dann aber nur die Verwirrung bei den lokalen Behörden und damit die Tendenz, zur Sicherheit zum Verbot zu greifen. Der Versuch, die Theater durch gezielte Förderung zu erhalten, besiegelte dann paradoxerweise dass Ende, da die Förderung nur den Bühnen von „Qualität“ zukam und so die größeren Bühnen die kleinen Initiativen verdrängten. Insgesamt sind die Maßnahmen zur Rettung der Amateurtheater ein Beispiel dafür, dass Regulierung und Zentralisierung in einem heterogenen System zu unvorhersehbaren und nicht intendierten Konsequenzen führen kann.

Gerade weil sich der Erfolg der „Volkskomödien“ und die nationalsozialistische Kulturpolitik entgegenstanden, gilt es hier zusammenfassend zu betonen, dass diese „Volkskomödien“ sich trotzdem auf das Beste in die nationalsozialistische Ideologie einpassten und sich als populäre Mittel zu deren Verbreitung erwiesen. In diesen populären Produkten ist kein „Eigensinn“ der „Vielen“ zu finden. Die „Volkskomödien“ entstanden vor 1933 nah an den „einfachen Leuten“ und ihre Entwicklung war nur durch das Engagement von Nicht-Professionellen möglich. Zwar wandten sich die Autoren teilweise deutlich gegen eine politische Vereinnahmung, das aber nur, um die angebliche Natürlichkeit der von ihnen dargestellten Gemeinschaft zu unterstreichen. Indem die Autoren diese Gemeinschaft immer wieder feierten, ihre Stücke so bauten, dass kein Charakter die Harmonie trüben konnten und alles Störende ausgeschlossen blieb,[93] gestalteten sie letztlich nationalsozialistischen Vorstellungen von der „Volksgemeinschaft“. Sie hatte eine populäre volksnahe Formel gefunden, um dieses Ideologem in unterhaltender Weise auf die Bühne zu bringen. Die Popularität dieser Stücke zeigt dann an, dass ein zentrales Versprechen der NSDAP, die „Volksgemeinschaft“ nicht eine bloße Propagandaphrase war, sondern ein populäres Wunschbild.

93 Vgl. zu dem Aspekt der Exklusion Merziger: Nationalsozialistische Satire und „Deutscher Humor“, S. 267-269 und 276-277.

Genet gêne

Lesarten einer literarischen Intervention im Raum des Politischen

URS URBAN

Jean Genet vermag immer noch Unruhe zu stiften – auch wenn es heute dabei um die politische Dimension seines Werkes geht. Anlässlich zweier Neuerscheinungen über Jean Genet war etwa in der *Süddeutschen Zeitung* vom 17. Januar 2005 zu lesen, das literarische Werk dieses Autors sei letztlich nur für eine Handvoll Literaturwissenschaftler noch von Interesse. „[Die] öffentliche Figur [hingegen]", so der Verfasser des Artikels weiter, „der [...] an politischer Ausgewogenheit nicht interessierte Zeitgenosse Jean Genet [eckt] weiterhin an. Und da das Thema Antisemitismus nach Europa zurückkehrt, wird auch Genet davon eingeholt."[1]

Die Arbeiten, auf die der Journalist sich hier bezieht, stammen von dem (als Barthes-Herausgeber bekannten) Literaturwissenschaftler Eric Marty und dem Historiker Ivan Jablonka, die beide, wenngleich auf unterschiedlich differenzierte Weise, Genet mit dem Vorwurf des Antisemitismus konfrontieren.[2] Der Antisemitismus-

1 Joseph Hanimann: „Der Glanz des bösen Hampelmanns", in: Süddeutsche Zeitung vom 17.1.2005.

2 Vgl. Eric Marty: „Jean Genet à Chatila", in: Les Temps modernes 622 (2002/2003), S. 2-72 und Ivan Jablonka: Les vérités inavouables de Jean Genet, Paris: Seuil 2004. Aus diesem Vorwurf erwuchs in Frankreich ein öffentlich geführter intellektueller Disput: Nach der heftigen Reaktion Jacques Derridas auf Marty (in der Aprilausgabe des *magazine littéraire* von 2003) und der polemischen Stellungnahme Didier Eribons legte Marty selbst schließlich ein kleines Buch vor, in dem er sich erneut zur ‚politischen Monstrosität' Genets äußert (Eric Marty: Jean Genet, post-scriptum, Paris: Verdier 2006). Zum Antisemitismus-Vorwurf vgl. allgemein auch Judith Butler: „Der Antisemitismus-Vorwurf. Juden, Israel und die Risiken öffentlicher Kritik", in: Dies., Gefährdetes Leben. Politische Essays, Frankfurt am Main: Suhrkamp 2005, S.121-153.

vorwurf indes ist alt: Er ist seit Genets ersten Schriften über die Palästinenser naheliegend und wurde auch schon früh von der Kritik formuliert;[3] das deutsche Feuilleton jedoch nimmt diesen Vorwurf mit einer Genugtuung zur Kenntnis, die aufgrund ihres moralischen Überlegenheitsanspruchs ihrerseits Unbehagen auslöst.[4] Grund genug, der Frage nach Funktion und Bedeutung des ‚Politischen' in Genets Werk und in seiner Rezeption nachzugehen – und dabei insbesondere seine innige Verschränkung mit dem ‚Literarischen' näher in Augenschein zu nehmen.

Weil das ‚Politische' bei Genet nicht zuletzt aus seiner Verortung im gesellschaftlichen Raum und aus der Verarbeitung dieser Positionierung im literarischen Text resultiert, soll hier zunächst die Geschichte seines Lebens erzählt werden: Jean Genet wurde im Jahre 1910 in Paris geboren und kurz nach der Geburt von seiner Mutter dem Waisenhaus übergeben. Kindheit und Jugend verbrachte er bei einer Pflegefamilie in der französischen Provinz. Als er zehn Jahre alt ist, ereignet sich hier jener Vorfall, den Jean-Paul Sartre in seiner monumentalen Studie über Genet zur ‚Urszene' von dessen Leben und Werk stilisiert: Genet wird des Diebstahls bezichtigt, woraufhin er die folgenschwere Entscheidung trifft, eben jener Dieb zu werden, für den man ihn hält; im *Tagebuch eines Diebes* schreibt er: „Ich erkannte mich selbst als den Dieb an, den man in mir sah. Ich war der allerletzte Dreck [Je devins abject]."[5] Diese Entscheidung für die ‚Abjektion', den Abfall oder Abschaum, setzt er mit aller Konsequenz um und beginnt eine Karriere als Landstreicher, Stricher und Dieb, die ihn zunächst in die Jugendstrafanstalt Mettray – die Michel Foucault in seinem Gefängnisbuch als den Prototyp des disziplinären Dispositivs beschreibt – und später ins Gefängnis führt. Hier fängt er an zu schreiben, erst Gedichte und dann einen Roman, *Notre-Dame-des-Fleurs*, der 1944 veröffentlicht wird.[6]

Keine zehn Jahre später beginnt im renommierten Verlag Gallimard bereits eine – allerdings unvollständige und zensierte – Ausgabe seiner *Œuvres complètes* zu erscheinen, geadelt durch das schon erwähnte ‚Vorwort' von Sartre, das den gesamten ersten Band, den umfangreichsten der Sammlung, beansprucht.[7] In dieser

3 Vgl. Urs Urban: Der Raum des Anderen und Andere Räume. Zur Topologie des Werkes von Jean Genet, Würzburg: Königshausen & Neumann 2007, S. 183ff.

4 Vgl. auch Jürg Altwegg: „Nazi und Narziß", in: Frankfurter Allgemeine Zeitung vom 9.3.2005, S. 46.

5 Jean Genet: Journal du voleur, Paris: Gallimard [1949] 1996, S. 198. Übersetzung hier wie im Folgenden U.U.

6 Jean Genet: Notre-Dame-des-Fleurs, Paris: Gallimard [1944] 1996.

7 Jean-Paul Sartre: Saint Genet. Comédien et martyr, Paris: Gallimard 1952.

Werkausgabe finden sich auch die vier weiteren frühen Romane Genets, darunter der 1984 von Rainer Werner Fassbinder verfilmte Roman *Querelle de Brest*, sowie seine Theaterstücke, deren bekannteste *Les bonnes* (Die Zofen) und *Le balcon* sind. Spätestens mit der Aufnahme eben dieser Theaterstücke in die Bibliothèque de la Pléiade im Jahre 2002 kann der so begonnene Prozess der Kanonisierung als abgeschlossen angesehen werden.

Gegen Ende seines Lebens solidarisiert Genet sich mit den von Frantz Fanon so genannten ‚Verdammten dieser Erde' – insbesondere mit den Black Panthers und der palästinensischen Befreiungsbewegung – und schreibt eine Reihe von Texten, in denen neben das Ideal von der ästhetischen Autonomie des literarischen Kunstwerks nun der Anspruch auf politische Zeugenschaft tritt; diese ‚Vorstudien' münden schließlich in den letzten großen Prosatext, den *Captif amoureux* (*Ein verliebter Gefangener*), der kurz nach seinem Tod im Jahre 1986 erscheint.[8]

Diese Lebensgeschichte erweist sich als interessant, befragt man sie nach den Mechanismen des ‚literarischen Feldes', nach den gesellschaftlichen Bedingungen also (hier vor allem der Rezeption), die ‚Autor' und ‚Werk' recht eigentlich erst konstituieren.[9] Während Genets Theaterstücke in Frankreich längst zur Schullektüre gehören und nach wie vor auf den großen und kleinen Bühnen der Welt gespielt werden,[10] sind sowohl die frühen Romane als auch die späten Prosaschriften heute wohl nur den wenigsten bekannt. Im Falle des Frühwerks liegt das zum Einen an der hermetischen Verschlossenheit der Texte, die den Zugang für ungeschulte Leser bereits auf der formalen Ebene erheblich erschwert, und zum Anderen an der Darstellung von Verbrechen und vor allem von Homosexualität, deren pornographischer Realismus viele Leser unangenehm berührt; was einen Großteil der Leserschaft auf diese Weise verstören mag, macht hingegen für die homosexuelle Subkultur oder ‚Teilöffentlichkeit' diese Texte gerade interessant. Genets ‚politisches' Spät-

8 Jean Genet: Un captif amoureux, Paris: Gallimard [1986] 1995.

9 Pierre Bourdieu: Les règles de l'art. Genèse et structure du champ littéraire, Paris: Seuil 1992

10 In Genets Theaterstücken lassen Gewalt und Sexualität sich als konstitutiver Bestandteil einer Ästhetik des Absurden legitimieren, und genau diese (bei näherem Hinsehen nicht ganz gerechtfertigte) Zuordnung macht seine dramatischen Texte als spezifisch französischen Beitrag zum Theater des Absurden auch für den Literaturunterricht in der Schule und für ein größeres Theaterpublikum interessant. Die schnelle Kanonisierung ist im Übrigen eher der besonderen Bedeutung von Genets Fürsprechern, insbesondere von Jean Cocteau und Jean-Paul Sartre, für das intellektuelle Feld in Frankreich zu verdanken, als einer breiten Leserschaft.

werk hingegen ist – mit Ausnahme vielleicht seiner Intervention zugunsten der Baader-Meinhof-Gruppe und seiner Beschreibung der Massaker von Sabra und Chatila in Beirut – ausschließlich von einem sehr überschaubaren Kreis literarisch besonders interessierter Leser zur Kenntnis genommen worden.

Aus rezeptionsgeschichtlicher Perspektive lassen Genets Texte sich also nicht als ein ‚populäres Genre' begreifen. Wirft man einen Blick auf die Produktion des Textes, so bestätigt sich dieser Eindruck. Denn wenngleich Genet in seine Texte immer wieder Elemente aus der Populärkultur mit einbezieht – etwa indem er intertextuelle Bezüge zu Abenteuer- und Kriminalroman sowie zur Ikonographie des Sports herstellt – so finden sich doch neben diesen auch Anleihen bei Ronsard und Proust; auf diese Weise entsteht eine Verschränkung von populären und elitären Diskursen, die gewissermaßen ästhetische Verfahren der Postmoderne vorwegnimmt, die jedoch zugleich die Lektüre und die für die Rezeption so wichtige textsortenspezifische Einordnung zusätzlich erschwert. Wie also lässt Genet sich lesen, und wie wurde und wird er gelesen?

Diese Frage ist insofern eine politische, als jede Lesart etwas über die Weltsicht und also die ideologische Perspektive der Leserin oder des Lesers verrät. Der beim Lesen produzierte politische Effekt soll nun gewissermaßen verdoppelt werden, indem jene Textstellen in den Blick genommen werden, die ihrerseits eine politische Konstellation verhandeln; dabei soll das ‚Politische' hier als eine Funktion der räumlichen Ordnung von Kultur begriffen werden. Es wird sich zeigen, dass die dem Genet'schen Antisemitismus zugrunde liegende Denkungsart seinem Werk letztlich schon von Beginn an eingeschrieben ist. Diese Spur soll zurückverfolgt werden bis zur Darstellung der Homosexualität im Frühwerk und ihrer räumlichen Verortung; daran anschließend soll die Produktion neuer politischer Effekte in der (geschlechterpolitischen) Rezeption seines Werkes in den Blick genommen werden, bevor dann abschließend das eingangs genannte Problem des Antisemitismus zur Sprache kommt.

Die Verortung der Homosexualität bei Genet und die homosexuelle Identitätspolitik

Die Homosexualität ist eines der zentralen Themen in Genets Frühwerk. Wenngleich es bereits in einem seiner frühesten Texte heißt: „c'est de fiers enculés que nous sommes"[11] – was sich euphemis-

11 Jean Genet [1948]: „La Parade", in: Ders., Le condamné à mort et autres poèmes, Paris: Gallimard 1999, S. 60.

tisch mit dem Hinweis darauf übersetzen lässt, dass hier die Rede vom Stolz auf die Homosexualität ist –, so manifestiert sich dieser Stolz jedoch bestenfalls hinter geschlossenen Türen. Das vorherrschende Gefühl, das die Darstellung der Homosexualität bei Genet durchdringt, ist vielmehr das der Scham, so dass Didier Eribon das ethische Programm dieser Texte zu Recht als eine *hontologie* bezeichnet.[12] Die Negativität erweist sich so als das bestimmende Merkmal der Darstellung von Homosexualität.

Genet steht dem (homosexuellen) Leser mit dem Wunsch nach Normalisierung also eigentlich nicht als Rollenvorbild zur Verfügung: Er hat keine positive Vision von der Homosexualität. Wie Proust, begreift er die Homosexuellen als eine ‚race maudite', der die gesellschaftliche Anerkennung versagt bleibt und deren Vertreter daher ihre Sexualität nicht auf positive Weise in den eigenen Lebensentwurf integrieren können.[13]

Die Homosexualität hat bei Genet also die Funktion, die Negativität seines gesellschaftlichen und literarischen Entwurfs zu verstärken. Genau diese Funktion macht die Homosexualität laut Klaus Theweleit aber auch für den faschistischen Mann interessant:

„Ihre Verbindbarkeit mit dem Komplex Übertretung/Macht ist es [...], die die Bereiche des ‚Homosexuellen' für den faschistischen Mann auf besondere Weise attraktiv machen: [...] ein Bereich, in dem er sich und andern sein ‚unbürgerliches' Wesen beweisen kann, seine mutige Außergewöhnlichkeit. Eben dadurch aber kommt die ‚Homosexualität' dieser Art nicht dazu, Sexualität zu werden: sie ist ebenso streng codiert wie ihr Gegenstück, das sie flieht: als Ausbruch, Übertretung, Tat böser Buben, perverses Spiel, schließlich selbst als terroristischer Akt, der in diesem System wahrscheinlicher ist, als eine Liebesbeziehung zwischen Männern."[14]

In seinem Nachwort zur Neuauflage aus dem Jahr 2000 heißt es weiter:

„Nach Lage der behandelten Texte ließ sich bündig sagen, daß hier nicht ‚Homosexuelle' ihren Gewaltphantasien ‚freien Lauf' ließen, sondern daß Leute, deren Sexualstruktur im Prinzip einer Gewaltstruktur gewichen war, sich der

12 Didier Eribon: Une morale du minoritaire. Variations sur un thème de Jean Genet, Paris: Fayard 2001, S. 69ff.

13 Vgl. Urs Urban: „In der Kammer. Die Verortung der Homosexualität bei Proust", in: Ursula Link-Heer/Ursula Hennigfeld/Fernand Hörner (Hg.), Literarische Gendertheorie. Eros und Gesellschaft bei Proust und Colette, Bielefeld: Transcript 2006, S. 167-176.

14 Klaus Theweleit: Männerphantasien, München: Piper [1977] 2000, S. 319.

(gesellschaftlich geächteten) homosexuellen Verfahren *bedienten*, um ihre Außergesetzlichkeit dem eigenen Bund gegenüber unter Beweis zu stellen."[15]

In dieser Hinsicht funktioniert die Homosexualität bei Genet genauso wie die des ‚faschistischen Mannes'.

Wenige Jahre nachdem er den letzten der zum ‚Frühwerk' zählenden Prosatexte, das *Tagebuch eines Diebes*, beendet hat, setzt Jean Genet sich in dem Text *Fragments...* ein letztes Mal, nun gewissermaßen aus ‚theoretischer' Perspektive, mit dem Problem der Homosexualität auseinander.[16] Edmund White resümiert die hier entwickelte Position in seinem Vorwort wie folgt:

„Wenngleich Genet noch nie eine besonders positive Einstellung gegenüber der Homosexualität hatte, so hat er sie doch auch nie zuvor mit so viel Bitterkeit betrachtet wie in *Fragments...* [...]. Die Homosexualität wird, laut Genet, ‚als ein Zeichen der Schuldhaftigkeit begriffen'. Es ist in keiner Weise möglich, sich an sie zu gewöhnen oder in Übereinstimmung mit ihr zu leben. Die Homosexualität schließt den Homosexuellen von jeder Form der Gemeinschaft aus - und zwar selbst von der Gemeinschaft der anderen Homosexuellen."[17]

Der Ausschluss, von dem hier die Rede ist, manifestiert sich ganz konkret in der räumlichen Ordnung der Gesellschaft: Das aufgrund seiner Homosexualität als ‚infamer Mensch'[18] stigmatisierte Subjekt hat im öffentlichen Raum keinen Platz. Wiederholt führt Genet auf eindrückliche Weise vor, wie ‚der Homosexuelle' von den Repräsentanten des hegemonialen Diskurses aus der Öffentlichkeit verwiesen wird. Ein besonders prominentes Beispiel hierfür findet sich in Genets erstem Roman, *Notre-Dame-des-Fleurs*. Divine, die biologisch männliche, transvestisch verkleidete und der gleichgeschlechtlichen Liebe zugetane Protagonistin des Romans, tritt in der Brasserie *Graff* am Montmartre auf:

„Divine erschien ungefähr zwanzig Jahre vor ihrem Tod in Paris, um dort ihr öffentliches Leben zu führen. In das große, überfüllte, im Rauch dahindämmernde Café mit den geschlossenen Fenstern und den [...] zugezogenen Vorhängen brachte sie die Frische des Skandals, die die Frische eines morgendlichen Windes ist. Und wie der Wind die Blätter der Bäume bewegt, veranlasste

15 Ebd., S. 488.

16 Jean Genet [1954]: „Fragments...", in: Ders., Fragments... et autres textes. Hg. und mit einem Vorwort versehen von Edmund White, Paris: Gallimard 1990, S. 67-97.

17 Ebd., S. 16 und S. 17.

18 Michel Foucault [1977]: „La vie des hommes infâmes", in: Ders., Dits et Ecrits. Bd. III: 1976-1979. Hg. von Daniel Defert und François Ewald, Paris: Gallimard 1994, S. 237-253.

sie die Bewegung der plötzlich schwerelosen Köpfe (der närrischen Köpfe), der Köpfe der Bankangestellten, Ladeninhaber, Gigolos, Kellner, Pächter, Obersten und Tagediebe. [...] Sie trank ihren Tee vor dreißig Augenpaaren und widerlegte so, was die verächtlichen, verdrossenen, bekümmerten, verwelkten Münder von sich gaben. Der Kellner, der sie bediente, hatte wohl Lust, höhnisch zu lächeln [...]. Der Patron dagegen näherte sich ihrem Tisch mit dem Entschluss, sie sobald sie ausgetrunken hätte, zum Verlassen des Lokals aufzufordern, und ihr von der Wiederkehr an einem anderen Abend abzuraten. Sie lächelte in die Runde, und bekam zur Antwort nur das Abwenden der Köpfe - was auch eine Antwort war. Im Café war man sich einig, dass dieses Lächeln (für den Oberst: des Pervertierten; für den Ladeninhaber: des Schwulen; für den Bankangestellten und die Kellner: der Tunte; für die Gigolos: ‚von der da' usw.) unverschämt sei. Divine gab sich geschlagen. Aus einer winzigen Geldbörse von schwarzer Seide zog sie einige Münzen hervor, die sie lautlos auf den Marmortisch legte. Dann verschwand das Café, und Divine wurde in eines jener Tiere - Schimären oder Greife - verwandelt, die man an die Wände malt; denn ein Gast murmelte in Gedanken an sie gegen seinen Willen das magische Wort: ‚Homosexualis'. Nun ist sie also entschlossen, [...] in ihre Dachkammer zurückzukehren."[19]

Eribon liest diese Passage als ein Beispiel für die Funktionsweise von *hate speech*[20], jenes sexistischen Sprechaktes also, der auf ‚magische' Weise (und d.h.: performativ) ‚den Homosexuellen' als ein *monströses* Subjekt („eines jener Tiere, Schimären oder Greife") herstellt.[21] Dieses diskursive Verfahren wiederum lässt sich als eine Reaktion auf den von Marjorie Garber so genannten ‚transvestischen Effekt'[22] begreifen: Laut Garber macht die Transgression der Geschlechtergrenzen diese allererst sichtbar; das aus der Überschreitung resultierende Nichtwissen um die Geschlechtsidentität des transvestischen Grenzgängers destabilisiert aber zugleich diese Grenze und löst so ‚kulturelle Angst' aus: „die Köpfe wurden mit einem Male leicht ... verrückte Köpfe." Die auf diese Weise in ihrer geschlechtlichen und also kulturellen Identität Bedrohten begegnen nun dieser Angst, indem sie Divine aus dem öffentlichen Raum – nämlich dem Café, einem der laut Habermas für die Herausbildung von Öffentlichkeit besonders prädestinierten Orte – verweisen und so die zweigeteilte und eindeutige Raumordnung der Geschlechter wiederherstellen. Was als der Versuch, ein „öffentliches Leben zu führen", begann, endet binnen kürzester Zeit mit dem Rückzug ins

19 J. Genet: Notre-Dame, S. 27-30.

20 Judith Butler: Haß spricht. Zur Politik des Performativen, Frankfurt am Main: Suhrkamp 1998.

21 D. Eribon: Morale du minoritaire, S. 71ff.

22 Marjorie Garber: Verhüllte Interessen. Transvestismus und kulturelle Angst, Frankfurt am Main: Fischer 1993.

Private; im Falle Divines aber ist das die von ihr bewohnte Dachkammer, „son grenier".

Das in der Öffentlichkeit nicht repräsentierte und nicht repräsentierbare Subjekt verortet Genet also in der Einsamkeit der Kammer. Dabei ist die von Eve Kosofsky Sedgwick verwandte Metapher der ‚Kammer'[23] durchaus im eigentlichen Sinne als die Konkretion eines bestimmten räumlichen Dispositivs – eben der Kammer – zu verstehen. Die Unterscheidung von öffentlichem und privatem Raum erweist sich auf diese Weise nicht nur als die Materialisierung einer absoluten Differenz, sondern zugleich als die räumliche Konkretion einer vom hegemonialen Diskurs hergestellten exklusiven Geschlechterordnung, die nicht nur die Frauen, sondern eben auch die Homosexuellen im häuslichen Innenraum verortet.

Durch die Veröffentlichung seiner Texte tritt Genet indes aus dem ‚privaten' Raum der Kammer heraus und unterläuft auf diese Weise die in den Texten angelegte Topologie des Einschlusses durch seine Intervention im literarischen Feld. Die mit diesen Texten konfrontierte Öffentlichkeit reagiert jedoch – wie gesehen – sehr unterschiedlich auf sein Werk. Jenseits von Schule, Theater und Universität ist dabei insbesondere die schwule Rezeption der frühen Romane von Interesse, die Genet zwar in vielen Fällen gewaltsam umdeutet, auf diese Weise aber ein äußerst produktives Missverständnis herbeiführt, das die populärkulturelle Produktion der homosexuellen Subkultur bis heute nachhaltig beeinflusst.

Genet schreibt sich so in eine spezifisch homosexuelle Ikonographie ein, die seit Susan Sontags ‚Anmerkungen' aus dem Jahre 1964 auch mit dem Begriff *camp* umschrieben wird; Sontag selbst bezieht sich auf Genet und bemerkt: „Genets Ideen [...] sind überaus Camp."[24] Divine etwa, die göttliche Tunte aus *Notre-Dame-des-Fleurs*, nimmt die totale Dekonstruktion des Authentischen, die die Agrado in Pedro Almódovars Film *Todo sobre mi madre* (*Alles über meine Mutter*) später so eindrücklich verkörpert, um Jahre vorweg; die Agrado fasst dieses Programm in die folgenden Worte:

> „Man nennt mich die Agrado, weil ich mein Leben lang versucht habe, den andern ein angenehmes Leben zu bereiten. [...] Ich bin aber nicht nur angenehm, ich bin auch sehr authentisch. Schauen Sie nur, was für ein Körper! [...] Ich muss natürlich zugeben, dass es sehr teuer ist, authentisch zu sein, aber bei

23 Eve Kosofsky Sedgwick [1990]: „Epistemologie des Verstecks", in: Andreas Kraß (Hg.), Queer denken, Frankfurt am Main: Suhrkamp 2003, S. 113-143.

24 Susan Sontag [1964]: „Anmerkungen zu *camp*", in: Dies., Kunst und Antikunst. Frankfurt am Main: Fischer 1995, S. 322-341, hier S. 336.

diesen Dingen darf man nicht knausern. Warum? Weil man um so authentischer ist, je ähnlicher man dem Traum wird, den man von sich hat.“[25]

Die Agrado tritt heraus auf die Bühne und also in die Sichtbarkeit des öffentlichen Raums, ohne jedoch Schauspielerin eines Theaterstücks zu sein, da die Vorstellung an diesem Abend ausfällt; indem sie hier ihre Lebensgeschichte erzählt – ganz wie Genet die seiner Protagonistin – macht sie die Bühne gewissermaßen zur Bühne ihres Lebens und markiert dieses in seiner Gänze auf diese Weise als eine Inszenierung. Anders als Divine, die – gegen Ende der 40er Jahre – kurzerhand aus dem öffentlichen Raum ausgeschlossen wird, wird sie jedoch vom (postmodernen?) Publikum ob ihres Bekenntnisses zur Künstlichkeit frenetisch gefeiert. Beide aber, die Göttliche genau wie die Angenehme, suchen die Möglichkeit der Selbstinszenierung – auch wenn sie dabei unterschiedlich erfolgreich sind. Zu Recht bemerkt daher Susan Sontag: „Offenkundig ist die Metapher des Lebens als Theater besonders geeignet, einen bestimmten Aspekt der Situation der Homosexuellen widerzuspiegeln und zu rechtfertigen.“[26] – einen Aspekt, der seit den späten 1980er Jahren als ‚performative Geschlechtsidentität‘ beschrieben wird.

Genets negative Darstellung der Homosexualität trägt so paradoxerweise mit zur Herausbildung einer homosexuellen Gegenöffentlichkeit bei. Die positive Umdeutung seiner Texte – das von Judith Butler so genannte Verfahren der *resignification* – ermöglicht nämlich ihre identitätspolitische Aneignung und wird so zur Grundlage einer besonderen Form homosexueller ‚Öffentlichkeitsarbeit‘: Das sexuell nicht länger identifizierbare Subjekt – die namenlose Schimäre – tritt nun in den Raum der Öffentlichkeit und d.h. in deren Raum der *polis*, in den eigentlich politischen Raum, ein.

Antisemitismus: Politischer Diskurs und antisemitische ‚Metaphysik‘ bei Genet

Für Genet selbst scheitert der Versuch, die Homosexualität auf positive Weise in sein Leben zu integrieren. Daraufhin entscheidet er sich, seine Intervention ins öffentliche Leben gewissermaßen in andere Bereiche zu verschieben. Immer geht es jedoch dabei um die Solidarisierung mit den von den bürgerlichen Gesellschaften des

25 Pedro Almódovar: Todo sobre mi madre. Gión original, Stuttgart: Reclam 2005, S.153 und S. 154.

26 S. Sontag: Anmerkungen, S. 339.

Westens Geächteten, mit jenen Namen- und Ortlosen, die wie Divine die Ordnung der Kultur bedrohen.

Genets politisches Engagement zeigt sich seit Ende der 1960er Jahre in zahlreichen Artikeln, aber auch aktiver Parteinahme, und findet Eingang in seine letzte literarische Arbeit, den 1986 erschienenen Roman *Un captif amoureux*. Der Protagonist dieses umfangreichen Prosatextes ist Jean Genet, der in der Ersten Person von seiner Begegnung mit den Kombattanten der *Black Panthers* sowie der *Fatah* berichtet und so seine persönliche ‚Erinnerung' in einen allerdings auf eigenartige Weise durch die Fiktion gebrochenen historischen Diskurs einschreibt. Diese ‚historische Fiktion' nun bezieht sich auf einen ganz spezifischen Raum namens ‚Palästina'.

Bei diesem Raum handelt es sich um jenes Gebiet, das seit 1948 zu seinem größten Teil das Territorium des Nationalstaates Israel bildet. Zu diesem Zeitpunkt hat die von terroristischen Angriffen durch jüdische Untergrundorganisationen geschwächte ehemalige Mandatsmacht Großbritannien beschlossen, das Land zu verlassen, und die Vertreibung der ortsansässigen Araber durch die jüdischen Siedler ist größtenteils abgeschlossen; die ‚Geburt' (*natio*) des israelischen Staates fällt also zusammen mit einem territorialen Verlust auf Seiten der arabischen Bevölkerung. Diese exklusive Neuordnung des Raumes entspricht vollkommen der territorialen Logik der Nation: Der nationale Raum definiert sich über seine Grenzen und schließt daher jede andere Nation kategorisch aus.

Der Zionismus begreift diese im ursprünglichen Wortsinn koloniale ‚Raumnahme' als die Wiederaneignung des im alttestamentarischen Ursprungsmythos verbürgten legitimen Erbes Israels. Für den Historiker Eric Hobsbawm hingegen ist die auf diese Weise legitimierte Gründung des israelischen Staates ein idealtypisches Beispiel für die ‚Erfindung' einer Nation; er schreibt:

> „Trotz aller geschichtlichen Kontinuitäten der Juden oder der Muslime im Mittleren Osten müssen der israelische und der palästinensische Nationalismus und die jeweiligen Nationen neu sein, da man in dieser Region vor einem Jahrhundert noch kaum an das Konzept des heute üblichen Typs von Territorialstaaten dachte, und dies vor dem Ende des Ersten Weltkriegs noch kein ernstzunehmendes Projekt zu sein schien."[27]

Dabei übersieht Hobsbawm, dass im Falle des „palästinensischen Nationalismus" von der „jeweiligen Nation" nicht die Rede sein kann, denn selbst das, was man heute unter Vorbehalt als die ‚pa-

27 Eric Hobsbawm [1984]: „Das Erfinden von Traditionen", in: Christoph Conrad/Martina Kessel (Hg.), Kultur und Geschichte. Neue Einblicke in eine alte Beziehung, Stuttgart: Reclam 1998, S. 97-118, hier S. 115.

lästinensische Nation' bezeichnen könnte, gab es zum Zeitpunkt seiner Äußerung noch nicht. Anders als der territorial verankerte israelische Nationalstaat (*Erez Jisrael*) ist Palästina bis zum heutigen Tage also lediglich ein imaginärer Raum, dessen Bewohner gewissermaßen ‚ohne festen Wohnsitz' (*sans domicile fixe*) sind.

Gerade dieses Fehlen eines eigenen Territoriums ist für Jean Genet der Anlass, sich mit der prekären existentiellen Situation der Palästinenser auseinanderzusetzen. Der Ethnologe Clifford Geertz, einer der ersten Leser von Genets letztem Roman, beschreibt diesen ‚ortlosen Ort'[28] als „a place marginal to everything and everywhere, where borders were but faintly dotted lines, [...] and whose inhabitants, to the degree that this gathering of fugitives could even be called that, were, *like him*, extravagant, dauntless, outmached, and doomed"; damit weist er zugleich auf die augenfälligen Parallelen zu Genets eigenem gesellschaftlichen Ort hin.[29] Genau diese Analogie erlaubt es Genet, seine eigene Geschichte in die der Palästinenser einzuschreiben und auf diese Weise die Geschichte der Palästinensischen Revolution als eine pseudo-autobiographische (Philippe Lejeune würde sagen: ‚autofiktionale') Parabel zu erzählen. Wenn Genet also *gegen* Israel ist, dann gerade weil es über einen eigenen nationalen Raum verfügt – anders als die Palästinenser, und anders als er selbst.

Als (in Genets Augen unbestreitbar *kolonialer*) Staat ist Israel vor allem jene Instanz, die die Heimatlosigkeit der Palästinenser verschuldet hat; auf diese Weise ist es zugleich jedoch die Bedingung der Möglichkeit ihrer nomadischen und also ‚poetischen' Existenzweise. Innerhalb seines ästhetischen Systems ist ‚Israel' für Genet daher genauso unverzichtbar wie zuvor ‚Frankreich', das in nahezu allen seinen Schriften immer als Chiffre für das Schöne, Wahre und Gute figuriert, gegen das er anschreibt.

Genet verzichtet indes nicht auf deutliche politische Invektiven gegen Israel, die sich in einen ganz spezifischen, nämlich den antisemitischen Diskurs einschreiben, und die sich daher nicht mit dem schlichten Hinweis auf die ästhetische Autonomie des literarischen Kunstwerks erledigen lassen. Der Anspruch auf ‚Literarizität' schließt die historischen Diskurse, mit denen der interdiskursive literarische Text korrespondiert, nicht aus, und da Genet im *Captif amoureux* bewusst auf ‚die Geschichte' Bezug nimmt, gilt es genau diese Korrespondenzen bei der Analyse ernst zu nehmen.

---

28 Giorgio Agamben: Homo sacer. Die souveräne Macht und das nackte Leben, Frankfurt am Main: Suhrkamp 2002, S. 115.

29 Clifford Geertz: „Genet's Last Stand. *Prisoner of Love*", in: The New York Review of Books vom 19.11.1992, S. 3-7, hier S. 3. Hervorhebung U.U.

Wie aber lassen diese historischen und politischen Diskurszusammenhänge sich beschreiben? Man kann nicht früh genug daran erinnern, dass der von Theodor Herzl begründete (politische) ‚Zionismus‘[30] zwar in der Tat an den europäischen Kolonialdiskurs anschließt, dass genau dieser, in seiner antisemitischen Spielart, jedoch zugleich die Juden dazu zwang, die europäische Diaspora, wo möglich, zu verlassen und sich Gedanken über die Gründung eines eigenen Staates zu machen. Wenn also die jüdische Einwanderung in Palästina, die *Aliya*, sich mit Maxime Rodinson durchaus als ein „fait colonial“[31] beschreiben lässt, so lässt dieses ‚Faktum‘ sich doch nur unter Vorbehalt kritisieren, denn es gilt immer zu bedenken, dass der am *fin-de-siècle* in die Dreyfus-Affäre mündende, im Holocaust kulminierende und bis heute virulente europäische Antisemitismus die historische Verantwortung für diese Entwicklung trägt.

Der Antisemitismus jedoch determiniert bis heute – und vielleicht heute, da die letzten Zeugen der Shoah sterben und mit ihnen das ‚kommunikative Gedächtnis‘ (Assmann) erlischt, mehr denn je – die europäische und insbesondere die deutsche Wahrnehmung des israelisch-palästinensischen Konflikts. Wenngleich der Antisemitismus-Verdacht in den öffentlichen Debatten der Bundesrepublik immer wieder auftaucht, so manifestiert sich jedoch in diesen Diskussionen mit der gleichen Regelmäßigkeit die Schwierigkeit hinsichtlich der Definition dessen, was Antisemitismus denn überhaupt sei. Um nämlich den antisemitischen Gehalt einer Äußerung genauer bestimmen zu können, reicht es nicht aus, sich auf die bewusste Äußerungsintention ihres Urhebers zu beziehen; nur eine Diskursanalyse kann die historisch überlieferten Elemente antisemitischer Rede identifizieren und so gewissermaßen das diskursive Unbewusste der Äußerung an den Tag bringen. Auf diese Weise lässt sich deutlich machen, warum es möglich ist, ‚nichts gegen Juden zu haben‘ und sich sogar ausdrücklich vom Antisemitismus zu distanzieren, und doch zugleich antisemitisch zu argumentieren, wie zuletzt die deutschen Politiker Jürgen Möllemann und Martin Hohmann – und wie auch Jean Genet. Zu den Elementen dieses Diskurses gehören die physiognomische Deduktion eines ‚Charakters‘ oder einer ‚Mentalität‘ (Rassismus), die Rede von der globalen kapitalistischen Verschwörung (von den *Protokollen der Weisen zu Zion* bis zu den Thesen vieler sog. Globalisierungsgegner), sowie der Versuch, die historisch einmaligen Ereignisse der Shoah historiographisch zu relativieren. Dies gelingt zum Beispiel durch die perfi-

30 Theodor Herzl: Der Judenstaat, Zürich [1896] 1953.

31 Maxime Rodinson: „Israel, fait colonial?“, in: Les Temps modernes 253bis (1967), S. 17-88.

de Verkehrung von Täter- und Opferrolle, die voller Genugtuung die Opfer der Geschichte als die neuen Täter denunziert und zugleich die eigene Haltung als ‚unkonventionelles' und couragiertes Aufbegehren gegen die Ausschlussmechanismen des politisch-korrekten Diskurses (‚Tabubruch') und märtyrerhafte Selbstimmolation stilisiert.

Diese ‚Doppelstruktur' des antisemitischen Diskurses manifestiert sich nun auch bei Genet. Vordergründig zeugen insbesondere seine politischen Texte von einem ausgeprägten Unterscheidungsvermögen hinsichtlich der historischen Zusammenhänge von Antisemitismus und ‚Zionismus' – so etwa, wenn er schreibt: „Es scheint klar zu sein, dass solange der israelisch-arabische Konflikt anhält, dieser das Gewissen der Antisemiten beruhigen wird."[32] Zugleich greift Genet jedoch wiederholt auf die genannten Stereotype und Clichés des antisemitischen Diskurses zurück, etwa wenn er von der weltweiten Konspiration der Presse und der jüdischen ‚List' spricht, oder wenn er – wider besseres Wissen – selbst darum bemüht ist, die Opfer des Holocaust und ihre Nachfahren als ein Volk von Tätern zu brandmarken, um auf diese Weise das Existenzrecht des Staates Israel in Frage zu stellen.

Eric Marty nun geht so weit, Genet einen „antisémitisme halluciné"[33] zu attestieren; dabei besteht er gerade darauf, dass „die antisemitischen Äußerungen Genets nicht dazu bestimmt sind zu schockieren, sie sind *wahr*."[34] Marty erkennt bei Genet zum einen den „gewöhnlichen Antisemitismus" des politischen Diskurses: „In diesem Buch [dem *Captif amoureux*] lässt sich die oberflächliche Teilhabe an einem gewöhnlichen Antisemitismus beobachten, der Israel als Hort einer rationalistischen und manipulatorischen Allmacht darstellt."[35] Darüber hinaus jedoch diagnostiziert er einen das gesamte Werk affizierenden „metaphysischen Antisemitismus", der sich in einer gewissermaßen manichäischen „Angst vor dem Guten" manifestiert; diese metaphysische ‚Angst vor dem Guten' deutet Marty als die eigentliche Motivation der so abstoßenden und zugleich so faszinierenden ‚Verworfenheit' Genets. Indem Marty zwischen politischer und metaphysischer Ebene des Textes deutlich unterscheidet, gelingt es ihm zu zeigen, wie bei Genet gerade die metaphysische Dimension des Antisemitismus die politisch intelligente Kritik unterläuft.

---

32 Jean Genet [1973]: „Les Palestiniens", in: Jérôme Hankins (Hg.), Genet à Chatila, Paris: Babel 1992, S. 99-168, hier S. 157.

33 Eric Marty: „Jean Genet dramaturge ou l'expérience de l'Autre", in: Critique 671 (2003), S. 252-265, hier S. 252.

34 E. Marty: Jean Genet à Chatila, S. 69.

35 Ebd., S. 36.

Martys Lektüre gehört zu den wenigen überzeugenden Annäherungen an den ‚politischen' Genet, weil Marty sich vornimmt, Genet, wie dieser es von seinem Leser erwartet, ‚als Feind' [„en ennemi"] zu lesen und auf diese Weise den Fehler vermeidet, eine von eigenen (politischen, ästhetischen, literaturtheoretischen) Interessen motivierte Lesart zu entfalten, die sich den Genet'schen Text einverleibt, ohne seine Widersprüche akzeptieren zu wollen. Genets Darstellung der Vorfälle in dem palästinensischen Flüchtlingslager Chatila in Beirut etwa ist in politischer Hinsicht äußerst ambivalent. In Chatila und im benachbarten Lager Sabra haben christliche Faschistenmilizen im September 1982 einige hundert palästinensische Flüchtlinge massakriert, ohne dass die ebenfalls anwesenden und das Geschehen beobachtenden israelischen Besatzungstruppen eingegriffen und das Massaker verhindert hätten. Genet ist zufällig vor Ort und gelangt als einer der ersten Zeugen in das Lager; was er hier sieht hält er in einem Text mit dem Titel *Quatre heures à Chatila* fest, der zur kreativen Keimzelle seines letzten großen Prosawerkes, des *Captif amoureux*, werden sollte.[36] Dabei entwickelt er ein in erster Linie ästhetisches Interesse an dem Geschehenen – und zwar auch im eigentlichen Sinne des Wortes, insofern er seine sinnliche *Wahrnehmung*, etwa den Verwesungsgeruch, genauestens registriert – das sich in der detaillierten Beschreibung der verstümmelten Leiber niederschlägt; zugleich bekundet er sein Wohlgefallen an der Schönheit der nach dem Vorbild der SS aufgestellten libanesischen Milizionäre – ganz wie er in seinem frühen Roman *Pompes funèbres* (1947) bereits seiner schwärmerischen Bewunderung für die Schergen und Henker der Nazis Ausdruck verliehen hatte. Das alles ist Teil seines ästhetischen Programms – und doch kommt hier auch politisch-moralisches Kalkül mit ins Spiel: verantwortlich für das Massaker macht Genet nämlich die Israelis.

Diese Schuldzuweisung sollte Schule machen, und im Zentrum der Argumentation steht dabei stets der Name Ariel Scharon. Der General Sharon, von Februar 2001 bis Januar 2006 israelischer Ministerpräsident, war zu jenem Zeitpunkt, als die Massaker von Sabra und Chatila verübt wurden, der für die Anwesenheit der israelischen Truppenkontingente in Beirut verantwortliche Minister. Obwohl die vom israelischen Parlament eingesetzte Untersuchungskommission die Frage nach seiner Verantwortung nicht eindeutig beantworten konnte, wurde ihm sein Ministerposten entzogen. Eric Marty zeigt auf überzeugende Weise, wie Scharons Name zur Chiffre für die israelische – und also jüdische – ‚Schuld' werden konnte: Er

36 Jean Genet [1982]: „Quatre heures à Chatila", in: Ders., L'ennemi déclaré, Paris: Gallimard 1991, S. 243-264.

analysiert die Rede über ‚Sabra und Chatila' als die Konstruktion eines ‚Hyper-Ereignisses', das die Funktion hat, alle übrigen und das heißt vor allem die ‚brudermörderischen' Ereignisse im selben historischen Kontext (Libanon-Krieg) vergessen zu machen und so, nach dem von René Girard beschriebenen Prinzip des ‚Sündenbocks', über die Herstellung eines schuldhaften ‚Anderen' die eigene Unschuld behaupten zu können, die allein die Rede von einem ‚Eigenen' und also die Konstitution einer kollektiven Identität überhaupt erst möglich macht. Die ‚Schuld des Anderen' aber verdichtet sich nun gänzlich in der Person und dem Namen Ariel Scharons – und zwar nicht nur im politischen Imaginären des ‚Vorderen Orients', sondern auch im ‚linken' Diskurs des ‚Westens'. Das gleiche Prinzip führt dazu, dass der Name dessen, der den Vollzug des Massakers befehligte, aus dem kollektiven Gedächtnis verschwunden ist, und Elie Hobeika lange und ungestört verschiedene Ministerämter in der libanesischen Regierung versehen konnte. Genets ‚Antisemitismus' aber kann vor diesem Hintergrund nicht allein als ästhetische, sondern muss auch und vor allem als eine politische Haltung begriffen werden;[37] gleichzeitig ist er aber eben auch zentral für sein literarisches Schaffen und somit Teil seiner Ästhetik.

Eine Poetik des ortlosen Subjekts

Die Ablehnung des nationalstaatlichen Raumes Israels lässt sich aus der im Frühwerk beobachteten Ortlosigkeit des transvestisch verkleideten Homosexuellen ableiten: Hier wie dort wird eine als stabil imaginierte Ordnung von einem ortlosen Subjekt herausgefordert, und diese Herausforderung ist das Kernstück der literarischen Ästhetik, der Poetik, von Jean Genet. Ein Blick auf die Geschlechterordnung in Genets Palästinabuch soll deutlich machen, wie sexuelle Uneindeutigkeit und politische Heimatlosigkeit miteinander zusammenhängen.

Im *Captif amoureux* treten erstmals auch Frauenfiguren auf, die keine Mütter sind, sowie Mütter, die auch jenseits ihrer Funktion als Mutter gesellschaftlich eine (etwa politische) Rolle spielen. Der

37 Dennoch erscheint diese Form des ‚metaphysischen Antisemitismus' komplexer als der schlichte kleinbürgerliche Revanchismus etwa eines Céline, mit dem das deutsche Feuilleton Genet indes ohne zu zögern vergleicht; anders als seine deutschen Kollegen trägt der Kritiker von *Le monde*, der Literaturwissenschaftler und Genet-Spezialist Albert Dichy, diesem komplexeren Zusammenhang in seiner Besprechung von Jablonkas Thesen denn auch durchaus Rechnung (Albert Dichy: „La part d'ombre de Jean Genet", in: Le monde vom 21.1.2005, S. IV).

Zwangszusammenhang zwischen Weiblichkeit und Mutterschaft, der Genets Frühwerk prägt, wird auf diese Weise zumindest gelockert. Auch Männer können nun über ‚mütterliche' Eigenschaften wie Fürsorglichkeit und Anteilnahme verfügen: „Wahrhaft mütterliche Regungen, die ich indes nicht weiblich zu nennen wage, veranlassten die Vorgesetzten, die jungen Soldaten eher als Söhne wahrzunehmen denn als Untergebene, als die sie im Westen nach wie vor gerne betrachtet werden."[38] Umgekehrt besitzen die (palästinensischen) Frauen – neben oder anstelle der Mütterlichkeit – die gleichen Eigenschaften wie die Männer. Diese ‚männlichen' Eigenschaften reduzieren sich nun jedoch auf die des ‚soldatischen Mannes'; alternative Männlichkeitsentwürfe, wie sie im Frühwerk mit der Figur des Transvestiten sowie den verschiedenen Varianten der Homosexualität bis zuletzt immer wieder durchgespielt werden, sind für die männlichen Figuren hier keine Option. Nur scheinbar wird dieses eindimensionale Konzept von Männlichkeit von zwei Ausnahmen relativiert: Der transvestische Geschlechtertausch wird nämlich nach wie vor dann in Betracht gezogen, wenn er als Bestandteil der kriegerischen – oder vielmehr terroristischen – Strategie erfolgsversprechend scheint;[39] der *gender trouble* hat jedoch auf diese Weise ausschließlich die Funktion der Täuschung und ist nicht länger Katalysator alternativer (geschlechtlicher) Identitätsentwürfe. Zweitens findet sich wiederholt die theoretische Reflexion des Erzählers über das subversive Potential der Transsexualität; so heißt es:

„Der Abschied vom so verabscheuten und zugleich gewohnten männlichen Gang ist wie der endgültige Abschied des Eremiten oder des Leprösen von der Welt. Das Reich der Hosen für das der Büstenhalter aufzugeben, bedeutet so viel wie das zwar erwartete aber doch gefürchtete Eintreffen des Todes – oder der einzig aus dem Grund verübte Selbstmord, dass die Chöre den Gesang des *Tuba mirum* anstimmen mögen. Im *Requiem* geht es genau darum, um die Freude und zugleich um die Furcht. Und gerade die vom Tod versprochene Freude führte dazu, dass Moral nicht mehr viel bedeutete. Freude des Transse-

38 J. Genet: Captif amoureux, S. 419.

39 Diese Strategie ist offenbar auch bei geheimdienstlichen Aktionen geläufig: In einem Fernsehinterview berichtet der ehemalige israelische Ministerpräsident Ehud Barak, wie er als junger Offizier des Mossad beim ‚Einsatz' gegen einen der Attentäter von München ebenfalls als Frau verkleidet zu diesem vordringen und seinen Auftrag (die ‚Liquidation' des Attentäters) auf diese Weise ausführen konnte. In Steven Spielbergs Film *München* wurde diese Episode nachgestellt.

xuellen, Freude des *Requiem*, Freude des Kamikazekämpfers... Freude des Helden."[40]

Dieses Lob der Transsexualität, die, indem sie eine andere Identität vortäuscht, letztlich jegliche Konzeption von Identität unterläuft und auf diese Weise in die Einsamkeit des (heiligen) Asketen oder des Aussätzigen und schließlich in den (selbstgewählten) Tod mündet, schließt unmittelbar an die im Frühwerk entwickelte Vorstellung vom Transvestismus an. So erweist sich sein politisches Programm als die direkte Fortsetzung einer Ästhetik, die als die Bedingung der Möglichkeit von Kunst den Tod des Subjekts voraussetzt und die daher letztlich eine (dem Baudelaire'schen Satanismus nicht unähnliche) ‚terroristische' Ästhetik ist – Genet ist gewissermaßen ein literarischer Selbstmordattentäter: „Die äußerste Konsequenz [...] [seines] Versuches, die Realität zu überrunden, ist die Selbstauflösung, die Akzeptierung der vollen Vernichtung oder der Selbstmord."[41] Auf diese Weise aber erfüllt sich im politischen Programm des Spätwerks, was bereits in seinem ersten Roman als ästhetische Prämisse formuliert wurde: „Seine große Leidenschaft war der Selbstmord."[42]

Politik, Vermittlung und Popularität

„Ist das denn noch populär?"
(Von Spar)

Die radikale Infragestellung des Subjekts, die sich in allen Texten Genets manifestiert, ist ein Plädoyer für eine Moral der Minderheit – für eine Moral des ‚Kleinen' oder ‚Minderen'.[43] Dieses Plädoyer muss ungehört verhallen, solange das ‚mindere' Subjekt sich konfrontiert sieht mit einem hegemonialen Diskurs, der ihm die Anerkennung versagt und es als ‚minderwertiges' definiert, um es aus dem gemeinsamen gesellschaftlichen Raum ausschließen zu können. Die politische Reaktion auf den Ausschluss erfordert die strategische Besetzung einer Subjektposition, von der aus gewissermaßen ein

40 J. Genet: Captif amoureux, S. 91.

41 Walter Heist: „Jean Genet", in: Ders., Genet und die anderen. Exkurse über eine faschistische Literatur von Rang, Hamburg: Claassen 1965, S. 93-111, hier S. 97.

42 J. Genet: Notre-Dame, S. 71.

43 So Deleuze und Guattari, die auf diese Weise den Unterschied von den großen Erzählungen des Subjekts markieren. Vgl. Gilles Deleuze/Félix Guattari: Kafka. Pour une littérature mineure, Paris: Minuit 1975.

Subjektavatar im Raum der Öffentlichkeit intervenieren und auf diese Weise am politischen Diskurs partizipieren kann. Genet selbst hat in den letzten beiden Jahrzehnten seines Lebens konsequent eine solche politische Strategie verfolgt.

In seinen literarischen Texten hingegen hält er an einer Ästhetik fest, die das Subjekt kompromisslos zum Verschwinden zwingt – und die daher in die Tradition einer ‚Ästhetik des Bösen' eingeordnet zu werden pflegt (etwa bei Georges Bataille). Die „Blumen des Bösen" aber sind im 20. Jahrhundert „Blumen für Hitler" (Leonhard Cohen): Während Baudelaire letztlich die Vorstellung des wahrhaft Bösen fehlte und er daher auf die Versatzstücke der Schauerromantik angewiesen blieb, hat Genet die historische Erfahrung des nationalsozialistischen „Verwaltungsmassenmordes" (Hannah Arendt) – dem er im Übrigen selbst fast zum Opfer gefallen wäre – machen müssen, und er zögert nicht, sich dieser Erfahrung zu bedienen, um sein ästhetisches Programm in aller Radikalität umsetzen zu können. Genet kann nur nach Auschwitz schreiben: In Auschwitz manifestieren sich in doppelter Hinsicht die Grenzen des Menschlichen, insofern hier das „nackte Leben" (Giorgio Agamben) der Opfer die Menschlichkeit der Täter – und der gesamten Täterkultur – fundamental in Frage stellt – bzw. auf äußerst beunruhigende Weise neu definiert. Genau diesen Effekt möchte Genet im Bereich der literarischen Ästhetik reproduzieren – und gegen eben jene Täterkultur wenden.

Was als ästhetisches Verfahren legitim erscheinen mag, ist indes in politischer Hinsicht skandalös; weil zudem insbesondere in Genets Spätwerk das Spiel mit autobiographischen und historischen Bezügen den Unterschied zwischen Ästhetik und Politik und zwischen Roman und historischer Analyse zunehmend unkenntlich werden lässt, gerät ‚Genet' nahezu zwangsläufig in den Ruch des Skandalösen. Vor allem aber lässt die Notwendigkeit, die ästhetische Differenz aus der Negativität abzuleiten, und das heißt eben bei Genet aus dem Rückgriff auf das politische Skandalon, die Grenzen der negativen Ästhetik sichtbar werden. Diese Grenzen sind zugleich die Grenzen der Moderne – und Genet vermag sie nicht zu überwinden. Das vermöchte nur die Ironie: Ironie aber ist Genet so fremd wie allen wahrhaft Modernen.

Eine solche, konsequent moderne Ästhetik der Negativität lässt sich der (inzwischen bis zum Überdruss) ironieerprobten ‚postmodernen Leserschaft' nur schwer vermitteln. Rezipiert werden daher heute vor allem die Texte, die scheinbar mühelos die Spielarten der Performativität erproben, ohne dabei den Rezipienten nachhaltig zu verunsichern – und das sind die Texte nach dem ‚homosexuellen Frühwerk' und vor dem ‚politischen Spätwerk'. Beides – Homosexualität und die (problematische) Aneignung des Politischen – steht einer breiten Rezeption und damit einer Popularisierung von Genets Werk im Weg. Während sie aus der Politik nicht mehr wegzudenken ist, erweist sich die Verschränkung des Ästhetischen mit dem Politischen im Bereich der Ästhetik heute als unpopuläre Diskursstrategie. Das kann Genet nur recht sein.

Viele bunte T-Shirts

Das Nachleben des Ernesto Che Guevara

MARKUS BUSCHHAUS

„[...] an einer Stelle der Geschichte verschwindend; und, viel später, zu völlig unerwarteter Zeit vielleicht, wieder auftauchend; nachlebend in den noch ungenau bestimmten Vorhöfen eines ‚kollektiven Gedächtnisses'"
(Georges Didi-Huberman)

‚Im Banne von Bildbegriffen'

„Im Falle der Bilder stehen wir auch nach der großen Wende, die mit der Säkularisierung begann, immer noch im Banne von Bildbegriffen, Bildwünschen und Bildängsten, die in der Religion geboren wurden"[1], heißt es in Hans Beltings Abhandlung über *Das echte Bild*. Dieser Befund gilt in wohl ausgezeichnetem Maße für die der womöglich meistreproduzierte Fotografie überhaupt: Die im März 1960 von dem Revolutionsfotografen Alberto Korda gemachte Aufnahme von Ernesto Che Guevara, die, allerdings nicht gleich zu Beginn ihres langen Marsches durch die Untiefen des kulturellen Gedächtnisses, auf den Namen ‚Guerrillero heroico' getauft wurde. Man begegnet ihr mittlerweile zu allen Anlässen: in Fußballstadien und auf Friedensmärschen, in Szeneclubs und auf Grillfesten, in Luxusboutiquen und auf Flohmärkten; und man begegnet ihr vervielfältigt auf Briefmarken und Bettwäsche, auf Tassen und Tellern, auf Postern, Fahnen und Häuserwänden, in unzähligen Bildbänden

1 Hans Belting: Das echte Bild. Bildfragen als Glaubensfragen, München: Beck 2005, S. 10.

und, ganz sicher nicht zuletzt, eben auch auf T-Shirts.[2] Entsprechend stellt etwa die Journalistin Hannah Charlton zu besagtem Bild fest: „It has been endlessly mutated, transformed and morphed – and as such tells the history oft he last forty years of visual, popular culture."[3]

Daraus ließen sich Verfahren der Popularisierung auf zumindest drei Ebenen ableiten: zunächst hinsichtlich der Frage nach einer bloßen Schleifung unumstößlich guevaristischer Glaubensinhalte, wie sie sich medial zu erkennen gibt als ‚Sieg' der Bildes ‚Guerrillero heroico' über Guevaras einen Monat nach der Aufnahme veröffentlichte programmatische Schrift *La guerra de guerrillas*[4]; dann hinsichtlich der gezielten Versuche der revolutionären kubanischen Propaganda, guevaristische Glaubensinhalte unter das Volk zu bringen, insbesondere nach dessen frühem Ende im bolivianischen Dschungel 1967 und anlässlich von Guevara-Totenfeiern und Guevara-Gedenkfeiern, mit Guevara-Standbildern, Guevara-Banknoten, Guevara-Briefmarken; schließlich hinsichtlich einer unstrittigen marktwirtschaftlichen Vereinnahmung – sei diese jetzt als ‚kapitalistisch' zu bezeichnen oder nicht –, mittels derer einer der beiden Köpfe der kubanischen Revolution zur preiswerten Massenware auf den Wühltischen jener Shopping Malls gerät, die irgendwie zu erreichen das kubanische Volk spätestens seit den 1970er Jahren jeden Tag aufs Neue sein Leben aufs Spiel zu setzen bereit ist.

Um all das geht es an dieser Stelle jedoch nur zweitrangig. Denn die eingangs angeführten, eher bodenständigen und im engeren Sinne populärkulturellen Verwendungszwecke werden, zumal in akademischen Kreisen und in der Gemeinde der Guevara-Biografen, häufig von einer Rede begleitet, die die religiöse Aufladung des ‚Gu-

---

2 Zu den verschiedenen Auftritten des ‚Guerrillero heroico' vgl. grundsätzlich folgenden Sammelband, der die gleichnamige Ausstellung im California Museum of Photography Riverside begleitet hat: Trisha Ziff (Hg.): Che Guevara: Revolutionary & Icon, London: V&A 2006. Vgl. ferner: David Kunzle: Che Guevara: Icon, Myth and Message, Los Angeles: UCLA 1997.

3 Hannah Charlton: „Introduction", in: Ziff: Che, S. 7-14, hier S. 7.

4 *La guerra de guerrilla* – deutsch: *Der Guerillakrieg* (Ernesto Che Guevara: Der Guerillakrieg, Münster: Unrast 2005) – beschäftigt sich ausführlich mit den organisatorischen, technischen und infrastrukturellen Aspekten eines jeden sozialistischen Revolutionsprojektes. Guevara beruft sich dabei immer wieder auf die Erfahrungen, die er während der kubanischen Revolution in der Sierra Maestra zusammen mit Castro gemacht hat. Wesentliche inhaltliche Koordinaten stellen die Idee von den ‚aufständischen Brennpunkten' und die Verlagerung des bewaffneten Kampfes in unterentwickelte landwirtschaftliche Gebiete dar – genau jene Strategien werden Guevara Jahre später in Bolivien freilich das Leben kosten.

errillero heroico' befördert und sich auf einen gemeinsamen Nenner bringen lässt: Guevaras Antlitz als ‚Ikone der Revolution'.[5] Dabei werden in der Regel ganz unterschiedliche Bildbegriffe wie ‚Abbild', ‚Ikone' oder ‚Heiligenfigur' ins Spiel gebracht, ohne dass deren Verwendung über das bloß Metaphorische hinaus eine weitere Erklärung erfahren würde. Gerade deshalb bietet es sich an, die Verschränkung von Populärkultur und Religion, wie sie sich im auf T-Shirts vervielfältigten ‚Guerillero heroico' zu erkennen gibt, in den Blick zu nehmen.

‚Popularisierung' wird hier so wertfrei verstanden, wie es irgend möglich ist, und so wörtlich genommen, wie es der Gegenstand erfordert: Der ‚Guerrillero heroico' wird unter das Volk gebracht, und das bevorzugt auf einem Bildträger, der der Inbegriff des vestimentär Populären auch und gerade im Sinne des Pop ist: das T-Shirt [Abbildung 1]. Von daher steht im Folgenden weniger ein wie auch immer auszumachender Widerstreit[6] im Vordergrund – etwa zwi-

5 So ist im Umfeld dieser Aufnahme aus dem Jahre 1960 und ihrer bildmedial vielgestaltigen Sprösslinge immer wieder nachdrücklich die Rede von der „Ikone", der „Symbolfigur" und dem „Mythos" (vgl. dazu: Stephan Lahrem: Che Guevara, Frankfurt am Main: Suhrkamp 2005, S. 7); von der „eindimensionalen Ikone" (Gerd Koenen: Traumpfade der Weltrevolution. Das Guevara-Projekt, Köln: Kiepenheuer & Witsch 2008, S. 7), dem „revolutionären Sankt Georg" (vgl. ebd., S. 509), der „fast zeitlos gewordenen Kultfigur" (vgl. ebd., S. 545), ja der „Heiligenfigur des Comandante Che Guevara" (vgl. ebd., S. 568); von einem, „ikonengleichen" und „an Christus erinnernden Abbild" (vgl. dazu: Jorge G. Castañeda: Che Guevara, Frankfurt am Main: Suhrkamp 1998, S. 241); von der „Ikone des Freiheitskampfes" (Thomas Mießgang: Che Guevara. Ich bin ein optimistischer Fatalist, Köln: Fackelträger 2007, S. 8), dem „Heiligen der permanenten Revolution" (vgl. ebd., S. 10) und von dessen „auratischer Übermenschlichkeit" (vgl. ebd., S. 13); oder schließlich, aber nicht endlich von dem „heiligen Guerillero" (Cordt Schnibben: „Endkampf um ein Skelett", in: Der Spiegel vom 30.06.1997. Wiederabdruck in: Castañeda: Che, S. 620-624, hier S. 622) und dem „Comandante Christus" (Vgl. dazu: Eva Karnofsky: „Comandante Christus", in: Süddeutsche Zeitung vom 14.07.1997. Wiederabdruck in: Castañeda: Che, S. 627-629).

6 Dazu etwa folgende treffliche Feststellung Lahrems: „[...] wird der Versuch der Che-Fans, mit dem Rekurs auf den ‚authentischen' radikalen Che Guevara die gegenwärtigen Schwundformen bekämpfen zu wollen, ebenso wenig fruchten wie der Versuch der Guevara-Kritiker, mit dem Verweis auf den ‚empirischen' Che Guevara den ‚Mythos Che' entzaubern zu wollen." (Lahrem: Che, S. 139) Ähnlich äußert sich zuletzt auch Koenen in *Traumpfade der Weltrevolution*: „Dieses Buch verfolgt [...] weder das Programm einer abermaligen Romantisierung des ‚Che' noch das seiner forcierten Entzauberung." (Koenen: Traumpfade, S. 7)

schen dem Politischen und dem Populären, dem Säkularen und dem Religiösen, dem Revolutionären und dem Traditionellen –, sondern die Frage, inwiefern im wie auch immer motivierten Feiern des Revolutionären Traditionen bedient werden, die eine Popularisierung des Politischen begünstigen, da sie eine beispiellose religiöse Aufladung mit sich bringen. Denn das Nachleben des Ernesto Che Guevara hat seinen Grund, so die These, sowohl in den beharrlich weiter getragenen, häufig akademisch oder journalistisch motivierten hagiographischen Anspielungen als auch in dem tatsächlichen Kult um seine Person, in dem das Körperbild des Revolutionärs, der Bildkörper des T-Shirts und der Leib des Trägers einander durchdringen und dasjenige immer wieder aufs Neue hervorbringen, was Charlton treffend als „Che-ness"[7] verhandelt.

Abb. 1: Guerrillero heroico als T-Shirt auf der Titelseite [Ausschnitt]

Kordas Fotografie entwickelt sich, zunächst ausgehend von der sogenannten westlichen Welt, dann jedoch in zunehmend globalem Maße, zu einem veritablen ‚Schlagbild'[8]. Dabei wird einmal mehr das Wechselspiel von der Macht und der Ohnmacht der Bilder unter Beweis stellt. Sie sind mächtig, da sie wirkmächtig sind; und sie sind ohnmächtig, da sie jeweils auf vielfältige Art und Weise dienst-

7 Charlton: „Introduction", S. 11.

8 Vgl. dazu: Michael Diers: Schlagbilder. Zu einer politischen Ikonographie der Gegenwart, Frankfurt am Main: Fischer 1997.

bar gemacht werden können. So auch der ‚Guerillero heroico'. Er entzieht sich, je häufiger er vereinnahmt wird, der gezielten Steuerung und entfaltet, wie Charlton meint, „a life of it's own"[9] – und zwar mit jeder Vervielfältigung, mit jedem neuen Bildträger, mit jedem neuen Verwendungszweck, sei dieser politisch, ökonomisch, ästhetisch oder sonstwie begründet. Gerade deshalb bietet er sich als eine vielseitig verwendbare Projektionsfläche an, auf der man alle Che-Filme gleichzeitig sehen kann: das Revolutionsmärchen, den Politthriller, die Liebesromanze, den Abenteuerfilm und auch die Passionsgeschichte. Gerade letztere, welche 1960 in Havana beginnt, soll in der Folge einer näheren Betrachtung unterzogen werden.

Der Beginn einer langen Reise: Havanna 1960

Am Nachmittag des 04. März 1960 explodiert der mit belgischen Waffen und Munition beladene, aus Antwerpen eingelaufene französische Frachter *La Coubre* während der Löschung im Hafen von Havanna und reißt mehrere Dutzend Matrosen und Hafenarbeiter in den Tod. Guevara, der sich zu diesem Zeitpunkt im benachbarten Agrarministerium befindet, eilt an den Unfallort und leistet, wie es sich für einen ausgebildeten Arzt gehört, erste Hilfe. Am Vormittag des folgenden Tages findet in der Hauptstadt eine Trauerveranstaltung statt, die vom Colón-Friedhof über den Malecón zur 23. Straße führt, wo Fidel Castro auf einer kleinen Bühne eine Rede hält, vor tausenden von Zuhörern und in Begleitung einer weiteren hochexplosiven Ladung aus der alten Welt, nämlich dem gleichsam revolutionär gestimmten Existenzialistenpaar Simone de Beauvoir und Jean-Paul Sartre.[10]

Jahrzehnte später, im August 1995, erinnert sich Korda, der an diesem kalten Frühjahrsvormittag in Havanna ein Bild für die Ewigkeit schießt, in einem Gespräch mit dem Guevara-Biografen Jorge G. Castañeda an das Ende der Prozession: „Die Straße war voller Menschen, und Blumen regneten auf die vorbeigetragenen Särge herab. Ich arbeitete als Pressefotograf für die Zeitung ‚Revolución'. [...] Ich befand mich ein wenig unterhalb der Tribüne und hatte eine 9-mm-Leika bei mir. Ich benutzte mein kleines Teleobjektiv und nahm alle Leute in der ersten Reihe auf: Fidel, Jean-Paul Sartre und Simone de Beauvoir. Che war nicht zu sehen, er stand hinter dem Podium. Aber als das für einen Moment in der ersten Reihe

9 Charlton: „Introduction", S. 8.

10 Dazu etwa: Castañeda: Che, S. 241-242; Koenen: Traumpfade, S. 218-221.

eine Lücke entstand, tauchte im Hintergrund seine Gestalt auf. Er geriet ganz unvermittelt in meinen Sucher, und ich machte ein horizontales Foto. Ich begriff sofort, daß dieses Bild mit dem hellen Himmel hinter ihm fast ein Porträt war. Ich brachte die Kamera in eine vertikale Lage und machte ein zweites Foto. Das alles dauerte nicht einmal 10 oder 15 Sekunden. Che verschwand und kam nicht mehr zum Vorschein. Es war reiner Zufall."[11]

Diese, wie Castañeda sich begeistert, „wunderschöne Aufnahme"[12] hat ihren Kultstatus in erster Linie wohl einem Abbau des Umfeldes zu verdanken.

Abb. 2: Die Rohfassung von Alberto Korda, Havanna 1960

Von der eigentlichen Aufnahme [Abbildung 2] wird in der Folge alles, was auf einen bestimmten Ort oder eine bestimmte Zeit verweisen könnte, entfernt: etwa die tropischen Palmen oder der im Profil angeschnittene Mann im Vordergrund. Damit ist, noch auf der Bildfläche, der erste Schritt hin zu einer Entrückung getan. Und tatsächlich gerät Guevara auf dem Ausschnitt, welcher später den ‚Guerrillero heroico' darstellen wird, zur Erscheinung: Aus angemessener Untersicht, eine Mischung aus ungezügeltem Aufbegehren, wilder Entschlossenheit sowie stiller Vorahnung; dabei von unendlicher Traurigkeit: der harte und der sanfte Rebell, den Wind des Wandels im langen Haar, mit lässig-beiläufigem Fünf-Tage-Bart, den Blick erwartungsvoll und unerschrocken in die Zukunft gerichtet, besonnen und dennoch stets zum Sprung bereit, tatsächlich wehrhaft mit bis zum Hals zugezogenem Reißverschluss; schließlich eine gelungene Mischung aus Person und Amt, aus individuellem

11 Castañeda: Che, S. 241-242.

12 Vgl. ebd., S. 241.

Porträt und, wenn man so will, Herrscherporträt: der jugendlich-verwegene Charme des Guevara sowie das Herrschaftszeichen der sozialistischen Weltrevolution, hier vereint auf der Baskenmütze mit eben jenem roten Stern, den Guevara im Juli 1957 von Revolutionsführer Castro anlässlich seiner Ernennung zum Comandante verliehen bekommen hat. Diese besternte Mütze ist zum damaligen Zeitpunkt längst zu einem Markenzeichen Guevaras und damit der gesamten kubanischen Revolution geworden, er trägt sie nicht nur an jenem kalten Tag an der 23. Straße von Havanna, sondern auch vor der UN-Vollversammlung in New York und auf sämtlichen Staatsreisen in das befreundete und das befremdete Ausland.

Wenn Korda rückblickend behauptet, das Bild aus dem Jahr 1960 sei schon im Augenblick der Aufnahme ‚fast ein Porträt' gewesen, so gilt es zunächst festzuhalten, dass seine Fotografie zu einem solchen erst wird, nachdem sie bearbeitet worden ist: „[...] Korda isolated the figure of Che from the original frame, in which Che stands between a man and palm fronts, and thus the icon was born."[13] Das Porträt, mehr noch die ‚Ikone' des Guevara als ‚Guerrillero heroico', wie sehr sie Korda angeblich auch seinerzeit schon vorgeschwebt sein mögen, kommen erst ein gutes Jahr später, im April 1961, zum Vorschein, und zwar in der Tageszeitung *Revolución*.[14] Den symbolischen und ökonomischen Wert der Beute, die er mit seinem eher zufälligen Schnappschuss gemacht hat, wird Korda an diesem kalten Frühjahrstag des Jahres 1960 in Havanna wohl kaum ermessen haben.

Der Kopf der Weltrevolution auf Wanderschaft

Nicht von Anfang an also entpuppt sich der ‚Schnappschuss für die Ewigkeit'[15] als eigentliches Porträt. Denn erst viele Jahre später geht das Bild auf Reisen. Es reist durch Kunstgalerien, Studentenproteste, Wohngemeinschaften und Titelblätter und verwandelt sich dabei schließlich in jenen ‚Guerrillero heroico', der es heute ist. Bei aller Vorsicht, die aufgrund der unsicheren Kenntnisse von den tatsächlichen Verbreitungswegen der Aufnahme geboten ist, lassen sich wohl zwei Reiserouten ausmachen, die beide einigermaßen parallel zu den Ereignissen in Bolivien nach Europa führen und dort

13 Charlton: „Introduction", S. 9.

14 Vgl. dazu: Trisha Ziff: „Guerrillero Heroico", in: Ziff: Che, S. 15-22, hier S. 15-16.

15 Vgl. dazu: Michael Castritius: „Schnappschuss für die Ewigkeit", in: www.tagesschau.de/ausland/cheguevara32.html vom 12. Dezember 2009.

im Umfeld studentischer Protestkultur wieder zueinander finden: einerseits eine recht deutlich nachzuzeichnende über den Mailänder Verleger Giangiacomo Feltrinelli; andererseits eine auf den ersten Blick etwas ziellose, abschweifende, sich hier und da verlierende, die in jedem Fall aber nach Dublin, Amsterdam und Paris führt.[16]

Feltrinelli – Millionenerbe, Verleger, Intellektueller, Castro-Intimus – macht im Jahre 1966 auf der Rückreise von Bolivien einen Halt in Havanna und stattet dem Revolutionsfotografen Korda einen Besuch in dessen Atelier ab.[17] Dabei entdeckt er die bis dahin noch weitgehend unbekannte Aufnahme aus dem März 1960, die ihm aus zweierlei Gründen zugesagt haben mag. Zum einen entstammt sie einer Zeit, als die kubanische Revolution noch als jung und unschuldig, tatendurstig und hoffnungsfroh gelten durfte; zum anderen ist auch das Bild ganz unverbraucht und bringt in aller Frische das Gesicht jenes Helden der Revolution zum Vorschein, der nach seiner Abdankung als Minister im April 1965 von der politischen Bildfläche verschwunden war, sich zwischenzeitlich vergeblich im kongolesischen Dschungel an der Revolution versucht hatte und dessen gegenwärtiges Schicksal im bolivianischen Dschungel schon 1966 nur mehr zu vager Hoffnung Anlass geben konnte.[18]

Der Legende nach speichert Feltrinelli das Bild des abwesenden, aber mutmaßlich noch unter den Lebenden weilenden Guevara auf Abruf. Um es dann anlässlich der Nachrichten über dessen Tod im Oktober 1967 als billig, aber schnell und zahlreich reproduziertes Poster unter die aufgebrachte Studentenschaft zu bringen und nachhaltig in das kulturelle Gedächtnis einzuspeisen. Selbst wenn Feltrinellis Sohn inzwischen die Behauptung aufgestellt hat, sein Vater habe das Bild noch vor Guevaras Tod als Poster herausgegeben,[19] wird der ‚Guerrillero heroico' zu einem Massenerfolg und damit zu einem veritablen Schlagbild doch erst in Folge der Nachricht aus Bolivien. Während die Wanderschaft des Guevara 1967 in La Higuera, von wo aus der Leichnam nach Vallegrande gebracht wird, ihr Ende findet, feiert der „Christus von Vallegrande"[20] seinen Geburtstag, um als Bild um die Welt zu gehen [Abbildung 3].

16 Vgl. dazu grundsätzlich: Ziff: „Guerrillero Heroico".

17 Vgl. zu der Rolle Feltrinellis: Castañeda: Che, S. 242; Lahrem: Che, S. 132; Koenen: Traumpfade, S. 514-517; Mießgang: Che, S. 12-13; Ziff: „Guerrillero Heroico", S. 16-17.

18 Dazu bemerkt etwa Castañeda: „Ches Expedition erholte sich nicht mehr von ihren unglückseligen Anfängen. Sie taumelte von einer Krise in die nächste [...]." (Castañeda: Che, S. 438)

19 Vgl. dazu: Ziff: „Guerrillero heroico", S. 17.

20 Castañeda: Che, S. 9.

Abb. 3: Freddy Albortas: Der tote Guevara, Vallegrande 1967

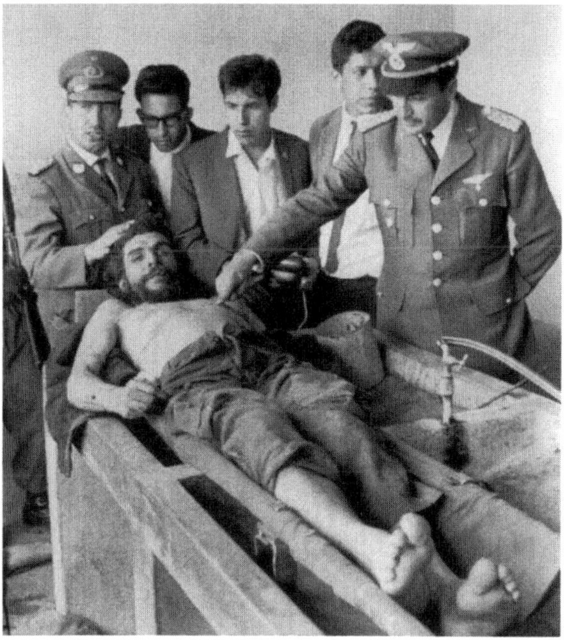

Mehr oder weniger zeitgleich findet sich eine Fotografie, die 1960 in Havanna gemacht wurde, auf einem Poster wieder, um von Mailand aus als ‚Guerrillero heroico' jene Welt zu erobern, die Guevara nicht hat missionieren können, da seine Reise in Bolivien endete, ohne einen Abschluss zu finden.

Doch das ist nicht alles. Der andere Weg des ‚Guerrillero heroico' erweist sich als weitaus weniger gut nachvollziehbar und bringt rückwirkend auch die Feltrinelli-Linie noch einmal in Bewegung. Denn anders als lange vermutet, gerät Kordas Aufnahme schon vor Feltrinellis trotzigem Durchhalteposter unter die Leute, und zwar in der Ausgabe der *Paris Match* vom 19. August 1967. In seinem Artikel *Les Guérrilleros* verhandelt Jean Lartéguy die Fotografie Guevaras und wirft folgende Frage auf: „Où est-il donc?"[21] Es ist bis heute unbekannt, auf welchem Wege diese Aufnahme von Havanna nach Paris gelangt. Klar ist hingegen, dass nicht Feltrinelli das Bild dorthin bringt. Das gilt auch für einen Abzug, auf Grundlage dessen der irische Künstler Jim Fitzpatrick 1967 eine ganze Reihe von Postern herstellt – von denen es eins schon 1968 in die von Peter Mayer kuratierte Ausstellung *Viva Che* im Londoner Arts Laboratory schafft.

21 Vgl. dazu: Ziff: „Guerrillero heroico", S. 18-19.

Fitzpatrick jedenfalls hat die Aufnahme angeblich über ein Magazin der holländischen Anarchistengruppe *Provo* bekommen, die ihrerseits in Erwägung zieht, sie auf Umwegen über de Beauvoir und Sartre – 1960 Teilnehmer der Veranstaltung an der 23. Straße in Havanna – erhalten zu haben.[22] Wie dem auch sei, deutlich wird, dass der ‚Guerrillero heroico' unmittelbar vor dem Tod Guevaras schon im Umlauf ist und diese Monate gewissermaßen als Inkubationszeit dienen, ihn dann, nach dem Oktober 1967, mit der vollen Wucht des Schlagbildes in das Herz insbesondere der europäischen Protest-Bewegungen treffen zu lassen.

Neben der in erster Linie politisch motivierten Verbreitung des ‚Guerrillero heroico', wie sie Feltrinelli unterstellt werden kann, und der politisch-künstlerischen Mischform, welche Fitzpatrick erschafft, entsteht in dieser Zeit eine dritte, abermals druckgrafisch aufbereitete Fassung der Aufnahme Kordas.

Abb. 4: G. Malanga: Guevara als ‚Warhol', 1967 [Ausschnitt]

Gerard Malangas Polyptichon vervollständigt den Reigen der ‚Guerrilleros heroicos' um ein Porträt, das einer unbedingten künstlerischen Absicht entspringt.[23] Es gibt sich nicht nur als Hommage an Andy Warhols *Marilyn Diptych* von 1962 zu erkennen, sondern Malanga bringt es sogar als ‚Warhol' auf den Markt [Abbildung 4]. Ma-

22 Vgl. ebd., S. 20-21.

23 Vgl. dazu: Brian Wallis: „Che lives!", in: T. Ziff: Che, S. 23-32, hier S. 27.

langa, seinerzeit in Rom – also nicht weit entfernt von der lombardischen Quelle des ‚Guerrillero heroico' – unter akutem Geldmangel leidender *Factory*-Gefährte Warhols und *Velvet Underground*-Fotograf, stellt unter Beweis, dass sich Guevara doch auffällig gut als Wiedergänger jener Marilyn Monroe macht, die am Ursprung aller ‚Pop-Ikonen' steht. Schließlich ist ein Antrieb für Warhols verschiedene *Marilyn*-Siebdrucke in der Nähe zu Monroes mysteriösem Tod in demselben Jahre 1962 zu suchen; und auch Warhol nimmt ein von ihm selbst beschnittenes, schon etwas älteres Pressefoto als Vorlage für seine Serie.[24]

Aufgrund der unterschiedlichen Wege, die der Schnappschuss Kordas auf seiner Reise geht, und auch aufgrund der verschiedenen medientechnischen und bildkulturellen Verwandlungen, denen er dabei unterliegt – etwa: als Pressefoto, als Kunstwerk, als Protest-Utensilie –, lassen sich die mannigfaltigen ‚Guerrilleros heroicos' schon bald kaum noch steuern, so dass sie ein entschiedenes Eigenleben gewinnen und an ganz unterschiedlichen Orten zu ganz unterschiedlichen Zwecken in Stellung gehen.

Die Wiederauferstehung als Bild.

Der Revolution einen Körper leihen

„Die Revolution braucht die Präsenz des Körpers und dessen sich selbst stimulierende Dynamik in der Menge. Sie braucht die ‚Masse', deren im ‚Auflauf' erfahrbare Mobilisierung und Gewaltbereitschaft. Sie braucht die am Körper angreifenden Rituale und Exzesse der Gewalt. Sie braucht aber umgekehrt auch die massenmediale Vermittlung und Multiplikation dieser Körperpräsenz, um ihre Strukturen sprengende Wirkung zu entfalten"[25], erklärt der Historiker Rudolf Schlögl das Verhältnis zwischen Revolution, Körperlichkeit und Medialität. Unter Berücksichtigung des Umstandes, dass – wie etwa der Kulturkritiker Dietmar Kamper behauptet – das abendländische Körperbild wesentlich gekennzeichnet ist durch den Anblick des gekreuzigten Christus,[26], ergibt sich für den Fall des ‚Gu-

24 Vgl. dazu etwa: Michael Lüthy: Andy Warhol. Thirty are better than one, Frankfurt am Main 1995, insbesondere S. 43-55.

25 Rudolf Schlögl: „Revolutionsmedien – Medienrevolutionen. Was Historiker daran interessiert", in: Sven Grampp u.a. (Hg.), Revolutionsmedien – Medienrevolutionen, Konstanz: UVK 2008, S. 19-24, hier S. 22.

26 Vgl. dazu: „Begriff und Anschauung des Körpers stammen aus der Theologie des toten kruzifizierten Herrenleibs und aus jener Medizin, die ihre fundamentalen Kenntnisse mittels der Leichensektion der Anatomietheater

errillero heroico‘ eine in der Tat explosive Mischung mit latent ‚sprengender Wirkung‘. Diese beinhaltet: den revolutionären Anspruch, wie er zumindest von Feltrinelli nach Guevaras Tod unmissverständlich in die Gegenwart verlängert wurde; die bildmediale Omnipräsenz, wie sie sich auf Postern, Titelblättern, Siebdrucken oder eben auch T-Shirts zu erkennen gibt; die mannigfaltigen Körperbezüge, von Guevara als Verkörperung der kubanischen Revolution über seinen gewaltsamen Opfertod bis hin zu den Massenprotesten auf den Straßen des alten Kontinents; schließlich die sich häufig aus religiösen Bildwelten speisenden Begrifflichkeiten, wenn Guevara zur Sprache gebracht oder ins Bild gerückt wird. Gerade die vielen bunten T-Shirts, die Guevara zum ‚T-Shirt-Helden‘ machen, verschärfen die Frage nach Körperlichkeit und Religiosität insofern noch einmal, als sie das einzige Massenmedium darstellen, welches am Körper getragen wird. Zudem machen sie als Textilie einen in der Bildgeschichte eher unüblichen, lange Zeit ganz eindeutig religiösen Bildwelten vorbehaltenen Bildträger aus. Von daher bietet es sich an, Guevaras Wiederauferstehung als Bild und sein bis heute anhaltendes Nachleben, wie es eben durch Begriffe wie ‚Ikone‘, ‚Heiligenbild‘ oder ‚Comandante Christus‘ beschworen wird, bei aller gebotenen Vorsicht in der Bildwelt des Christentums zu verorten, und zwar einerseits bildanthropologisch, andererseits ikonografisch.

Zum Verwechseln ähnlich: Revolution als Passionsgeschichte

Castañeda vertraut, wenn er den ‚Guerrillero heroico‘ und den ‚Christus von Vallegrande‘ als „ikonographisches Diptychon“[27] bezeichnet, wohl zunächst auf den historischen Zusammenhang, in welchem beide Bilder stehen: „Freddy Albortas Bild von Guevaras Leiche im Waschraum von Nuestra Señora de Malta beraubte Millionen junger Menschen ihres Idols, Kordas Aufnahme jedoch gab ihnen einen lebenden Che zurück.“[28] Erst auf den zweiten Blick erschließt sich der unzweifelhaft religiöse Hintergrund, der bei beiden Bildern auf je unterschiedliche Art und Weise eine Rolle spielt. Indem der ‚Christus von Vallegrande‘, wie zunächst aufgezeigt werden soll, ikonografischen Anschluss an ein einschlägig christliches – und darauf aufbauend dann einschlägig revolutionäres – Bildmotiv

gewonnen hat.“ (Dietmar Kamper: „Der Körper als Leiche. Menschenbilder vom Anatomietheater“, in: Peter Frieß/Susanne Witzgall (Hg.), La Specola. Anatomie in Wachs im Kontrast zu Bildern der modernen Medizin, Bonn: Deutsches Museum 2000, S. 30-37, hier S. 31)

27 Castañeda: Che, S. 242.

28 Ebd.

findet, wirkt er gleichzeitig auf den ‚Guerrillero heroico', mit dem er eben nicht nur publikationshistorisch verbunden ist, zurück: als zweiter Flügel eines freilich imaginären Diptychons. Danach gilt es aufzuzeigen, inwiefern der ‚Guerrillero heroico' seinerseits durchaus Eigenschaften jener Bildgattung aufweist, welche ihm, wenngleich zumeist in metaphorischer Absicht, unterstellt wird: nämlich jener der Ikone.

Da ist zunächst das Leichenfoto von Vallegrande, welches die ‚Mailänder Auferstehung' durch Feltrinelli auslöst [Abbildung 3]. Es greift ein Bildmotiv auf, das sich ikonografisch beispielhaft an zwei berühmten Gemälden festmachen lässt und dort eine jeweils unterschiedliche, aber gleichermaßen prägende Auslegung erfährt: zum einen Andrea Mantegnas *Der tote Christus* von um 1490 [Abbildung 5]; zum anderen Jacques-Louis Davids *Der Tod des Marat* von 1793 [Abbildung 6].

Abb. 5: Andrea Mantegna: Der tote Christus, um 1490.

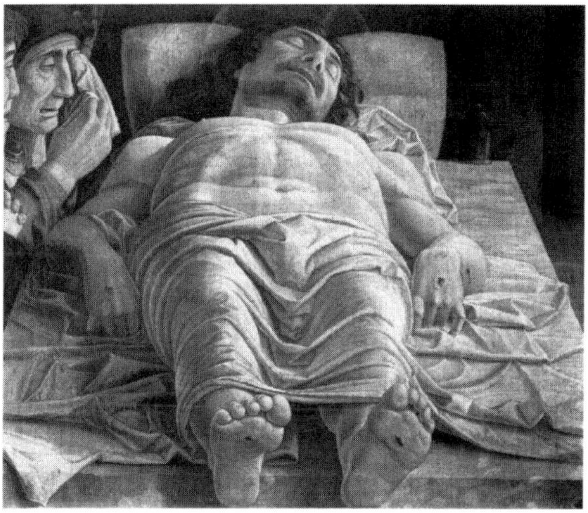

Mantegna betreibt eine ikonografische Säkularisierung des Christusbildes: Das Gemälde steht in einem Konflikt zwischen Religion und Kunst, der dadurch gelöst, aber nicht aufgehoben wird, dass sich das religiöse Thema einem künstlerischen Programm unterzuordnen hat – nämlich dem Experiment der radikalen perspektivischen Verkürzung des Körpers. Einzig die gleichwohl deutlich herausgearbeiteten Wundmale des Toten verweisen auf Christus. Abgesehen davon gibt es hier nicht nur keinen seinerzeit ikonografisch durchaus noch geläufigen Heiligenschein mehr, sondern die perspektivische Darstellung verunmöglicht nahezu die Vorstellung einer sich in unmittelbarer Kürze ereignenden Wiederauferstehung.[29]

Das Gegenbeispiel zu dieser Kunstwerdung des Religiösen und gleichsam die Gründungsfigur religiöser Aufladung des Revolutionären bildet Davids Gemälde *Der Tod des Marat*, das der Künstler unmittelbar nach dem Ereignis, welches es im Namen trägt, im Auftrag des Nationalkonvents anfertigt.[30]

Abb. 6: Jacques-Louis David: Der Tod des Marat, 1793 [Ausschnitt]

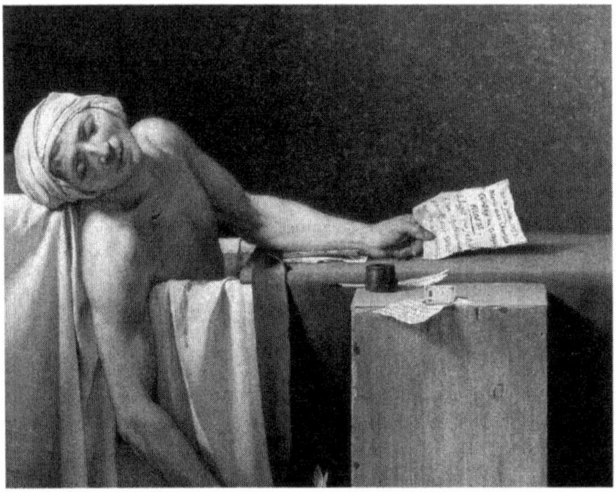

Dieses Werk trägt einen anders gelagerten Konflikt aus als Mantegnas *Der tote Christus*: Für David geht es darum, das traditionelle Historiengemälde als politisches Ereignisgemälde umzudeuten und damit ein Bildprogramm durchzusetzen, welches es seinerzeit in dieser Form noch nicht gibt. Dabei greift er auf einschlägige Lösungen der christlichen Ikonografie, besser: der Christus-Ikonografie, zurück – insbesondere auf die *Pietà*, die David hier zur „*Pietà* des

29 Vgl. dazu insbesondere: Francesco Frangi: Cristo morto di Andrea Mantegna, Mailand: TEA 1996; und: Simone Facchinetti: „Il Cristo morto: un caso di fortuna storica", in: ders./Alessandro Uccelli (Hg.), I Mantegna di Brera, Mailand: Electa 2006, S. 75-93; sowie grundsätzlich: Arturo Galansino: Mantegna, Paris: Hazan 2008.

30 Vgl. dazu insbesondere: Jörg Traeger: Der Tod des Marat. Revolution des Menschenbildes, München: Prestel 1986; und: William Vaughan/Helen Weston (Hg.): David's The Death of Marat, Cambridge: Cambridge University Press 1999; sowie grundsätzlich: Régis Michel/Marie-Catherine Sahut: David. L'art et le politique, Paris: Gallimard 1988.

Montagnards"[31] macht. Die Körperhaltung, das wächserne Inkarnat, das Wundmal an der Flanke, die durch die Schandtat besudelten weißen Laken der Unschuld erinnern an Michelangelos Darstellung der Trauer um Christus. Der dem Betrachter des Gemäldes von David zugewiesene tatsächliche Standpunkt vor dem Bild sowie der damit einhergehende imaginäre Ort im Bild zeigen die Haltung, mit der Marat von nun an zu begegnen sein wird: auf den Knien, vor der Wanne, im Gebet. Indem David diese Bildtradition aufnimmt, verwandelt er den in der Badewanne ermordeten Revolutionsjournalisten und Radikaljakobiner Marat in einen Christus, der als *L'Ami du Peuple*, so der Name des von ihm herausgegebenen Propagandablattes, sein Blut vergossen hat für die heilige Revolution.

Dabei handelt es sich aber, wie auch das Beispiel des Revolutionärs Guevara unterstreicht, keineswegs um Geburtswehen einer revolutionären Ikonografie, die sich ihrer damaligen religiösen Restbestände noch zu entledigen hätte. Vielmehr wird sich die nur auf den ersten Blick eigentümliche Hochzeit von religiöser Erweckungsphantasie und revolutionärer Mission in der Folge derart stimmig auf den Bildflächen abspielen, dass sie nachgerade selbst zum Programm wird. Denn dem immer wieder auferstehenden Revolutionär, wie ihn David in seinem *Der Tod des Marat* von 1793 beispielhaft feiert, entspricht stets rückblickend *Der tote Christus* Mantegnas, dessen Auferstehung die Kunst wenn nicht verunmöglicht, so doch offensichtlich erschwert. In der Tat findet eine Überblendung statt, für den gerade der Fall Guevara stellvertretend herhalten kann: *Der tote Christus* kämpft seit etwa 1490 gegen die Kunst um seine Auferstehung im Namen der Religion, und der tote Marat kämpft seit 1793 mit der Kunst um seine Auferstehung im Namen der Revolution.

Freilich: Mantegnas *Der tote Christus* und Davids *Der Tod des Marat* betreffen beide den toten Körper und finden ihre unmissverständliche Entsprechung nicht in den Abwandlungen des 1960 in Havanna gemachten Schnappschusses von Korda, sondern in Albortas fotografischer Aufnahme aus dem Jahre 1967, die den toten Guevara in Vallegrande zeigt. Gerade dies verdeutlicht, dass die bolivianischen Verantwortlichen mit der Macht der Bilder spielen, ihr letztlich aber erliegen. Anders als David, der 1793 eine unzweideutige Bildtradition gezielt aufgreift und seinem revolutionären Zwecke dienstbar macht, indem er sie in das politische Tagesgeschehen überführt, werden die Häscher Guevaras in der Folge Opfer eben jenes Bildes, das sie von ihrem Opfer haben schießen lassen.

31 Michel/Sahut: David, S. 83.

Denn die Fotografie, die sie Alborta gewähren und für die sie selbst posieren, zeigt den ermordeten Revolutionär nicht als gerichteten Verbrecher, den sein ‚gerechtes' Schicksal ereilt hat, sondern als bemitleidenswertes Opfer – im Modus der *Pietà*. Unfreiwillig legt sie – eine ikonografisch ähnliche religiöse Aufladung lässt sich wenige Jahre später bei der Leiche des aufgebahrten RAF-Mitgliedes Holger Meins ausmachen [Abbildung 7] – die Rede vom ‚Christus von Vallegrande' nahe.[32]

Abb. 7 : Der tote Holger Meins, 1974

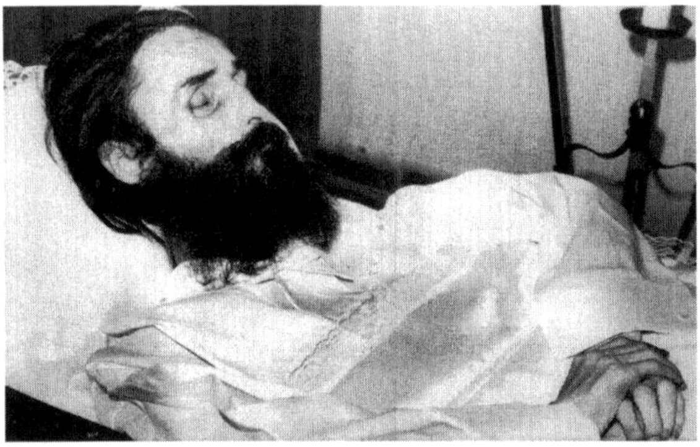

Weshalb diese Aufnahme auch nicht die fotografische Trophäe, zu der sie geraten sollte, geworden ist. Sie beweist weder das Ende einer erfolgreichen Jagd durch den bolivianischen Dschungel, noch versinnbildlicht sie den Todesstoß für die von Guevara verkörperte Weltrevolution. Sie kündet, anders als geplant, von keinem Ende, sondern sie stellt einen Startschuss dar für die Verwandlung des Guevara in die vielfach beschworene ‚Ikone', die den Namen ‚Guerrillero heroico' tragen und ihren privilegierten Ort auf T-Shirts finden wird. Dass die Fotografie Albortas dabei gerade als ‚Christus von Vallegrande' auch eine politisch bedeutsame Rolle spielt, unterstreicht der Publizist Gerd Koenen in *Die großen Gesänge*: „Nachdem mittels des Christus-Bildes die Reinheit der Person Che Guevaras und seiner Motive suggeriert worden war, konnte nun auch die von ihm propagierte Gewalt als reine, das heißt unbedingte, göttli-

32 Vgl. auch den Bericht des Journalisten Lartéguy, der einen seinerzeit anwesenden bolivianischen Bauern folgendermaßen zitiert: „Gott verzeih mir, man könnte glauben, es sei Christus zwischen den beiden Schächern." (Jean Lartéguy: Guerillas oder Der vierte Tod des Che Guevara, Gütersloh: Bertelsmann 1968, S. 320) Vgl. ferner: „Sie wirken wie fotorealistische Abbildungen von der Kreuzabnahme Christi." (Koenen: Traumpfade, S. 505)

che Gewalt erscheinen, die über jeden Legitimationszwang erhaben war.“[33]

Wie bereits angeführt, bildet der ‚Christus von Vallegrande‘ zusammen mit dem ‚Guerrillero heroico‘ laut Castañeda ein imaginäres Diptychon, also eine ursprünglich religiösem Gebrauch vorbehaltene Installation zweier Tafelbilder mit in der Regel erzählerischem Gehalt.[34] Welche Geschichte aber wird erzählt? Das hängt davon ab, wie die beiden Bilder installiert werden. Befindet sich der ‚Guerrillero heroico‘ linkerhand, der ‚Christus von Vallegrande‘ also rechterhand, wird der Betrachter eher Augenzeuge der Passionsgeschichte; verhält es sich genau andersherum, hat er es eher mit Christi Himmelfahrt zu tun. Somit erfahren der ‚Guerrillero heroico‘ und der ‚Christus von Vallegrande‘ eine wechselseitige Ergänzung: Dieser bringt jenen zum Vorschein, obgleich er ihm nachträglich ist. Das erste Bild aus dem Jahre 1960 überlebt das zweite aus dem Jahre 1967, ohne welches es seine ganze Überzeugungskraft jedoch nicht zur Entfaltung bringen könnte. Denn in der Zeit des bolivianischen Unternehmens wird Guevara, der mit seiner zunehmend hilflosen und versprengten Guerilla durch den Dschungel kreist, für die Weltöffentlichkeit unsichtbar. Es ist seine Abschiedstournee ohne Zuschauer. Er taucht erst in dem Augenblick wieder auf, wo er tot ist: als Bild. Er kommt, ganz am Ende und nach einer Auszeit, wieder unter die Menschen: als Leichnam, dessen Spur sich deutlich sichtbar auf der fotografischen Bildfläche eingeschrieben hat. Es ist der Tod, der ihn ins Leben der Weltrevolution zurückholt.

Mithin stehen beide Bilder in einem sehr engen Verhältnis zueinander: zunächst zeitlich, da die von Feltrinelli postum angestoßene Laufbahn des ‚Guerrillero heroico‘ den ‚Christus von Vallegrande‘ wenn nicht als Voraussetzung, so doch gewissermaßen als Auslöser hat; dann politisch, indem sie beide den Anspruch erheben, den Revolutionär ins Rampenlicht zu setzen und der Revolution damit einen Körper zu geben: einerseits unmittelbar nach dem Glücken der kubanischen, andererseits unmittelbar nach dem Scheitern der bolivianischen – sofern letztere überhaupt je stattgefunden hat; schließlich in der Art der religiösen Aufladung politischer Zielsetzungen, weshalb beide Gegenstand kultischer Verehrung und religiöser Erweckungsphantasien geworden sind. Das alles darf aber eben nicht darüber hinwegtäuschen, dass der ‚Christus von Val-

33 Gerd Koenen: Die großen Gesänge. Lenin, Stalin, Mao, Castro... Sozialistischer Personenkult und seine Sänger, von Gorki bis Brecht – von Aragon bis Neruda, Frankfurt am Main: Eichborn 1987, S. 189.

34 Zur Bildgeschichte des Diptychons vgl. etwa: Wolfgang Kermer: Studien zum Diptychon in der sakralen Malerei, Düsseldorf: Stehle 1967.

legrande' als moderne *Pietà* kaum gleichzeitig eine, wie es etwa bei Castañeda heißt, „beseeligende Ikone“[35] ausmachen kann.

AUF TUCHFÜHLUNG: IKONEN, ABDRÜCKE UND SPUREN

Gerade die Pop-Kultur hat zu einer beispiellosen Metaphorisierung des Bildbegriffs der ‚Ikone‘ im Sinne der Anbetungswürdigkeit beigetragen; beispiellos nicht einzig deshalb, da sie diese metaphorische Aufladung nachdrücklich begünstigt, sondern auch deshalb, da sie alle Anstrengungen unternommen hat, die Sensibilität für den eigentlichen Metaphernstatus schwinden zu lassen. So ist es heute wohl kaum noch die christliche Bildkultur, welche als Bildspender für den Bildempfänger der Pop-Kultur empfunden wird, sondern es verhält sich bestenfalls andersherum. *In extremis* ist die religiöse Ebene überhaupt nicht mehr gegenwärtig. Das war einmal anders, denn zu einer Ikone wird etwa Marilyn Monroe nicht, weil sie eine schöne Leiche abgeben kann oder sich in Unterwäsche ablichten lassen mag, sondern aufgrund der Allgegenwärtigkeit ihres Gesichtes; auf dieses und auf nichts anderes nämlich hat es auch Warhol abgesehen, als er die Ikone der Pop-Kultur 1962 in eine Ikone der Kunst verwandelt und damit die Matrix für diejenigen Ikonen der Pop-Art geschaffen hat, die in der Folge den Weg der Marilyn gehen sollten: Beuys, Mao, Brandt usf.

Insofern taugt auch der ‚Guerrillero heroico‘ zur Ikone, wenngleich es sich freilich um die ursprünglich metaphorische Wendung des Bildbegriffs der ‚Ikone‘, also um eine moderne Ikone – oder besser noch: eine Ikone der Moderne – handelt. Dabei kommen jedoch nahezu unweigerlich Bildvorstellungen zur Sprache, die sich eben nicht, wie bei der *Pietà* des ‚Christus von Vallegrande‘, in erster Linie ikonografisch bestimmen lassen. Die *Pietà* gehört überwiegend in das Reich der Kunst, was vor allem für ihre aus Renaissance und Barock stammenden, ikonografisch prägenden Vertreter gilt. Die Ikone aber ist im engeren Sinne nicht Teil der Kunst, sondern sie ist zunächst Gegenstand einer, wie es Belting nennt, ‚Geschichte des Bildes vor dem Zeitalter der Kunst‘[36].

Der Darstellung der *Pietà*, die ihre bildliche Überzeugungskraft durch das Versprechen der Ähnlichkeit entfaltet, steht – zumindest

35 Castañeda: Che, S. 9.

36 Vgl. dazu: Hans Belting: Bild und Kult. Eine Geschichte des Bildes vor dem Zeitalter der Kunst, München: Beck 1990; sowie zuletzt: Belting: Das echte Bild. Dem Umstand, dass Bild- und Kunstgeschichte zwar bisweilen ineinander über-, aber niemals grundsätzlich ineinander aufgehen, hat zuletzt Beat Wyss in seiner Bildgeschichte der Kunst Rechnung getragen. Vgl. dazu: Beat Wyss: Vom Bild zum Kunstsystem, Köln: König 2006.

hinsichtlich der geläufigsten Fassung, also der Christusikone – die Spurenhaftigkeit der Ikone entgegen, die eben nicht auf der Ähnlichkeit, sondern auf der Berührung beruht.[37] Die Ikone, wenngleich etymologisch als ‚Ebenbild' auf Ähnlichkeit getrimmt, schuldet ihre Wirkmächtigkeit nicht in erster Linie der Ähnlichkeit mit dem Dargestellten, sondern der Ähnlichkeit mit einem ‚ursprünglichen', ‚echten', eben nicht von Menschenhand geschaffenen anderen Bild: einem *acheiropoíeton*, einer *vera icon*. Als Gründungsikone, auf welche sich alle weiteren notwendig beziehen, gilt dabei das auf wundersame Weise durch Christi Willen entstandene Mandylion von Edessa,[38] welches im besten Sinne als Urkunde der Menschwerdung Gottes durch Christus angesehen werden kann und nicht das Haupt Christi darstellt, sondern dessen heiligen Leib gewissermaßen unmittelbar verkörpert.

Die Offenbarung gerät Teilen der christlichen Theologie dabei zu einem ersten Bildakt, indem der unsichtbare Gott durch Christus sichtbar wird, so dass das mosaische Bilderverbot, wie es alttestamentarisch überliefert ist, außer Kraft gesetzt ist. Diesem ersten göttlichen Bildakt folgt mit dem Mandylion ein wundersamer zweiter und mit jeder neu angefertigten Ikone ein dritter, so dass sich die Spur der Offenbarung stetig verzweigt, ohne dabei aber an Wirkmächtigkeit zu verlieren. Diese Ikonen gewähren mithin eine Realpräsenz, was dazu veranlasst, sie kultisch, sprich religiös zu verehren: „Kultbilder sind in der Regel personale Bildnisse (imagines), die in der Rezeption mit der Kultperson selbst (Maria, Christus usf.) identifiziert zu werden scheinen."[39]

In die Reihe dieser Kultbilder gehören auch zwei weitere das Antlitz Christi verkörpernde Bilder, die gleichsam dem Phänomen des *acheiropoíeton* genügen und darüber hinaus einen für den ‚Guerrillero heroico' aufschlussreichen Bildträger aufweisen: das Schweißtuch der Veronika [Abbildung 8] und das Turiner Grabtuch [Abbildung 9].

37 Vgl. dazu: Belting: Das echte Bild; sowie: Georges Didi-Huberman: Ähnlichkeit und Berührung. Archäologie, Anachronismus und Modernität, Köln: DuMont 1999. In der semiotischen Terminologie nach Peirce würde die gemalte *Pietà* in erster Linie der ikonischen, die Ikone in erster Linie der indexikalischen Ebene vorbehalten sein. Vgl. dazu zuletzt: Wyss: Kunstsystem, insbesondere S. 43ff.

38 Vgl. dazu: Daniel Spanke: Das Mandylion. Ikonographie, Legenden und Bildtheorie der ‚Nicht-von-Menschenhand-gemachten Christusbilder', Recklinghausen: Ikonen-Museum 2000.

39 Gerhard Wolf: „Kultbilder im Zeitalter des Barock", in: Dieter Breuer/Barbara Becker-Cantarino (Hg.), Religion und Religiosität im Zeitalter des Barock, Wiesbaden: Harrassowitz 1995, S. 399-413, hier S. 402f.

Abb. 8: El Greco: Das Schweißtuch der Veronika, um 1580.

Abb. 9: Fotografie des Turiner Grabtuches [Ausschnitt]

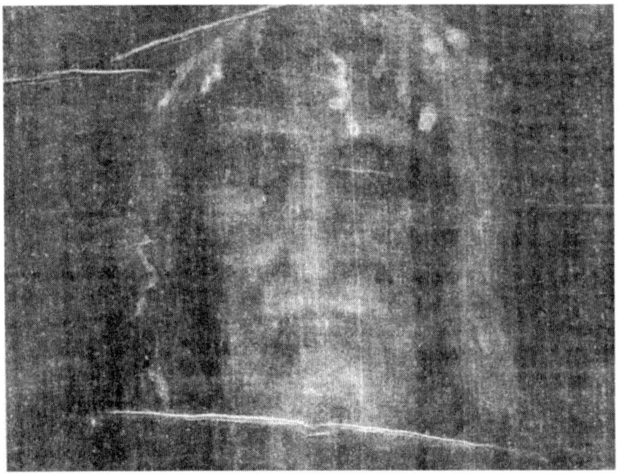

Für diese gilt: „Auch Bilder Christi wurden ganz handgreiflich zu Reliquien, wenn sie gemäß der Überlieferung mit dem echten Körper Jesu ‚Tuchfühlung' besessen hatten."[40] Eben diese ‚Tuchfühlung', ermöglicht durch die Spurenhaftigkeit des körperlichen Abdrucks – sei es das Schweiß-, sei es das Grabtuch –, findet, wenngleich mit gewissen Abstrichen, ihre Entsprechung in den mannigfaltigen druckgrafischen Varianten der Aufnahme Kordas aus dem März

40 Belting: Das echte Bild, S. 48.

1960. Denn auch die Fotografie – die „Vera Icon der Moderne“[41] – eignet sich, da sie ein *acheiropoieton* ausmacht, als Kultbild, das magische Bildpraktiken auf sich zieht und besungen, beschworen, befingert wird.

Wenn Christus als Offenbarung Gottes sichtbar wird, erscheint Guevara als Offenbarung des ‚revolutionären Weltgeistes‘, indem er die Revolution als solche zu verkörpern scheint. Obwohl bereits unmittelbar nach Guevaras Tod im bolivianischen Dschungel seine Hände als Reliquien abgetrennt und die 1997 exhumierten körperlichen Überreste in ein sozialistisches Super-Reliquiar in Santa Clara, Kuba, überführt worden sind, ist das Guevara gemäße und sein Nachleben begünstigende Bildphänomen doch Kordas Fotografie. Diese verweist metonymisch auf das gewesene Ganze, dessen Spuren sie trägt, und gleichzeitig erlaubt sie durchaus kultisch motivierte Ersatzhandlungen am Bild, und zwar nahezu überall und jederzeit. Schließlich hat Guevara, ebenso wie Christus, auf dieser Welt und unter den Menschen Wunder gewirkt und sein Angesicht nachdrücklich auf zahlreichen Stoffen hinterlassen. Wenngleich dies unter deutlich weniger wundersamen Vorzeichen vonstatten gegangen sein mag, so gilt, in Analogie zu den Schweiß- und Grabtüchern und Christusikonen, bei aller Allgegenwärtigkeit auch für Guevara, dass sich ein jedes Angesicht auf einem jeden T-Shirt auf eine einzige und ursprüngliche Spur zurückverfolgen lässt, welche sich im März 1960 auf einem in einer 9mm-Leika befindlichen Film der Marke Kodak eingeprägt hat.

Belting liest den Bildern auf Tuchfühlung ein Versprechen ab: „Auf den Tuchbildern sah der isolierte Gesichtsabdruck des Erlösers wie eine Maske aus, die von ihrem Träger angeblich zu Lebzeiten abgeformt worden war. Sie wartete in solchen textilen Prints gleichsam darauf, einst wieder vom echten Gesicht in Besitz genommen zu werden.“[42] Die Rolle des Echten nehmen im Falle des ‚Guerrillero heroico‘ seine wagemutig selbst ernannten oder vielleicht auch ganz unbedarften Nachfahren ein, und das Gesicht bekommt im Falle der vielen bunten T-Shirts einen Körper zurück, der zumindest die Hoffnung birgt, den Puls der Weltrevolution erneut zum Schlagen zu bringen und diese mit jedem Atemzug wiederzubeleben. Die wohl nicht zu überbietende Maximalvariante dauerhafter Wiederbelebungsversuche liefert allerdings der tätowierte argentinische Fußballheld Diego Armando Maradona, der seinen eigenen Körper als Bildträger für die Ikone des Guevara zur Verfügung stellt

41 Hans Belting: Bild-Anthropologie. Entwürfe für eine Bildwissenschaft, München: Fink 2001, S. 215.

42 Belting: Das echte Bild, S. 218.

– leider den rechten, nicht den linken Oberarm, welcher bekanntlich die Verlängerung jener ‚Hand Gottes' ist, mittels derer Maradona laut eigenem Bekunden einst ein irreguläres Weltmeisterschaftstor erzielt hatte.

Das Nachleben

Mittlerweile dient die fotografische Aufnahme, die Korda im März 1960 an der 23. Straße von Havanna als Schnappschuss macht und die nach dem gewaltsamen Tod Guevaras im bolivianischen Dschungel 1967 ihren Siegeszug als ‚Guerrillero heroico' antritt, zumal in ihrer T-Shirt-Fassung, als Passepartout für ganz unterschiedliche Ängste und Ansprüche, Wünsche und Bedürfnisse, Kundgaben und Äußerungsabsichten. Sie hat von allem etwas, aber von nichts alles: ein wenig Schnappschuss, ein wenig Porträt, ein wenig Warhol, ein wenig Ikone. Und sie gibt von allem etwas, aber von nichts alles: etwas Sozialismus, etwas Revolution, etwas Protest, etwas Pop-Art, etwas Kapitalismus, etwas Globalisierung – aber eben auch etwas Religion. So erscheint sie, ganz wie Trisha Ziff meint, in der Tat als Inbegriff der „iconic flexibility"[43].

Damit gilt für den ‚Guerrillero heroico' auch, was Belting in dem Eingangszitat zur Sprache bringt: nämlich der zumindest unterschwellige Fortbestand ursprünglich religiös motivierter ‚Bildwünsche' und ‚Bildängste' selbst in Zeiten global-säkularer Bilderpolitik. Darüber hinaus erweist sich der durch das bedruckte und getragene T-Shirt verkörperte und gleichzeitig auf dem T-Shirt zur Schau gestellte ‚Guerrillero heroico' insofern als unzeitgemäß, als er offenkundig einem Anachronismus, einer ‚Gleichzeitigkeit des Ungleichzeitigen' gehorcht. Letzteres ist deutlich abzulesen einerseits an der Inkubationszeit der Aufnahme Kordas bis zu ihrem eigentlichen Ausbruch durch Feltrinelli im Jahre 1967 – sowie an dem Umstand, dass im Umfeld des ‚Guerrillero heroico' Bildwelten und Bildhandlungen auf den Plan gerufen werden, die sich aus verschiedensten Zeiten speisen: von den Anfängen des Christentums über die erst frühneuzeitlich-religiöse und dann frühmodern-revolutionäre Ikonografie der *Pietà* bis hin zu dem modernistischen Höhepunkt der Pop-Art. Diese vielfältigen Traditionslinien und auch Weltanschauungen – etwa: Sozialismus und Religion, Aufklärung und Kult, Staatsorgan und Revolution, Individualismus und Kollektiv, Pop und Politik usf. –, die sich im ‚Guerrillero heroico' überkreuzen, entsprechen recht genau derjenigen Diagnose, welche der Kunstphilo-

43 Ziff: „Guerrillero Heroico", S. 14.

soph Georges Didi-Huberman von seinem ‚anachronistischen Standpunkt‘[44] aus zu geben in der Lage ist: „Die Zeiten prallen aufeinander, widersprechen einander wie verschiedenartige Symptome in diesen Bildern.“[45] Das vermutlich unendliche Nachleben des Guevara ist wohl nicht zuletzt dem aus diesem Befund abzuleitenden Umstand geschuldet, dass sich nicht alle Geschichten auf einmal zu Ende erzählen und bis auf ihre kleinsten Einheiten durchbuchstabieren lassen. Das immer wieder letzte Wort, das immer wieder letzte Bild, der immer wieder letzte Versuch – die Zukunft wird stets schon dagewesen sein.

Dabei unterscheidet sich der ewig jugendliche ‚Guerrillero heroico‘ so deutlich, wie es eben denkbar ist, von dem Ort, an dem er einst geschossen wurde und den er verlassen hat, um auf Wanderschaft zu gehen: Havanna. Die Ruinen der kubanischen Hauptstadt liefern ein nachdrückliches Beispiel für das Bonmot Jean Cocteaus, demgemäß die Ruine ein Unfall in Zeitlupe sei – dies jedenfalls die Ansicht des kubanischen Schriftstellers Antonio José Ponte in dem Dokumentarfilm *Habana. Arte nuevo de hacer ruinas* von Florian Borchmeyer und Matthias Hentschler aus dem Jahre 2006[46]. Wenn also die Ruine zu dem einen Sinnbild der Revolution wird, da sie einen Unfall in Zeitlupe ausmacht und damit die ganze Vergänglichkeit des Irdischen veranschaulicht, dann wird der ‚Guerrillero heroico‘ zu dem anderen Sinnbild der Revolution, indem er eine Tuchfühlung mit der Zeitlosigkeit des Himmlischen gewährt.

44 Dazu führt er aus: „Der anachronistische Standpunkt, der vor allem ein Moment, eine Erfahrung des Anachronismus ist, ist unumgänglich, wo die Geschichte fehlt. Nicht um diese zu ersetzen, sondern um sie an einem Punkt hervorzubringen, der ihr bislang unbekannt war.“ (Didi-Huberman: Ähnlichkeit, S. 7.) Zum Nachleben heißt es andernorts: „Bei ihm [Warburg] hat Nachleben nur den Sinn, die historische Zeit komplexer zu gestalten, an der Kulturwelt spezifische, nicht-natürliche, Zeitqualitäten erkennbar werden zu lassen.“ (Georges Didi-Huberman: „Das nachlebende Bild. Aby Warburg und Tylors Anthropologie“, in: Gottfried Boehm (Hg.), Homo pictor, München, Leipzig: Saur 2001, S. 205-224, hier S. 220)

45 Didi-Huberman: Ähnlichkeit, S. 7.

46 Florian Borchmeyer/Matthias Hentschler: Habana. Arte nuevo de hacer ruinas – Havanna. Die neue Kunst, Ruinen zu bauen, Deutschland 2006, 87 Minuten. Vgl. ferner: Antonio José Ponte: Der Ruinenwächter von Havanna, München: Kunstmann 2008.

Abbildungsnachweise

Abb. 1 aus New York Times Upfront, 10.12.2007.

Abb. 2 aus Trisha Ziff (Hg.): Che Guevara: Revolutionary and Icon, London: V&A 2006, S. 130.

Abb. 3 aus Jorge G. Castañeda: Che Guevara, Frankfurt am Main: Suhrkamp 1998, n.p.

Abb. 4 aus Trisha Ziff (Hg.): Che Guevara: Revolutionary and Icon, London: V&A 2006, S. 79.

Abb. 5 aus Giovanni Agosti/Dominique Thiébaut (Hg.): Mantegna 1431-1506, Paris: Hazan 2008, S. 45.

Abb. 6 aus Simon Lee: David, London: Phaidon 1999, S. 169.

Abb. 7 aus Astrid Proll : Hans und Grete. Bilder der RAF 1967-1977, Berlin: Aufbau 2004, S. 106f.

Abb. 8 aus David Davies/John H. Elliott (Hg.): El Greco, London: National Gallery 2003, S. 141.

Abb. 9 aus Michel Frizot (Hg.): Neue Geschichte der Fotografie, Köln: Könemann 1998, S. 272.

Der neue historische Politroman als hybrides Genre im postkolonialen Kontext

La disparition de la langue française von Assia Djebar

BEATRICE SCHUCHARDT

La disparition de la langue française – ein Hybrid auf Gattungsebene

Mit dem im Jahre 2003 erschienenen Roman *La disparition de la langue française*[1] konstituiert die algerische Historikerin, Filmemacherin und Schriftstellerin Assia Djebar auf Gattungsebene eine literarische Hybridform: Basiert der Roman zum einen auf dem Erlebnisbericht des in der Widmung des Textes adressierten „Djaffar L.", so ist der Bericht jenes historischen Augenzeugen zugleich mit fiktionalen Erzählformen verwoben: Die die Ereignisse kurz vor und während des Algerienkriegs (1954-1962) und mit ihnen in Form von Rückblenden die Jugend des Protagonisten Berkane umrahmende Handlung enthält zunächst so genannte „metahistorische" Elemente, wie sie Ansgar Nünning in seiner Typologie historischer Romanformen der Postmoderne umreißt. Metahistorische Romane sind laut Nünning durch ihre Autoreferentialität gekennzeichnet.[2] Im

1 Assia Djebar: La disparition de la langue française, Paris: Albin Michel 2003, im Folgenden unter dem Kurztitel *La disparition* geführt.

2 Hutcheons Begriff der „historiographic metafiction" ist, wie Nünning zu Recht einräumt, eher vage und neigt dazu „sehr heterogene Erscheinungsformen des historischen Romans unter einem einheitlichen Etikett zu subsumieren". Um diesbezüglich größere Klarheit zu schaffen, führt Nünning die im Folgenden erörterte Unterscheidung von hetero- und autoreferentiellen historischen Texten ein. Vgl. Ansgar Nünning: „‚Beyond the Great Story'. Der postmoderne historische Roman als Medium revisionistischer Geschichtsdarstellung, kultureller Erinnerung und metahistoriographischer Reflektion", in: Anglia 117:1 (1999), S. 15-48, hier S. 22.

Gegensatz zu historischen Romanen, die zur Heteroreferentialität tendieren und sich Nünning zufolge mehr auf inhaltlicher Ebene bewegen, also die historischen Ereignisse selbst betrachten, widmen sich „autoreferentielle" historische Romane der Ebene der Darstellung. Neben der Eigenschaft der Autoreferentialität zeichnen sich „metahistorische" Romane dadurch aus, dass sie den Konstruktcharakter historischer Erinnerung – die ebenso durch historiographische Texte wie auch durch ein in Form von Gedenktagen institutionalisiertes, kollektives Gedächtnis gegeben sein kann –, offenlegen und diese Konstruktivität reflektieren.[3]

Einen zum metahistorischen Roman analoges Genre hat die Lateinamerikanistik mit dem Gattungsbegriff des „neuen historischen Romans" [spanisch: *Nueva Novela Histórica*][4] bezeichnet, ein Terminus, der hier auf Djebars *La disparition* übertragen werden soll. Auch im neuen historischen Roman werden, so Vittoria Borsò, auf „metaliterarischer Ebene die Bedingungen der Sprache und ihrer Historizität im Prozess des Schreibens reflektiert".[5] Eine solche Reflektion vollzieht sich in der Gattung des neuen historischen Romans zumeist durch eine Dezentrierung des historischen Geschehens fort vom Öffentlichen hin zum Privaten, d.h. mittels der Subjektivierung des historischen Erlebens durch eine Erzählerfigur. Jene Figur finden wir in Bezug auf *La disparition* in der Person des Protagonisten Berkane. In der autobiographischen Erzählung, welche sich über jene fiktive Figur entrollt, entfalten sich metahistorische Elemente in erster Linie durch das narrative Verfahren der Analepse. Dieser Terminus bezeichnet eine Rückblende auf ein in Bezug auf die Gegenwart des Erzählens zeitlich zurückliegendes Geschehen. Im konkreten Falle des Romans von Assia Djebar handelt es sich um die Rückschau von der in den 1990er Jahren angesiedelten Gegenwart des mittlerweile verrenteten Erzählers in seine Adoleszenz während der Zeit des Algerienkriegs.

Dass die Erzählsituation in der Gegenwart des Erzählers Berkanes angesiedelt ist, ermöglicht nicht nur eine auf zeitlicher Ebene distanzierte Sicht auf die Ereignisse des Krieges, sondern auch eine

3 Vgl. Nünning (1999:33f.).

4 Vgl. hierzu Hubertus Hermans/Maarten Steenmeijer (Hg.): La nueva novela histórica hispanoamericana, Amsterdam: Rodopi 1991. Neue historische Romane „zeichnen sich [...] dadurch aus, dass sie nach den Bedingungen fragen, unter denen Geschichte geschrieben wird." Beatrice Schuchardt: Schreiben auf der Grenze. Postkoloniale Geschichtsbilder bei Assia Djebar, Köln: Böhlau 2006, S. 41.

5 Vittoria Borsò: „Fernando del Paso", in: Carlos Solé/Klaus Müller-Berg (Hg.), Latin-American Writers, Supplement I, Farmington Hills: Charles Scribners & Sons 2002, S. 187-199, hier S. 190.

für diesen Roman Djebars charakteristische Verbindung, die auf ein hybrides Genre hindeutet: die Verbindung von Geschichte und Politik. Denn durch die subjektive Neubewertung der Kriegsereignisse durch Berkane erfährt zugleich der offizielle historische Diskurs der algerischen Nachkriegsregierungen eine Relativierung. Diese Relativierung entlarvt zugleich die offizielle algerische Historiographie nach dem Algerienkrieg als Konstrukt politischer Machtinteressen. Somit wird der offizielle historische Diskurs der algerischen Nachkriegsregime zum einen als eine Transfiguration des Politischen ersichtlich; zum anderen erfährt jener Diskurs durch die neue Perspektive auf das historische Geschehen, welche der Roman erlaubt, seinerseits eine Transfiguration. Diese entsteht im Rahmen eines fiktiven Romangeschehens, welches zugleich mit den Elementen eines Augenzeugenberichts – dem des in der Widmung genannten Djaffar L. – und historisch belegten Fakten verwoben ist.

Mit jener Transfiguration des Geschichtsdiskurses des FLN als die algerischen Nachkriegsregierungen dominierende Partei offenbart der Roman neben seiner Tendenz zur Autoreferentialität auch heteroreferentielle Elemente, wird hiermit doch zugleich eine inhaltliche Korrektur des historischen Geschehens, wie ihn die durch den FLN vertretene Version der Ereignisse repräsentiert, vorgenommen. Die Autoreferentialität hingegen ist vor allem auf der Ebene der fiktiven Biographie Berkanes zu verorten und erfüllt die Funktion, die mnemonische Rolle der jeweiligen dem Subjekt zur Verfügung stehenden historischen Diskurse (historiographisch-politische und autobiographisch-literarische), Sprachen (das Französische als Sprache der Kolonisatoren und das Arabische als jene der Einheimischen) und Medien (Schrift, Oralität und Fotografie, hierzu s.u.) zu erörtern.

Außergewöhnlich ist in Bezug auf gattungsmäßige Einordnung des Romans jedoch nicht nur die Verknüpfung von auto- und heteroreferentiellem, fiktivem und auf Augenzeugenberichten beruhendem (auto-)biographischen[6] Erzählen, sondern zugleich die stete Rückkoppelung der ebenfalls durch Gewalt geprägten politischen Gegenwart Algeriens der späten 1990er Jahre an die historischen Ereignisse des Algerienkriegs in Form einer Kausalbeziehung. Auf diesen Aspekt wird im Folgenden im Kontext der Textanalysen noch näher eingegangen werden.

Die besagte politische Gegenwart erweist sich nicht nur als die (fiktive) Gegenwart des Erzählers, sondern auch als die der auf-

6 Auf der Ebene der Fiktion und aus Perspektive des Erzählers handelt es sich um eine Autobiographie, aus Sicht des Lesers um eine fiktive Biographie.

grund der Übergriffe ins Ausland emigrierten, Arabisch und Französisch gleichermaßen sprechenden algerischen Intelligentsia, eine Gruppe, zu der auch Djebar selbst zählt. Aufgrund dieser Verankerung der Kulisse des Romans in der autobiographischen Lebenswirklichkeit der Autorin haben wir es mit einem Roman zu tun, dessen autobiographische Elemente sich auf eine dreifache Ebene beziehen: Zum einen auf die Ebene der Erzählerfigur, zum anderen auf die Ebene der Erlebnisse der Autorin, zum dritten aber auch auf eine kollektive Ebene des gemeinsamen Erlebens von Gegenwart und Vergangenheit unter Mitgliedern eines Volkes, für die metonymisch die Vita des Djaffar L. steht; eine Koppelung von individueller Autobiographie und kollektiver Historiographie, Fakt und Fiktion,[7] wie sie für Djebar typisch ist.[8] Das vielschichtige durch *La disparition* begründete, Politik und Geschichte, Gegenwart und Vergangenheit, individuelles und kollektives Erleben sowie fiktive und faktische Formen des Erzählens von Geschichte und Autobiographie verknüpfende, hybride Genre habe ich an anderer Stelle als „neuen historischen Politroman" bezeichnet.[9]

Der vorliegende Artikel thematisiert *La disparition* im Kontext der Eigenschaft der Gattung des neuen historischen Politromans, als Medium eines kritischen Blicks auf die Instrumentalisierung der Historiographie durch politische Machtinteressen zu fungieren. In diesem Medium werden, so die These, offizielle historiographische und politische Diskurse durch ihre Rückbindung an die politische Gegenwart hinterfragt, im kollektiven Bewusstsein bereits fest verankerte Geschichtsbilder durch den autobiographischen Erfahrungshorizont des Individuums dekonstruiert und somit in der Literatur ein Ort der kritischen Auseinandersetzung mit kollektiver Erinnerung und politischer Realität geschaffen. Damit wird der neue historische Politroman auch zu einem Ort, welcher die Geschichtsschreibung als mögliche Transfiguration gegenwärtiger politischer Machtinteressen offenbart und historiographische Machtdiskurse

7 Auf die autobiographischen Elemente des Romans kann an dieser Stelle nicht weiter eingegangen werden. Vgl. hierzu Beatrice Schuchardt: Schreiben auf der Grenze. Postkoloniale Geschichtsbilder bei Assia Djebar, Köln: Böhlau 2006, S. 332ff.

8 Vgl. hierzu die Publikation von Claudia Gronemann: Autobiographie – Nouvelle Autobiographie – Double Autobiographie – Aventure du texte. Postmoderne/postkoloniale Formen der Autobiographie in französischen und maghrebinischen Literaturen, Hildesheim: Olms 2003. Die Verwebung von individueller und kollektiver Geschichte hat Gronemann in ihrer Dissertation als „doppelte Autobiographie" bezeichnet. Vgl. ebenda, S. 140f.

9 Vgl. Schuchardt 2006, S. 311.

seinerseits transfiguriert, indem er seine Brüche und Leerstellen, kurzum seine Ohnmacht, offen zutage treten lässt.

Die historisch-politischen Hintergründe: Machtdiskurse in der algerischen Historiographie und Literatur

Im Zuge einer wachsenden Unzufriedenheit der durch das französische Bildungssystem geprägten frankophonen Eliten Algeriens entwickelte sich in den ersten Dekaden des 20. Jahrhundert die algerische Nationalismusbewegung, deren Konflikt mit der französischen Kolonialregierung schließlich 1954 in den bis 1962 andauernden Algerienkrieg mündete.[10] Als federführende Partei setzte sich schließlich der *Front de Libération Nationale* (FLN) durch, die in dem sich über acht Jahre erstreckenden Unabhängigkeitskrieg weniger militärisch, als vor allem politisch obsiegte. So profitierte der FLN vor allem von dem mangelnden Rückhalt, den die französische Kolonialherrschaft in der algerischen Bevölkerung fand.

In dem Maße, in dem die koloniale Geschichtsschreibung Frankreichs die Eroberung Algeriens lange Zeit als heroische „Meistererzählung" im Sinne Lyotards[11] inszeniert hatte, erweist sich die

10 Zu den historischen Ereignissen, die zum Algerienkrieg geführt haben, sowie zu diesem Konflikt selbst vgl. unter anderem. die Studien von Jacques Frémeaux: La France et l'Algérie en guerre. 1830-1870. 1954-1962. Paris: Économica & Institut de Stratégie comparée 2002; Charles-André Julien: L'Afrique du Nord en Marche, Paris: Omnibus 2002; Guy Pervillé: Pour une histoire de la Guerre d'Algérie, Paris: Picard 2002; Benjamin Stora: Histoire de la Guerre d'Algérie, Paris: La Découverte 1992 sowie, für einen ersten Überblick über den Ablauf der Ereignisse sowie zur Schwierigkeit einer Historiographie des Algerienkriegs, B. Schuchardt: Schreiben auf der Grenze, S. 55-93.

11 Vgl. Jean-François Lyotard: La condition postmoderne, Paris: Minuit 1979. Jarausch & Sabrow hingegen führen den Begriff auf Hayden Whites Publikation: Metahistory. The Historical Imagination in Nineteenth Century Europe, Baltimore u.a.: Johns Hopkins UP 1974 zurück. Vgl. Konrad Jarausch/Martin Sabrow: „‚Meistererzählung'. Zur Karriere eines Begriffs", in: dies. (Hg.), Die historische Meistererzählung, Göttingen: Vandenhoeck & Rupprecht 2002, S. 9-32, hier S. 13. Diese „Meistererzählungen" haben Jörn Rüsen zufolge vor allem orientierende Funktion: „In seiner modernen Form stattet das historische Denken das menschliche Handeln mit einer orientierenden Vorstellung des zeitlichen Wandels aus, die als Richtungsbestimmung für die Veränderung der Welt fungieren und zugleich kollektive Identität bilden kann. Diese Vorstellung tritt als ‚Meistererzählung' (*master-* oder *meta-narrative*)

Konstruktion der nationalen Geschichte Algeriens unter der Führung des als Einheitspartei regierenden FLN als nicht weniger durch Heldenmythen geprägt. Bis Ende der 1980er Jahre hielt die Partei das Bildungswesen und mit ihm auch die universitäre historische Forschung in ihrer Hand. Hieraus resultierte eine historiographische Monopolstellung, die den algerischen „Befreiungskrieg" – so die offizielle Rhetorik – zu einem heldenhaften Partisanenkampf unter Anleitung des FLN stilisierte und dabei wesentlich auf die Mytheme der Geschichte der arabisch-islamischen Stämme zurückgriff.[12]

Als Medium der Ideologisierung von Geschichte diente neben der Historiographie auch der sich ab den 1950er Jahren entwickelnde algerische Roman. Die algerische Regierung lancierte in den 1980er Jahren eine politische Kampagne, welche die Literatur als Propagandamittel für sich entdeckt hatte. Hafid Gafaïti spricht in diesem Zusammenhang von einer regelrechten „Geschichtsverfälschung" durch das Medium des Romans,[13] sollte doch vor allem der populäre Roman den FLN in seiner selbsternannten Rollte als ‚Gründerpartei' der algerischen Nation bestätigen, und darüber hinaus den von ihm propagierten, patriarchalischen Nationalismus legitimieren. Die konstitutive Rolle anderer Parteien für die Genese des algerischen Nationalstaates – etwa die des *Mouvement Nationaliste Algérien* (MNA) unter Messali Hadj – wurde dabei, ebenso wie die Bedeutung der Frauen im Befreiungskampf, zugunsten eines

auf." Jörn Rüsen: Geschichte im Kulturprozeß, Köln: Böhlau 2002, S. 143. Analog hierzu konstatiert auch Alan Megill den komplexitätsreduzierenden Effekt von Meistererzählungen, die der Versuch einer langfristigen, retrospektiven und kollektiven Sinnstiftung seien und die Nation als neues Subjekt der Geschichte einführten. Entsprechend betont er die ideologische Prägung der von ihm als *grand narrative* bezeichneten Meistererzählung. Vgl. hierzu Konrad Jarausch: „Rückkehr zur Nationalgeschichte? Antworten auf die Krise der nationalen Meistererzählungen", in: Christian Klein u.a. (Hg.), Geschichtsbilder. Konstruktion – Reflexion – Transformation, Köln: Böhlau 2005, S. 261 in Bezug auf Alan Megill: „‚Grand Narrative' and the Discipline of History", in: Frank Ankersmit/Hans Kellner, (Hg.), A New Philosophy of History, London: Reaction Books 1995, S. 151-173.

12 Hierzu gehört unter anderem das Mythem der Höhle als Bestandteil eines seit der algerischen Frühgeschichte fundierten Mythos von einer ‚Kultur des Widerstands'. Vgl. Jean Dejeux: La littérature de langue française au Maghreb, Paris: Karthala, S. 85: „La grotte, comme la caverne, est un symbole fécond dans l'imaginaire, pas uniquement algérien, d'ailleurs."

13 Hafid Gafaïti: „L'autobiographie plurielle: Assia Djebar, les femmes et l'histoire", in: Alfred Hornung/Ernstpeter Ruhe (Hg.), Postcolonialisme et autobiographie. Albert Memmi, Assia Djebar, Daniel Maximin, Amsterdam: Rodopi 1998, S. 149-160, hier S. 153.

vom FLN gesteuerten, patriarchalischen Gründungsmythos ausgeblendet.[14]

Der frankophone algerische Roman als postkoloniale Replik auf eine Politik der Gewalt

Die Kritik an einer politischen Instrumentalisierung von Literatur und Geschichtsschreibung setzt in Algerien nicht erst mit rezenten Romanen wie *La disparition* ein. Vielmehr widersetzt sich die algerische Literatur bereits früh einer Vereinnahmung durch die Politik. Während die nach dem Krieg erscheinenden Memoiren und Biografien algerischer Freiheitskämpfer noch regimekonforme Anschauungen des Algerienkriegs vertreten – ein Umstand, der unter anderem durch die Zensur begründet ist –, findet der frankophone sowie vorrangig im französischsprachigen Ausland publizierte und rezipierte algerische Roman immer mehr zu einer selbstbewussten Sprache. Er entwickelt sich damit zu einem Medium der Kritik der politischen Verhältnisse des 20. und frühen 21. Jahrhunderts. Der wachsende Einfluss islamistischer Strömungen ab den 1990er Jahren und die hiermit einhergehende Eskalation der Gewalt in Algerien – der zahlreiche Journalisten, Literaten und Künstler zum Opfer fallen –, stärken die Funktion der Literatur als ‚Gegenstimme' zum offiziellen politisch-historischen Diskurs eher, als dass sie sie mindern. Ein Grund hierfür ist, dass die in erster Linie in Frankreich publizierte Literatur algerischer Intellektueller zum nunmehr einzigen möglichen Ort der kritischen Auseinandersetzung mit den vorherrschenden politischen und historischen Diskursen wird.[15]

Die besagte ‚Eskalation der Gewalt' im Algerien der 1990er ist eng an die politischen Erfolge der Islamisten gekoppelt. Ihre Erfolge können als Spiegel einer zunehmenden Unzufriedenheit der Bevölkerung mit dem algerischen Militärregime und dessen mangelnder Fähigkeit gewertet werden, sozio-ökonomische Problemfelder wie Wohnungslosigkeit, Arbeitslosigkeit, Korruption und die Frage nach dem Verhältnis der Geschlechter zu klären.[16] Der hieraus sich erge-

14 Vgl. Hassan Remaoun: „Pratiques historiographiques et mythe de fondation", in: Charles Robert Ageron, La guerre d'Algérie et les Algériens 1954-1962, Paris: Colin 1997, S. 305-321, hier S. 306.

15 Vgl hierzu Farida Boualit: „La littérature algérienne des années 90: ‚Témoigner d'une tragédie'", in: dies./Charles Bonn (Hg.), Paysages littéraires algériens des années 90: Témoigner d'une tragédie?, Paris: L'Harmattan 1999, S. 25-40.

16 Zur politischen Situation im Algerien der frühen 1990er und 2000er Jahre vgl. u.a. Werner Herzog: Algerien: Zwischen Demokratie und Gottesstaat,

bende Effekt ist der Rückfall in einen nur vermeintlich religiösen Traditionalismus, der selbst wiederum eine politische Konstruktion ist. Denn jener gemeinhin unter dem Begriff des „islamischen Fundamentalismus“ bekannte politische Extremismus verfährt – wie etwa die ägyptische Feministin Leila Ahmed[17] gezeigt hat – in Bezug auf die islamische Religionsgeschichte ebenso selektiv wie zuvor der französische Kolonialdiskurs und die Geschichtskonstruktion der FLN.

Einer solchen machtdiskursiven Instrumentalisierung von Geschichte treten aktuelle algerische literarische Produktionen durch einen Ansatz vehement entgegen, der auf kulturtheoretischer und literaturästhetischer, jedoch keineswegs auf historischer Ebene als ‚postkolonial‘ zu bezeichnen ist. Wenn jenes Adjektiv hier verwendet wird, so bezieht es sich auch das Konzept der „Postkolonialität“ des chilenischen, aktuell in Kanada dozierenden Literaturwissenschaftlers Fernando de Toro. De Toro hat dieses Konzept in Bezug auf Lateinamerika und als Reaktion auf die am Begriff des „Postkolonialismus“ vermehrt geäußerte Kritik entwickelt, der Terminus „postkolonial“ behaupte mit dem Präfix „post-“ im Sinne eines „danach“, dass das koloniale Zeitalters bereits überwunden sei, was jedoch keineswegs der Fall sein könne. Entsprechend versteht sich Begriff der Postkolonialität auch weniger als auf eine bestimmte Epoche bezogen, denn als ein kulturbezogenes theoretisches Konzept, welches die aus dem Phänomen der Kolonisierung sich ergebenden, hybriden und transkulturellen[18] Effekte in den Blick nimmt.[19] We-

München: Beck 1995 sowie die entsprechenden Beiträge in der politikwissenschaftlichen Zeitschrift *Inamo*, etwa: Lahouari Addi: „Einzigartig: Die Algerische Krise“, in: Inamo 35 (2003), S. 9-13; Claudia Altmann: „Was ist algerisch? Ein Land auf der Suche nach seiner Identität“, in: Inamo 14-15 (1998), S. 9-11; Thomas Hasel: „Autoritäre Herrschaft hinter demokratischer Fassade“, in: Inamo 35 (2003), S. 4-8 und Mohammed Samraoui: „DRS, GIA. Die staatsgefälligen Heilsarmeen“, in: Inamo 35 (2003), S. 14-18. Einen abrissartigen Überblick über die algerische Gegenwartsgeschichte liefert auch B. Schuchardt: Schreiben auf der Grenze, S. 93-98.

17 Leila Ahmed: Women and Gender in Islam: Historical Roots of a Modern Debate, New Haven: Yale UP 1992, S. 53ff.

18 Das von Wolfgang Welsch entwickelte Konzept der Transkulturalität geht im Gegensatz zu Johann Gottfried Herders ‚Kugelmodell‘, das eine hermetische Abgeschlossenheit der Einzelkulturen postuliert, von der Vernetzung und wechselseitigen Beeinflussung der Kulturen aus. Vgl. Wolfgang Welsch: „Transkulturalität. Zur veränderten Verfassung heutiger Kulturen“, in: Irmela Schneider/Christian W. Thomson (Hg.), Hybridkultur. Medien Netze. Künste, Köln: Böhlau 1997, S. 65-88.

19 Cf. Fernando de Toro: „The Postcolonial Question: Alterity, Identity and the Other(s)“, in: ders./Alfonso de Toro (Hg.), El debate de la postcolonialidad

sentliche Elemente dieses Konzepts entstammen ebenso dem Poststrukturalismus wie postmodernen Auffassungen von Literatur und Geschichte. Daraus ergeben sich für den Umgang mit Geschichte in postkolonialen literarischen Texten die folgenden Paradigmen:

1. Die dortige Hervorhebung der Historizität[20] eines jeglichen historiografischen oder historischen Textes, dessen Leerstellen und diskursive Figuren immer auch auf sein *Anderes* als das Nicht-Gesagte und Unterdrückte verweisen.
2. Eine Absage an das gedächtnissteigernde Potenzial der Medien und eine somit tendenziell medienkritische Haltung. Dies bringt auch ein durch den *linguistic turn* beeinflusstes, opakes Verständnis von Sprache mit sich: Sprache kann die Welt nicht im

en Latinoamérica: La postmodernidad periférica o cambio de paradigma en el pensamiento latinoamericano, Frankfurt a.M.: Vervuert 1999, S. 103. Tatsächlich behaupten die postkolonialen Theorien weniger die Überwindung des Kolonialismus, als dass sie sich selbst als dekonstruktivistische Praxis begreifen. Vgl. Fernando de Toro: „Explorations on Post- Theory: New Times", in: ders. (Hg.), Explorations on Post-Theory. Toward a Third Space, Frankfurt a.M.: Vervuert, S. 101-136. Durch diese Praxis werden die wesentlichen Gedanken des Kolonialismus wie nationale Homogenität, zeitliche Linearität und Progressismus aufgegriffen und innerhalb dieses gedanklichen Systems dekonstruiert, um so eine zentralistische und dichotomische Epistemologie durch eine dezentrale zu ersetzen. Vgl. ebenda, S. 8.

20 Der auf Derrida zurückgehende Begriff der „Historizität" (historicité) bezeichnet den Umstand, dass jedwedes Textmaterial Markierungen enthält, welche die in ihm enthaltenen Zuschreibungen als transitorische Produkte eines spezifischen historischen und kulturellen Kontextes entlarven. Vgl. Jacques Derrida: De la grammatologie, Paris: Minuit 1967, S. 43: „[...] l'historicité est liée à la possibilité de l'écriture elle-même: à la possibilité de l'écriture en général, au-delà de ces formes particulières d'écriture au nom desquelles on a longtemps parlé des peuples sans écriture et sans histoire. Avant d'être l'objet d'une histoire - d'une science historique - l'écriture ouvre le champ de l'histoire - du devenir historique. [...] L'histoire de l'écriture devrait se retourner vers l'origine de l'historicité." Aufbauend auf Derrida weist auch Gayatri Spivak darauf hin, dass die Praxis des Poststrukturalismus das dem Text Abwesende fokussiert. Vgl. Gayatri Chakravorty Spivak: The Post-Colonial Critic. Interviews, Strategies, Dialogues, hg. von Sarah Harasym, London: 1990, S. 13. Dieses Abwesende meint eine Markierung des Textes, durch den dieser Text den politischen, diskursiven und historischen Hintergrund preisgibt, vor dem er geschrieben wurde.

Sinne eines mimetischen Realismus abbilden, sie ist vielmehr autoreferenziell.[21]

3. Die Verabschiedung der historischen Meistererzählung als einer totalisierenden und universalistischen Form der Geschichtsvermittlung. Daraus resultiert zugleich ein an Foucault[22] angelehnter Bruch mit zeitlicher Linearität und Teleologie zugunsten von Diskontinuität, Kontingenz und Heterogenität.
4. Die Hervorhebung der Transkulturalität als eine Vernetzung und osmotische Übergänglichkeit von Kulturen und Diskursen (s.o.). Diese steht homogenen Modellen von Kultur (etwa dem des Nationalstaates) ebenso entgegen wie den Universalitätsansprüchen religiöser Fundamentalismen.

Die hier genannten Elemente eines postkolonialen Geschichtsdiskurses finden sich gleichfalls in den Texten Assia Djebars.[23] Sie ziehen jedoch ebenso wenig das bereits im Zuge der Postmoderne-

21 Vgl. Gabrielle Spiegel: „Geschichte, Historizität und die soziale Logik von mittelalterlichen Texten", in: Christoph Konrad/Martina Kessel (Hg.), Geschichte schreiben in der Postmoderne. Beiträge zu einer aktuellen Diskussion, Stuttgart: Reclam 1994, S. 194-208, hier S. 162. Laut Spiegel besagt das dem *linguistic turn* zugrunde liegende Sprachkonzept, dass „Sprache nicht die Welt in Worten reflektiert, sondern jene Welt erst konstituiert, also eine ‚generative', statt einer ‚mimetischen' Funktion besitzt".

22 So untersucht Foucault in *L'archéologie du savoir* den Übergang von einer Geschichte der Kontinuität als einer ‚Geschichte der Dokumente' zu einer Geschichte der Diskontinuität als einer ‚Geschichte des Monuments'. Vgl. Foucault, Michel: L'archéologie du savoir, Paris: Gallimard 1969, S. 15. Das Monument ist hierbei definiert als das „Corpus der in einem Diskurs zusammengefassten Aussage". Detlef Rößler: „Foucault und die Archäologie", in: Knut Ebeling/Stefan Altekamp (Hg.), Die Aktualität des Archäologischen in Wissenschaft, Medien, Künsten, Frankfurt a.M.: Fischer 2004, S. 128. Die ‚Geschichte des Monuments' stellt hierbei eine Form der Historie dar, „die Widersprüche nicht versöhnt, sondern benennt". D. Rößler: Foucault und die Archäologie, S. 121. Für die ‚Geschichte des Monuments' steht repräsentativ die Archäologie. In ihr sieht Foucault eine historische Praxis, deren Ziel es ist, „die Formation und das Spiel eines Wissens in seinen Beziehungen zu den Institutionen [zu] analysieren und die Herrschaftsverhältnisse [zu] dechiffrieren, die in ihnen angelegt sind". Angèle Kremer-Marietti: Michel Foucault – Die Archäologie des Wissens, Frankfurt a.M.: Suhrkamp 1979, S. 5.

23 Vgl. hierzu meine Analyse der Romane *L'amour, la fantasia* (1985) und *La disparition* sowie der Kurzgeschichtensammlung *Femmes d'Alger dans leur appartement* (1980) in B. Schuchardt 2006, S. 173-335.

Debatte beklagte „Ende der Geschichte“[24] nach sich wie sie die Bedeutung der Politik für bestehende kulturelle und religiöse Konflikte vernachlässigen. Dies gilt insbesondere für den neuen historischen Politroman Algeriens, der, wie bereits erwähnt, vorherrschende Geschichtsbilder aus Sicht nicht nur des Individuums, sondern des *marginalisierten* Einzelnen – und somit im Sinne einer neuhistoristischen ‚Geschichte vom Rande her‘ – dekonstruiert. Dabei – und hier liegt ein wesentliches Missverständnis in Bezug auf jenes Geschichtskonzept des Randes vor – geht es weniger darum, die Marginalisierten der Geschichte an die Stelle des vorherigen Zentrums zu setzen,[25] so etwa die Kolonisierten an die Kolonisatoren. Vielmehr ergänzen und relativieren in jener Gattung individuelle, fiktive und auf subjektiven Erlebnissen beruhende (auto-) biographische Geschichten die noch im Nationalismusdiskurs des 19. Jahrhunderts so dominante *eine* Geschichte. Zudem werden die Machtdiskurse der nationalen Geschichte aufgezeigt und deren Anspruch auf universale Gültigkeit und Wahrheit offen gelegt. Der Behauptung einer einzigen, vorranging über das Medium Schrift verbreiteten historischen Wahrheit wird somit eine intermediale Ästhetik des ‚Sowohl-Als-Auch‘ gegenüber gestellt, in der Oralität, historiographische Schrift und eine die Bildmedien wie Schrift und Fotografie einbeziehende literarische Schreibweise einander durchdringen.[26]

24 Vgl. Arnold Gehlen: „Ende der Geschichte?“, in: Chr. Conrad/M. Kessel, Geschichte schreiben, S. 39-57, hier S. 50. Gehlen greift hierbei den Begriff der „Posthistoire“ des „belgischen Politikers und Philosophen Hendrik de Man (‚Vermassung und Kulturverfall‘, München[: Lehnen 1951])“, auf, „der sich seinerseits auf Cournot bezog, einen 1877 verstorbenen Mathematiker und Volkswirtschaftler. Dieser lehrt einen Endzustand, in dem die Geschichte sozusagen stillsteht, da sie angesichts des regelmäßigen Funktionierens der Räder der Verwaltung und der Industrie nur noch störende Wirkung habe“.

25 Diese Kritik üben Konrad Jarausch & Michael Geyer etwa am Begriff der „Minderheitengeschichte“. Vgl. Konrad Jarausch/Michael Geyer: Shattered Past: Reconstructing German Histories, Princeton: Princeton UP 2003.

26 Bildmedien wie die Malerei sind im Werk Assia Djebars etwa in dem Roman *L'amour, la fantasia* (1985) sowie in der Novellensammlung *Femmes d'Alger dans leur appartement* (1980) präsent. Vgl. hierzu B. Schuchardt, Schreiben auf der Grenze, S. 196-218 und S. 257ff. sowie dies.: „L'amour, la fantasia by Assia Djebar. A Postcolonial Staging of History and (Inter-)Media“, in: Arena Romanistica. Journal of Romance Studies, 2 (2008), S. 146-163. Zur Bedeutung der Fotografie in *La disparition* vgl. dies.: Schreiben auf der Grenze S. 286-293 sowie dies.: „Manifestations de l'interstice dans La disparition de la langue française d'Assia Djebar“, in: Wolfgang Asholt/Mireille Calle-Gruber/Dominique Combe (Hg.), Assia Dje-

Die Koppelung von Politik, Geschichte und postkolonialer Ästhetik in *La disparition*

Im Folgenden soll nun anhand von Djebars *La disparition* gezeigt werden, wie ein an eine als postkolonial zu bezeichnende Ästhetik gekoppeltes Erzählen von Geschichte an die politischen Diskurse der Gegenwart gekoppelt wird. Der Roman handelt von dem Algerier Berkane, der nach 20 Jahren des Exils[27] in Frankreich in seine ehemalige Heimat zurückkehrt. Besessen von nostalgischen Erinnerungen an seine Adoleszenz in der Kasba von Algier begibt sich die Hauptfigur auf eine auf intertextueller Ebene an Marcel Prousts gleichnamige Romanreihe erinnernde *Suche nach der verlorenen Zeit* (1913-1927).[28] Berkane stößt aber statt des ersehnten Paradieses nicht nur auf die wirtschaftlichen und politischen Probleme des Algeriens der anbrechenden 1990er Jahre, sondern auch auf die in der Vergangenheit begrabenen, persönlichen und kollektiven Traumata. Das Paradies seiner Kindheit erscheint dem Protagonisten plötzlich feindselig und im Zerfall begriffen, kurzum fremd. Das architektonisch verfallende und von den Bausünden der Nachkriegsregierung geprägte Stadtbild Algiers[29] ist hier nur eine von vielen Metonymien für eine Welt, die in Fragmente zerfällt, von einem Staat Algerien, der in den 1990er Jahren buchstäblich in Auflösung begriffen ist. Mit der im Roman so dominanten Figur des Fragments spielt die Autorin zugleich auf eine soziale Fragmentierung der Nachkriegsgesellschaft an, welche die sozialen Muster der Kolonisierung, anstatt sie aufzuheben, verstärkt hervortreten lässt.

Da dem Protagonisten also ein unmittelbarer Zugriff auf die Orte seiner Kindheit und Jugend misslingt, versucht Berkane, sich über verschiedene Medien die verlorene Heimat wieder anzueignen. Er wählt dabei unter anderem die Fotografie; ein Medium, durch das er jedoch nichts anderes erreicht, als eine weitere Aufsplitterung der Welt in Fragmente. Entsprechend spiegeln die durch die Kamera eingefrorenen Landschaften nichts eine verstörende Leere, weshalb Berkanes zur kolonialen Kartografie Algeriens analoger Versuch

bar, Littérature et transmission. Actes du Colloque Assia Djebar à Cerisy du 23 au 30 juin 2008, Paris: Union Générale d'Éditeurs (im Druck).

27 Ob es sich dabei um ein freiwilliges Exil aus monetären Erwägungen oder ein unfreiwilliges aus politischen Gründen handelt, wird im Roman nicht gänzlich klar. Die, wie sich im Verlauf der Romanhandlung herausstellt, traumatischen Erlebnisse des Protagonisten während des Algerienkriegs lassen eher auf ein bewusstes Verlassen Algeriens schließen.

28 Vgl. Marcel Prousts siebenbändige Romanreihe *À la recherche du temps perdu* (Paris: Gallimard 1954).

29 Vgl. A. Djebar, La disparition, S. 79.

einer Inbesitznahme der ehemaligen Heimat durch Bilder zum Scheitern verurteilt ist. Da sich also die Wirklichkeit für Berkane durch ihren heterogenen Charakter entzieht, bleibt ihm einzig der Weg zurück in die Vergangenheit. In dem Versuch, einen autobiographischen Roman zu verfassen, begegnet Berkane im literarischen Schreiben – wir wollen dieses hier mit Roland Barthes, der seinerseits auf Jacques Derrida aufbaut, als *écriture*[30] bezeichnen – jedoch weniger dem ersehnten, identitätsversichernden Ort des Ursprungs als einer neuerlichen Fremdheit, welche sich letztlich als eine Selbstentfremdung offenbart. Es handelt sich hier um die Begegnung mit der eigenen Jugend, eine Phase nicht nur der individuellen, sondern auch der kollektiven und politischen Selbstfindung, die sich in den Wirren der Kriegsjahre vollzieht. Die Pubertät Berkanes koinzidiert hier mit einer im Roman nahe gelegten, ‚politischen Pubertät' Algeriens, ein Aspekt, auf den an späterer Stelle noch einmal zurückzukommen sein wird.

Am Ende des Romans schließlich verschwindet Berkane auf dem Rückweg von jenem französischen Internierungslager, in dem er gegen Ende des Krieges inhaftiert war. Lediglich sein leerer Wagen wird abseits der Straße aufgefunden. Die abschließenden Reflektionen seines Bruders Driss – eines Journalisten, der seitens einer islamistischen Vereinigung Morddrohungen erhält –, lassen schließlich auf eine Verwechslung der beiden Brüder durch eine extremistische Terroreinheit schließen.

30 Roland Barthes unterscheidet die Begriffe *transcription* bzw. *écrit* auf der einen und die *écriture* auf der anderen Seite. Die Transkription betrachtet er hierbei als eine der Unmittelbarkeit der Rede entgegen gestellte Hierarchisierung und Maßregelung von Sprache, welche als eine „mise en scène d'idées" der Artikulation von Reflexionen und Gedanken dient und in der Anonymität ihres Rezipienten die Körperlichkeit der Rede entbehrt, dennoch aber wie sie dialogisch ist. Roland Barthes, „De la parole à l'écriture", in: La Quinzaine littéraire (1974), S. 12. Die Transkription oder „das Geschriebene" nach Barthes ist in erster Linie ein Informationsträger mit einem verbürgten Authentizitätsanspruch. Die *écriture* hingegen ist durch Musikalität und Lust („jouissance") gekennzeichnet und zeugt von der Präsenz des Körperlichen: „Reste possible [...] une troisième pratique de langage, absente par statut de ces Dialogues. L'écriture, proprement dit, celle qui produit des textes. L'écriture n'est pas la parole [...]; mais elle n'est pas non plus l'écrit, la transcription; écrire n'est pas transcrire. Dans l'écriture, ce qui est trop présent dans la parole (d'une façon hystérique) et trop absent de la transcription (d'une façon castratrice), à savoir le corps, revient, mais selon une voie indirecte, mesurée, et pour tout dire juste, musicale, par la jouissance, et non par [...] l'image [...]." Ebd.

POSTKOLONIALE ÄSTHETIK: *LA DISPARITION* ALS INTERMEDIALE TEXTCOLLAGE

Was die Struktur des Romans anbelangt, so erscheint *La disparition* zunächst als eine Collage aus Fotografien und in verschiedenen Textdokumenten festgehaltenen Erinnerungen. Der Erzählstrang alterniert zwischen Eindrücken aus der Gegenwart des algerischen Alltags, wie ihn Berkane aus seiner Perspektive als Rentner erlebt, und der Vergangenheit. Dabei wechselt die Perspektive zwischen der autodiegetischen Perspektive des Ich-Erzählers Berkane und einem in der dritten Person wiedergegebenen, heterodiegetischen Erzählstrang. Der Roman springt zudem zwischen Textfragmenten verschiedenen Typs hin und her: den Briefen Berkanes an seine ehemalige französische Geliebte Marise und an die in Algerien neu gefundene Liebe Nadjia sowie den Bruchstücken des begonnenen autobiographischen Romans Berkanes. Mittels der verschiedenen in *La disparition* sich entrollenden mündlichen Erzählungen in Form von Dialogen und Augenzeugenberichten, werden die genannten Texttypen nicht nur auf inhaltlicher Ebene bereichert. Vielmehr entsteht eine intermediale[31] Collage[32], in der zugleich verschiedene Medien agieren: das bereits erwähnte Medium der Fotografie, der autobiografische Text sowie eine durch die Dialoge und Zeugenberichte simulierte Oralität[33], die Körperlichkeit der Stimme in das

31 Ebenso wie schon in den postkolonialen Theorien ist es auch im Falle der Intermedialität die Differenz – und zwar die Mediendifferenz –, welche als produktives und konstitutives Element zutage tritt. Intermedialität liegt immer dann vor, wenn voneinander verschiedene Medien in ein interaktives Verhältnis treten. Vgl. Rajewsky, Irina O.: Intermedialität, Tübingen: Francke 2002, S. 13.

32 An anderer Stelle habe ich in Bezug auf die mexikanische Malerin Frida Kahlo herausgearbeitet, inwiefern die Collage im postkolonialen Kontext als „künstlerische Inszenierung der Widerständlichkeit [...] des materiellen Restes" fungiert. Vgl. Beatrice Schuchardt: „Collage entre Resistencia y apropriacón: Transposiciones cinematográficas del cuadro *Allá cuelga mi vestido* en el filme *Frida* de Julie Taymor", in: René/Ceballos/Alfonso de Toro (Hg.), Frida Kahlo Revisited. Estrategías transmediales – transculturales, Hildesheim: Olms (im Druck). Jene Evokation einer ästhetischen Widerständlichkeit auf der Ebene der Textstruktur korrespondiert mit der inhaltlichen Funktion des Romans, Widerstand gegen den Geschichtsdiskurs der algerischen Regierung zu leisten.

33 Zur Bedeutung von Oralität insbesondere in postkolonialen Texten vgl. Maria de la Caridad Casas: „Orality and Literacy in a Postcolonial World", in: Social Semiotics 8,1 (1998), S. 5-24; vgl. auch Schuchardt, Schreiben auf der Grenze, S. 132-138 sowie Sebastian Thies: ‚La verdadera historia es el

schriftliche Medium Einzug halten lässt. Brüche, Wiederholungen und Auslassungen des Mündlichen sowie die stilistische Partikularität der Stimmen innerhalb der einzelnen Textfragmente stehen hier der kausalen Logik, vermeintlichen Objektivität und teleologischen Linearität der offiziellen Historiographie der algerischen Regierung entgegen.

GESCHICHTE

Die bereits erwähnte Verbindung von Autobiographie und Geschichte ist in Bezug auf das Werk Assia Djebars insbesondere für ihre Romane ab den 1980er Jahren charakteristisch. Entsprechend gehen individuelles und kollektives Erinnern auch in *La disparition* eine wechselseitige Bedingtheit ein. Persönliche Erinnerung beruht, wie Djebars Texte in Analogie zum Konzept des sozialen Gedächtnisses nach Halbwachs[34] nahe legen, auf vielen Einzelgedächtnissen, während sich das Individuum umgekehrt auf die Erinnerungen des Kollektivs stützt und sich in ihnen verortet. Dabei splittert sich die kollektive Erinnerung wiederum in einen offiziellen und einen inoffiziellen Geschichtsdiskurs, was der mittlerweile umstrittenen Dichotomie von kulturellem und des kommunikativem Gedächtnis nach Jan Assmann[35] entspricht. An Assmanns Konzeption des kulturellen Gedächtnisses ist beispielsweise kritisiert worden, dass sich hier der bei Halbwachs vorhandene Skeptizismus gegenüber der Abhängigkeit des individuellen vom kollektiven Gedächtnis zugunsten einer funktional-generativen Rolle des kulturellen Gedächtnisses als kumulativem Speicher verliert. Entsprechend

„wird im kulturellen Gedächtnis ebendieses [sic] paradoxale Verhältnis zwischen individuellem und kollektivem Erinnern durch die das Funktionsgedächtnis fundierende formende Kraft [...] aufgelöst, und es entsteht dann ein theoretisches Paradoxon: Man hält an einem kulturell und symbolisch geformten Sinn fest, während dieser zunehmend kontingent, veränderlich, plural ist und sich permanent als diskursive Konstruktion offenbart."[36]

---

olvido'. Alterität und Poetologie der Memoria in der gegenwärtigen historischen Erzählliteratur Mexikos, Berlin: Tranvía 2004.

34 Maurice Halbwachs: Das kollektive Gedächtnis, Stuttgart: Enke 1967.

35 Vgl. Jan Assmann: Das kulturelle Gedächtnis. Schrift, Erinnerung und politische Identität in frühen Hochkulturen: München: Beck 1992 sowie Jan Assmann/Tonio Hölscher (Hg.): Kultur und Gedächtnis, Frankfurt a.M.: Suhrkamp 1988, S. 10ff.

36 Vittoria Borsò: „Die Normalisierung der Erinnerung durch die Epistemologie des Gedächtnisses", in: Ute Gerhard u.a. (Hg.), (Nicht) normale Fahrten:

Borsò spielt hier in ihrer Kritik an Assmann auf die Ausblendung der Alterität[en] zugunsten einer homogenen kulturellen Erinnerung an. Zwar ist dieser homogene Charakter des kulturellen Gedächtnisses auch durch Assmann eingeräumt worden, seine binomische Aufteilung in eine institutionalisierte Erinnerung und ein gegenläufiges, orales Volksgedächtnis – welches Assmann im Vergleich zum kulturellen Gedächtnis weniger umfassend beleuchtet – vernachlässigt jedoch die Brüche und Diskontinuitäten innerhalb des kulturellen Gedächtnisses selbst. Solche Brüche können beispielsweise durch politische Gegendiskurse innerhalb einer Nation entstehen, wie sie etwa durch deren Intelligentsia angeregt werden können. Genau jenen Aspekt greift auch *La disparition* auf, wie sich im Folgenden zeigen wird.

Berkanes erste Auseinandersetzung mit den traumatischen Aspekten der eigenen Biographie erfolgt über den Traum als Erlebnis unwillkürlicher Erinnerung. Dabei stellen die mittels des Traums entrollten, prägenden Ereignisse aus Berkanes Leben zugleich bedeutsame Momente der algerischen Kriegs- und Nachkriegsgeschichte dar. Diese werden im Rahmen des literarischen Textes und ganz im Gegensatz zum universalistischen Anspruch der Meistererzählung nicht im neutralen Tonfall wissenschaftlicher Objektivität vermittelt, sondern folgen der Subjektivität des Einzelgedächtnisses. Die mit dem Traum wiederkehrende, subjektive Erfahrung bildet eines der vielen Fragmente des so genannten algerischen ‚Erinnerungs-Mosaiks' [frz.: mosaïque de mémoire, meine Übersetzung], eine Metapher, welche die beiden französisch-algerischen Historiker Gilles Manceron und Hassan Remaoun in Bezug auf den in der Bevölkerung bestehenden Erinnerungsdissens bezüglich des Algerienkriegs geprägt haben. Die nicht kanonisierbaren, individuellen Erinnerungen bilden für sie ein Mosaik vieler sich widersprechender Einzelgedächtnisse; ein Gefüge, das nicht zu einem einzigen, zusammenhängenden und homogenen Erinnerungsbild synthetisiert werden kann.[37] Analog zur Metapher des Erinnerungsmosaiks spricht auch Benjamin Stora in Bezug auf den Algerienkrieg von hermetisch gegeneinander abgeschlossenen „Feldern" der Erinnerung, welche die jeweiligen Kriegsparteien für sich vereinnahmen:

„‚Porteurs de valises' [membres des réseaux de soutien au FLN], soldats français, pied-noirs ou harkis; Algériens musulmans, religieux traditionalistes farouches, immigrés algériens en Europe... Tous ces ‚ensembles' touchés par la

Faszinationen eines modernen Narrationstyps, Heidelberg: Synchron 2003, S. 207-231, hier S. 211.

37 Vgl. Gilles Manceron/Hassan Remaoun: D'une rive à l'autre. La guerre d'Algérie de la mémoire à l'histoire, Paris: Syros 1993, S. 32.

guerre d'Algérie avaient, progressivement, délimité soigneusement *leur champ de propriété de mémoire* de cette guerre. Chacun possédait sa vérité dans sa salle d'images [...], lieu ferme et séparé de l'extérieur. „[38] [meine Hervorhebung]

In seinem Traum überkommt nun Berkane in Form eines benjaminschen Schockerlebnisses das Erinnerungsbild eines durch die algerische Menge gehängten, französischen Metzgers: „Revient l'image choc du rêve." (40)[39] Dieses Erlebnis steht im Kontext der unmittelbar vor dem Krieg sich häufenden nationalistischen Demonstrationen. Wir befinden uns im Jahre 1952. Die Szene illustriert die in den Vorkriegsjahren wachsende, auf Ressentiments gegen die Kolonialregierung beruhende Gewaltbereitschaft der Bevölkerung.

Für Berkane ist die im Traum vergegenwärtigte Vergangenheit keinesfalls ein willkürlich aufzusuchender Ort, vielmehr muss die quälende Erinnerung, die ihn nach dem Aufwachen in ihren Bann schlägt, erst Stück für Stück wieder angeeignet werden: „tranche de vie lointaine qui s'étire." (ebenda) Jene Aufgabe einer mühsamen und schmerzvollen „Erinnerungsarbeit" teilt Berkane mit seinen Zeitgenossen. Entsprechend vorsichtig nähert er sich dem großen „Melodram", das der Krieg für viele Algerier darstellt: „Attendrissement ou joliesse des images de cet âge, il préfère l'évocation gentille au mélodrame que ceux de sa génération affectent d'ordinaire, dans toute évocation de leur passé." (45f.)

Mit der hier genannten Passage widerspricht Djebars Text nicht nur dem vom FLN stilisierten Mythos eines glorreichen Befreiungskrieges; sie nimmt damit gleichzeitig Bezug zur aktuellen, vor allem durch Exilintellektuelle geführten Erinnerungsdebatte bezüglich des Algerienkriegs, ein Kreis, zu dem auch Djebar selbst zählt. In diesem Zusammenhang ist nicht nur von der ethischen Verantwortung Frankreichs die Rede, wurde doch der Vorwurf der Folter seit dem Jahr 2000 in der frankophonen Presse diskutiert und später durch die Bekenntnisse französischer Generäle bestätigt. Auch die in Algerien praktizierte und durch die Regierung geförderte Verdrängungstaktik steht hier zur Diskussion. Diese betrifft vor allem Verantwortung des FLN in Bezug auf Massaker und Repressionen gegenüber poltischen Gegnern innerhalb des eigenen Landes, so etwa den Anhängern des MNA. Unter dem Schlagwort der *devoir de mémoire* („Gedächtnisaufgabe") ist entsprechend auch in der algerischen

38 B. Stora: „Quelques réflexions sur la guerre d'Algérie", in: Ch.-R. Ageron, La guerre d'Algérie, S. 332-341, hier S. 334.

39 Die im Folgenden in Klammern genannten Seitenzahlen beziehen sich auf die zu Beginn dieser Studie genannte Ausgabe von Assia Djebars *La disparition.*

Presse eine Aufarbeitung des Krieges gefordert worden, ein Appell, der sich ebenso an die französische wie an die algerische Regierung richtete. Damit ist zugleich eine in der algerischen Bevölkerung bereits vorhandene Skepsis gegenüber dem durch die Regierung propagierten, offiziellen Geschichtsbild aufgegriffen worden.[40]

Djebar schließt sich ihrerseits diesem Appell indirekt an, wenn sie über die Hauptfigur Berkane die Traumata des Algerienkriegs wieder auferstehen lässt: So wird Berkane nicht nur von der französischen Armee der Folter durch Sand und Elektroschocks ausgesetzt (vgl. 218f.), er verliert auch seinen heroinsüchtigen Lieblingsonkel Tchaida, der der verhängten Ausgangssperre zuwider handelt und deshalb erschossen wird (vgl. S. 104). Somit wird der zufällig und völlig sinnlos ermordete Drogensüchtige für Berkane zum Kriegshelden der anderen Art: Zu einem Antihelden, der dem Heldenbegriff des FLN diametral entgegensteht, propagieren doch die von der Partei zu Märtyrern für die nationale Sache stilisierten Partisanen – wie beispielsweise die historische Figur des auch im Roman genannten „Ali-la-Pointe" – Kampfesmut und Drogenfreiheit (vgl. 100).

> „Tchaida, pour moi, l'enfant, a été le héros pur et nu, un héros malheureux, vulnérable… […] il me paraît le seul innocent – pas le héros politique, ni même celui du nationalisme: non, en quelque sorte, le héros absolu, lui qui nous a fait, à l'avance, ses adieux." (105)

Eine besondere Ironie des politischen Diskurses des FLN während des Krieges offenbart der Roman, wenn der Drogensucht Tchaidas ein durch die Rhetorik der Partei hervorgerufener Rauschzustand gegenübergestellt wird: Denn zu den obig genannten, traumatischen Aspekten des Krieges zählt für die Hauptfigur in der Rückschau auch jener Rausch der Gewalt, in dessen Folge im Jahr 1960 Plünderungen französischer Viertel und gewaltsame Ausschreitungen gegen die französische Zivilbevölkerung erfolgten. Jene Ereignisse wurden hingegen vom Geschichtsdiskurs des FLN als heroisch-einheitliche Rebellion des algerischen Volkes gegen die französischen Kolonialherren und deren Gewaltherrschaft konstruiert. Wie für viele der teilnehmenden algerischen Jugendlichen, die sich von der kollektiven Euphorie eines plötzlichen Machtgefühls mitreißen lassen, sind auch für Berkane die den Krieg einleitenden Ereignisse zunächst ein Vergnügen, dem er mit kindlichem Eifer nachgeht: „Nous frappons, nous tapons, c'est une fête enfantine." (195) Die euphorische Stimmung schlägt jedoch jäh um, als sich die aufge-

40 Vgl. Fouad Soufi: „La fabrication d'une mémoire: les médias algériens", in: Ch.-R. Ageron, La guerre d'Algérie, S. 289-303, hier S. 302.

wiegelte Menge auf der nach einer Reiterstatue des Prinzen von Orléans benannten „Place du Cheval“ versammelt und die französischen Sicherheitskräfte hieraufhin das Feuer zu eröffnen beginnen (vgl. S. 199). Angesichts des von Djebar geschilderten Bildes der Frauen, die unter den Leichen auf dem Platz nach ihren Verwandten suchen (vgl. 200), entsteht ein Gefühl der Ohnmacht, wodurch zugleich die offizielle Narrative eines siegreichen und überlegen geführten Guerillakrieges relativiert und hinterfragt wird.

Politik

Während der Roman zum einen den Geschichtsdiskurs des FLN dekonstruiert, erfolgt in *La disparition* ebenso der besagte Brückenschlag zur politischen Gegenwart im Algerien der anbrechenden 1990er Jahre. Der zweite wesentliche Schwerpunkt des Romans besteht somit in der Erörterung der Ursachen für das in der französischen Kolonialherrschaft wurzelnde und mit dem Algerienkrieg aufbrechende, konfliktuöse Verhältnis der Algerier nicht nur zur ehemaligen Kolonialmacht Frankreich, sondern auch zur eigenen Identität. Jene in sich gebrochene, zwischen arabischer, berberischer und französischer Kultur oszillierende Identität begründet Djebars Text zufolge die in den späten 1990er und frühen 2000er Jahren besonders instabile Sicherheitslage zwischen fundamentalistischem Terror und Militärdiktatur mit.

Diese Problematik wird abermals über das persönliche Erleben Berkanes eröffnet. Im Rahmen der Biografie dieser Figur verfolgt die Autorin die Wurzeln der algerischen Staatsgründung bis in die ersten Kriegsjahre zurück, wenn Berkane in einem Gespräch mit seiner Geliebten Nadjia eine Episode aus der Zeit seiner Gefangenschaft in einem französischen Internierungslager für Kriegsgefangene schildert (vgl. 161f.). Einer der neu angekommenen Häftlinge stellt hier die Frage nach der Beschaffenheit des vom FLN angestrebten, unabhängigen algerischen Staates und schlägt als mögliche Alternativen Laizismus oder Gottesstaat vor. Nicht nur reagieren die Mitgefangenen verständnislos auf sein Bedürfnis nach politischer Diskussion, auch finden sie keine arabische Entsprechung zum französischen Begriff der „laïcité“, ja verwechseln ihn sogar mit dem arabischen Begriff für „Fest“ [„Aïd“]. Für Berkane illustriert diese Anekdote aus der Rückschau den „politischen Analphabetismus“ der algerischen Bevölkerung während des Krieges, was die obig bereits angedeutete Hypothese der Behauptung einer politischen Pubertät in Djebars Roman stützt: „[...] la laïcité? Un vide, un non-concept, chez chacun de nous, dans ce camp [...]. À seize ans, [...] j'étais un analphabète politiquement.“ (164)

Mit der hier eingeflochtenen Anekdote spielt der Text auf den durch die algerische Nationalismusbewegung unter Federführung des FLN nur mangelhaft erfüllten Auftrag an, die Bevölkerung in Form von politischer Bildung auf die Unabhängigkeit vorbereitet zu haben. Fatales Resultat dieser fehlenden politischen Aufklärung ist in den 1990er Jahren der Zulauf einer orientierungslosen Jugend zu extremistischen Bewegungen, wie aus einer entsprechenden Reflektion Berkanes in seinem winterlichen Tagebuch, dem „Journal d'Hiver", hervorgeht.

„J'ai repensé à la scène du camp que, devant elle, j'ai évoquée. Ce faux sens de laïc transformé en Aïd semble tragique aujourd'hui: devant la masse de ces ‚désoccupées', âgés de quinze à vingt ans, qui se nomment amèrement, en arabe, ‚ceux qui soutiennent les murs' et qui [...] entourent en admirateurs les quelques ‚émirs' revenus d'Afghanistan, la même scène qu'au camp du maréchal, en 1962, pourrait se rejouer. Celui qui lancerait à ceux-ci l'affirmation que ‚notre jeune État est une République laïque!' il lui sera répondu aussitôt par la colère, puis par l'insulte. Et c'est la haine puis la division qui annoncent l'approche de la discorde civique." (174)

Hier wird die Ursache für die bürgerkriegsähnlichen Zustände im Algerien der 1990er Jahre mit politischer Unwissenheit und der daraus resultierenden, fehlenden Toleranz gegenüber politisch Andersdenkenden begründet. Politische Aufklärung und die Einführung des Rechts zu freier Meinungsäußerung hätten jedoch einen Dialog zwischen Militärregime des FLN, den demokratisch orientierten Berberparteien und den Islamisten als den drei in Algerien dominanten politischen Kräften vorausgesetzt; ein Dialog, welcher dem Politikwissenschaftler Lahouari Addi zufolge vom FLN ganz bewusst hintertrieben wurde.[41]

Aufgrund der bereits während des Krieges getätigten politischen Versäumnisse, zieht die Hauptfigur Berkane schließlich ihre pessimistischen Schlüsse, wenn sie ironisch von der Wahl zwischen „Kaserne und Moschee" als einer politischen „Sackgasse" spricht, die aus den „Wunden des gestrigen Krieges" resultiere [meine Übersetzung].[42] Entsprechend plausibel erscheint auch Nadjias gegenüber Berkane getätigte Prognose von der Wahrscheinlichkeit eines bevorstehenden Wahlsiegs der islamistischen Parteien (154f.). Die spätere

41 Vgl. L. Addi: Die Algerische Krise, S. 9.

42 A. Djebar: La disparition, S. 177: „Le pays vit une révolution: un traumatisme, un coup d'État? En tout cas, cela a l'air d'une impasse: choisir entre la caserne et la mosquée. Et cela, pour diriger un peuple pas tout à faut guéri, même trente ans après, de ses plaies de la guerre d'hier."

Bewahrheitung jener Vermutung erklärt die Figur Driss, Berkanes Bruder, schließlich explizit mit den Versäumnissen des FLN.[43]

Auf eine diesbezüglich Mitverantwortung jener Partei für die politische Situation in der Gegenwart des Romans kommt Djebars Text an anderer Stelle zurück, wenn dort in Form eines etymologischen Metadiskurses die Wurzel des arabischen Begriffes „Mes'oul", mit dem sich die Regierenden selbst zu bezeichnen pflegen, erörtert wird.

„Ils se disent, depuis des décennies, des ‚responsables'. [...] ce terme [...] était venu de l'arabe (el Mes'oul) et avait été traduit ensuite en français... auquel cas, l'abus de sens est dans le français car el Mes'oul devrait être traduit par ‚celui qui interroge', ce qui suppose dialogue [...], et surtout pas [régner] au nom des autres. C'est donc le français, comme langage politique, qui est en défaillance chez nous et cela dure, dans notre classe dirigeante, depuis plus de trente ans! Tous ces petits mandarins qui se regardent à tout propos dans le miroir de Paris et des politiciens français. Sauf que ces derniers, plus roués, eux, usent d'un langage beaucoup plus modeste: ils se considèrent comme des ‚élus' et ils le sont, malgré tout." (156)

Mit der hier adressierten Übersetzung und Rückübersetzung des arabischen Begriffes „Mes'oul" seitens des Militärregimes ins Französische offenbart sich die neuerliche politische Instrumentalisierung der Sprache der ehemaligen Kolonisatoren durch die algerischen Machthaber. Hinter dieser Instrumentalisierung steht eine Strategie, mittels derer sich die algerische Führungsliga ihrem Auftrag entzieht, mit der Bevölkerung Dialog zu halten. Die Textstelle deutet auf eine nicht zulässige Übertragbarkeit des Demokratiebegriffs auf den selbsternannten Nationalstaat Algerien hin, während eine solche Übertragbarkeit aber ihrerseits durch das Militärregime des FLN behauptet wurde. Damit erweisen sich die – nur dem Namen nach – Verantwortlichen letztlich als Verantwortungslose.[44]

43 Vgl. ebd., S. 174: „Driss: ‚Le mécontentement populaire est allé gonfler le camp islamiste.'"

44 Eine solche Verantwortungslosigkeit zeichnet sich, glaubt man den Ausführungen der Hauptfigur – die sich mit politischen Studien zur gegenwärtigen Situation in Algerien decken, vgl. Th. Hasel: Autoritäre Herrschaft, S. 4 – auch in der Außenpolitik ab: So ist im Roman in Anspielung auf wirtschaftliche Verhandlungen des Militärregimes mit der kanadischen Regierung von einem „néoréalisme stalinien hideux" (79f.) die Rede. Vgl. A. Djebar: La disparition, S. 79f.

Ausblick: Stimmen aus dem Exil

Während der Roman *La disparition* also zum einen mittels der Erinnerungen Berkanes die von den algerischen Nachkriegsregierungen langjährig propagierten Geschichtsbilder relativiert – sie bilden hier jenes historische Palimpsest, in das auch die Hauptfigur ihre individuelle und gegenläufige Sicht auf die Ereignisse einschreibt –, betreibt er zum anderen eine Transfiguration der Sprache der Politik, die zugleich eine Dekonstruktion ist: Denn die Sprache des machtpolitisch fundierten, historiografischen Einheitsdiskurses des FLN wird dergestalt transfiguriert, das sie sowohl ihr Machtinteresse als auch ihre Ohnmacht im Sinne einer Machtlosigkeit offenbart. Dies geschieht mittels einer metahistoriografischen Historisierung des politisch motivierten historiografischen Diskurses des FLN in Form der Rückführung der durch Gewalt geprägten politischen Situation der 1990er Jahre auf die Phase des Algerienkriegs.

Indem nun die algerische Krise des ausgehendes 20. Jahrhunderts auf ihre Ursachen zurückgeführt wird, deutet der Roman gleichzeitig mögliche Lösungsansätze an: Diese bestehen beispielsweise in einer Aufarbeitung der Vergangenheit, in einem Dialog der Parteien sowie in einem politischen Pluralismus. Da die vergangenen und vorhandenen Missstände wesentlich über die Literatur vermittelt werden, wird somit dem literarischen Medium eine die (politische) Macht transfigurierende – und diese damit zugleich destabilisierende – Kraft zugesprochen. Über den Roman verweist Djebar somit indirekt auf den Auftrag der algerischen Intelligentsia, mittels ihres künstlerischen Schaffens die in Algerien vorherrschenden Machtdiskurse, seien es die des FLN oder die der islamistischen Parteien,[45] den rhetorischen Fundamenten ihrer Macht zu berauben und diese dadurch zu dekonstruieren.

Die Morddrohungen, die Berkanes Bruder – der wie Berkane franko- und arabophone Journalist Driss – im Roman erhält, zeigen aber zugleich die diesbezüglichen Gefahren und Grenzen auf: Politische und soziale Kritik kann, so scheint es, nur im Ausland stattfinden. Diesen Umstand unterstreicht innerhalb der Romanhandlung auch das Exil der gegenüber den politischen Ereignissen in Algerien sehr kritisch eingestellten Figur Nadjia in Padua, wo sie ihre Forschungen über Erasmus von Rotterdam, seinerseits Sym-

45 Zur Auseinandersetzung des Romans mit islamistischen Diskurses – eine Auseinandersetzung, die ebenso wie jene mit den politischen Diskurses des FLN dekonstruktivistisch ist – vgl. meine Analyse zur Bedeutung der Figur Nadja in B. Schuchardt 2006, S. 328-335.

bolfigur einer transkulturellen europäischen Intelligentsia,[46] vorantreibt.

In Bezug auf jene polyglotten regimekritischen algerischen (Exil-)Intellektuellen, zu denen auch Djebar selbst zählt und die im Roman durch Figuren wie den ermordeten Journalisten Driss und die exilierte Wissenschaftlerin Nadjia repräsentiert werden, ergibt sich also eine Situation, die als aporetisch bezeichnet werden kann: Denn das Publikum der Publikationen jener intellektuellen Elite Algeriens ist – wie es auch in Bezug auf den neuen historischen (Polit-)Roman *La disparition* selbst der Fall ist – aufgrund der Frankophonie der Texte von vornherein ein eingeschränktes: Da sich die intellektuelle Landschaft Algeriens, plakativ gesprochen, in französischsprachige, säkular orientierte „Modernisten" und arabophone „Traditionalisten" spaltet – letztere befürworten einen islamischen Staat –, ist auch das Lesepublikum jener Literatur limitiert. Die Bevölkerungsmehrheit jedenfalls ist aufgrund der nach dem Krieg durch den FLN initiierten Arabisierungspolitik vorrangig arabophon. Entsprechend handelt es sich bei den potenziellen Rezipienten einer algerienbezogenen, auf historischer und politischer Ebene kritischen Literatur also entweder um frankophone Ausländer oder um eine bereits für Reformen eintretende Klientel, die nicht erst für einen Diskurs des Zweifels an durch politische Interessen motivierten Geschichtsbildern gewonnen werden muss.

Die trotz dieser Aporie gegebene Notwendigkeit für algerische (Exil-)Intellektuelle Stellung zu beziehen, illustriert Djebar als eine Vertreterin der Reformbewegung neuerlich indirekt und über die Romanhandlung: Gegen Ende des Romans findet sich eine Szene, in der Berkanes ehemalige französische Geliebte Marise in Paris die Kabarett-Aufführung eines algerischen Satirikers besucht, der sich mit der politischen Situation in Algerien auseinandersetzt. Es ist hier die Gratwanderung der Satire zwischen Lachen und Weinen (vgl. 270f.), welche es Marise ermöglicht, um den mittlerweile verschollenen und vermutlich ermordeten Berkane zu trauern. Damit wird gleichfalls auf einen Katharsis-Effekt der Künste – insbesondere des Mediums Literatur – verwiesen, welche vorhandene Traumata verbalisieren und somit zu ihrer Verarbeitung beitragen können. Eben jenen Weg beschreitet auch Djebar mit *La disparition*, wodurch sie die genannte Szene als *mise en abyme*[47] der historisch-

46 Zur Bedeutung dieser Figur für den Roman vgl. ebenda.

47 Der von André Gide stammende Begriff der *mise en abyme* erfährt eine Präzisierung durch Lucien Dällenbach. Bezeichnet das Konzept noch bei Gide im Wesentlichen das „sujet" eines Werkes im Sinne einer verkleinerten Selbstrepräsentation der Erzählung (vgl. ders.: Journal, Paris 1948, S. 41), so ersetzt Dällenbach den Begriff des „sujets" durch den des „récits". Er

politischen Funktion dieses Romans erweist: Indem letzterer in der Autobiographie der fiktionalen Figur Berkane – die ja ihrerseits auf dem Erlebnissen des Djaffar L. sowie auf Djebars eigenen Erfahrungen beruht – Augenzeugenbericht und Fiktion und miteinander verflicht und mit dieser Gegenstimme zugleich die offizielle algerische *Historio*graphie als politische Propaganda entlarvt, transfiguriert sie die gegenwärtige Sprache der Macht in einen durch Leerstellen und Widersprüche geprägten Diskurs, der sich mit der ihm eigenen Historizität und Konstruktivität konfrontiert sieht.[48]

stellt mit Jakobsons Begriffen des *énoncé* und der *énonciation* die Frage nach den zwei Seiten der Erzählung. Diese sind die fertige Geschichte (*énoncé*) und der Akt des Erzählens (*énonciation*). Vgl. Lucien Dällenbach: Le récit spéculaire, Paris: Seuil 1977, S. 61ff. So definiert Dällenbach (ebenda, S. 52) die *mise en abyme* letztlich als „tout miroir interne réfléchissant l'ensemble du récit par réduplication simple, répétée ou spécieuse".

48 Weitere Interpretationen zu *La disparition* von Assia Djebar liefern etwa Michael O'Riley: Postcolonial Haunting and Victimization. Assia Djebar's New Novels, New York u.a.: Peter Lang 2007, S. 83-100, hier insbesondere mit Bezug auf die Nachwirkungen kolonialer Gewalt in der Gegenwart; Doris Ruhe: „Which Society's Norms. Francophone Writers in Algeria Facing the Postcolonial Dilemma", in: Andreas Pflitsch/Barbara Winkler (Hg.), Poetry's Voice – Society's Norms. Form of Interaction between Middle Eastern Writers and Their Society's, Wiesbaden: Reichert 2006, S. 135-145; Ernstpeter Ruhe: „‚Écrire est une route à ouvrir'", in: Mireille Calle-Gruber (Hg.), Assia Djebar, nomade entre les murs... Pour une poétique transfrontalière, Paris: Maisonneuve & Larose 2005, S. 53-65. Eine ausführliche Analyse des Romans findet sich auch in B. Schuchardt: Schreiben auf der Grenze, S. 283-343 sowie in dieselbe: „Manifestations de l'interstice dans *La disparition de la langue française* d'Assia Djebar", in: Wolfgang Asholt/Mireille Calle-Gruber/Dominique Combe (Hg.), Assia Djebar. Littérature et transmission. Actes du Colloque Assia Djebar à Cerisy, 23-30 juin 2008, Paris: Union Générale d'Editeurs 2010 (im Druck).

Autorinnen und Autoren

Ahlheim, Hannah, wissenschaftliche Mitarbeiterin am Seminar für Mittlere und Neuere Geschichte der Georg-August-Universität Göttingen. Promotion 2008, Thema der Dissertation *„Deutsche, kauft nicht bei Juden!" Antisemitismus und politischer Boykott in Deutschland 1924 bis 1935.* Veröffentlichungen zur Rolle der Commerzbank bei der Enteignung der Juden in Deutschland und zur Schulgeschichte. Habilitationsprojekt zum Thema "Schlaf und Ökonomie im 19. und 20. Jahrhundert".

Borsò, Vittoria, Prof. Dr., Inhaberin des Lehrstuhls Romanistik I für romanistische Literatur- und Kulturwissenschaft (Spanisch, Französisch, Italienisch) an der Heinrich-Heine-Uni-versität Düsseldorf. Feodor-von-Lynen-Stipendiatin der Humboldt-Stiftung. Publikationen (Auswahl): *Mexiko jenseits der Einsamkeit. Versuch einer interkulturellen Analyse* (1994); *Moderne(n) der Jahrhundertwende(n)* (2000); *Medialität und Gedächtnis* (2001); *Geschichtsdarstellung. Medien – Methoden – Strategien* (2005); *Topografia dell'estraneo. Confini e passaggi* (2006); *Transkulturation* (2007); *Das andere denken, schreiben, sehen* (2008). Aktuelle Forschungen: Topologie und literarische Topographien, Medialität und Gedächtnis, visuelle Kultur, Biopolitik und Ästhetik des Lebens

Buschhaus, Markus, Stipendiat der DFG am Graduiertenkolleg „Bild. Körper. Medium" in Karlsruhe 2001 - 2006; 2004 promoviert (*Über den Körper im Bilde sein. Eine Medienarchäologie anatomischen Wissens*, 2005). Derzeit Arbeit an einer kunstwissenschaftlichen Habilitationsschrift zu Malraux' Musée Imaginaire. Forschungsschwerpunkte: Bild- und Medientheorien; Sammlungs-, Museums- und Ausstellungsgeschichte; Geschichte des Bildersturms. Zuletzt: (Hg.), *Den Körper im Blick. Grenzgänge zwischen Kunst, Kultur und Wissenschaft* (2008).

Goltz, Anna von der, studierte zunächst an der University of Sussex Geschichte und Europäische Studien und setzte ihr Studium an der University of Oxford fort. Dort promovierte sie mit einer

Arbeit über den Hindenburg-Mythos, die 2009 unter dem Titel *Hindenburg: Power, Myth, and the Rise of the Nazis* bei Oxford University Press erschien. Seit 2006 lehrt und forscht sie als Junior Research Fellow am Magdalen College der University of Oxford.

Liermann Traniello, Christiane, hat in Bonn, Siena, Karlsruhe und Zürich Geschichte, Philosophie und Romanistik studiert. Als Doktorandin war sie Stipendiatin der Konrad Adenauer Stiftung. An der Universität Zürich wurde sie mit einer Untersuchung zu Antonio Rosminis politischer Philosophie promoviert. Dem Verhältnis von Religion und Politik sowie der politischen Ideengeschichte des 19. und 20. Jahrhunderts zwischen Italien und Deutschland gilt auch weiterhin ihr wissenschaftliches Interesse. Seit 1995 arbeitet sie als Wissenschaftliche Referentin am Deutsch-Italienischen Zentrum Villa Vigoni am Comer See.

Merziger, Patrick, studierte Geschichte und Literaturwissenschaft in Bochum, Madrid und Berlin. Seit 2001 lehrt und forscht er an der Freien Universität Berlin, zuerst am Institut für Publizistik, dann am Friedrich-Meinecke-Institut für Geschichte. 2007 promoviert (*Nationalsozialistische Satire und Deutscher Humor. Politische Bedeutung und Öffentlichkeit populärer Unterhaltung 1931-1945*, 2010). Habilitationsprojekt zu humanitären Einsätzen der Bundesrepublik Deutschland 1958-1992.

Nathaus, Klaus, studierte Geschichts- und Literaturwissenschaften sowie Philosophie in Bochum und Berlin. Er wurde 2008 mit einer Dissertation zum Assoziationswesen in Deutschland und Großbritannien im 19. und 20. Jahrhundert promoviert und ist seit 2009 Postdoc-Fellow an der Bielefeld Graduate School in History and Sociology.

Nitz, Wenke, studierte an der Humboldt-Universität zu Berlin Geschichte und Sozialwissenschaften. Im Rahmen eines Teilprojektes des SFB 485 „Norm und Symbol" an der Universität Konstanz schreibt sie bei Prof. Sven Reichardt ihre Dissertation zum Thema *Transformation von politischen Bildprogrammen in den faschistischen Diktaturen*.

Schuchardt, Beatrice, ist wissenschaftliche Assistentin in der Romanistik der Universität Siegen. Sie habilitiert über Gesellschaftliche Ordnungs- und Regulierungsprozesse im spanischen Theater des 18. Jahrhunderts. Weitere Forschungsschwerpunkte sind: postkoloniale Geschichtsdarstellungen in der maghrebinischen und frankokanadischen Literatur, Körper und Gedächtnis im chilenischen Theater des 20. Jahrhunderts, französische Hippie-Reiseberichte und diskursive Aneignungen des Werks Frida Kahlos. Ihre Dissertation *Schreiben auf der Grenze. Postkoloniale Geschichtsbilder bei Assia Djebar* ist 2006 erschienen.

Urban, Urs, Studium der Romanistik und Germanistik in Düsseldorf und Wien, 2005 Promotion in Trier (*Zur Topologie des Werkes von Jean Genet*, 2007), mehrjährige Lehrtätigkeit in Romanistik und Medien- und Kulturwissenschaft in Düsseldorf, 2008 Zweites Staatsexamen, zurzeit DAAD-Lektor in Straßburg. Arbeitsschwerpunkte: kulturwissenschaftliche Raumtheorie, Jean Genet, zeitgenössische französische und frankophone Literatur, literarische Anthropologie, der ökonomische Mensch in Literatur und Film (zuletzt: http://trajectoires.revues.org/index340.html).

Kultur- und Medientheorie

CHRISTOF DECKER (HG.)
Visuelle Kulturen der USA
Zur Geschichte von Malerei, Fotografie, Film, Fernsehen und Neuen Medien in Amerika

Oktober 2010, ca. 350 Seiten,
kart., zahlr. Abb., ca. 29,80 €,
ISBN 978-3-8376-1043-7

BARBARA EDER, ELISABETH KLAR, RAMÓN REICHERT, MARTINA ROSENTHAL (
Theorien des Comics
Ein Reader

August 2010, ca. 300 Seiten,
kart., zahlr. Abb., ca. 28,80 €,
ISBN 978-3-8376-1147-2

ERIKA FISCHER-LICHTE, KRISTIANE HASSELMANN, ALMA-ELISA KITTNER (HG.)
Kampf der Künste!
Kultur im Zeichen von Medienkonkurrenz und Eventstrategien

Oktober 2010, ca. 300 Seiten,
kart., zahlr. Abb., ca. 28,80 €,
ISBN 978-3-89942-873-5

Leseproben, weitere Informationen und Bestellmöglichkeiten finden Sie unter www.transcript-verlag.de